车路协同环境下车辆群体智能控制理论
与测试验证 系列丛著

新型混合交通群体智能协同控制理论与方法

COOPERATIVE DECISION MAKING
AND CONTROL FOR
PARTIALLY CONNECTED AND AUTOMATED TRAFFIC

杨晓光 胡 笳 孙棣华 孙 亮 著

人民交通出版社股份有限公司
北 京

内 容 提 要

本书介绍了车路网联混合交通群体智能协同控制的理论及方法，内容包括：车路网联与协同混合交通系统特性与运行机理、车路网联交通群体智能决策方法、城市道路网联混合交通群体协同控制理论与方法、快速路新型混合交通群体协同控制等。

本书可为国家和行业相关管理部门在交通数字化与智能化建设及应用方面提供借鉴，也可为高等院校和科研单位开展相关研究和教学工作提供参考。

图书在版编目(CIP)数据

新型混合交通群体智能协同控制理论与方法 / 杨晓光等著. — 北京：人民交通出版社股份有限公司，2022.5

(车路协同环境下车辆群体智能控制理论与测试验证系列丛著 / 张毅主编)

ISBN 978-7-114-17892-4

Ⅰ.①新… Ⅱ.①杨… Ⅲ.①混合交通—交通流—智能系统—协调控制—研究 Ⅳ.①U491.2

中国版本图书馆 CIP 数据核字(2022)第 042396 号

车路协同环境下车辆群体智能控制理论与测试验证系列丛著

Xinxing Hunhe Jiaotong Qunti Zhineng Xietong Kongzhi Lilun yu Fangfa

书　　名：**新型混合交通群体智能协同控制理论与方法**

著 作 者：杨晓光　胡　笳　孙棣华　孙　亮

责任编辑：刘　博

责任校对：孙国靖　魏佳宁

责任印制：刘高彤

出版发行：人民交通出版社股份有限公司

地　　址：(100011)北京市朝阳区安定门外外馆斜街 3 号

网　　址：http://www.ccpcl.com.cn

销售电话：(010)59757973

总 经 销：人民交通出版社股份有限公司发行部

经　　销：各地新华书店

印　　刷：北京建宏印刷有限公司

开　　本：787×1092　1/16

印　　张：15.25

字　　数：332 千

版　　次：2022 年 5 月　第 1 版

印　　次：2022 年 5 月　第 1 次印刷

书　　号：ISBN 978-7-114-17892-4

定　　价：98.00 元

SERIES PREFACE | 丛著序

交通运输是国民经济重要的基础性、先导性和服务性行业。建设交通强国是国家立足国情、着眼全局、面向未来的重大战略决策，是新时代交通系统建设和发展的重要过程，也是全面建成现代化强国的重要支撑，更是建设现代化经济体系的先行领域。为全面推进我国交通系统的建设，继 2019 年 9 月发布《交通强国建设纲要》后，国家又于 2021 年 2 月颁布了《国家综合立体交通网规划纲要》，明确和完善了我国建设交通强国的战略定位和规划，由此形成了交通强国建设的系统性任务。

现代智能交通涉及跨学科理论、跨领域技术、跨平台应用，是现代信息技术、先进通信技术、智能控制技术和人工智能技术等发展与应用的绝佳载体。作为当今国际智能交通领域的前沿技术，智能车路协同技术的产生和应用，正在从根本上改变着我们对传统道路交通的认识和实践，也极大地影响了交通系统的发展模式；同时，基于智能车、智慧路和智能网的集成所构建的智能车路协同平台，形成了发展与实践智能驾驶的中国模式。

本丛著是由清华大学自动化系张毅教授牵头、联合国内 18 家优势单位组成的项目组，顺应国家交通强国建设需要，依托国家“十三五”重点研发计划“综合交通运输与智能交通”重点专项“车路协同环境下车辆群体智能控制理论与测试验证”（2018YFB1600600）项目，经过 4 年来的不懈研究和不断实践，获得的主要创新性研究成果的结晶，具有重要的理论价值和广泛的应用前景。

丛著面向未来车路协同环境下人、车、路、异构交通主体构成的新型混合交通系统，以车路协同环境为基础平台，围绕复杂混合交通群体智能决策机理与协同控制理论关键科学问题，系统性地呈现了车路协同环境下新型混合交通群体协同决策、信息安全可信交互、群体运动态势识别、智能决策协同控制、大规模硬件在环仿真和虚实结合集成验证等理论方法和关键技术，全面地反映了国际智能交通系统在该领域的最新发展，涉及的基础理论、方法以及相关关键技术具有创新性、前瞻性，可有效推进现代智能交通系统的建设和发展。

丛著研究的车路协同环境下的交通群体，是目前可以观察到的最大的典型网络化复杂系统，对其协同决策与智能控制机理的分析和研究以及由此形成的优化控制策略，契合了现代控制理论提升的需要，顺应了被控对象从单体发展到多体，再发展到相互协同的多智能体的发展过程，开辟了探讨有智能行为且存在协同作用的群体决策控制与优化问题的研究方向，是群体协同决策与智能控制理论的有益探索与实践。

希望丛著的出版能够引起学术界和产业界的广泛关注，为推进车路协同的规模化应用和交通强国的系统性建设贡献力量。

中国工程院院士 戴琼海

2022 年 4 月

PREFACE | 序

1948 年,数学家 Norbert Wiener 发表专著《控制论》(Cybernetics),其副标题为“关于在动物和机器中控制和通信的科学”,标示着控制论创立时便具有突破有生命和无生命机器的界限,统一两者共同的控制和通信规律。随着控制系统的复杂化、输入输出多元化,控制论经历了从以反馈控制为基础的经典控制理论向多元化智能控制理论发展的过程。尤其对于非线性、不可还原的复杂巨系统的控制问题,以最优化、自学习、群体博弈等为核心的智能控制方法具有较好的适用性。交通系统具有复杂的系统构成、多元的参与主体、庞大的系统规模,以及多目标的需求,是现实中典型的复杂巨系统。交通控制作为调节和维持交通系统安全、高效、有序运行的重要手段,当前仍面临协同管理运行效能低下、主动交通控制能力薄弱等瓶颈。本书面向交通系统异构的主体关系,以及逐步呈现并将长期发展的新型混合交通流,论述其群体智能控制方法及其协同优化控制理论。

车路协同和自动驾驶技术的快速发展,为交通控制理论与方法升级和下一代交通控制系统的构建与发展提供了基础。在非网联交通环境下,由于系统时空演变的不确定性,以及受交通控制者能观性、能控性的限制,一方面,交通控制策略只能停留在粗粒度的集计策略层面,难以实现精准控制;另一方面,难以主动预测交通状态时空变化，其交通控制机制只能反馈控制逻辑，无法实现长时段的全局优化控制。随着车路协同技术的发展，车路网联交通环境通过感知车辆的轨迹数据，可以提取反映连续时空维度的车辆个体实时状态的非集计信息，使车辆状态从传统的检测目标变为检测手段。自动驾驶技术的成熟又使得车辆实时轨迹控制成为可能，车辆从间接受控转变为直接受控，同时也可根据未来车辆的轨迹控制方案精准预测交通状态的变化。车路网联协同技术与自动驾驶技术相得益彰，为交通系统非集计主动协同优化控制提供了条件，进而提高交通运行效率及降低能耗和排放，还将为“人享其行”提供可能。

随着近年来车路网联与协同交通系统控制的深入研究和落地实践，理想的全局中心化的集中控制方法应用难度较高已成为共识。系统层面的决策与控制不得不考虑个体行为及群体规律。在车路网联混合交通群体环境下，车辆和路侧控制单元都可以被视为决策智能体。对于面向单个智能体和群体的竞争-合作关系，以及群体结构无主次之分、无统一目标和无系统边缘的复杂特征，本书解析了单智能体和群体智能决策的基础方法论，为车路网联与协同混合交通群体智能决策和优化控制提供了理论基础。

在将群体决策协同理论转向交通控制技术的应用过程中，面向道路交通系统中多样化的交通控制场景，需要充分考虑控制机制、主要矛盾、优化目标与边界的差异。根据不同场景中交通流的控制特性，将道路交通控制场景分为“间断流”场景（即城市道路交叉口与其连线）和“连续流”场景（如城市快速路和高速公路系统）。在车路协同环境下，各典型场景中的群体控制问题主要矛盾和对应研究成果见表 0-1，并在本书第三、四章进行了详细阐述。

各典型场景中的群体控制问题主要矛盾和对应研究成果 表 0-1

交通控制典型场景		主 要 矛 盾	群体控制研究成果
间断流	交叉口进口道	车队停车-起动损失	车辆群体轨迹规划方法
	单交叉口	冲突车流通行权协同及分配	非集计路权分配方法
	多交叉口	多交叉口时空路权协同及分配	交叉口群体时空协同控制
	特殊车辆优先控制	个体与群体效益均衡问题	异质群体时空一体优先控制

续上表

交通控制典型场景		主 要 矛 盾	群体控制研究成果
连续流	主线	断面通行能力不均衡问题	车辆群体一致性控制
	上匝道	主线与匝道车流汇流冲突	车辆群体协同汇流控制
	下匝道	主线内侧车辆下匝道的变道冲突	车辆群体协同换道控制
	多匝道	连续流系统的时空供需矛盾	多匝道需求管理策略

以智能化为特征的新工业革命方兴未艾,带来了科学技术的迅猛发展,乃至新科技革命。与之相应的交通需求也在不断变化和丰富,交通控制理论和技术不断面临实际需求的挑战,必须主动拥抱新技术合理创新发展。本书正是依托国家"十三五"重点研发计划"综合交通运输与智能交通"重点专项"车路协同环境下车辆群体智能控制理论与测试验证"(2018YFB1600600)项目,重点分析和探索交通控制中的群体控制理论和方法。希望本书的出版能对广大读者和同行有所启发,为下一代交通控制系统发展作出积极贡献。

2021 年 12 月

FOREWORD | 前言

交通拥堵、能源危机、环境污染,以及交通事故,已经成为备受关注的热点问题,给人类社会带来了巨大的经济损失。随着机动化和城镇化进程的加速,多样的交通需求迅速增长,交通设施的新建和扩建越来越受到土地资源、环境条件等的限制。对于道路交通而言,相比通过增加受限于资源约束的道路空间,提高道路供给能力来改善交通措施,交通优化管理与控制则是预防和缓解交通问题的关键策略和发展趋势。然而,传统的交通感知与交互技术不能提供全面、精准的交通控制信息,也无法实现被控制主体与系统间的交互,使得交通控制方案及其实施响应滞后、时空资源难以有效利用,限制了交通运行效能。智能车路协同系统(Intelligent Vehicle-Infrastructure Cooperation Systems,i-VICS)的出现,为改变这一现状提供了契机,智能网联车辆在提升出行的效率、安全性和舒适性方面具有巨大潜力,甚至极有可能改变人类的交通模式,世界各国皆高度重视其对社会经济的重大影响。国务院《"十三五"现代综合交通运输体系发展规划》中明确提出建设"新一代国家交通控制网示范工程",要求选取公路路段和中心城市,在营运车辆智能协同、公交智能控制和安全辅助驾驶等领域开展示范。与智能网联车辆产业相关的车路联网技术、信息通信技术、优化技术和控制技术等迅速发展,为交通控制的研究和实践提供了广阔空间。

本书顺应世界范围内智能交通系统的发展趋势，在分析研究车路网联与协同环境下人类驾驶、网联辅助驾驶与自动驾驶等多种模式车辆所组成的新型混合交通流基本特性与运行机理基础上，给出道路新型混合交通智能决策与协同控制理论和关键技术研究成果。针对新型混合交通流，论述了新型混合交通的运行特性解析方法，提炼出新型混合交通流理论，构建了混合交通群体协同决策方法，开发出新型混合交通控制算法，并介绍了研发的混合交通协同决策与控制关键技术。本书提出的新型混合交通流群体协同决策与控制理论及方法体系，可为发展新一代交通管理与控制提供技术储备，为国家和行业相关管理部门在数字化、智能化交通建设方面提供借鉴，对高等院校和科研机构开展相关研究及教学工作具有重要的理论意义与应用价值。

本书的编写，还得到了同济大学、重庆大学和大连理工大学多位老师和博士生及硕士生的支持和帮助，在此表示感谢！因作者的水平和能力有限，书中难免存在不足或不妥之处，衷心希望广大读者不吝批评和指正。

作　者

2021 年 10 月于同济园

CONTENTS | 目录

第1章

CHAPTER 1

车路网联与协同混合交通系统概念与基本特性

1.1 车路网联与协同混合交通系统基本概念

车联网、人工智能、云计算等技术不断迭代升级，推动道路交通进入了全新的发展阶段。以车路协同为代表的新交通科技逐步得以大规模推广应用，使得交通系统属性发生变化：一方面，车路协同通过网联使得人、车、路互联互通，信息的种类和体量骤增，交通系统规模与覆盖范围不断扩大；另一方面，交通系统中的构成元素也发生了变化，车路网联环境可以支持的车辆驾驶模式包含人工驾驶、辅助驾驶、自动驾驶、人车混驾直至高级无人驾驶。这些新属性极大地丰富了交通系统的内涵与外延，催生了新一代车路网联与协同混合交通系统。以下将介绍车路网联混合交通系统的定义、构成和基本特性。

1.1.1 车路网联与协同混合交通系统定义

车路网联环境下的车路协同混合交通系统指的是由不同网联、自动化等级的车辆在智能道路基础设施的支持下，通过车车协同、车路协作，形成的安全、高效和环保的道路交通系统。特别是该系统协同涵盖车-路-云端的感知、决策、控制等全环节、全链条的协同。

1.1.2 车路网联与协同混合交通系统构成

车路网联与协同混合交通系统构成元素主要为智慧的车（Vehicle）、聪明的路（Infrastructure），车车互联（V2V）和车路互联（V2R），共同构成了车联万物（V2X）的车路网联与协同体系。

1）智慧的车

智慧的车指的是具备不同网联化和自动驾驶等级的车辆，通过网联技术可以支持车车协同和车路协同技术应用。为进一步深入理解智慧的车，下面给出网联化和自动驾驶分级参考标准。

目前较为公认的自动驾驶分级标准是由国际自动机工程师学会（SAE International，曾用名为 Society of Automotive Engineers，SAE，原译为美国汽车工程师学会）制定的。该标准中，自动驾驶等级分为 6 级，通过是否为人类驾驶员监控驾驶环境进行自动驾驶来进行分级，自动驾驶分级标准见表 1-1。

在 SAE 的自动驾驶分级定义中，“驾驶模式”是指“一种具有特征动态驾驶任务要求的驾驶场景（例如，高速公路合流、高速巡航、低速交通拥堵、封闭校园运营等）”。

自动驾驶各等级的深入解读如下。

级别 0：自动化系统发出警告，可能会暂时进行干预，但无法持续控制车辆。

自动驾驶分级标准 表 1-1

<table>
<tr><th>SAE等级</th><th>名 称</th><th>定 义</th><th>执行转向、加速、减速</th><th>动态驾驶任务的回退</th><th>系统能力（驾驶模式）</th></tr>
<tr><td colspan="6">人类驾驶员监控驾驶环境</td></tr>
<tr><td>0</td><td>无自动化</td><td>由人类驾驶员全权操作汽车，在行驶过程中可以得到警告和保护系统的辅助</td><td>人类驾驶员</td><td rowspan="3">人类驾驶员</td><td>不适用</td></tr>
<tr><td>1</td><td>驾驶辅助</td><td>通过驾驶环境对转向盘和加减速中的多项操作提供驾驶支援，其他的驾驶动作都由人类驾驶员进行操作</td><td rowspan="2">使用有关驾驶环境的信息，并期望人类驾驶员执行动态驾驶任务的所有情况</td><td rowspan="2">一些驾驶模式</td></tr>
<tr><td>2</td><td>部分自动化</td><td>通过驾驶环境对转向盘和加减速中的多项操作提供驾驶支援，其他的驾驶动作都由人类驾驶员进行操作</td></tr>
<tr><td colspan="6">自动驾驶系统监控驾驶环境</td></tr>
<tr><td>3</td><td>条件自动化</td><td>由无人驾驶系统完成所有的驾驶操作。根据系统请求，人类驾驶员提供适当的应答</td><td>期望人类驾驶员对干预请求做出适当的反应</td><td>人类驾驶员</td><td>一些驾驶模式</td></tr>
<tr><td>4</td><td>高度自动化</td><td>由无人驾驶系统完成所有的驾驶操作。根据系统请求，人类驾驶员不一定需要对所有的系统请求作出应答，需在限定道路和环境条件下驾驶</td><td>即使人类驾驶员没有适当地响应干预请求，汽车也可以通过引导系统安全靠边停车</td><td rowspan="2">系统</td><td>多种驾驶模式</td></tr>
<tr><td>5</td><td>全自动化</td><td>由无人驾驶系统完成所有的驾驶操作。人类驾驶员在可能的情况下接管。在所有的道路和环境条件下驾驶</td><td>适用于由人类驾驶员管理的所有道路和环境条件下</td><td>所有驾驶模式</td></tr>
</table>

级别1（“动手”）：驾驶员和自动化系统共同对车辆进行控制。例如，巡航行驶中，驾驶员控制转向系统，自动化系统控制发动机功率以保持设定速度（巡航控制）或控制发动机和制动功率以保持和改变速度[自适应巡航控制（ACC）]；停车辅助中，转向是自动的，而速度是手动控制的，驾驶员必须随时准备重新获得完全控制权。此外，车道保持辅助、自动紧急制动也是1级自动驾驶功能。

级别2（“放手”）：自动化系统完全控制车辆的加速、制动和转向。驾驶员必须监控驾驶情况，并准备在自动化系统未能正确响应时随时进行干预。在驾驶期间，手和转向盘之间的接触通常是强制性的，以确认驾驶员已准备好进行干预。摄像头可能会监控驾驶员的眼睛，以确认驾驶员是否一直在关注交通情况。虽然没有正式的半级分级，但字面意义上的“放手驾驶”被认为是2.5级。一个常见的例子是自适应巡航控制，它也利用车道保持辅助技术，以便驾驶员简单地监控车辆，例如通用汽车的凯迪拉克CT6中的“超级巡航”或福特的F-150 BlueCruise。

级别3（“眼睛离开”）：驾驶员可以安全地将注意力从驾驶任务上转移开，例如，驾驶员可以发短信或看电影。车辆将处理需要立即响应的情况，如紧急制动。当车辆要求时，驾驶员仍必须准备在制造商指定的有限时间内进行干预。可以将自动化系统视为一个副驾驶员，它会在轮到驾驶员驾车时以有序的方式提醒驾驶员。典型例子是交通堵塞辅助系统和满足国际自动车道保持系统规定的汽车。

级别4（“注意”）：与第3级相同，但从不要求驾驶员注意安全，例如驾驶员可以安全地睡觉或离开驾驶员座椅。但是，仅在有限的空间区域（地理围栏）或特殊情况下才支持自动驾驶。在这些区域或环境之外，如果驾驶员没有重新控制，车辆必须能够安全地中止行程，进行减速并停车。例如机器人出租车或机器人送货服务，它在特定时间和覆盖区域中选定位置。

级别5（“转向盘可选”）：完全不需要人工干预。例如机器人车辆，它可以在世界各地、全年、任何天气条件下在各种路面上工作。

SAE定义中，一个重要的转变是从SAE级别2到SAE级别3，使得人类驾驶员不再需要持续监控环境。在SAE级别3中，当自动化系统要求时，人类驾驶员仍有责任对车辆进行干预。在SAE级别4中，人类驾驶员总是被免除这一责任，而在SAE级别5中，自动化系统将永远不需要人类驾驶员干预。

SAE自动化分级也具有一些局限性。其分级结构表明自动化程度呈线性增加，自动化程度越高越好，但情况可能并非总是如此。此外，SAE级别也没有考虑基础设施和道路使用者行为的变化。

未来融合智能化和网联化两大技术的智能网联汽车是自动驾驶发展的主要路径，网联化是必不可少的功能。按照网联通信内容及实现的功能不同，交通网联化可划分为网联辅助信息交互、网联协同感知、网联协同决策与控制三个等级，见表1-2。

交通网联化分级标准 表1-2

网联化等级	等级名称	等级定义	控制	典型信息	传输需求
1	网联辅助信息交互	基于车-路、车-后台通信，实现导航等辅助信息的获取以及车辆行驶与驾驶员操作等数据的上传	人	地图、交通流量、交通标志、油耗、里程等信息	传输实时性、可靠性要求较低
2	网联协同感知	基于车-车、车-路、车-人、车-后台通信，实时获取车辆周边交通环境信息，与车载传感器的感知信息融合，作为自车决策与控制系统的输入	人与系统	周边车辆、行人、非机动车位置，信号灯相位，道路预警等信息	传输实时性、可靠性要求较高
3	网联协同决策与控制	基于车-车、车-路、车-人、车-后台通信，实时并可靠获取车辆周边交通环境信息及车辆决策信息，车-车、车-路等各交通参与者之间信息进行交互融合，形成车-车、车-路等各交通参与者之间的协同决策与控制	人与系统	车-车、车-路间的协同控制信息	传输实时性、可靠性要求最高

协同化是车路网联混合交通系统的重要属性。车-车互联和车-路网联使得协同自动驾驶成为可能。协同自动驾驶(Cooperative Driving Automation,CDA)指的是通过机器通信实现两个或多个具有通信能力的实体之间合作的自动化技术,旨在促进更安全、更高效的道路使用者的流动。

针对协同性,SAE J3216 给出了不同自动驾驶等级下的协同性定义,并建立了 4 个协同化等级,来区分交通系统中道路使用者信息的共享,见表 1-3。

SAE 协同性分级标准 表 1-3

<table>
<tr><th colspan="2">等级</th><th>L0</th><th>L1</th><th>L2</th><th>L3</th><th>L4</th><th>L5</th></tr>
<tr><td colspan="2">无协作自动化</td><td>如标牌</td><td colspan="2">依赖于人类驾驶员完成驾驶操作以及对特征表现的实时监控</td><td colspan="3">依赖于自动驾驶系统(Automated Driving System,ADS)完成特定条件下的驾驶任务</td></tr>
<tr><td>等级 A</td><td>状态信息共享(status sharing)</td><td>如制动指示灯、交通信号</td><td colspan="2">具有改进对象和事件监测的潜力</td><td colspan="3">具有改进对象和事件监测的潜力</td></tr>
<tr><td>等级 B</td><td>预决策信息共享(intend sharing)</td><td>如转弯信号、会合</td><td colspan="2">具有改进对象和事件监测的潜力</td><td colspan="3">具有改进对象和事件监测的潜力</td></tr>
<tr><td>等级 C</td><td>寻求协议(agreement seeking)</td><td>如手势信号、合并</td><td colspan="2" rowspan="2">—</td><td colspan="3">设计协同式自动驾驶系统(Cooperative Automated Driving System,C-ADS)来通过协调行动达到共同目标</td></tr>
<tr><td>等级 D</td><td>规定任务(prescriptive)</td><td>如手势信号、中心的车道分配</td><td colspan="3">设计协同式自动驾驶系统(C-ADS)接受并遵守命令</td></tr>
</table>

2)聪明的路

聪明的路是指面向道路及其交通功能和性能,以及通行环境和条件构建的,具有支持感知、计算、通信功能的智能道路基础设施及智能系统,包括道路工程及配套设施、路侧感知设施(如高清摄像头、雷达等)、路侧通信设备(直连无线通信、蜂窝移动通信等)、计算与控制设施(边缘计算节点、移动边缘计算、各级云平台等),以及高精度地图与辅助定位和电力功能等配套设备。其中,移动边缘计算及其支撑的高精度地图是关键技术,前者可以解决海量数据计算效率问题,后者可以为智慧的车提供广义的环境感知信息与决策支持。

移动边缘计算也称为多接入边缘计算(Mobile Edge Computing,MEC),通过将云计算带到网络边缘来扩展云计算的功能。MEC 源自欧洲电信标准协会(ETSI)计划,该计划最初侧重于在移动网络上放置边缘节点,但现在已扩展到包括固定(或最终融合)网络,其架构如图 1-1 所示。传统的云计算发生在远离用户和设备的远程服务器上,而 MEC 允许在基站、中心办公室和网络上的其他聚合点进行处理,将云计算的负载转移到各个本地服务器。MEC 有助于减少移动网络的拥塞并减少延迟,提升服务对象的用户体验。

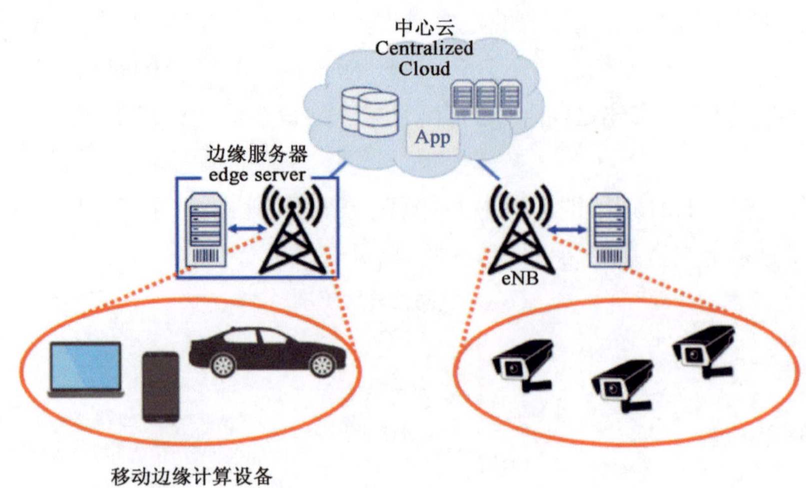

图 1-1 MEC 架构图

为深入理解 MEC 在联网、自动驾驶汽车中的作用,通过两个应用案例加以说明:

(1)在联网、自动驾驶汽车功能下,MEC 可用于车辆直接共享有关道路基础设施,行人、其他汽车、动物的位置和天气状况的信息,而不必与中央云服务器交互。将 MEC 与机器学习和人工智能相结合,将使自动驾驶汽车能够实时了解周围的情况。MEC 所提供的低延迟信息对于自动驾驶汽车安全运行至关重要,因为车辆无法等待信息在云中处理。

(2)在视频分析应用中,由于摄像机数量和镜头质量的提高,城市、企业越来越多地使用视频监控交通。MEC 支持在网络边缘本地进行交通流分析,而不是将视频流量送到中央控制中心进行处理。这样可以聚合来自不同类型摄像机的视频数据,并可以启用其他视频分析应用程序,包括实时面部识别、资产监控和客流量分析等。MEC 降低了将原始素材传输到云或中央服务器所需的成本、数量和时间,并允许基于分析进行实时触发。

高精度地图(High-definition Map),通常也被称为高分辨率地图,是路侧需要为车辆通行提供的另一项重要服务。高精度地图的绝对位置精度接近 1m,相对位置精度在厘米级,能达到 10~20cm。高清地图可以通过使用一系列传感器捕获得,例如光检测与距离修正(Light Detection and Ranging,LiDAR)、雷达、数码相机和全球定位系统(Global Positioning System,GPS)或北斗系统,也可以使用航空影像构建。其质量取决于两点:全局精度(地球表面特征的定位)和局部精度(特征相对于周围道路元素的定位)。在 GPS 或北斗系统接收良好的地区,使用卫星信号和来自基站的校正数据可以实现小于 3cm 偏差的全球精度。

面向自动驾驶汽车的高清地图通常包含道路形状、道路标线、交通标志、障碍物等地图元素,需要准确和全面地表征道路特征,并要求有更高的实时性,具体内容如图 1-2 所示。面向自动驾驶汽车的高清地图通常分为静态和动态两个层级。静态高精度地图位于底层,由含有语义信息的车道模型、道路部件、道路属性三类矢量信息,以及用于传感器定位的特征图层构成。动态高精度地图则建于静态地图之上,主要为行驶环境的实时动态信息,既包括交通参与者信息,如道路机动车比例、行人过街情况等,也包括道路基础设施信息,如红绿灯状态、人行横道通行情况等。

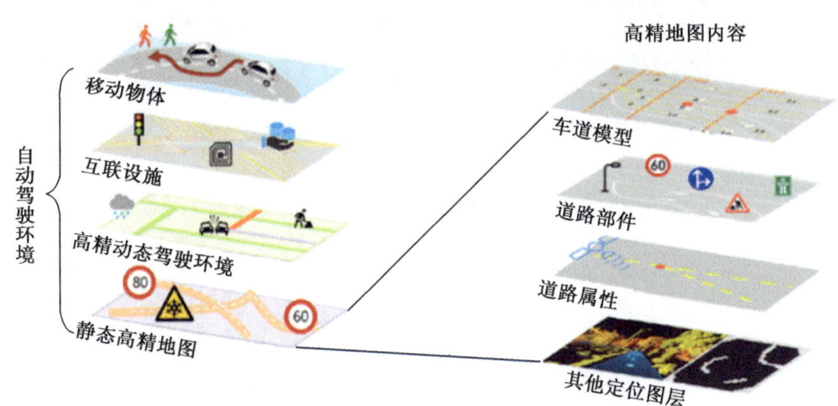

图 1-2　面向自动驾驶汽车的高清地图

1.1.3　车路网联与协同混合交通特性

车路网联混合交通环境下,可以实现任意时空组合下的人、车、路网络互联,所获得的信息种类和信息量大大增加。多源异构交通信息(图片、文字、视频)的涌现使得全息交通感知成为可能。同时,大范围的互联推动了交通系统开放,并提供了管理与控制的交互功能,重塑了传统的交通系统结构。以往的交通系统中难以体现的许多特性开始凸显,自组织、网络化、非线性、强耦合、泛随机、异粒度等成为问题的主要属性,也赋予了车路网联混合交通新特性。

考虑到车路网联混合交通系统的构成元素及其运行环境的高动态性,车路网联混合交通具备异质性、随机性、强耦合等特性。

1)异质性

异质性表现在不同类型车辆特性异质和车路网联混合交通系统中的车群形态异质两方面。

(1)车辆特性异质。

车辆特性异质具体表现为不同类型车辆的动力特性和运动特性异质,动力特性体现在轮胎附着力、发动机曲线、转矩、传动特性等。车辆动力学模型一般包括用于分析车辆平顺性的质量-弹簧-阻尼模型和分析车辆操纵稳定性的车辆-轮胎模型。车辆平顺性分析的重点是车辆的悬架特性。车辆操纵稳定性分析的重点是车辆纵向及侧向动力学特性。

不同车辆类型具备不同的动力学特性,如载货汽车和小型汽车由于车身结构差异,导致其受力分析结果不同,从而产生不同的车辆动力学模型,如图 1-3 所示。

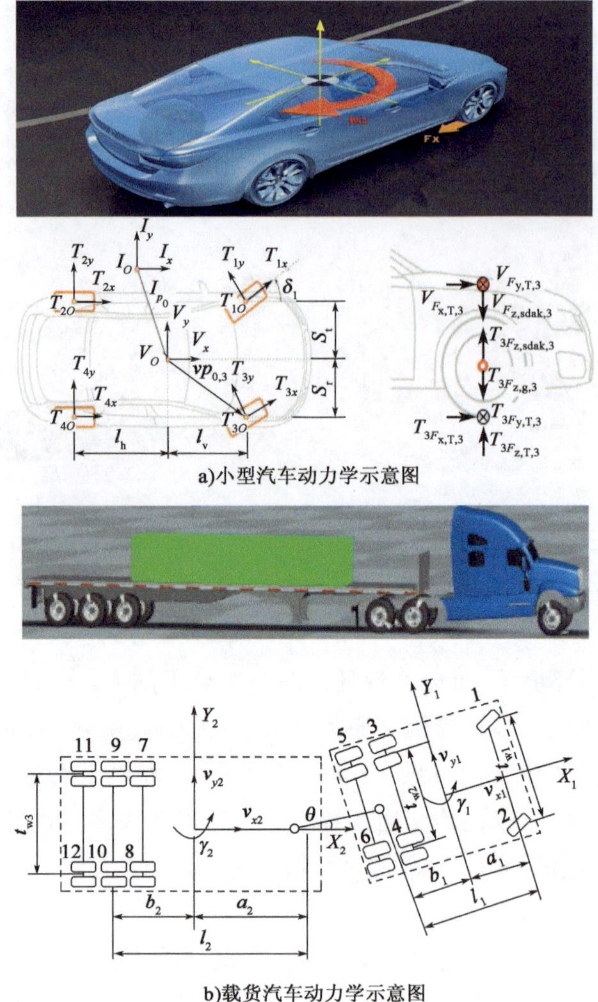

a)小型汽车动力学示意图

b)载货汽车动力学示意图

图1-3　不同车辆类型动力学示意图

运动特性体现在车辆转弯半径、换道能力、车体链接约束关系、加减速限制等。车辆运动学模型从几何学的角度研究车辆的运动规律,包括车辆的空间位姿、速度等随时间的变化。不同类型车辆由于其自身结构和动力学性能存在差异,导致其在运动特性上存在一定的差异。

(2)车群形态异质。

车群形态异质表现为混合车群中车辆运行状态的差异性,如车头间距、车头时距异质。车路网联混合交通由不同网联和自动驾驶等级的多类车辆组成,人、车、路互联互通拓展了车辆功能,使得相互通信的车辆具备协作能力,如协同式自适应巡航控制车队(Cooperative Adaptive Cruise Control,CACC),CACC 利用车-车通信,使车辆不仅可以通过传感器获得前方车辆的信息,还可以通过关键参数的车-车通信获得前车或更靠前车辆的信息,如位置、速度、加速度等。这样可以对前车行为变化及时应对,防止车辆制动和加速造成的交通流振荡以及放大。不同车辆形态示意如图 1-4 所示,车辆形成编队后,车队内部间距缩小,且车队内部车辆呈现异质性，存在不同等级自动驾驶车辆、载货汽车混合编队，混合车群形态异质还表现在稳定运行的 CACC 车队、常规车辆、网联自动驾驶车辆以及非稳定车队（正在形成或拆分）并存。

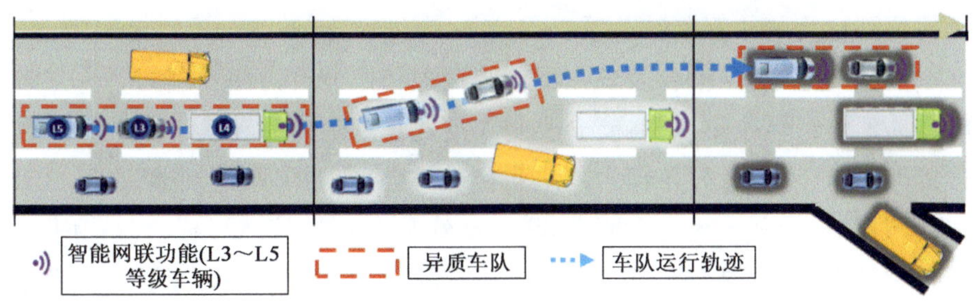

图 1-4 不同车辆形态示意图

2）随机性

随机性主要指混合交通流中人类驾驶的跟驰、换道等行为的不确定性。由于不同人类驾驶员在心理素质、操作熟练度、反应特性方面存在差异，即使是在同样的驾驶场景和行驶状态下，人类驾驶车辆的驾驶行为选择也会存在差异。在车路网联混合交通情况下，人类驾驶车辆的随机性会对车队产生干扰。一方面，人类驾驶车辆会根据自身的期望速度和驾驶习惯行驶，与 CACC 车辆缺乏协作，对车队的形成造成阻碍。另一方面，人类驾驶车辆在 CACC 编队中的穿插，使得即使形成混编车队，人类驾驶由速度波动产生的随机扰动仍存在，这些都将会造成车辆群体速度振荡，产生走走停停的交通波，进一步恶化道路交通，人类驾驶车辆扰动示意如图 1-5 所示。

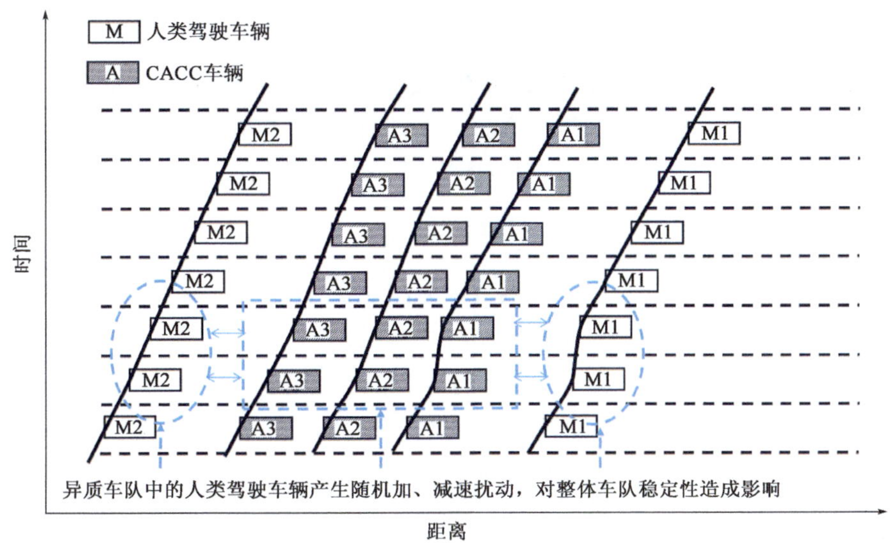

图 1-5 人类驾驶车辆扰动示意图

3)强耦合性

强耦合特性狭义来说是车辆控制存在纵横向耦合,由于车辆纵横向运动存在耦合影响,同时操控车辆转向盘和加速踏板、制动踏板将会造成较大位置偏差。广义来讲,强耦合还包括交通流中车辆间驾驶行为的相互制约关系。

车路网联混合交通中,强耦合表现在车辆间跟驰和换道行为相互制约。一方面,人类驾驶行为受网联自动驾驶车辆或车队影响,会改变人类驾驶跟驰模型和换道决策。如车队较长,相当于一辆载货汽车时,人类驾驶车辆的超车和换道将会变得困难,这种情况下,出于安全性考虑,车辆将会暂时跟车行驶。另一方面,网联自动驾驶车辆的编队形成、保持和拆分受到人类驾驶行为的影响和制约,且混合车群中人类随机驾驶行为会对车队运行形成干扰,如异质车队中的 CACC 车辆需要压缩空间来吸收人类驾驶车辆由于加、减速造成的扰动。

1.2 车路网联与协同混合交通系统感知特性

车路网联与协同环境下,先进的传感技术催生了多样的感知方式。同时,车路网联与协同混合交通系统对感知功能提出新要求,这些感知供需关系变化催生了新的感知特性。一方面,先进的传感技术极大提高了车载和路侧传感器的感知精度。另一方面,车路联网技术通过车车通信、车路通信,极大地拓展了感知视距和范围,通过车载-路端多传感器融合、高精度地图辅助、高精度定位,可以实现道路环境的全息精确感知。下面具体介绍车路网联与协同混合交通系统感知新特性:感知方式多样化、感知多维协同化。

1.2.1 感知方式多样化

传感器是感知系统的关键部件,用于感知信息的采集。车路网联与协同混合交通环境下,车载和路侧的感知依赖于布设的端传感器,两者的感知内容存在交叉但各有侧重。以下从路端、车端传感器种类以及工作原理对感知方式进行介绍。

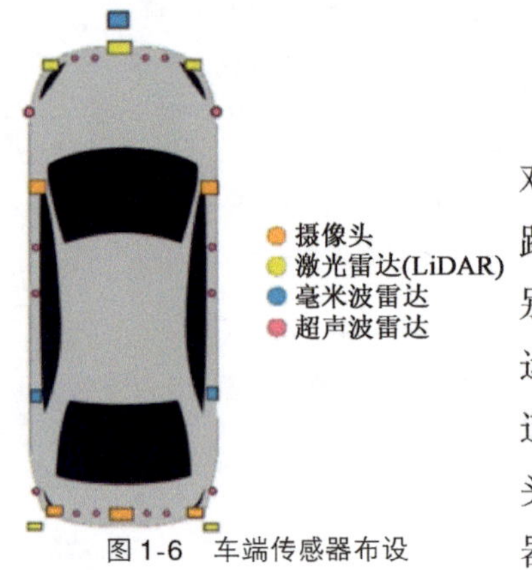

图 1-6 车端传感器布设

1)车端传感器

车端传感器侧重于对周围行驶环境的探测与理解,感知对象包括车辆的行驶路径、周围障碍物和行驶环境等。行驶路径感知包括可通行道路、标志牌、信号灯、车道线等的识别。周围障碍物一般指的是车辆行驶时所遇到的静止或者运动的物体,包括路障、行人等元素。行驶环境主要指的是道路情况、天气情况等。主流的车端传感器主要分为摄像头、激光雷达(LiDAR)、毫米波雷达和超声波雷达。各传感器布设如图 1-6 所示。

摄像头可为车辆带来色觉感知，雷达可以用来测距，超声波可用于近距离障碍物的感知，激光雷达可以提供可靠的3D环境信息。这些传感器各有优劣，详细对比见表1-4。

各类传感器对比　　表1-4

类　型	优　点	缺　点	数　据　量	探测范围
摄像头	1. 色彩及文字识别； 2. 较为廉价	1. 实现距离识别需要双目摄像头； 2. 设置困难； 3. 需要增加必要的频域； 4. 图像识别	720p30 = 664Mbit/s， 1080p60 = 4Gibit/s（对压缩方式的依赖性高）	多样
LiDAR	1. 长距离（>150m）视野广； 2. 可掌控空间信息	1. 难以直接掌握速度； 2. 昂贵	1. 3MPOD/s（Points of Data Per Second）<100 Mbit/s	200m
毫米波雷达	1. 掌握正确的距离； 2. 可应用于移动物体	视野范围与LiDAR相比较小	5MHz<100Mbit/s	20～100m
超声波雷达	廉价	1. 低分辨率； 2. 低速度	低	2m

针对车路网联与协同混合交通系统，车端各传感器的使用案例总结如表1-5所示。

传感器在交通系统的使用案例　　表1-5

类　型	使用案例
摄像头	1. 车道线识别； 2. 行人识别； 3. 交通标志识别； 4. 泊车辅助； 5. 掌握驾驶员状况
LiDAR	获取车辆周边的建筑物形状数据
毫米波雷达	1. 自适应巡航控制（ACC）； 2. 碰撞警告； 3. 交通堵塞时的行驶辅助； 4. 视觉盲区识别
超声波雷达	1. 后向行驶辅助； 2. 泊车辅助； 3. 可识别探测对象的速度

2）车端高精度定位与建图感知

实际道路环境具备高动态、反随机的复杂特性，单单依靠传感器实时感知输入进行决策控制并不可靠。自动驾驶汽车也可以利用外部地理空间数据源，如厘米级的动态高清地图，为汽车的传感器提供一些地理远见信息，使其能够计算相对于固定地标的精确位置。然而，并非所有路况皆具备高精度地图，且由于成本和现有技术限制，地图更新频率远跟不上现实世界的变化。因此,车辆的高精度定位及动态建图显得尤为重要。

(1)高精度定位。

传感器感知为自动驾驶车辆提供周边环境信息,但还不可缺少大范围环境感知以及全局环境的高精度定位。通过将GPS、伽利略全球卫星导航系统和北斗等全球导航卫星系统(Global Navigation Satellite System,GNSS)与实时运动学(Real-Time Kinematic,RTK)技术相结合,可以实现高精度定位。RTK是一种使用接收器测量卫星信号载波相位的技术。这些测量信号与来自本地或虚拟基站的校正相结合,可使接收器能够解决载波模糊问题,并向最终用户(通常是称为流动站的移动设备)提供厘米级的精确位置信息。高精度定位原理如图1-7所示。

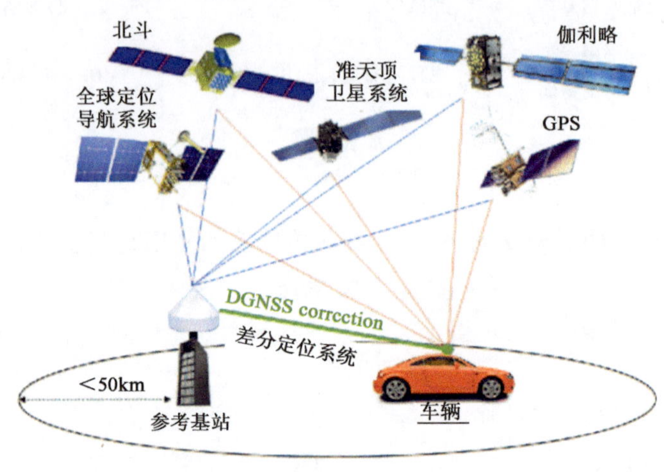

图1-7　高精度定位原理

高精度定位系统的应用可以实现车辆位置、速度、航向等信息的反馈,为车辆提供全局定位、路线引导等功能,将车辆与环境有机结合,规划行车路径,提高行驶平顺性和经济性。车辆常用的定位导航包括GPS导航、磁导航和惯性导航,它们之间的对比见表1-6。

定位技术对比　　表1-6

名　称	优　势	劣　势
GPS导航	全天候、全球性、无积累误差、三维定位精度高	数据更新频率低,载体高速运动、受遮挡时,易丢失卫星信号,导致误差大,甚至无法定位
磁导航	稳定可靠、定位精度高,不受温度、天气及周边环境影响	道路铺设导线成本高,不易在城市道路广泛推广,长距离电磁导航需要消耗大量电能
惯性导航	独立导航性,数据更新频率高,短期精度高,全天候工作,良好的屏蔽性和较强的抗干扰性	误差随时间累积,长时间使用导航精度降低

(2)动态建图。

动态建图根据更新频率可以分为高清地图的动态更新和实时的同步定位与制图方法(Simultaneous Localization and Mapping,SLAM)两类。

高清地图的动态更新是基于高精度定位技术，通过车辆分层冗余形式的位置感知，克服局部感知数据中的歧义或错误。同时，传感器数据将输入并改进、更新高精度地图，并可以向云网络上的所有车辆发送实时更新数据，从而共享最新地图信息。许多公司都在构建这样的地图，包括 Alphabet 的 Waymo、德国汽车制造商的 HERE、英特尔的 Mobileye 和福特资助的初创公司 Civil Maps 等。这些公司搭载激光雷达的汽车上路行驶，从合作货物运输公司收集“探测数据”，并从配备特殊装备的私家车中获取众包信息。同时，利用人工智能、人类工程师和消费者“地面实况”服务来注释和提炼捕获的图像中有意义的信息。然而，在整个网络中实现实时“真相”，需要克服数据基础设施的限制。数据收集、处理、传输和驱动的速率受到蜂窝带宽和机载计算能力的限制。Mobileye 正试图通过将新地图信息压缩到“路段数据”胶囊中来加快速度，该胶囊可以在云端的主地图和现场的汽车之间推送，可以及时反映现实世界的变化。日本政府也大力支持自动驾驶通用服务的战略创新计划（SIP-adus 计划），以支持自动驾驶汽车上路，配备动态地图系统，结合实时、带有高清 3D 地图库的动态信息，为自动驾驶提供“一站式”信息源。

SLAM 指搭载特定传感器的主体，在没有环境先验信息的情况下，于运动过程中建立环境的模型，同时估计自己的运动。SLAM 本质上是一种复杂的算法，用于映射未知环境。SLAM 可以同时定位（在地图中定位自己）和建图（创建该位置的虚拟地图）。传感器可以使用视觉数据，也可以使用惯性测量单元（Inertial Measurement Unit，IMU）的不可见数据源和基本位置数据，设备计算它所在的“最佳估计”位置。随着每隔几秒收集一次新的位置信息，特征就会对齐，并且估计会得到改进。

视觉 SLAM，也称为 vSLAM（Visual SLAM），仅使用来自摄像头的视觉输入，计算设备相对于周围环境的位置和方向，同时映射环境。vSLAM 通常通过连续的相机帧跟踪兴趣点以对相机的 3D 位置进行三角测量，然后使用此信息构建 3D 地图。视觉 SLAM 示意如图 1-8 所示。

基于 LiDAR 的 SLAM 系统使用激光传感器生成其环境的 3D 地图。LiDAR 可实现光探测和测距，通过使用主动激光“脉冲”照射物体来测量与物体（例如墙壁或椅子腿）的距离。LiDAR 是一种既快速又准确的方法，可用于各种环境和条件。基于 LiDAR 的 SLAM 示意如图 1-9 所示。

图 1-8 视觉 SLAM 示意图

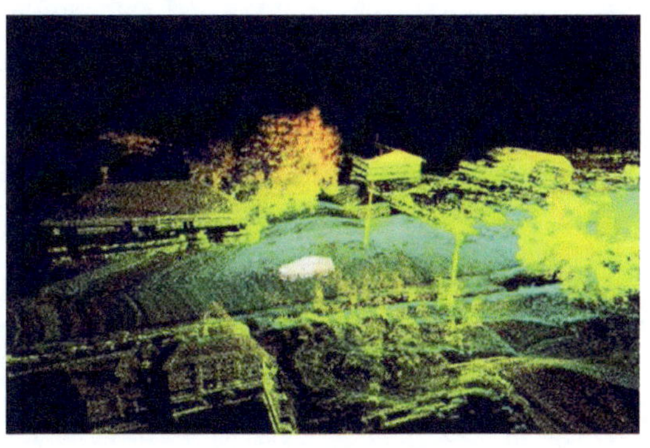

图 1-9 基于 LiDAR 的 SLAM 示意图

无论是基于视觉还是 LiDAR 的 SLAM 都离不开核心算法的支持，目前自动驾驶涉及的 SLAM 算法对比见表 1-7。

自动驾驶涉及的 SLAM 算法对比　　表 1-7

算　法	原　理	优　点	缺　点
基于直接法的大范围单目 SLAM（Large-Scale Direct Monocular SLAM，LSD-SLAM）	以高密度处理有限目标区域内的数据，忽略无纹理区域，因为很难从这些图像中估计准确的深度数据	实时识别街景，直接在车内处理，半密集图片识别	没有考虑整张地图的几何一致性，重建区域仅限于高强度梯度区域
实时单摄像机 SLAM（Real-Time Single Camera，MonoSLAM）	未知环境的相机运动和 3D 结构，使用扩展卡尔曼滤波器同时处理	逆深度参数化，根据相机移动，新特征同时添加到状态向量中	计算能力取决于环境的大小，在大型环境中，状态向量会随着特征点数量的增加而增加，很难实现实时计算
定向 FAST 和旋转 BRIEF（Oriented FAST and Rotated BRIEF）	最完整的基于特征的单目 vSLAM，具有基于立体的识别，包括多线程跟踪、映射和闭环检测，并使用姿势图来优化地图。计算相机轨迹和稀疏 3D 环境（在具有真实比例的立体和 RGB-D 情况下），它能够实时监测环路并重新定位相机图像	是一种开源算法，可以用于不同的本地环境，闭环稳定性高，它可以在街景中同时处理 30fps 的高清视频流和 2K～4K 功能	动态环境会破坏稳定性。它不能以平滑和梯度特征运行，高度依赖于密度
单目半直接视觉里程计（Semi-direct Visual Odoemtry，SVO）	跟踪由特征点匹配完成后，映射是由直接的方法来完成。Lucas-Kanade 跟踪器用作特征描述符来查找对应关系	精确、稳健且更快的最先进方法，半直接方法消除了对用于运动估计的昂贵特征提取和鲁棒匹配技术的需要。算法直接对像素强度进行操作，从而在高帧速率下实现亚像素精度	通过最小化与特征点相关的光度误差来估计相机运动，但难以在整个 3D 图片中划分输入图像
稠密的实时跟踪和建图（Dense Tracking and Mapping in Real-Time，DTAM）	通过将输入图像与从重建地图生成的合成视图图像进行比较来完成跟踪，初始深度图是使用立体传感器创建的	地图初始化由立体测量完成，使用多基线立体估计每个像素的深度信息，然后通过考虑空间连续性对其进行优化	需要构建初始地图所需的初始数据，以进一步检查对应关系

3）路端传感器

路端感知也是车路网联与协同混合交通系统感知的重要部分。路侧基础设施通常布置于路侧杆件上，主要包括路侧单元（Road Side Unit，RSU）、路侧通信单元（Roadside Communications Unit，RCU）、路侧感知设备（如摄像头、毫米波雷达、激光雷达）和交通信号设施（如红绿灯）等，以实现车路互联互通、环境感知、局部辅助定位、交通信号实时获取等功能。

路端传感器根据其位置布设可以分为两类：侵入式和非侵入性。侵入式传感器安装在路面上。它们具有很高的准确性,但安装和维护成本也很高。基本上,侵入式传感器(如图1-10)可分为三类:①无源磁力传感器,通过有线或无线方式连接到处理单元;②气动式传感器,通过有线或无线媒体将数据传输到处理单元的道路对面;③感应线圈,通过埋在道路中的线圈将数据发送到处理单元。

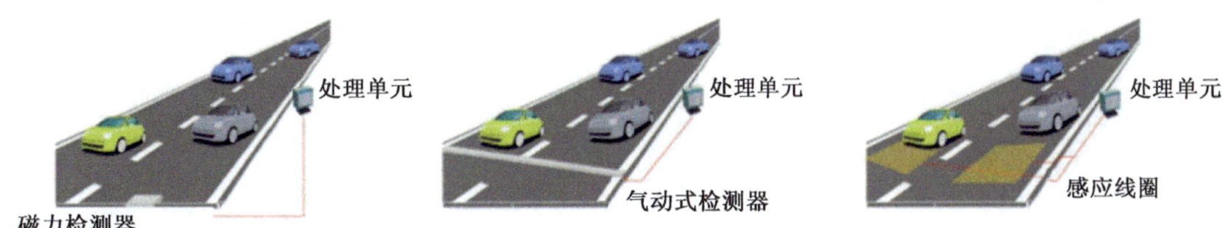

图1-10 侵入式道路传感器

侵入式道路传感器技术较为成熟,常用于交通控制系统。然而,这类传感器也存在一些缺点,主要是安装成本高,安装、维护和维修期间交通须中断。为克服上述缺点而实施的一种解决方案是引入无线电池供电的传感器节点取代侵入式传感器并安装在人行道上。这项技术体现了交通传感器的变化,以较低成本的解决方案,提高从道路收集数据的质量、数量、准确性和可信度。

非侵入式传感器安装在道路上的不同位置(除了路面上,区别于侵入式传感器),如图1-11所示。该类传感器可以检测车辆的过境和其他参数,如车速、车道覆盖情况。然而,非侵入式传感器价格昂贵并且可能受环境条件的影响。一般情况下,非侵入式传感器用于开发提供选定位置信息的应用程序,例如交通信号灯处的队列检测、交通状况、天气状况和路面状况。有些传感器安装在路侧桅杆上,用于监测特定的覆盖区域。有些传感器安装在路面上方的横梁上,监测区域正下方。有些传感器对称地放置在道路的两侧,主要用于监测单车道和单向车流,因为它们非常容易受到来自其他对象的干扰。

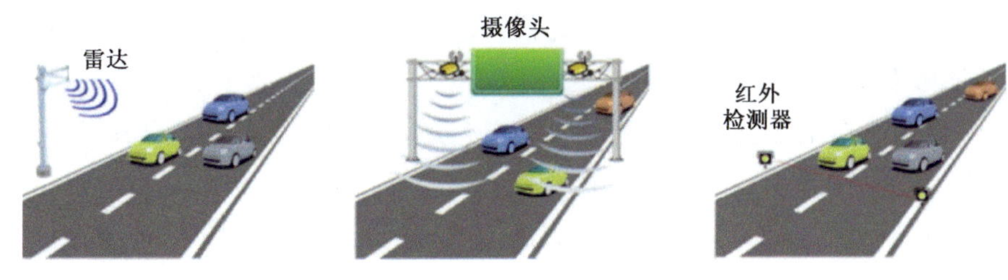

图1-11 非侵入式道路传感器

非侵入式传感器具有侵入式传感器的许多功能,而且安装难度小。但是,它们受气候条件的影响很大,例如雪、雨和雾等。非侵入式传感器更容易被驾驶员发现,从而产生异样反应。例如:驾驶员在发现这些设备后减速、使用正确的车道等。目前面临的挑战不仅在于安装这些传感器,还在于要基于收集到的数据减少驾驶员的反应时间,并为他们提供更准确的背景和现实视图的道路。

目前使用的道路传感器,主要用于车辆的计数、车辆分类或道路条件监测等。两类道路传感器对比见表1-8。

道路传感器对比 表 1-8

分类	传感器类型	用　途
侵入式传感器	气动式传感器	用于跟踪车辆的数量、车辆分类
	感应线圈	用于监测车辆的移动、存在、计数和车道占有率,产生的信号被记录在一个路边的设备
	磁力传感器	用于监测车辆的存在,识别停止和移动车辆
非侵入式传感器	摄像机	监测跨越多条车道的车辆,可以对车辆的长度分类,报告车辆的存在、流量、占用率和速度
	雷达传感器	车辆流量和速度测量,监测车辆的运动方向,应用于管理交通信号灯
	红外线	测量速度、车辆长度、车辆数量和车道占用率

1.2.2 感知多维协同化

车路网联与协同混合交通系统群体决策和控制非常依赖于对周围环境的精确感知。不同传感器在检测范围、检测能力和可靠性方面或多或少存在缺陷和不足,因此需要进行传感器的融合来提供安全感知环境所需的冗余。当两个异构传感器(例如摄像头和雷达)组合在一起时,称为传感器融合。实际应用中,路侧和车端会采用多于两类的传感器进行融合感知。

1)多传感器融合

以往自动驾驶车辆配备多种类型的传感器,如摄像头、毫米波雷达、超声波雷达、激光雷达等。毫米波雷达使用电磁波来检测物体,而激光雷达使用光波,由于光波波长更短,激光雷达比波雷达更准确,尽管后者用于检测距离至关重要,但不能检测物体的确切尺寸和形状。每种类型的传感器都有其局限性,例如眩光会使视频失真、雷达的视觉能力较差、超声波的距离感知不长,还有激光雷达无法应对恶劣天气。为了使自动驾驶汽车适合道路行驶,其感知必须足够准确,以便能够对各种距离的任何物体进行分类。

环境感知需要选择不同类型的传感器,以获得环境的详细描述和准确识别感兴趣的对象。车辆感知由两个主要任务组成:同时定位和地图构建(Simultaneous Localization and Mapping, SLAM),它生成环境地图,同时在内部定位车辆地图,给出传感器的所有测量值。移动障碍物的检测和跟踪(Detection and Tracking of Moving Obstacles, DATMO)模块用来检测并跟踪周围的移动物体(如车辆)并估计它们未来的行为。图 1-12 显示了感知任务的框架,其主要由两部分组成:SLAM 和 DATMO。感知任务提供的环境模型通常由车辆的位置、静态物体的地图和一个列表组成移动物体。

感知系统架构设计源于现实的感知需求。一方面,对不完整信息的管理是感知系统的重要要求。信息不全可以源于传感器相关的原因,例如校准问题、硬件故障、不确定检测和异步扫描;或者来自场景扰动,例如遮挡、天气问题和物体移动。跟踪过程假设其输入信息唯一对应于移动对象,然后关注数据关联和跟踪问题。然而,在大多数真实的户外场景中,这些输入信息包括非移动检测，例如噪声检测或静态对象。正确检测移动物体是运动目标跟踪系统的关键。通常，这项任务通过多种传感器来完成。另一方面，了解自我车辆周围的物体类别可以更好地了解驾驶情况。分类被视为 DATMO 任务中的一项单独任务或作为最终感知输出的聚合信息，有助于丰富检测包括不同传感器视图的信息环境，例如激光雷达提供的影响点和相机提供的图像块。类的证明对象可以提供辨别、确认和质疑的提示数据关联。此外，知道移动的类对象有利于运动模型的学习和跟踪。早期从不同传感器收集的感兴趣对象的分类信息，通过减少误报检测和错误分类，可以提高它们的检测和跟踪精度。

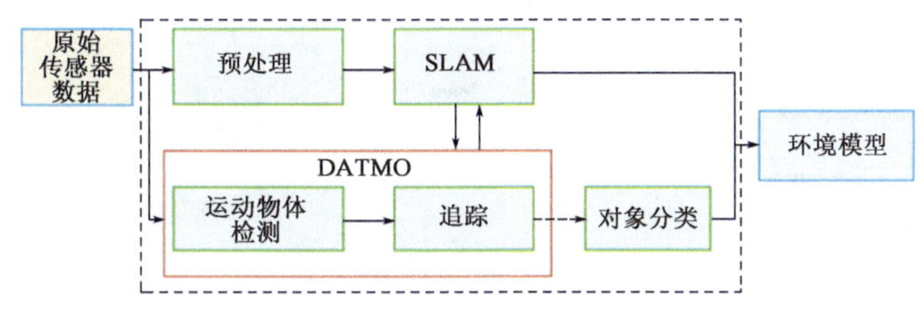

图 1-12　感知任务框架

传感器融合存在不同水平和不同级别。图 1-13 显示了感知系统内部的不同融合水平。SLAM 中执行低级融合，DATMO 中执行组件、检测和轨迹级融合。在检测级别，融合在由单独传感器提供的运动对象检测列表之间执行。在追踪级别，来自单个传感器的追踪列表被融合以产生最终的追踪列表。

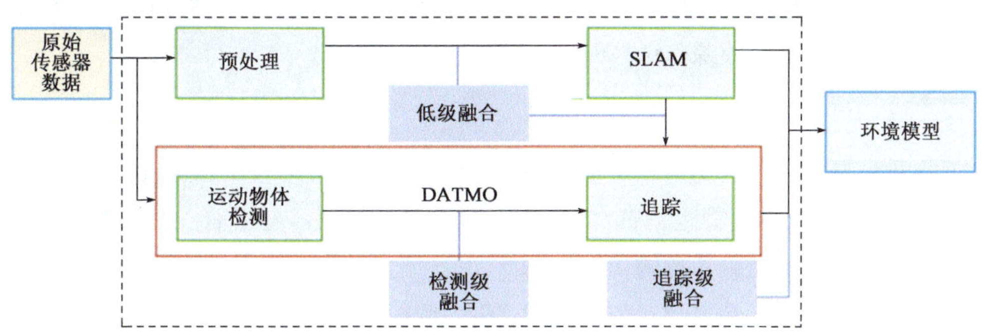

图 1-13　不同水平的感知融合

不同水平的感知融合主要包括两部分：一部分是轨迹级别的多传感器融合，需要更新来自每个传感器的轨迹列表，将它们融合成一个组合轨迹列表，其重点是轨迹列表之间的关联问题，并且实施随机机制以结合相关对象，通过在此级别使用有效的融合策略，可以减少错误轨迹，该级别的特点是将分类信息作为最终输出的补充；另一部分是检测级别的融合，旨在收集和组合来自传感器检测的早期数据，以减少误检测的数量避免导致错误的轨迹，此外，该部分工作侧重于处理主动和被动传感器的数据冗余，并遵循物理或学习约束以增加目标检测的确定性。

目前，通过多传感器融合来提升感知精度是公认的有效解决方案，其融合原理如图 1-14 所示。

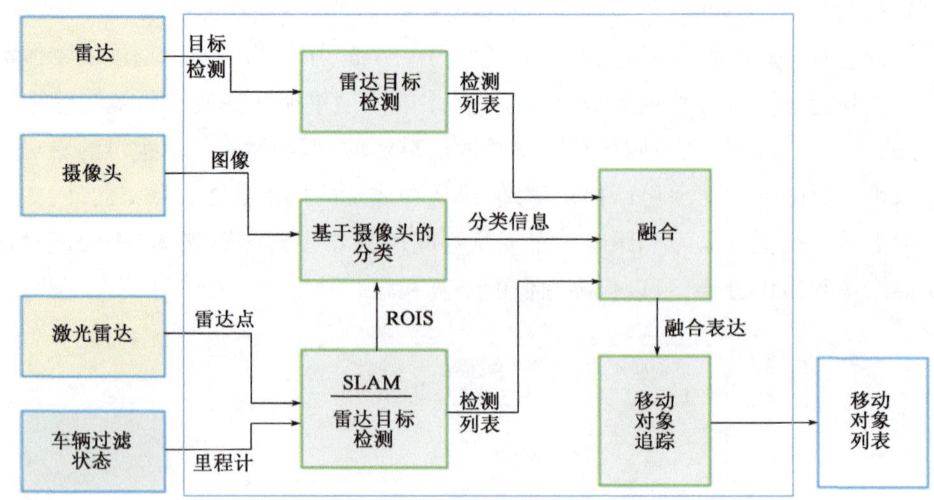

图1-14　多传感器感知融合示意图

图1-14是目前流行的感知系统示意图,显示了检测和分类模块间的交互。感知系统的目标是检测、分类和跟踪出现的移动对象。融合模块的输入是源于激光雷达、雷达和摄像头三个传感器检测物体的三个列表。每个对象都由其位置、大小和证据表示类假设的分布。从形状、相对速度和视觉外观检测获取类信息。激光雷达和雷达数据用于执行移动物体检测,并与图像数据合作,提取对象分类。复合对象的三个列表描述由融合方法获取并交付给跟踪算法。融合方法的最终输出包含一个融合的对象检测列表,将用于跟踪模块估计运动物体的状态和交付移动障碍物的检测及跟踪(DATMO)解决方案的最终输出。

2)路车端协同感知

在车路网联与协同混合交通系统中,不同车辆和路侧设备通过无线通信共享由本地环境感知传感器(如雷达或激光雷达)获取的对象数据。多源传感器的融合,可以进一步提升单侧传感器的感知精度并扩大感知范围。

路车端协同感知目标是实现对象级识别、超视距感知、毫秒级计算和支持全域级控制。对象级识别指的是对所有交通参与者进行感知理解,感知精度达到亚米级,所提供的路侧感知信息可与高级别自动驾驶实现决策闭环。超视距感知指的是路侧设备采集全局路网图像,播发全量车辆位置、速度等信息,有效扩大车辆视距,避免盲区。毫秒级计算指的是为L4级自动驾驶车辆在多场景下测试提供全量、连续、多模态的低时延数据服务。支持全域级控制指的是通过城市级全时空动态交通信息采集与云端融合,为交通参与者和交通管理者实现全局最优的协同控制能力。

在车路网联混合交通系统中,路车端协同感知根据路车融合控制不同应用场景感知精度、范围、可靠性等需求的差异性,确定感知任务定位、切分的时空粒度,形成车载级动态感知、路段级集中式感知、区域级分布式感知分层,信息采集、融合与计算一体化的协同感知通用框架,这是路车端协同感知的关键问题。路车端协同感知如图1-15所示。

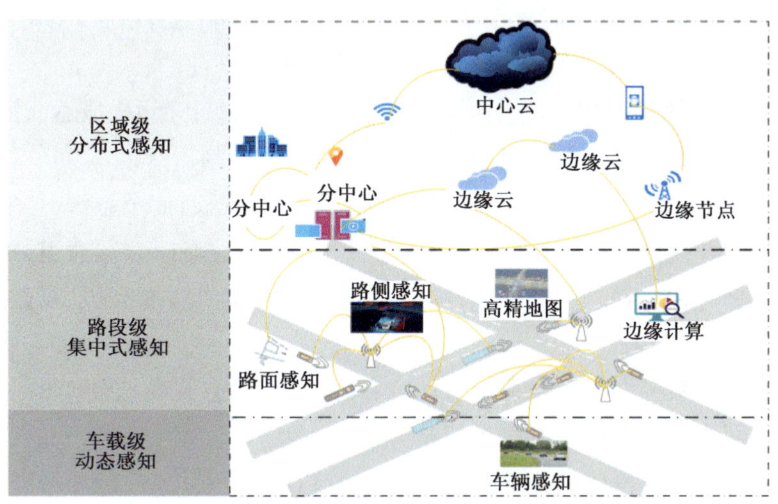

图1-15 路车端协同感知示意图

1.3 车路网联与协同混合交通系统控制特性

车路网联与协同混合交通系统属于典型的具有群体智能特征的复杂系统。车车互联、车路互联使得交通系统规模与覆盖范围不断扩大,道路上车辆间无主次之分、运行过程无统一目标、优化分析时无系统边缘,因此,混合交通群体的协同控制将发生根本性的变化。以下从控制系统架构、群体决策、群体控制层面进行阐述。

1.3.1 多层耦合控制系统架构

车路网联与协同混合交通系统的无边界特性,带来车辆群体控制的维数和计算爆炸难题,因此,新型混合交通系统一般采用分层耦合控制架构,并辅以总体分布式、局部集中动态式控制策略。

1)分布式控制

分布式控制系统主要是以微处理器作为基础,采用控制功能分散、显示操作集中,还兼顾分而自治的综合协同。分布式控制系统具有以下4个特点:

(1)分级递阶式控制。即采用分级递阶控制的方法,将水平分解功能化解为垂直分解、同时分散结构。其中,所有的数据储存、计算独立进行,在控制现场对输入输出的数据进行合理处理,减少信息的传输,从而提高了数据处理能力。通过数据接口和通信协议关联,这种控制分散和信息集中的机构让系统分散协作,既可提高系统的安全性,又可以提高系统运行效率。

(2)分散控制。在整体架构上分布式控制系统采用的是算力分散结构,能够实现分散控制。在路端和车端安装控制器,能减少信号传输的干扰。功能上分散控制,每个控制器都能独立完成自己的功能,让系统的故障分散,从而提升系统的可靠性。

(3)集中监控。系统需要在多个操作站(车、路、云端等)上存取、显示、计算,全面集中监控所有控制过程的变量及其参数,实现直接远程操作每个控制器。

(4)结合控制。一方面,分布式控制系统拥有高速的数据通信子系统,可实现不同控制器和监控计算机与管理计算机的综合控制;另一方面,系统通过高速数据通道,把不同的控制器关联起来,进行协调控制。此外,系统可以监控其他设备,完成功能高级、复杂的控制算法,实现整体的优化。

分布式交通控制系统框架适合采用总体分布式、局部动态式的控制架构,如图 1-16 所示。中央处理器对路网交通信号控制方案进行整体优化,各路口根据实际情况进行局部决策优化,包括信号配时方案和车辆群体轨迹规划。控制分中心相当于边缘云计算节点,可以提高局部路网的系统优化计算效率。此外,依托车载计算功能,基于群体智能、分布式系统等相关理论,各路口车辆群体进行自组织协调控制。分布式架构使得新型混合交通群体系统对局部个体失效和故障不敏感,系统具有强鲁棒性。

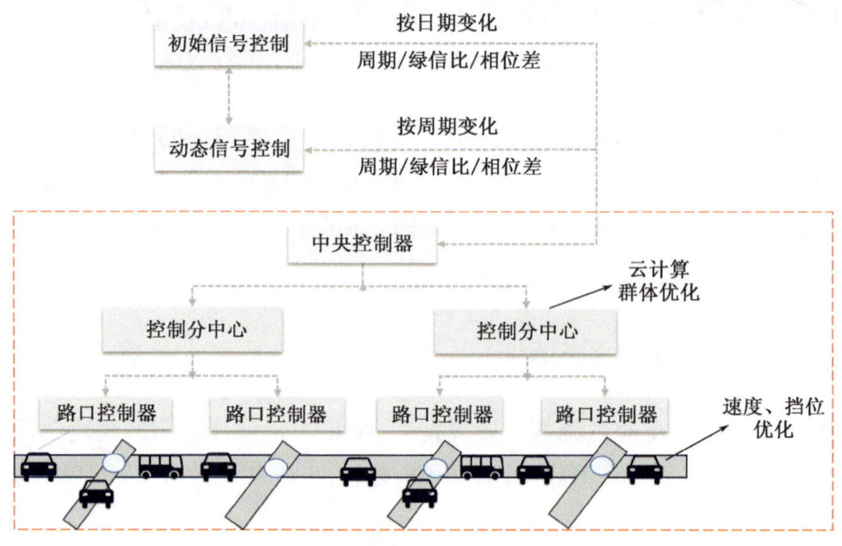

图 1-16　交通系统分布式控制示意图

2)车-路-云一体化融合控制系统框架

车路网联与协同混合交通系统控制需要车-路-云端在通信、计算等方面分工协作,其控制系统是一个复杂的信息物理系统,由网联式自动驾驶汽车与其他交通参与者、路侧基础设施、云控基础平台、云控应用平台、保证系统发挥作用的相关支撑平台,以及贯穿整个系统各个部分的通信网等部分组成,系统架构及组成如图 1-17 所示。

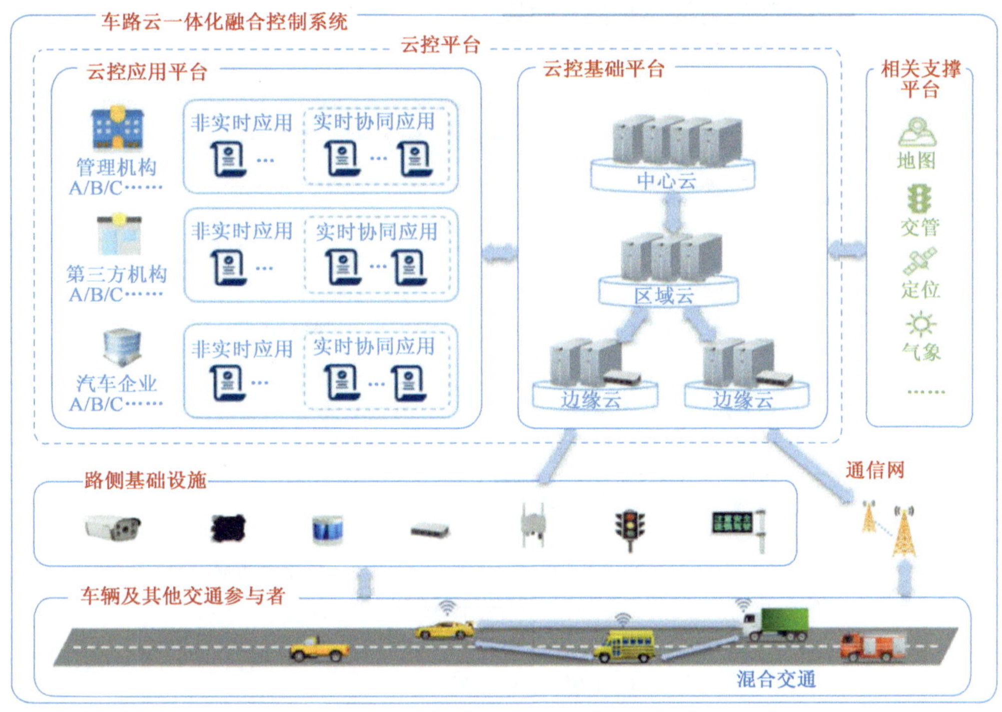

图 1-17 车-路-云一体化融合交通控制系统架构及组成示意图

从图 1-17 可以看出,车辆及其他交通参与者的信息既可以由路侧基础设施采集和处理后上传至云控基础平台,也可以由无线通信网直接上传至云控基础平台。云控基础平台结合地图、交通管理、气象和定位等平台的相关数据,对汇聚于云控基础平台的车辆和道路交通动态信息按需进行综合处理后,以标准化分级共享的方式支撑不同时延要求下的云控应用需求,形成面向智能网联汽车产业实际应用的云控应用平台,为车辆增强安全行驶、节约能耗并提升区域交通效率提供服务;汽车企业、第三方机构以及相关管理部门已有的交通、智能网联汽车服务平台,通过云控基础平台无须追加基础设施建设,即可便捷地获得更为全面的交通基础数据以提升其服务能力。在整个云控系统架构中,通信网根据各部分之间标准化信息传输与交互的要求,将各组成部分以安全、高效和可靠的方式有机联系在一起,以保障云控系统成为逻辑协同、物理分散、可支撑智能网联汽车产业发展的信息物理系统。从上述组成及组成部分之间的关系可以看出,云控基础平台是云控系统的关键,是汽车由单纯的交通运输工具逐步转变为智能移动空间和应用终端的核心。

1.3.2 全局最优群体协同决策

车路网联与协同交通系统的车车互联、车路互联,实现信息共享与反馈,所采用的分布式控制框架可以并发处理车辆群体需求指令,支持车辆群体意图预测、博弈仲裁、引导调度等协同决策的全局优化。目前,典型的决策设计方案有两类:分层式和端到端式。

分层式车辆群体决策方案如图1-18所示。分层式决策过程分为三层：认知层、任务层和规划层。

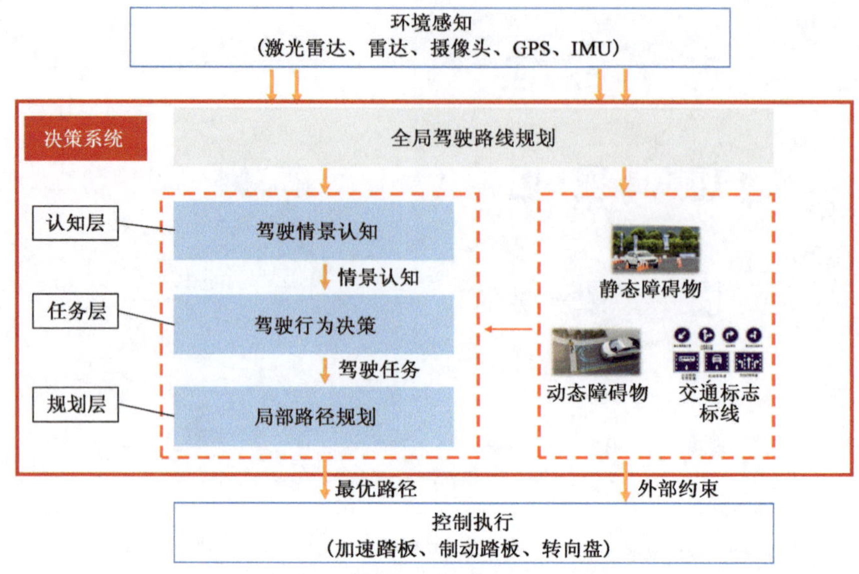

图1-18 分层式车辆群体决策方案示意图

(1)认知层。在考虑外部环境约束(障碍物、交通标志标线等)的前提下，认知层主要是对驾驶情景的认知，包括对周围车辆行为的预测。情景认知输出对本车所处驾驶环境的认识与理解，包括交通流状态划分(如稀疏、稠密等)、交通参与者的博弈状态(如抢出匝道等)等，基于此对周围车辆未来一段时间的状态与轨迹进行预测。

(2)任务层。主要是驾驶行为决策，行为选择则输出某一类型的驾驶行为(如超车、换道、迫近、跟车、自由直行、掉头等)。

(3)规划层。主要统筹车辆群体利益，对车辆进行局部路径的规划决策。

分层式决策方案的优势在于复杂问题可分解、任务可分工、易于模块化，因此决策算法可控性高，可解释性强，便于工程实现；缺点在于语义化后感知信息存在损失，而且人工定义难以涵盖所有的场景和行为。这是因为对周围环境的精准感知和预测是进行决策规划的基础，道路场景的复杂性、交通流的动态性、驾驶行为的随机性以及交通参与者之间的博弈性，导致交通状况瞬息万变，难以预测。交通参与者意图和行为的随机性，也增加了预测难度，寻找各式道路结构、交通规则、交通信号约束下的自主决策规则是十分困难的。

端到端式决策方案则将决策过程作为不可分解的整体模块，主要包括监督学习型和强化学习型两类。

监督学习型决策是利用深度神经网络或卷积神经网络(Convolutional Neural Network，CNN)模仿优秀驾驶员的驾驶行为。它的输入是三个前向摄像头的信息，可利用深度神经网络或卷积神经网络，输出学习到的转向盘转角信息等。监督学习对驾驶员数据的需求量十分大,需要涵盖所有的驾驶场景,而且训练深度神经网络的难度也比较大。图1-19给出了卷积神经网络训练框架。

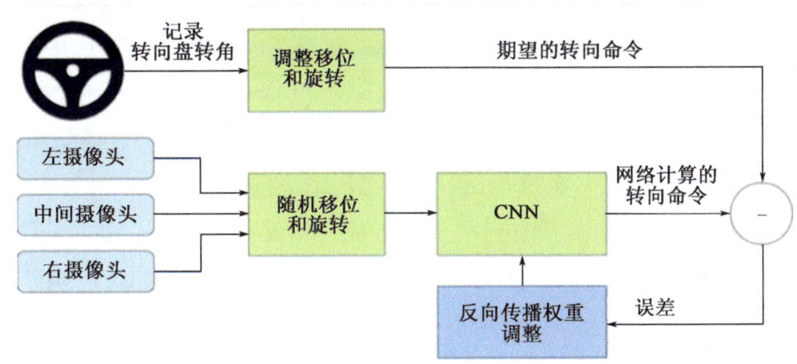

图1-19 卷积神经网络训练框架

整个端到端系统的数据来源只有摄像头(左中右位置是为了捕获完整的前向路面信息)和人类驾驶员的转向操作。CNN卷积神经网络通过卷积层处理视觉信息,由全连接层给出一个基于以前学习经验得出的转向盘角度/转向命令,同时,对比实际的人类驾驶员操作和CNN的输出,此结果/偏差被反馈到CNN校正黑盒状态下的全连接层参数。虽然具体的参数/系数个数尚未可知,但反向传播权重调整策略在许多CNN的实现中都被证明是有效的。因此,在这个框架中,只要提供足够的训练数据,即携带有摄像头的人类驾驶车辆累计行驶里程,再加上人为创造系统(封闭、半封闭测试)或者仿真系统的"极限"道路状态,以及偏离道路标线的各种工况,使CNN得到充分地训练,决策效果将倍加。

强化学习是另外一类端到端的决策方法。它是以"试错"的方式进行学习,通过与环境进行交互获得的奖赏(例如高安全性、高舒适性、高节油性等)指导驾驶行为,其目标是使本车完成某一决策任务,获得最大的累计奖赏,使智能网联汽车不断提高驾驶技能,输出最优的驾驶决策。强化学习不依赖标签数据,对数据利用率也更高,是自动驾驶决策方法的研究热点。

综上,对于现阶段的决策框架,分层式框架是基于规则的行为决策,较为简单,但灵活性不足。端到端决策框架中的深度或卷积神经网络,能够很好地处理难以显性表达的场景特征,但很难在参数调整之上的逻辑层面改善系统性能。分层式框架和端到端深度学习方法融合,将自主学习与先验知识(道路结构、车辆动力学模型、驾驶经验、规则等)进行融合是未来的发展趋势。此外,由于车载计算资源有限,可以利用云等资源获取更多环境信息,分担计算载荷,这也是下一步的发展方向。

1.3.3 异步协同群体智能控制

执行控制是车路网联与协同混合交通系统群体控制真正落地的基础,如果说群体决策相当于驾驶员的大脑,而执行控制就好比驾驶员的手脚。规划决策不能和执行控制剥离,对执行控制缺乏了解,决策就会无从做起。

狭义的控制指的是车路网联与协同混合交通系统中的车辆控制。车辆控制中各个操控系统通过总线与决策系统连接，按照决策系统发出的总线指令精确地控制加速踏板、转向盘转角等。先进的驾驶辅助系统（Advanced Driver-assistance Systems，ADAS）时代，大多数智能驾驶技术都集中于制动技术，例如电子助力转向（EPS）、智能制动系统（IBS）、电子车身稳定系统（ESC）、自动紧急制动系统（AEB）等。其中，IBS、EPS 和 ESC 打造底盘执行机构的"铁三角"，AEB 通过对环境感知信息进行处理下达执行机构命令实现最终的自动制动功能。IBS、EPS 分别作为纵向控制和横向控制的主要执行机构，而 ESC 作为转向和制动的备份系统提供双重保险。这些特定功能通过车辆的电子控制单元（Electronic Control Unit，ECU）来实现，允许 ECU 相互通信的车内网络称为控制器局域网（Controller Area Network，CAN），基于 CAN 总线的线控技术包括线控节气门、线控制动、线控转向、线控挡位、线控声光和线控驻车等。而这些 ECU 的布设方式则称为电子电气架构。

传统的汽车电子电气架构是分布式的，汽车里的各个 ECU 都是通过 CAN 和 LIN 总线连接在一起，现代汽车里的 ECU 迅速增加到了几十个甚至上百个，对分布式架构提出了挑战，汽车电子电气架构越来越向集中式靠拢。分布式电子电气架构如图 1-20 所示。

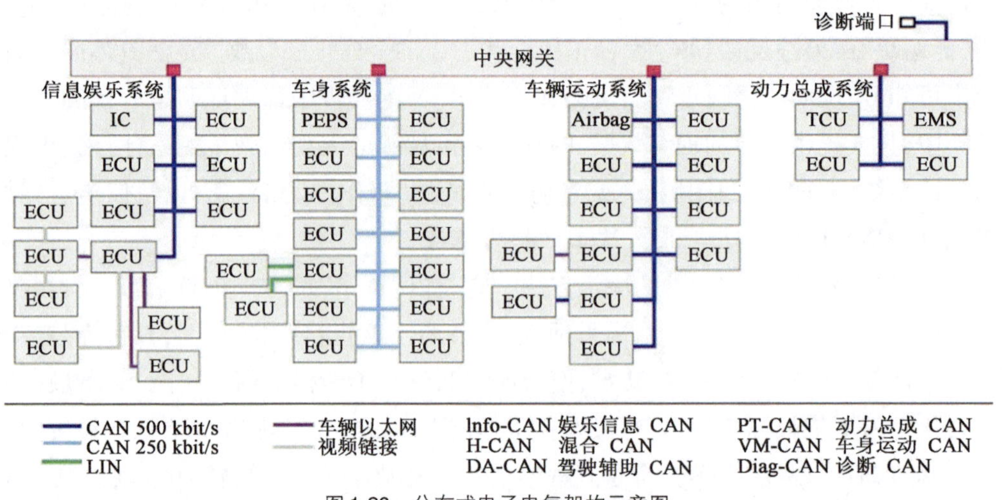

图 1-20 分布式电子电气架构示意图

为解决信息安全以及电子控制单元的瓶颈问题，汽车域控制器（Domain Control Unit，DCU）应运而生。汽车域控制器根据汽车电子部件功能将整车划分为动力总成、智能座舱和自动驾驶等域，利用处理能力更强的多核中央处理器（Central Processing Unit，CPU），图像处理器（Graphics Processing Unit，GPU）芯片，相对集中地控制每个域，以取代目前分布式电子电气架构。域分类 ECU 的混合架构如图 1-21 所示。域控制器的核心发展目标是快速提升芯片的计算能力，公用信息的系统组件可实现以足够的资源快速响应客户需求，具备平台化、兼容性、集成高、性能好等优势。

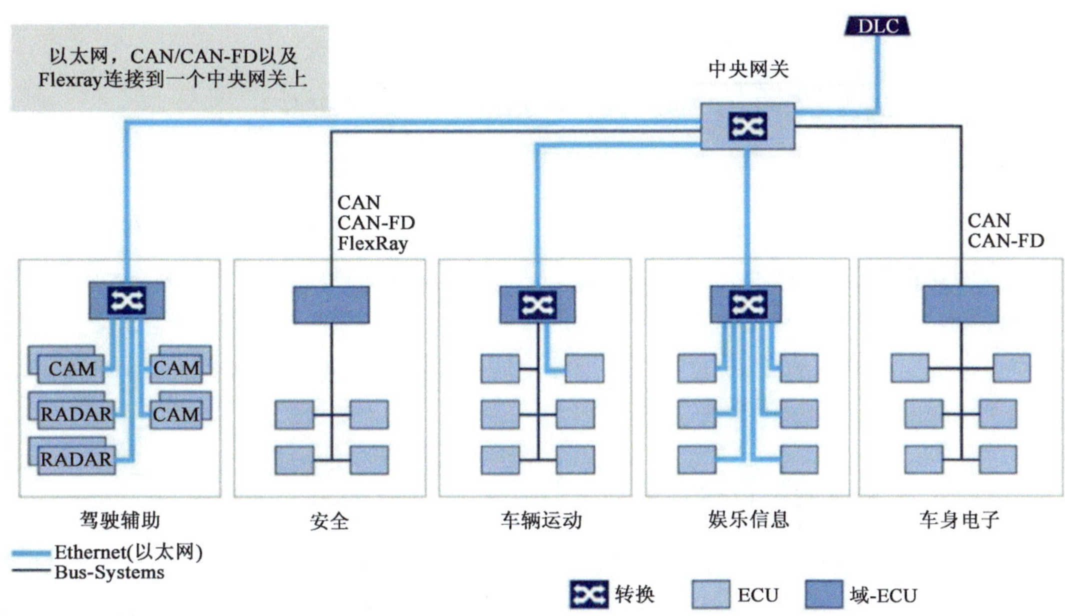

图 1-21 域分类 ECU 的混合架构示意图

广义的控制则包含车辆控制方法和计算协同。自动驾驶车辆的控制方法主要是运动模型的路径稳定性控制，通常有纯跟踪控制、输出反馈线性化控制、线性参数变化控制等方法。车路网联混合交通中，网联的自动驾驶车辆可以承载控制算法的计算工作。通过优化相邻目标车辆（Object Vehicle，OV）的通信和计算框架，将分布式控制算法与单个网联自动驾驶车辆的运动控制相结合，可以降低对路侧设备的依赖，同时提升交通流管控效率。这种分布式控制计算框架非常依赖于车辆群体的拓扑结构，基于规则的控制任务分布式协调技术会直接影响交通运行状态。车载分布式控制计算拓扑示例如图 1-22 所示。同一个拓扑下的车辆共享预决策以及视野内检测到的周围车辆信息，包括拓扑内车辆在未来一定时间内的规划行驶轨迹，如车辆姿态到达各个位置的时间、速度、加速度、曲率等信息。基于这些信息进行拓扑内车辆控制指令的协同计算与执行，同时将每步的车辆执行效果反馈给上层的决策规划层。

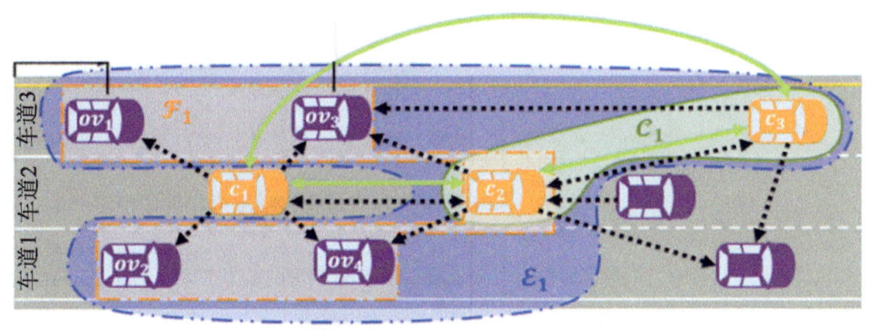

图 1-22 车载分布式控制计算拓扑示意图

1.4 车路网联与协同混合交通运行机理解析

车路网联与协同混合交通系统中存在人类驾驶车辆、不同等级的网联自动驾驶车辆、协同式自适应巡航控制(Cooperative Adaptive Cruise Control,CACC)车队等多种主体,这些主体间存在复杂的交互,造成混合交通系统运行机理的改变。本节从微观、中观和宏观三个维度深化对混合交通系统运行机理的认识,这是车辆群体协同决策控制的基础,对推动车路协同技术落地应用和改善实际交通问题具有重要意义。

1.4.1 车辆微观运行机理解析

车辆微观特性主要描述个体车辆的跟驰和换道行为。车路网联与协同混合交通系统中,由于人类驾驶的车辆和不同等级的网联自动驾驶车辆在感知、反应时间、操作敏捷性方面存在差异,使得系统内部车辆间的交互更为复杂。人类驾驶车辆—网联自动驾驶车辆、单车—车队等车群成员之间全速度域相互作用规律,即全速度域下的跟驰和换道模型需要进行相应地更新。

1)人类驾驶车辆行为解析

现有研究尚未明确区别人类驾驶车辆和网联自动驾驶车辆行为存在显著变化,因此,目前车路网联与协同混合交通系统中的人类驾驶车辆驾驶行为采用经典跟驰和换道模型来描述。经典驾驶行为模型整理如图1-23所示。

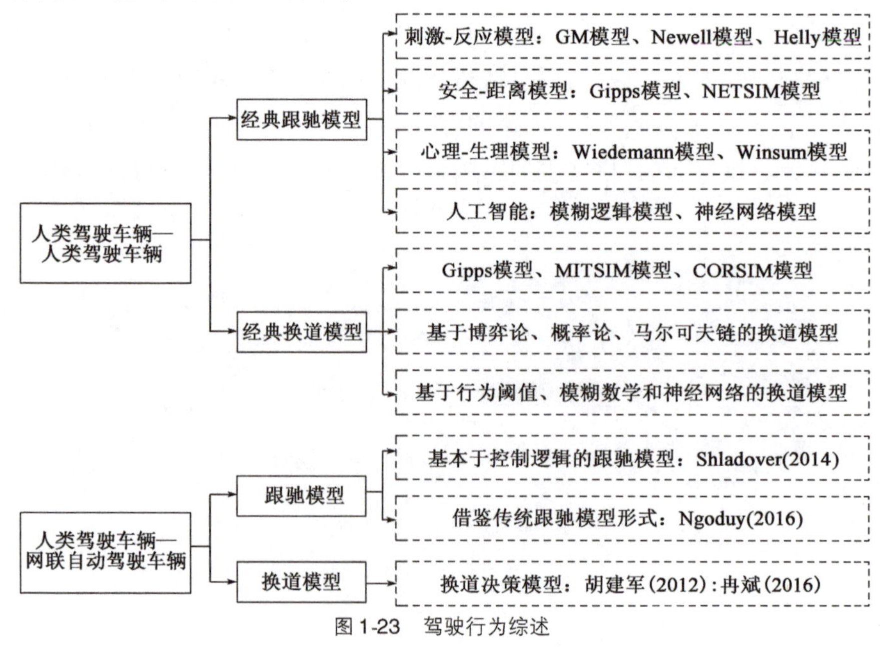

图1-23 驾驶行为综述

值得注意的是,目前关于车路网联与协同混合交通系统车辆群体协同控制的验证,一般是基于 VISSIM 仿真(PTV 公司开发的微观交通仿真软件)进行,因此验证时采用的人类驾驶行为跟驰模型为生理-心理模型,如 Wiedemann99 模型。Wiedemann 模型定义了跟驰行为中人的相关感知及反应阈值,通过这些阈值将跟驰行为分为自由行驶、靠近行驶、跟随行驶和制动行驶4种情形,每种情形下分别对应于不同的加速度计算方法。Wiedemann 模型示意如图1-24所示。

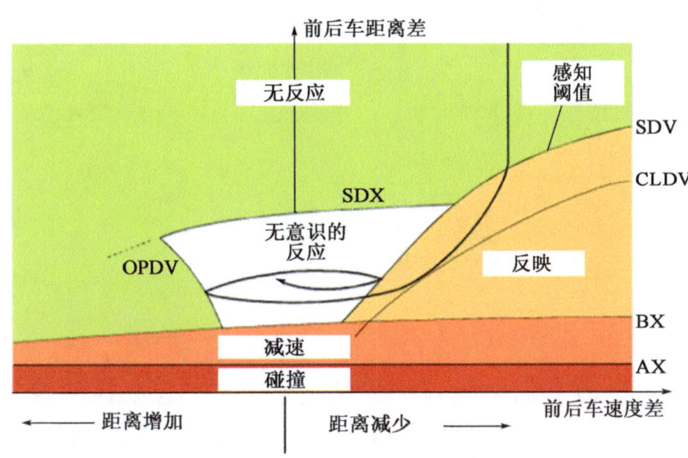

图1-24 Wiedemann 模型示意图

AX-静止距离;BX-最小跟随距离;CLDV-感知阈值(近),速度高于领导者;SDV-感知阈值(远),速度高于领导者;OPDV-感知阈值,速度低于领导者;SDX-感知阈值,自由加速

为深入理解模型描述的规律,Wiedemann 模型所对应的4种行驶状态解释如下。

(1)自由行驶:前面所行驶的车辆不会造成影响。在该状态下,驾驶员尝试达到一个期望速度,然后保持该速度。现实中,由于不能完全控制车辆,驾驶员通常不能将该速度完全保持恒定。速度始终会或多或少地围绕期望速度上下浮动。

(2)靠近行驶:在这个过程中,驾驶员会根据前面所行驶的较慢车辆的速度调节本身车辆的速度。靠近过程中,驾驶员会减速,达到所需安全距离后,其与前面车辆之间的速度差接近为零,这是一个理想状态。

(3)跟随行驶:驾驶员在前面所行驶车辆的后面紧跟行驶,无制动或加速意识。在此期间,跟驶车辆会将两车间的距离或多或少地保持恒定,但因为不能完全控制节气门开度,速度差也会在接近零的较小范围内上下波动,因此,距离也同样会发生波动。

(4)制动行驶:与前面车辆的距离小于所需安全距离时,使用中等或较大的减速度进行减速。如果前面所行驶车辆突然制动或者有第三辆车通过变道插入两车之间时,会发生这种行为。

2)网联自动驾驶行为解析

单个网联自动驾驶车辆一般会搭载先进的传感器设备以及纵向自动控制技术,如自适应巡航控制(Adaptive Cruise Control,ACC)、车道保持系统等,可自动调整车速以与前方车辆保持安全距离。车路网联与协同混合交通系统中的网联自动驾驶车辆一般为两种情形:ACC 车队头车和未编队的自由行驶网联自动驾驶车辆。ACC 通用的控制架构如图 1-25 所示。ACC 车辆通过传感器感知得到车间距、速度差等信息,基于控制模型计算出加速度,将指令发送给车辆执行。

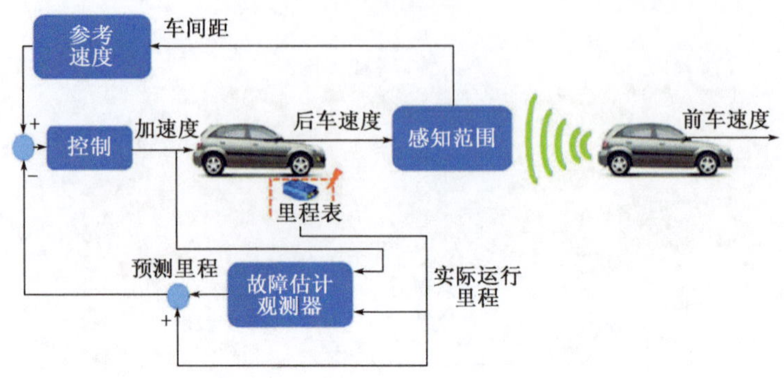

图 1-25　ACC 控制架构

关于配备 ACC 系统的车辆跟驰行为的描述,目前较为公认的模型是智能驾驶模型(Intelligent Driver Model,IDM)。理论上,ACC 技术允许车辆保持更小的车头间距,因此,IDM 模型相关的参数需要相应地进行标定。智能驾驶模型的一般形式如下:

$$\dot{v} = a\left[1 - \left(\frac{v}{v_f}\right)^4 - \left(\frac{s_0 + vT + \dfrac{v\Delta v}{2\sqrt{ab}}}{h - L}\right)^4\right] \tag{1-1}$$

式中:a——最大加速度;

v——当前速度;

v_f——自由流速度;

s_0——最小安全间距;

T——安全车头时距;

Δv——本车与前车的速度差;

b——舒适减速度;

h——车头时距;

L——车长。

关于 IDM 的参数标定一般基于人因受控实验,其数据来源包括真实的 ACC 车辆的自然驾驶数据或者模拟驾驶采集的数据,标定框架如图 1-26 所示。具体流程如下:考虑智能网联车队、不同车辆渗透率、不同车流密度的行驶环境,设计网联自动驾驶车辆不同跟车环境的仿真场景,基于人因分析受控实验获取在网联自动驾驶车辆和车队影响下的前车关键数据,包括模拟自车和前车的速度、加速度、位置等信息,进行 IDM 模型的参数标定。

图 1-26 单车跟驰模型标定框架

1.4.2 车队中观运行机理解析

车车通信和自动驾驶技术的发展,催生了车车协同控制技术,目前协同式自适应巡航控制(Cooperative Adaptive Cruise Control,CACC)是最有落地前景的车车协同技术,该技术通过车车通信,内部车辆可以及时获取其他编队车辆信息,反应更为灵敏,可保持更小的车头间距,形成统一的车队。一方面可以提升道路通行能力;另一方面由于车车通信反应时间缩小,可以显著提升行驶的平顺性和安全性。

CACC 功能被激活时,车辆的纵向控制权交给车载控制系统,CACC 纵向控制一般分为上下两层,基本架构如图 1-27 所示。上层输入为车车通信或车载感知获得的车间距与速度差等行驶状态信息,基于该信息,上层控制器计算得到下一时刻的期望加速度指令。下层控制器则基于车辆内部动力系统优化执行上层的加速度目标。

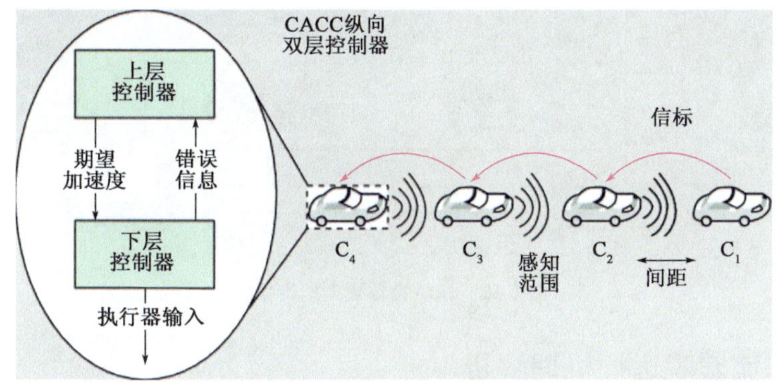

图 1-27 CACC 控制架构

由于目前的 CACC 技术聚焦于车辆单个车道内的纵向控制,车队运行特性主要由 CACC 车队内部车辆的跟驰行为进行描述。车队运行特性解析则是刻画网联自动驾驶车辆控制量(速度、加速度、转矩等)到整体车队状态(速度方差、车头时距等)的传递规律。现有文献资料显示,车队内部车辆跟驰行为由控制器决定,较为通用的是 PATH 实验室的 CACC 跟驰模型,一般形式如下:

$$\begin{cases} v = v_{pre} + k_p e + k_d \dot{e} \\ e = h - s_0 - L - t_c v \end{cases} \tag{1-2}$$

式中：v_{pre}——上一时刻速度；

e——实际车间距与期望车间距误差；

$\dot{e}$——车间距误差的微分；

s_0——最小安全间距；

h——车头间距；

t_c——期望车间时距；

L——车长；

k_p、k_d——控制系数，实车测试标定结果为 $k_p = 0.45$、$k_d = 0.25$。

关于车队特性模型的参数标定通常需要虚拟仿真测试和实车测试两种方式结合进行，标定框架如图1-28所示。具体流程为：设计不同交通场景进行实车编队行驶测试，获取车辆动力特性（反应延迟和惯性延迟等）、车辆状态（加、减速）等数据，通过理论推导与统计拟合建立网联自动驾驶车辆的跟驰模型。基于车队试验数据间的显著性分析，优化凝练车队表征参数，建立车辆控制变量（速度、加速度或发动机转速、转矩等）与车队状态量（速度方差、队列稳定性等）间的传递函数关系。

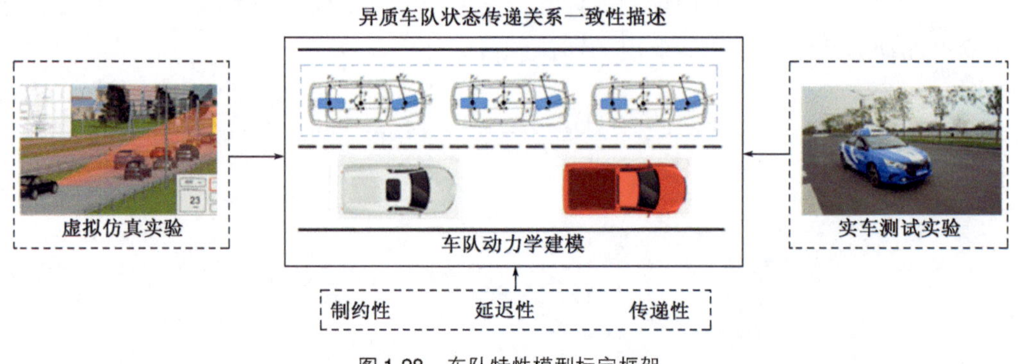

图1-28　车队特性模型标定框架

1.4.3　车流宏观运行机理解析

车路网联与协同混合交通系统构成元素的变化带来车流宏观运行特性的改变。车流宏观运行特性可分为动态特性和静态特性。动态特性一般和交通流运行状态息息相关，如交通流密度、速度、流量等。静态特性一般和道路特性紧密相关，如道路容量、道路类型和宽度等几何特性与通行条件。下面将对车路网联与协同混合交通系统车流宏观运行的这两种特性进行解析。

1）车流动态特性解析

系统动态方程是实现系统精准控制的前提。车路网联交通系统可看作复杂非线性系统，其中的网联自动驾驶车辆可作为交通流调控的着力点，通过车辆间的交互影响，控制网联自动驾驶车辆以间接影响其他车辆的行为,从而实现车路网联与协同混合交通流的精准管控,如图1-29所示。基于该思路,车流动态解析则是建立以网联自动驾驶车辆速度为系统控制变量、路段流出量为系统状态量的系统动态方程,定量描述路段流出量随网联自动驾驶车辆速度的变化。值得注意的是,选择网联自动驾驶车辆的速度作为控制量易于实现,因为该功能由配备 ACC 系统的车辆即可实现,而 ACC 的市场渗透率在中高端车型中几乎接近 100%。

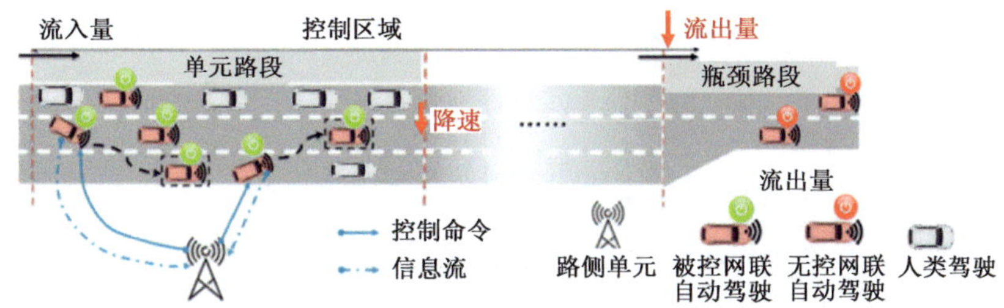

图1-29 交通流精准管控示意图

目前的研究则是基于快速路场景,研究对象为混合交通流,包括可控的网联自动驾驶车辆(Connected Automated Vehicles,CAVs)和具有随机性的人类驾驶车辆(Human-driven Vehicles,HVs)。考虑到安全性以及缓解下游交通瓶颈点的需求,CAVs 速度控制皆为降速指令,而当 CAVs 群体进行减速时,会对 HVs 产生两方面的影响:一方面对于跟车的 HVs 来说,CAVs 速度降低会增加路段行驶时间;另一方面,对于不想跟车的 HVs,会根据周围交通状况选择换道。基于此现象得到的研究思路为:通过定义幽灵车辆来量化跟驰和换道造成的影响,以密度为中间桥梁,将车辆微观行为和交通流宏观演化趋势连接起来。对于跟车的 HVs 来说,路段行驶时间的增加可看作同一时间下该车辆被拉长,而换道的车辆则会同时占据两个车道,相当于 2 辆幽灵车,皆转化为路段车辆数的增加,与时空占有率的密度概念加以结合。经过系列建模与推导,得到的系统动态方程形式如下:

$$\begin{aligned}\Delta q = & -k_{t-}^{j} v_{\mathrm{f}}\left[\frac{\gamma^{j}\Delta\psi}{\psi_{t}^{j}}+\frac{\Delta\psi(1-\xi_{j})\mathrm{Exp}(-\bar{l}k_{t-}^{j}/1000)t_{\mathrm{LC}}}{v_{\mathrm{f}}\Delta t}\right]+\\ & \frac{v_{\mathrm{f}}(k_{t-}^{j})^{2}}{k_{\mathrm{jam}}}\left[\frac{\gamma^{j}\Delta\psi}{\psi_{t}^{j}}+\frac{\Delta\psi(1-\xi_{j})\mathrm{Exp}(-\bar{l}k_{t-}^{j}/1000)t_{\mathrm{LC}}}{v_{\mathrm{f}}\Delta t}\right]\times\\ & \left\{2-\left[\frac{\gamma^{j}\Delta\psi}{\psi_{t}^{j}}+\frac{\Delta\psi(1-\xi_{j})\mathrm{Exp}(-\bar{l}k_{t-}^{j}/1000)t_{\mathrm{LC}}}{v_{\mathrm{f}}\Delta t}\right]\right\}\end{aligned} \tag{1-3}$$

$$\gamma^{j}=\begin{cases}1,\xi_{j}\geqslant 0.5\\ 2\xi_{j},\xi_{j}<0.5\end{cases} \tag{1-4}$$

式中:Δq——路段流量变化;

ψ_{t}^{j}——路段 j 上网联自动驾驶车辆在时间段$[t,t+\Delta t]$的目标速度;

$\Delta\psi$——网联自动驾驶车辆目标速度改变量,$\Delta\psi=\psi_{t}^{j}-v_{t-}^{j}$;

k_{t-}^{j}——路段 j 在时间段$[t-\Delta t, t]$的平均密度；

v_{f}——路段畅行速度；

ξ_{j}——路段 j 的网联自动驾驶车辆的渗透率；

$\bar{l}$——路段上所有车辆的平均长度；

t_{LC}——路段上车辆换道的平均持续时间；

v_{t-}^{j}——路段 j 在时间段$[t-\Delta t, t]$的空间平均速度；

L——路段长度；

k_{jam}——路段阻塞密度。

上式可精准描述 CAVs 速度变化后路段流量的变化。

为更形象直观理解系统动态方程,选取固定参数,得到不同拥堵水平下的流量变化与 CAVs 速度变化关系图(见图 1-30),参数设置如下：$k_{j}=90\mathrm{pcu}/(\mathrm{km}\cdot\mathrm{lane})$,$n=3$,$v_{\mathrm{f}}=120\mathrm{km/h}$,$\Delta t=100\mathrm{s}$,$t_{\mathrm{LC}}=2.5\mathrm{s}$,$k_{t-}=2655110130\mathrm{pcu/km}$,其中,密度 k_{t-} 分别对应不同的拥堵水平 0.2、0.4、0.6、0.8。

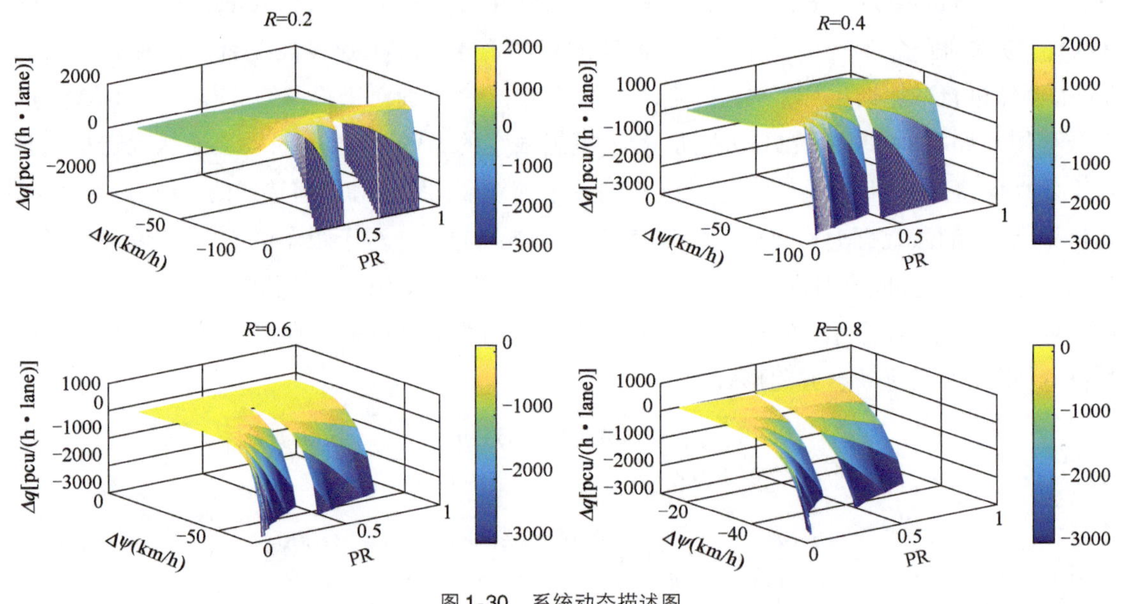

图 1-30　系统动态描述图

图 1-30 中 R 表示拥堵水平；$\Delta\psi$ 为 CAVs 速度变化量；Δq 为流量变化量。可以看出：路段流量变化不仅和 CAVs 速度变化有关,同时会受到路段拥堵水平的制约,当交通量较小时,同时 CAVs 降速幅度较小,会导致路段流出量的增加。而随着交通量的增加,CAVs 降速会显著减少路段流出量。因此 CAVs 速度协调控制效果依路况而定。

2)车流静态特性解析

针对车路网联混合交通环境下路段的通行能力分析较为成熟,考虑因素较为全面,涵盖 CACC 车间距、CAVs 渗透率、编队强度等因素,能够准确刻画不同网联自动驾驶车辆混入带来的通行能力变化。快速路合流区一直是交通拥堵的重灾区,网联自动驾驶技术引入后,主线通行的保障并不能总是对合流区通行能力带来正面响应。例如,CACC 编队虽然可以提升主线通行能力,但同时也会阻碍匝道车辆汇入主线。当匝道交通量较大时,这种阻碍的负效应更为明显,会导致合流后的通行能力下降。因此,解析合流区车路网联混合交通通行能力是关键,是搭建微观车辆行为和宏观车流特性变化的桥梁,这可以提升对交通流负效应内在致因的认知,为精准交通管控提供决策依据。

快速路合流区通行能力研究场景及思路解析如图 1-31 所示,主线为具备 CACC 功能的 CAVs 与 HVs 混行车流,匝道 CAVs 在合流区皆切换为 HVs 模式,因此可认为匝道汇入车流皆为 HVs。为解析 CACC 编队长度、CAVs 渗透率对合流区通行能力的影响,本书将研究区域拆解为 3 部分,具体建模思路如下:①考虑 CACC 编队和 CAVs 跟驰较小的车头间距,解析汇入前主线交通流基本图;②考虑主线 CACC 编队会阻碍匝道车辆汇入,解析主线交通流状态对匝道汇入影响;③考虑汇入车辆引发的主线 CAVs 渗透率变化,将影响合流区交通流基本图形状,改变合流区通行能力。

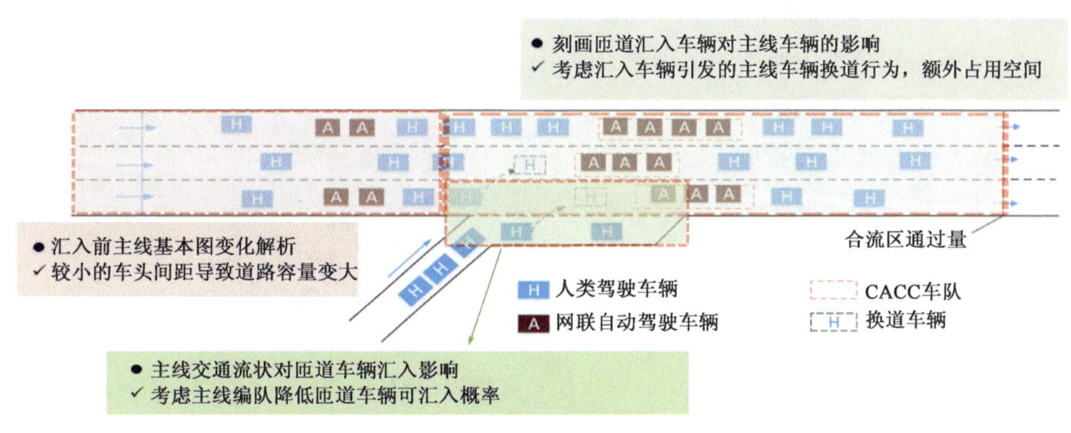

图 1-31 合流区场景

在充分考虑道路交通特性、道路结构以及匝道汇入前主线交通状态等因素的交互作用机理前提下,引入新的可控变量(如车队长度、速度方差、车头时距、速度等),分析混合交通流变化效应的内在致因。首先,基于概率统计理论解析网联自动驾驶渗透率和编队长度间的耦合关系,进一步基于间隙接受理论分析匝道汇入车辆对合流区通行能力的折减效应,建立快速路合流区通行能力模型,定量描述不同道路条件下合流区通行能力如何随网联自动驾驶渗透率和编队长度变化。经过系列建模与推导,得到的通行能力解析式如下:

$$C_{\text{mix}} = C[1 + \varepsilon(\sigma_e, N_m)] \tag{1-5}$$

$$\varepsilon(\sigma_e, N_m) = \frac{t_{\text{HF}}^{\min}}{(1-\sigma_e)t_{\text{HF}}^{\min} + [\sigma_e(1-\sigma_e) + \sigma_e^2/\widetilde{N}_a]t_{\text{AF}}^{\min} + \left(\sigma_e^2 - \sigma_e^2/\widetilde{N}_a\right)t_{\text{CF}}^{\min}} - 1 \tag{1-6}$$

$$\sigma_e = \frac{\sigma}{(\phi/D)P_G + 1} \tag{1-7}$$

$$P_G = P(t \geqslant t_G^{\min}) = 1 - \int_0^{t_G^{\min}} \frac{(K\lambda)^K t^{K-1}}{(K-1)!} \mathrm{Exp}(-\lambda K t)\,dt \tag{1-8}$$

$$\tilde{N}_a = (N_m - 1)\sigma + 1 \tag{1-9}$$

式中：C_{mix}——车路网联混合交通下的合流区通行能力；

C——人类驾驶车流下的道路通行能力；

$\varepsilon(\sigma_e, N_m)$——合流区 CAVs 带来的通行能力增益；

σ_e——匝道汇入后合流区的有效 CAVs 渗透率；

$t_{HF}^{\min}$——HVs 跟车的最小时距；

$t_{AF}^{\min}$——CAVs 跟车的最小时距；

$t_{CF}^{\min}$——CACC 车队内部车辆跟车的最小时距；

σ——主线汇流前 CAVs 渗透率；

λ、K——参数，$\lambda = 1/\bar{t}$，$K = \bar{t}^2/V$，$\bar{t}$、V 可由观测得到；

N_m——CACC 编队长度限制；

$\tilde{N}_a$——CAVs 渗透率影响下的有效编队长度，为实际编队长度的估计值；

$t_G^{\min}$——匝道汇入所需的最小车头时距；

P_G——匝道汇入概率；

ϕ——匝道交通需求；

D——主线交通需求。

上式可以精准描述车路网联混合交通下的合流区通行能力。

为进一步直观揭示通行能力随 CAVs 渗透率、编队长度的变化，绘制合流区通行能力基本图（图 1-32）。参数设定如下：

$t_{HF}^{\min} = 1.8\text{s}$，$t_{AF}^{\min} = 1.5\text{s}$，$t_{CF}^{\min} = 0.6\text{s}$，$V = 0.6$，$C = 2000\text{veh}/(\text{h} \cdot \text{lane})$，$m = 4$，$t_G^{\min} = 1.5\text{s}$。

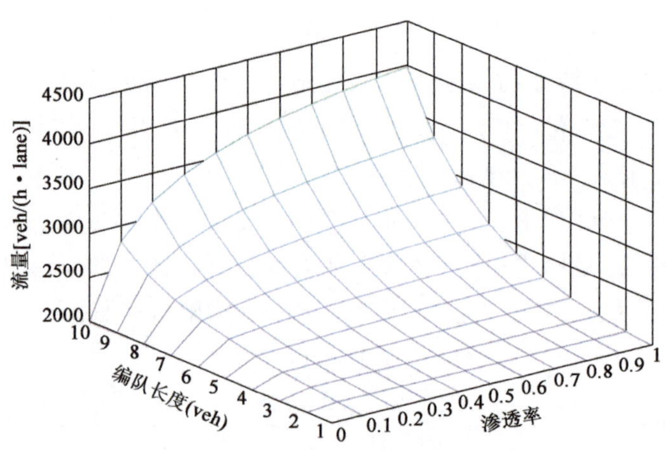

图 1-32　合流区通行能力基本图

图 1-32 证实了最大通行能力的变化不仅受 CAVs 渗透率的影响，还受 CACC 编队长度的

影响。此外,渗透率和编队长度之间存在耦合效应。当渗透率很低时,通行能力几乎没有随编队长度的增加而变化。这意味着编队长度对低渗透率的道路通行能力几乎没有贡献。因为CAV 很难在低渗透率的情况下形成一个车队。当渗透率超过 0.5 时,编队长度的增加会显著提升通行能力。在 10 辆车的编队长度限制下,100% CAVs 可提升近 3 倍的道路通行能力。即使编队长度只有 3 辆车,100% CAVs 的最大通行能力也可以翻倍。然而,随着编队长度的增加,CAVs 的增益逐渐降低。编队长度为 4 辆车时的通行能力增长显著放缓。这表明 CAVs 较小的车头时距所带来的收益受到入口匝道交通的抑制。因为大量配备 CACC 的车辆会阻碍主线上车辆的变道操作和匝道交通的合并行为。这一发现至关重要,因为它表明不仅需要增加 CAVs 渗透率,而且还需要将队列长度保持在最佳水平,才能增加合流区的最大通行能力。

综上,基于车流动态和静态特性解析模型,可以进一步对车路网联与协同混合交通系统中的瓶颈路段(汇入区、汇出区及交织区三类)复杂现象进行深度剖析,理解内在驾驶行为导致交通流失效、通行能力下降、振荡、磁滞等负效应的致因作用。

第2章

CHAPTER 2

车路网联交通群体智能决策方法

近年来,机器学习在图像理解、自然语言处理等经典问题中取得巨大成功,引起了学术界和工业界研究者的极大关注。对机器学习的需求在不同领域越发广泛、复杂,使现实应用对智能系统提出了更高的要求。如今,机器学习的研究正经历一种模式的转变,即由传统"感知智能"研究模式转变为更复杂的"决策智能"模式。我们将进行智能决策的个体称为智能体。目前,由于深度学习、强化学习等算法模型的成熟,对单智能体决策行为已取得了突破性研究成果。然而,现实中单个智能体的能力通常有限,无法独立完成复杂任务。因此,需要多个智能体协调互动、合作、资源和信息共享来解决问题。这些共同参与决策的智能体形成了群体系统,它们广泛存在于智能交通、智能军事、智能制造、智能医疗,以及智能农业等领域。在智能交通领域,随着智能汽车、交通传感器和移动通信应用等的普及和性能提升,未来车路网联与协同环境下,人、车、路等异构交通主体将构成新型混合交通群体。这类交通群体由于具有自组织、网络化、非线性、强耦合、泛随机和异粒度等特点,常呈现无主次之分、无统一目标和无系统边缘等特点,将导致无法用传统的优化控制方法有效解决它们的决策优化问题。因此,复杂环境中群体智能决策理论与方法的研究已成为机器学习赋能交通智能化发展的重要课题。

2.1 群体智能决策基础理论

车路网联与协同混合交通群体环境下,车辆和路侧控制单元都可以被视为智能体(agent)。由于各种智能体的自组织、个体智能和群体协同关系的存在与凸显,系统结构呈现无主次之分、无统一目标和无系统边缘的重大变化,智能交通系统群体协同决策成为焦点,传统的决策理论与方法难以有效解决新出现的复杂性问题。群体智能决策基于群体与环境数据分析的主观感知,建立对多源感知信息的知识表示框架,是实现混合交通群体智能协同控制的理论基础。本节主要介绍单智能体和群体智能决策的基础方法论,为车路网联与协同混合交通群体智能决策提供理论基础。

2.1.1 单智能体智能决策与马尔可夫过程

关于单智能体决策方法的研究可分为三个方面,包括监督学习、无监督学习和强化学习。其中强化学习(Reinforcement Learning, RL),尤其是以 AlphaGo、AlphaZero、AlphaStar 为代表的深度强化学习(Deep Reinforcement Learning,DRL)智能决策方法,在 Atari、星际争霸等即时策略游戏,以及围棋、桥牌等棋类博弈问题上取得了超越人类水平的成绩。这使得面向自主认知的智能决策有望取得突破性进展。强化学习是借鉴人类获取经验和知识的智能算法,其基本思想是通过智能体与环境不断地交互,通过最大化累积回报来学习到状态与行为的最佳映射。一个典型的强化学习框架如图 2-1 所示,其要素包含状态、动作和奖励。智能体首先感知环境的状态 s_t,然后根据状态采取合适的动作 a_t。另一方面,智能体的动作也会对环境产生影响,使得环境状态发生变化，由 s_t 转变为 s_{t+1}。此时智能体会收到来自环境反馈的奖励 r_t，奖励为正表示当前的动作对达到目标有益，奖励为负表示当前动作对达到目标无益。智能体通过上述过程不断地与环境交互来优化动作选择，最终学习到一个目标导向的策略。

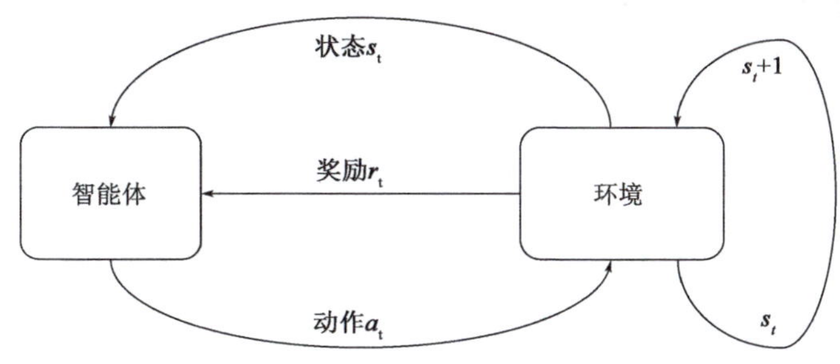

图 2-1　强化学习框架示意图

单智能体决策任务通常用马尔可夫决策过程（Markov Decision Process，MDP）来描述。MDP 由一个四元组 $<S,A,P,R>$ 构成，其中 S 为状态空间，A 为动作空间，P 为状态转移函数，R 为回报函数。状态转移函数 P 是一个由 $S\times A$ 到 S 的映射，有 $s_{t+1}\sim p(s|s_t,a_t)$，即在状态 s_t 下采取动作 a_t 后状态转移到 s_{t+1} 的概率，又可以写为 $p(s_t,a_t,s_{t+1})$ 或 $P_{ss'}^{a}$；回报函数 R 是一个 $S\times A$ 到实数值的映射，有 $r_{t+1}=r(s_t,a_t)$，又可以写为 R_{sa}。

智能体在与环境的交互过程中有自己选择动作的方式，即采取一定的策略 π。策略 $\pi(a|s)$ 表示智能体在状态 s 下执行动作 a 的概率。对于任意 s 和 a，如果 $\pi(a|s)=0$ 或 $\pi(a|s)=1$，称 π 为确定性策略；否则 $\pi(a|s)\in[0,1]$，称 π 为随机性策略。根据策略 π 与环境交互过程中的表现，可以对状态和行为的长期回报进行评价与估计。状态值函数 $V(s)$ 用来评价当前状态的优劣：

$$V(s)=\mathrm{E}\left(\sum_t \gamma^t r_t | s\right) \tag{2-1}$$

表示在状态 s 下未来累积回报的期望，期望越大说明当前状态越有利。状态动作值函数 $Q(s,a)$ 用来评价当前状态下某种动作的优劣：

$$Q(s,a)=\mathrm{E}\left(\sum_t \gamma^t r_t | s,a\right) \tag{2-2}$$

它表示在状态 s 下采取动作 a 的期望累积回报。状态值函数 $V(s)$ 和状态动作值函数 $Q(s,a)$ 有如下关系：

$$Q(s,a)=\sum_{s'} p(s'|s,a)[R(s,a)+V(s')] \tag{2-3}$$

$$V(s)=\sum_a \pi(a|s)Q(s,a) \tag{2-4}$$

公式(2-3)中，智能体在状态 s 下采取动作 a 将获得回报 $R(s,a)$，并根据状态转移概率 $p(s'|s,a)$ 转移到新的状态 s'，新状态 s' 的状态值函数为 $V(s')$，将其求期望即得到 $Q(s,a)$；公式(2-4)中，智能体在状态 s 下根据策略 $\pi(a|s)$ 选择动作，对状态值函数 $Q(s,a)$ 求期望即可得到 $V(s)$。

智能体需要学习如何在特定状态下采取动作以最大化累积回报的最优策略 π：

$$\max \sum_{t=1}^{T} \gamma^{t} r_{t} \tag{2-5}$$

强化学习的最终目的是研究如何获得最优策略 π。在现实应用中，有些情况下状态转移函数 P 和回报函数 R 可以直接获得，而更多情况下它们无法直接获得。因此，常用的强化学习方法包括动态规划法、蒙特卡罗法、时序差分法等。

1)动态规划法

如果应用环境中函数 P 和 R 可以直接获得，那么在此环境中的强化学习被称为是有模型的，可以用动态规划法进行预测和控制。预测过程可描述如下，利用公式(2-3)、公式(2-4)中 Q 与 V 的关系，得到 V 的迭代公式：

$$V_{k+1}(s) = \sum_{a \in A} \pi(a|s) \sum_{s' \in S} P_{ss'}^{a} [R_{ss'}^{a} + \gamma V_{k}(s')] \tag{2-6}$$

某些场景中回报 $R(s,a) = R_{s}^{a}$，与 s' 无关，故有 $\sum_{s' \in S} P_{ss'}^{a} R_{s}^{a} = R_{s}^{a}$，此时公式(2-6)可写为：

$$V_{k+1}(s) = \sum_{a \in A} \pi(a|s) Q_{k}(s,a) = \sum_{a \in A} \pi(a|s) \left[R_{s}^{a} + \gamma \sum_{s' \in S} P_{ss'}^{a} V_{k}(s') \right] \tag{2-7}$$

由于 π, P, R 均已知，只需迭代求解 V 即可。上述迭代方程也称为贝尔曼期望方程(Bellman Expectation Equations)。

对于控制任务，由于 π 和 V 均未知，可以采用两种方法求解，第一种方法是策略迭代(Policy Iteration)，交替计算：①策略评估(Policy Evaluation)，固定 π，使用预测方法求解最优状态值函数 V；②策略提升(Policy Improvement)，采取贪婪方式获得策略 $\pi' = \arg\max_{a} Q(s,a)$。第二种方法是进行值迭代(Value Iteration)：

$$V_{k+1}^{*}(s) = \max_{a} [R_{s}^{a} + \gamma \max_{s' \in S} P_{ss'}^{a} V_{k}^{*}(s')] \tag{2-8}$$

和策略迭代相比，值迭代省去了求动作值函数 Q 和策略提升过程。公式(2-8)也称为贝尔曼最优方程(Bellman Optimal Equation)。

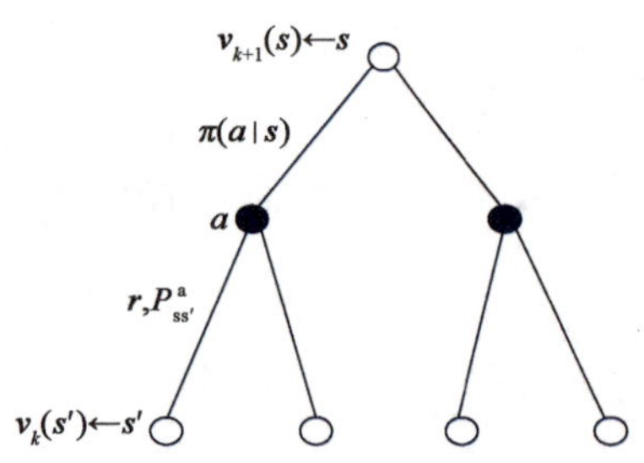

图2-2 动态规划求解马尔可夫决策过程示意图

贝尔曼期望方程和贝尔曼最优方程是强化学习算法的关键，其示意图可以通过图2-2表示。图中白色圆圈表示状态，黑色实心点表示动作。根节点是当前状态，当前状态下可以通过 $\pi(a|s)$ 选取动作，采取某个动作后又会根据 $P_{ss'}^{a}$ 将状态 s 转移到新的状态 s'。故利用动态规划可得到贝尔曼期望方程和贝尔曼最优方程。

2)蒙特卡洛法与时序差分法

如果应用环境中状态转移函数 P 和奖励函数 R 无法直接获得，那么在此环境中的强化学习被称为是无模型的，可以用基于值的方法进行预测和控制。其核心思想是采用函数近似手段将状态值函数、状态动作值函数和策略函数用一个显性的近似函数来表示，常用的近似函数有线性函数、决策树、核函数和神经网络等。蒙特卡洛(Monte Carlo，MC)法和时序差分(Temporal Difference，TD)法是两种经典的无模型强化学习方法。在当前状态 s_t 下，为获得状态值 $V(s_t)$，MC 法从 s_t 开始模拟运行系统直至最终状态，并采样运行轨迹，计算这些轨迹(Trajectories)的累积评价回报 $G_t = R_t + \gamma R_{t+1} + \cdots + \gamma^{T-t} R_T$。接下来使 $V(s_t)$ 尽可能地与 G_t 接近，并采用更新策略：

$$V(s_t) \leftarrow V(s_t) + \alpha[G_t - V(s_t)] \tag{2-9}$$

和 MC 法相比，TD 法从当前状态 s_t 下模拟运行一步系统，而不是模拟运行至最终状态，因此它采用如下更新策略：

$$V(s_t) \leftarrow V(s_t) + \alpha[R_t + \gamma V(s_{t+1}) - V(s_t)] \tag{2-10}$$

TD 是利用立即回报与下一状态的值函数和 $R_t + \gamma V(s_{t+1})$ 作为指导来学习的过程。$R_t + \gamma V(s_{t+1})$ 提供的指导被称为 TD-Target。因 TD 法只采样一步，所以学习速度较快。

3)单智能体强化学习方法

动态规划、MC 法和 TD 法对应的搜索示意图如图 2-3 所示。图中纵坐标表示模型是否已知、横坐标表示采样的深浅。右上角表示在模型已知的情况下进行穷尽搜索，搜索空间中的所有动作直至终止状态；左上角表示在模型已知的情况下进行动态规划搜索，搜索深度限制在一步；当模型无法直接获知时，时序差分法对模型进行浅层采样模拟，而蒙特卡洛法对模型进行深度采样，每次采样均模拟至终止状态。

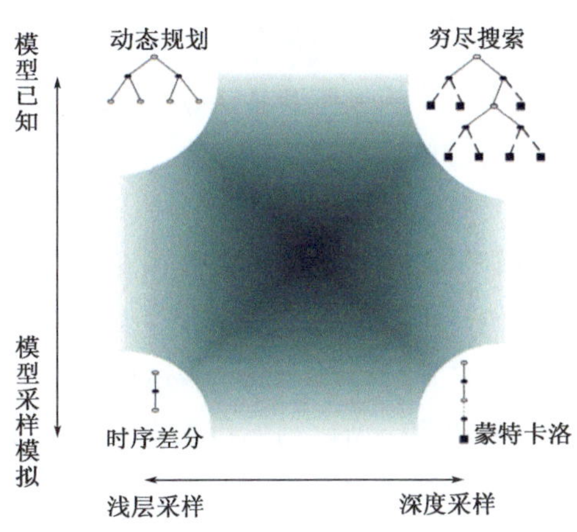

图 2-3 动态规划、蒙特卡洛法、时序差分法示意图

在强化学习方法中，无模型的方法有很多，例如 Q-learning，Sarsa，Policy Gradients，它们均从环境中得到反馈然后学习，这些方法均属于时序差分法。与无模型方法相比，有模型方法可以建模真实世界。也可认为有模型方法是一种特殊的无模型方法。在有模型方法中，智能体不仅可以在现实环境中学习，也可以在虚拟环境中学习，学习的方式与无模型方法相同。有模型方法的一个重要特性是无模型方法不具备的，即想象力。在无模型方法中，智能体只能机械地等待真实世界的反馈，再根据反馈采取行动。而有模型方法可以通过想象来预判接下来将要发生的所有情况，选择这些想象情况中最优的状况，并根据这种状况采取下一步的动作。这也是围棋游戏中 AlphaGo 能够超越人类的原因之一。

强化学习的另一种分类方法将其分为概率法和价值法。概率法通过分析智能体所处的环境直接输出下一步要采取动作的概率，然后根据概率采取行动，因此每种可行动作都有一定概率被选中。而价值法则输出所有动作的价值，智能体根据最高价值来选择动作。相比基于概率的方法，基于价值的方法做出的决策更为确定，智能体只选择价值最高的动作。最常用的概率法是策略梯度(Policy Gradients),最常用的价值法是 Q-Learning 和 Sarsa。此外演员-评论家(Actor-Critic)方法是结合了概率法和价值法的一种方法,演员(Actor)会基于概率做出动作,而评论家(Critic)会对做出的动作给出动作的价值,这在原有的策略梯度上加速了学习进程。

2.1.2 群体智能决策过程与方法

在现实场景中,通常会存在多个决策个体,例如机器人群的协调控制和自动驾驶。如何协调多个智能体的行为,是群体智能决策需要研究的问题。在单智能体决策过程中,核心思想是"试错",智能体通过与环境的交互,根据反馈信息迭代优化策略。当同时存在多个智能体与环境交互时,系统就变成了一个多智能体系统(multi-agent system)。每个智能体仍然遵循强化学习的目标,即最大化获得的累积回报,而此时环境状态的改变和所有智能体的联合动作相关。因此在智能体策略学习的过程中,需要考虑联合动作的影响。

多智能体决策任务通常用马尔可夫博弈过程(Markov Game Process, MGP)来描述。MGP 由一个五元组 $<N,S,A,P,R>$ 构成。其中 N 代表环境中的智能体,$S = S_1 \times S_2 \times \cdots \times S_N$ 代表所有智能体联合状态,$A = A_1 \times A_2 \times \cdots \times A_N$ 代表所有智能体的联合动作,P 代表 $S \times A$ 到 S 的状态转移函数,$R = R_1 \times R_2 \times \cdots \times R_N$ 代表环境针对智能体所做出联合动作产生的回报。这里状态转移函数与智能体联合策略有关,即 $P: S \times A_1 \times A_2 \times \cdots \times A_N \to S'$。

由于环境中存在多个相交互的智能体,可将联合策略表示为 $\pi: \pi_1 \times \pi_2 \times \cdots \times \pi_N$,用 a_i 表示智能体 i 的动作,用 a_{-i}表示智能体 i 以外其他智能体的联合动作。由于环境中的回报由联合策略决定。所以马尔可夫决策过程中价值函数的贝尔曼方程需要改写,智能体 i 价值函数的贝尔曼方程改写为:

$$V_i(s) = \sum_{a \in A} \pi(a|s) \sum_{s' \in S} P(s, a_i, a_{-i}, s') [R_i(s, a_i, a_{-i}, s') + \gamma V_i(s')] \tag{2-11}$$

由公式(2-11)可以看出,对于每个智能体,其价值函数与其他智能体的策略有关。如果使用单智能体的贝尔曼方程进行值函数更新,可能出现某个智能体在相同状态 s 下做出相同的动作 a,但由于其他智能体的动作 a_{-i}不确定,导致该智能体收到的回报以及状态转移不确定。而随着智能体个数的增加,这种回报与状态转移的不确定会给算法收敛造成困难。上述决策过程也称为非稳态马尔可夫决策过程。

因此,将单智能体强化学习算法扩展至多智能体决策任务中时,协作或对抗任务的训练会使用一些技巧以处理这种非平稳性。例如,在两个智能体对抗的环境中,固定某一方的策略,这种方法也是 AlphaGo 中使用的自我博弈的技巧,可以一定程度上缓解环境的非平稳性;还有一些方法在合作环境中使用宽容的思想,对环境中的回报总是考虑较好的部分,期望队友做出的动作与自身的优化保持一致,对于较差的回报按一定的概率进行舍弃。和单智能体系统相比,多智能体系统面临的问题和挑战主要表现为以下方面。

(1)环境的不稳定性:智能体在做出决策的同时,其他智能体也在采取动作;环境状态的变化与所有智能体的联合动作相关。

(2)智能体获取信息的局限性:通常智能体不一定能够获得全局的信息,仅能获取局部的观测信息,也经常无法得知其他智能体的观测信息、动作和奖励等信息。

(3)个体的目标一致性:各智能体最优的目标可能是最优的全局回报,也可能是各自局部回报的最优。

(4)可扩展性:在大规模的多智能体系统中,会涉及高维度的状态空间和动作空间,这对模型表达能力和真实场景中的硬件算力有一定的要求。

经典的多智能体强化学习算法通常仅适用于小规模问题,如静态游戏和小网格世界,而在现实的多智能体问题中,状态和动作空间很大甚至是连续的。很少有传统算法能够适用于不完整的、不确定的环境。可扩展性和处理不完全信息环境也是之前单智能体强化学习中未解决的问题。然而,随着深度学习的发展,单智能体的可扩展性等问题在一定程度上得到了解决。借助于深度学习的快速发展,研究人员结合深度学习等技术,从可扩展性、智能体意图、奖励机制、环境框架等方面对多智能体算法进行了改进。

按照类型划分,任务可以分为完全合作型、完全竞争型和混合任务。由于现有研究以合作型任务为主,本小节将介绍合作型的多智能体强化学习方法,后续将介绍多智能体协作中的合作与竞争问题。

根据研究方法的不同,本书重点介绍五种解决合作型任务多智能体强化学习方法,具体包括独立学习方法、完全可观测的评论家方法、值分解网络方法、共识方法、沟通与交流方法。

1)独立学习方法

对于多智能体强化学习问题,一种直接的解决思路是:将单智能体强化学习方法直接套用在多智能体系统中,即每个智能体把其他智能体都当作环境中的因素,仍然按照单智能体学习的方式通过与环境的交互来更新策略,这是 Independent Q-learning(IQL)方法的思想。这种学习方式固然简单也很容易实现,但忽略了其他智能体也具备决策的能力、所有个体的动作共同影响环境的状态,使得它很难稳定地学习并达到良好的效果。所有的智能体 i,对于给定的联合动作 $a_t=(a_1^t,\cdots,a_N^t)$,每个智能体 i 的 Q 值更新过程为:

$$q_i^{t+1}(s,a)=\begin{cases}q_i^t(s,a)\\ \max\left[q_i^t(s,a),r(s_t,a_t)+\gamma\max_{a'\in A}q_i^t(\delta(s_t,a_t),a')\right]\end{cases} \tag{2-12}$$

其中,$q_i^{t+1}(s,a)=\max_{a=\{a^1,\cdots,a^N\},a^i=a}Q(s,a)$,$\delta(s_t,a_t)$是状态转移函数。

2)完全可观测的评论家方法

环境的非平稳性是多智能体强化学习中的主要问题。解决该问题的常用方法是使用完全可观测的一个或多个评论家模型:

(1)在一个完全合作的问题中,训练一个中心化的评论家;

(2)当智能体可以观察到局部奖励时,训练其对应的评论家。

两种情况下，如果评论家是完全可观测的，有两种方法可以解决非平稳性问题。一种方法是采用主流的多智能体深度确定性策略梯度（Multi-Agent Deep Deterministic Policy Gradient，MADDPG）算法，另一种方法是采用扩展于深度确定性策略梯度（Deep Deterministic Policy Gradient，DDPG）的多智能体强化学习算法。智能体 i 在时间步 t 可以得到自己的局部观察 o_i^t，局部动作 a_i^t 以及局部奖励 r_i^t。MADDPG 的损失函数表示如下：

$$L(u_i)=E_{o^t,a,r,o^{t+1}}([Q_i(s^t,a_1^t,\cdots,a_N^t;u_i)-y]^2) \tag{2-13}$$

$$y=r_i^t+\gamma Q_i(o^t,\overline{a}_1^{t+1},\cdots,\overline{a}_N^{t+1};u_i)\big|_{\overline{a}_j^{t+1}=\overline{\pi}(o_j^{t+1})} \tag{2-14}$$

3）值分解网络方法

值分解网络（Value-Decomposition Networks，VDN）法由 DeepMind 团队于 2018 年提出。该方法的核心是将全局的 $Q(s,a)$ 值分解为各个局部的 $Q_i(s_i,a_i)$ 的加权和，使得每个智能体拥有各自局部的 Q 值函数，解决的是多智能体强化学习中的信用分配问题。这样的分解方式，在联合动作值的结构组成方面考虑了个体行为的特性，使得该 Q 值更易于学习。另一方面，它也能够适配集中式的训练方式，在一定程度上能够克服多智能体系统中环境不稳定的问题。在训练过程中，通过联合动作 Q 值来指导策略的优化，同时个体从全局 Q 值中提取局部的 Q_i 值来完成各自的决策，例如贪心策略 $a_i=\arg\max(Q_i)$，实现多智能体系统的分布式控制。

单调值函数分解的深度多智能体强化学习（Monotonic Value Function Factorisation for Deep Multi-Agent Reinforcement Learning，QMIX）在 VDN 的基础上实现了两点改进：

（1）在训练过程中加入全局信息进行辅助；

（2）采用混合网络对单智能体的局部值函数进行合并（而不是简单的线性相加）。

在 QMIX 的方法中，首先假设了全局 Q 值和局部 Q 值之间满足这样的关系：最大化全局 Q_{tot} 值对应的动作，是最大化各个局部 Q_{a} 值对应动作的组合，即：

$$\arg\max_u Q_{\text{tot}}(\tau,u)=\begin{bmatrix}\arg\max\limits_{u^1} Q_1(\tau^1,u^1)\\ \vdots \\ \arg\max\limits_{u^n} Q_1(\tau^n,u^n)\end{bmatrix} \tag{2-15}$$

其中，τ 是一个联合行动观察历史，u 是一个联合行动。在该约束条件下，既可以使用集中式学习方法来处理环境的不稳定性问题，并考虑多智能体的联合动作效应（全局 Q 值的学习），又可以从中提取出个体策略实现分布式的控制（基于局部 Q 值的行为选择）。进一步地，该约束条件可转化为全局 Q 值和局部 Q 值之间的单调性约束关系：$\frac{\partial Q_{\text{tot}}}{\partial Q_{\text{a}}}\geqslant 0,\ \forall a\in A$。结合深度 Q 网络的思想，以 Q_{tot} 作为迭代更新的目标，在每次迭代中根据 Q_{tot} 来选择各个智能体的动作，有：

$$L(\theta)=\sum_{i=1}^{b}\{[y_i^{\mathrm{tot}}-Q_{\mathrm{tot}}(\tau,\mu,s;\theta)]^2\} \tag{2-16}$$

$$y^{\mathrm{tot}}=r+\gamma\max_{a'}\bar{Q}\left(\tau',a',s';\bar{\theta}\right) \tag{2-17}$$

其中,b 是从重放缓冲区采样的转换的批处理大小,τ 是一个联合行动观察历史,μ 是一个联合行动,状态 s 是在联合行动观察历史 τ 采取行动 μ 并接受奖励 r 后观察到的。θ 是通过从重放记忆中抽样批量 b 跃迁学习并最小化 TD 的平方误差来实现的,$\bar{\theta}$ 是目标网络的参数,这些参数周期性地从 θ 复制过来,并在若干次迭代中保持不变,γ 为折扣因子。最终收敛到最优的 Q_{tot} 并给出对应的策略,即为 QMIX 方法的整个学习流程。

4)共识方法

集中式评论家的思想在系统中存在少量智能体时效果较好。然而,随着智能体个数的增加,各种信息的数量将变得庞大。此外,在应用中大量的信息将导致各种限制,例如能源限制、隐私限制、地理限制和硬件限制。为了解决这个问题,可以移除中心单元,允许智能体通过稀疏网络通信,并与周围智能体(邻居)共享信息,达成共识,这种方法就是共识方法。本书参考文献[28]、[29]和[30]中通过限制要通信的邻居数量,使通信量与邻居数量保持线性。这种方式使智能体只使用本地观察的结果,以及使用来自邻居的一些共享信息来保持对整个系统的监视。

5)沟通与交流方法

除了基于共识的方法,另一种方法是学习通信操作(如消息),以允许智能体能够发送它们想要的信息。通过这种方式,智能体可以了解发送消息的时间、消息的类型和目的地。通常情况下,交流行为不会干扰环境,也就是说,信息交流不会影响下一个状态或奖励。

这一类别的多智能体强化学习方法假设智能体之间存在信息的交互,并在训练过程中学习如何根据自身的局部观察来生成信息,或者来确定是否需要通信、与哪些智能体通信等。在训练完毕后运行的过程中,需要显示依据其余智能体传递的信息来进行决策。

本书参考文献[31]中所有智能体共享一个全局的回报函数,所以是一个完全协作环境,每个智能体只拥有自己的局部观察。假设通信信道是离散的,即智能体之间只能传递离散的信息。采用中心化训练、去中心化执行的框架,在训练时不对智能体间的信息传递进行限制,甚至在训练时使用连续的信息。但是训练完毕之后运行时,智能体之间才进行真正的通信,并且该通信信道是离散的。

本书参考文献[32]使用的是 DDPG 算法,并且考虑到算法在大规模多智能体环境下的可扩展性问题,智能体之间共享模型参数,同时算法假设每个智能体都拥有同样的全局观察(全局状态)。

2.2 群体智能决策模型

多智能体系统由分布式人工智能演变而来，具有自主性、分布性、协调性等特点，并具备学习能力、推理能力和自组织能力。根据任务类型，群体决策方法可以分为完全合作、完全竞争和混合型。

2.2.1 完全合作的群体智能决策模型

在完全合作的群体决策过程中，智能体有相同的奖励函数，即 $R_1 = \cdots = R_n$。学习的目标是最大化公共收益。如果有集中式控制器，则任务可简化为马尔可夫决策过程，其行动空间为联合行动空间。此时学习的目标可以表述为：

$$Q_{k+1}(x_k, u_k) = Q_k(x_k, u_k) + \alpha[r_{k+1} + \gamma \max_{u'} Q(x_{k+1}, u') - Q_k(x_k, u_k)] \tag{2-18}$$

其中，Q_k 为行动价值函数；μ_k 是动作，作为动作 μ_k 的结果，环境状态从 x_k 改变，以状态 x_{k+1} 结束；r_{k+1} 是观察到的奖励；$\alpha \in (0,1]$ 是学习速率；γ 为折扣因子。如果智能体是独立的决策者，即使所有的智能体使用相同的算法并行学习公共最优 Q 函数，也会出现协调问题。原则上，他们可以利用贪婪策略来最大化共同回报。而贪婪行为选择机制是随机地打破束缚，这意味着在没有附加机制的情况下，不同的智能体可能以不同的方式打破束缚，所产生的联合行动可能是次优的。按照智能体之间有无协调机制，完全合作的群体决策方法可分为无协调方法、直接协调方法和间接协调方法。

(1) 无协调方法：团队 Q 学习通过假设最优联合行动是唯一的(这种情况很少发生)来解决问题。分布式 Q 学习算法在不假设协调的情况下求解合作任务，但它只在确定性设置下有效。每个智能体 i 维护一个显式策略 $h_i(x)$ 和一个局部 Q 函数 $Q_i(x, u_i)$，仅依赖于它自己的操作。两者都只在增加 Q_i 的方向上进行更新：

$$Q_{i,k+1}(x_k, u_{i,k}) = \max[Q_{i,k}(x_k, u_{i,k}), r_{k+1} + \gamma \max_{u_i} Q_{i,k}(x_{k+1}, u_i)] \tag{2-19}$$

$$h_{i,k+1}(x_k) = \begin{cases} u_{i,k}, \text{if } \max\limits_{u_i} Q_{i,k+1}(x_k, u_i) \neq \max\limits_{u_i} Q_{i,k}(x_k, u_i) \\ h_{i,k}(x_k) \end{cases} \tag{2-20}$$

在 $Q_{i,0} = 0$，且公共奖励函数为正的条件下，可证明智能体的策略收敛于最优联合策略。

(2) 直接协调方法：解决协调问题的一种更通用的方法是确保所有智能体都以相同的方式断开联系。这显然要求行动选择以某种方式进行协调或协商：社会约定和角色限制了行动者的行为选择；协调图简化了协调，因为全局 Q 函数可以被分解为只依赖于智能体子集行为的局部 Q 函数；沟通用于协商行动选择，可以单独使用，也可以与上述技术结合使用。

(3)间接协调方法:使行为选择偏向于承诺产生更好价值的行为,从而引导智能体走向协调。联合行动学习者(JAL)采用经验学习其他智能体的行为模型。启发式频率最大 Q 值(FMQ)是基于动作在过去产生更好价值的频率。最优自适应学习(OAL)倾向于最近选择的纳什均衡。通过使用一种额外的机制来保证最终选择的最优纳什均衡,可以证明 OAL 收敛于最优联合策略(以增加复杂性为代价)。JAL 和 FMQ 只适用于静态游戏。

从以上的分析可知,无协调方法是团队独立的,而间接协调方法是团队感知的。直接协调方法,如果它们依赖于公共知识假设,是团队独立的;如果它们使用协商,则是团队感知的。为了提高算法在实践中的适用性,必须努力提高算法的可扩展性和对不确定或不完整观测的鲁棒性。无协调方法尤其容易受到不确定观测值的影响。沟通有能力为多智能体协调问题提供直接、有效的解决方案。

2.2.2 完全竞争的群体智能决策模型

在一个完全竞争的随机博弈中,这种问题可以被描述为零和马尔可夫博弈,其中任何状态转移的奖励和等于零,即 $R=\sum_{i=1}^{N}R^{i}(x,u,x')=0$。对于两个智能体,$R_1=-R_2$,可以应用极大极小原则:在对手总是以最小化的方式行动的假设下,使自己的利益最大化。其中著名的算法是 minimax-Q,此处给出智能体 1 的 Q 函数:

$$Q_{i,k}(x_k)=\arg[m_1(Q_k,x_k)] \tag{2-21}$$

$$Q_{k+1}(x_k,u_{1,k},u_{2,k})=Q_k(x_k,u_{1,k},u_{2,k})+\alpha[r_{k+1}+\gamma m_1(Q_k,x_{k+1})-Q_k(x_k,u_{1,k},u_{2,k})] \tag{2-22}$$

其中,m_1 为智能体 1 的极小极大收益:

$$m_1(Q,x)=\max_{h_1(x,\cdot)}\min_{u_2}\sum_{u_1}h_1(x,u_1)Q(x,u_1,u_2) \tag{2-23}$$

Q 没有标智能体的索引下标,因为公式使用了隐含的假设 $Q_1=Q=-Q_2$。minimax-Q 是与真正的对手无关的,因为即使极大极小优化有多个解,无论对手在做什么,它们中的任何一个都会至少获得极大极小回报。如果学习者有对手策略的模型(即是对手感知的),它实际上可能比极小极大回报更好。可以使用 M^* 算法来学习对手模型。

2.2.3 混合型群体智能决策模型

在一般情况下,对智能体的报酬函数没有任何约束,这种模型最适合自私的智能体。即使是合作的智能体也可能遇到与它们直接利益发生冲突的情况,例如,当它们需要争夺某些资源时。博弈论的要素,特别是均衡的概念,在这一范畴中最有影响力。当随机博弈的一个特定状态下存在多个均衡时,均衡选择问题就出现了各智能体需要一致地选择同一均衡中的各自部分。本节首先介绍重复博弈的 MARL 算法,然后介绍动态随机博弈。

(1)重复博弈。

在重复博弈过程中,强化学习的基本属性延迟奖励就会丢失。然而,由于重复博弈主体的动态行为,学习问题仍然是非平稳的。这就是为什么这类方法总是考虑适应其他智能体。这类算法通常要求智能体知道任务模型(即奖励函数),并假设可观察的行动(其中一些甚至是可观察的策略)。

智能体跟踪方法适用于对手行为的学习模型。虚拟游戏使用这些经验模型的最佳响应,而 Hyper-Q 将这些模型整合到状态向量中,并在其基础上学习。元学习策略结合了虚拟游戏、极大极小和被称为 Bully 的博弈论策略的修改版本,以实现目标优化、兼容性、安全三重目标。这些方法并不一定收敛于平稳策略。智能体感知方法以收敛为目标。一种收敛于自我博弈并学习对抗静止对手的最佳对策的多智能体学习算法(Adapt When Everybody is Stationary, Otherwise Move to Equilibrium, AWESOME)使用虚拟的游戏,但它会监控其他参与者,并在得出他们正在适应的结论时切换到一个预先计算好的纳什均衡。直接策略搜索领域的一些方法使用梯度更新规则来保证特定游戏类别的收敛:无穷梯度上升(Infinitesimal Gradient Ascent, IGA),可变学习速率的无穷梯度上升(Win-or-Learning-Fast IGA, WoLF-IGA),广义无穷小梯度上升(Generalized IGA, GIGA)和广义可变学习速率的无穷梯度上升(Generalized IGA-win-or-learning-fast, GIGA-WoLF)。

重复博弈代表的是一组有限的应用程序,其中包括谈判、拍卖和物物交换。上述算法提供了有价值的理论结果。然而,这些结果应该扩展到动态情况,以便应对更一般的应用场景。

(2)动态随机博弈。

混合的动态任务对应于不受限制的随机博弈,它呈现出所有多智能体强化学习的挑战:延迟奖励、非平稳智能体和冲突目标。

单智能体强化学习可直接应用于多智能体强化学习。然而,多智能体强化学习问题的非平稳性使得大多数单智能体强化学习理论结果无效。当智能体有严重的相互干扰时,单智能体强化学习可能无法工作。由于它们不考虑其他智能体的行为,单智能体方法是独立于智能体的。尽管有局限性,这种方法还是得到了应用,主要是因为它比较简单。在应用过程中,关于其他智能体的信息通常被编码在学习者的输入中,从而间接地使学习者能够根据他们的行为作出决定。

独立智能体的方法共享一个基于 Q-learning 的结构,其中策略和状态值是用博弈理论求解器计算状态下产生的阶段博弈。用 $[Q_{\cdot,k}(x,\cdot)]$ 表示状态 x 产生的阶段博弈,由时刻 k 的所有行动者的 Q 函数给出:

$$h_{i,k}(x,\cdot)=\text{solve}_i[Q_{\cdot,k}(x_k,\cdot)] \tag{2-24}$$

$$Q_{i,k+1}(x_k,u_k)=Q_{i,k}(x_k,u_k)+\alpha\{r_{i,k+1}+\gamma\cdot \text{eval}_i[Q_{i,k}(x_{k+1},\cdot)]-Q_{i,k}(x_k,u_k)\} \tag{2-25}$$

solve_i 返回某种均衡(策略)中第 i 个行动者的部分,并且 eval_i 计算该行动者在该均衡下的期望收益。其中,Q_k 为行动价值函数;u_k 是动作;作为动作 u_k 的结果,环境状态从 x_k 改变,

以状态 x_{k+1} 结束；r_{k+1} 是观察到的奖励；$\alpha \in (0,1]$，是学习速率；γ 为折扣因子。当解不唯一时，就会出现均衡选择问题。目标是在每个状态中收敛到一个均衡状态，更新使用所有智能体的 Q 表。所以，每个行动者都需要对其他行动者的 Q 表进行建模。这需要两个假设：所有智能体都使用相同的算法，所有行为和奖励都是可见的。

智能体跟踪方法适应其他智能体非平稳策略的学习模型而不考虑收敛性。行动必须是可观察的。非平稳收敛策略（NSCP）算法计算模型的最佳响应，并使用它来估计值函数。

智能体感知算法通常需要考虑收敛性。WoLF-PHC（Win-or-Learn-Fast Policy Climbing）结合了基本的 Q-learning 更新规则和源自 WoLF-IGA 的基于梯度的策略更新：

$$h_{i,k+1} = h_{i,k}(x_k, u_i) + \begin{cases} \delta_{i,k}, \text{if } u_i = \arg\max Q_{i,k+1}(x_k, \tilde{u}_i) \\ -\dfrac{\delta_{i,k}}{|U_i| - 1}, \end{cases} \tag{2-26}$$

梯度阶跃 $\delta_{i,k}$，智能体失败时为 δ_1，获胜时为 δ_w，$\delta_1 > \delta_w$，x_k 为状态，u_i 为动作，h 为智能体的策略，U_i 为智能体可用的离散动作。获胜标准是基于 WoLF-PHC 原始版本中平均策略与当前策略的比较，或者是 PD-WoLF（Policy Dynamics based WoLF）中策略的二阶差分。其基本原理是，为了鼓励趋同，智能体应该迅速从失败的情况中逃脱，同时在获胜时谨慎地适应。

扩展最优响应（EXORL）启发式在两个智能体的任务中应用了类似的思想：策略更新以一种最小化其他智能体偏离其当前策略动机的方式。环境独立强化加速（EIRA）将策略推入和从策略堆栈中弹出策略，以这样一种方式保证长期强化改进。EIRA 对环境和其他因素不作任何假设。从这个意义上说，它是非常普遍的。然而，它可能无法利用任务的结构。

在动态情况下，博弈论引入了一种偏向静态（阶段）解的倾向，但这种状态解决方案在动态任务背景下的适用性目前还不清楚。混合的随机博弈智能体通常被认为是自私的。然而，在许多混合任务中，智能体是合作的，在某些情况下会产生竞争，例如它们竞争资源。在这些任务中，合作协调方法是一种可行的选择。许多混合随机博弈算法存在可扩展性问题，对不完美的观测结果很敏感；合作协调方法尤其适用于独立智能体的方法。

2.3 车路网联交通场景中的群体智能决策

以上章节介绍了智能决策的基础理论与方法，本节将重点介绍车路网联与协同混合交通群体环境下，智能交通运输系统作为多智能体系统如何实现群体智能决策。车路网联与协同交通场景基于先进的无线通信和新一代互联网等技术，全方位实施车车、车路和人车动态实时信息交互，在全时空动态交通信息采集与融合的基础上，利用群体智能决策方法与理论，充分实现人、车、路的有效协同，保证交通安全，提高通行效率，从而形成安全、高效和环保的道路交通系统。

2.3.1 城市路网交通信号协同决策

随着我国现代化建设的不断推进，近年来城市路网的规模急剧扩大，道路交通状况的复杂程度也随之增加。如果继续将城市路网当成一个整体进行交通信号协同控制，其算法的复杂度也将随着交叉口数量的增加以及网联车辆的应用而呈指数级增长，进而造成计算效率低下、状态空间爆炸等问题。因此，人们开始将整个路网划分成一个个子区和交叉口群，以各个子区为控制对象，实现由部分到整体的协同控制。区域交通信号协同控制示意图如图 2-4 所示。

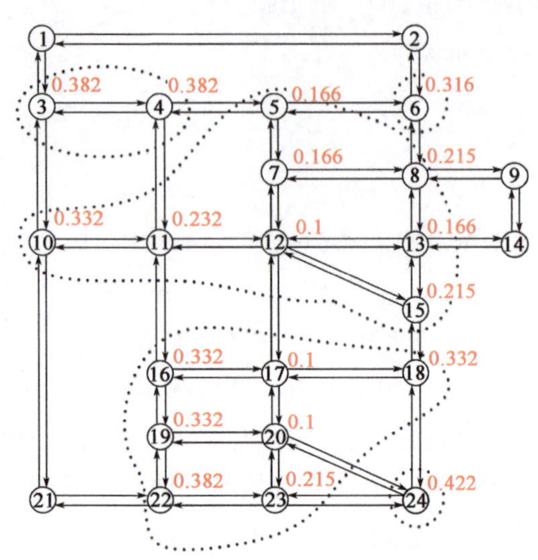

图 2-4　区域交通信号控制

在交通控制系统中，国内外学者对子区、子系统、交叉口群等已有较多研究。划分交通控制小区最主要的目的是为了便于在局部区域实施灵活的协调控制方案。一方面从保证交通控制系统运行的安全性和可靠性考虑，若把路网分成若干个具有一定相关性的交通控制区域或相对独立的交通控制区域，即使某一子控制系统处于瘫痪状态不能运行，也只是使其所辖范围内交叉口失去联网协调控制的作用。

此外，将路网划分成一个个子区，可以提高路网信号控制系统的有效性。将交通状态相似且具有关联性的交叉口划分为同一个子区，在各个子区内部采用自适应协同的交通状态控制方案，建立各个子区之间的协作关系，进行微调，以此保障整个路网的通行效率。城市路网规模庞大，每个路段都可能具有不同的交通特性，如果按照统一的策略进行控制，无疑是不符合实际的。将路网划分成一个个子区，能够依据各子区的特性制订控制方案，提高了控制策略的灵活性，且使控制方式更加简便。

实现区域交通信号的协调控制，也就是要求子区域实现一定程度的自适应控制。早期研究中，已经有了大量的交通信号自适应控制系统。1963 年，加拿大建立了一套由 IBM650 型计算机控制的交通信号协调控制系统。随着技术的发展，一大批交通信号控制系统，如 SCOOT、SCATS、TRANSYT、OPAC、RHODES、UTOPIA、ITCS 等，以及包括俄罗斯在内的独立国协地区的 Agat（用于白俄罗斯和俄罗斯城市）、KS（用于俄罗斯和哈萨克斯坦城市）、Spektr 等陆续被推广使用。

然而，早期的研究由于感知与通信能力、计算能力和仿真工具的限制，基本集中于模糊逻辑控制、线性编程等，用有限的信息来对道路交通建模，往往无法有效地应用于大范围、实时自适应交通控制。影响交通建模的因素有很多，例如交叉口的通行规则与环境和条件、交叉口间距、道路的类型与通行及管理条件、车流构成及其运行方式、信号灯相位/相序与相位差、绿信比、信号周期和信号配时参数等。要综合考虑这些因素实现区域交通信号的协调控制,传统的基于规则或线性建模的方式已很难实现。

为实现交通信号控制的智能化,研究与开发人员开始将机器学习的方法应用于交通控制。国外学者从20世纪90年代起,就将强化学习的方法应用于城市交通控制系统(UTS)中。1996年,美国学者Thomas L Thorpe和Charles W Anderson首次将强化学习SARSA应用于交通信号控制的问题上,基于每个交叉口信号灯的Q值函数,通过神经网络进行学习预测全部进入交叉口车辆的延误时间。Moriarty和Langely使用监督学习和强化学习协调驾驶员的驾驶行为,提高了路网车辆的吞吐量,实现了交通的分布式控制。Wiering等人利用一种基于模型的TC1强化学习方法,根据车辆状态描述,计算信号灯的状态动作值函数,并计算最优策略。通过仿真验证,在轻度交通流下TC1方法效果良好。

随着深度学习的不断发展,以及车辆传感器等硬件设备水平的不断提高,多智能体强化学习引起了研究人员关注,通过将区域交叉口模块化,作为单个运用的强化学习方法,扩展到大规模交通网络。在算法方面,随着GPU计算性能的提升,深度强化学习(Deep Reinforcement Learning,DRL)已经对智能交通系统(Intelligent Transportation System,ITS)进行了若干尝试,这些实验结果表明DRL能够智能地优化交通。这些算法的进展虽然可喜,但由于缺乏海量、实时、完备的交通信息数据,算法的性能与一般的ITS系统表现相当,所以影响有限。

现实中常见的交通信号灯多是采用定时信号控制方法,通过预先设置的控制方案,让信号灯以固定的周期进行轮换。这种定时信号控制方法由于不能灵活地根据实际交通情况调整配时方案,因此控制效果不尽如人意。长期的研究和实践证明,把车辆和道路相结合,引入各种高新技术,是破解交通问题的最好方法。智能交通系统可利用各种高新技术对各个交叉口的交通信号配时方案进行即时调控,大大增强了整个交通系统的通行效率和控制效果。

城市交通信号控制主要有三种基本模式:一是通过专家意见和区域交通历史运行状态及数据确定的针对当前路口的定时信号配时方案;二是基于安装在交叉口的各类交通信息检测器获取的实时动态数据,来改进当前相位的绿灯时间,从而对当前路口的信号配时方案进行优化的感应控制模式;三是完全实时的、自动调整信号控制配时方案的自适应协调控制模式。我国的大中城市交通信号控制,多采用基于管理人员或专家的多时段固定配时的信号控制模式。感应控制模式需要更先进的硬件条件和控制技术的支持,自适应控制模式还需要更加有效和优化的控制算法,以及高品质的路面通行环境及条件,因此,并未得到广泛的应用。近年来,硬件配置和数据获取及通信等方面达了较高的水平,信号控制协调算法同样也被众多科学家和广大的工程师所研究。

建立在智能体(Agent)基础上的深度强化学习交通信号控制方法,其学习模型将设置于集交叉口交通信号控制器、信号灯控制单元、交通信息检测器等于一体的智能体,以最大限度提升有交通信号控制的交叉口的整体运行效果为目标。不同的交通环境信息及控制策略使不同智能体具有独特性,即使智能体具有相同的控制策略及学习方法,但是交通运行状态的多样性与独特性也产生了具有唯一性的信号控制交叉口智能体。作为智能体的信号控制器，不断地与交叉口的实际环境进行信息交互，获取实时的交通运行状态，依据智能体中按照一定学习策略构成的学习模块获得更佳的优化控制策略，可以经决策单元对智能体系统进行反馈调节与“奖惩”。智能体不断地重复交互、学习、反馈、奖励一系列动作，直到智能体系统的累计奖励值最大，即路口的整体交通运行状态达到最优。此信号智能配时系统如图2-5所示。

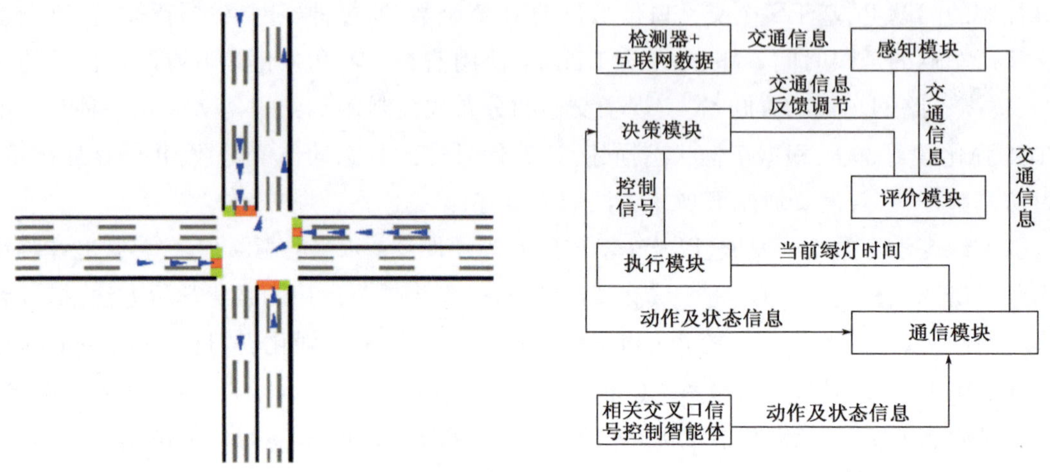

图2-5　交通控制信号智能配时系统

除了在区域内的单个交叉口进行信号控制，交叉口之间的协调控制也很重要。在大中城市的信号控制中，有交通信号控制的交叉口间常呈分布式和区域式的特点，相邻交叉口之间存在很大的相关性。仅仅考虑单一路口的控制，并不能实现整个区域交通运行的最优化控制。这要求控制时有全局思维，多个交叉口要相互协调与博弈，最终达到区域之间整体最优控制，从而提升区域交通运行效能。

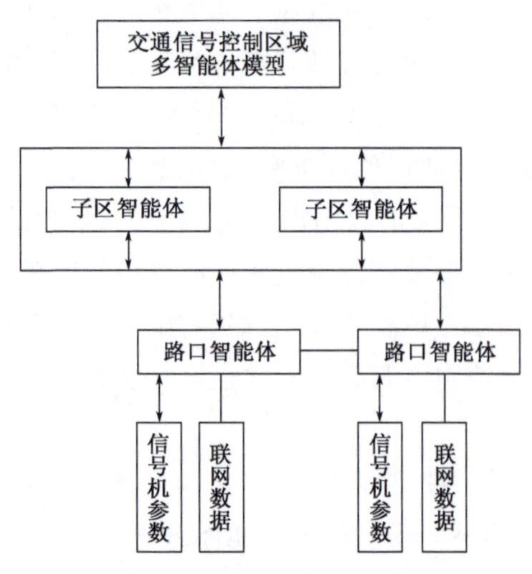

图2-6　交通信号控制区域多智能体结构模型

采用多智能体强化学习(MARL)的方式，可以将每个交叉口作为一个单独的智能体，引入博弈论的思想，将Stackelberg博弈和Dyna框架引入深度强化学习算法，组成联合状态、联合策略、联合动作等，寻求区域交通最优化。

利用多智能体强化学习建立区域交通信号优化的模型如图2-6所示，其流程可简述如下：

(1)确定路网信号控制交叉口数量，依据实际路网情况划分交通子区。

划分交通控制子区或交叉口群(关联更紧密的交叉口集合)，并针对每个“小区域”的特点因地制宜地实施灵活的信号控制策略。划分子区域或交叉口群一般包括区域功能原则、道路等级原则、距离原则、车流关联与连续原则、周期原则等原则。

(2)针对每一交通控制子区选取关键路口,确定领导者智能体。

在区域交通信号控制多智能体系统中引入 Stackelberg 博弈,设计模型中的领导者智能体和跟随者智能体。当智能体系统针对环境状态进行相关动作时,领导者智能体先执行指定动作,然后跟随者智能体依据领导者智能体的动作信息进行相关动作。智能体系统首先保证了领导者智能体的收益值和效能最大化,在此基础上最优化跟随者智能体的收益值。

(3)基于引入 Stackelberg 博弈的多智能体系统建立子区模型,制订交通控制方案。

交通信号控制子区模型中,将位于子区中的每一个信号控制智能体作为元素构成子区模型,各个路口智能体间相互通信、相互协调,关键路口智能体作为领导者智能体,交通子区内其余智能体作为跟随者智能体,以子区内的车辆延误最优化为目标,达到区域内各智能体 Stackelberg 均衡,实现子区交通运行状态最优化。

(4)依据各个交通信号控制子区状态,建立信号控制子区智能体。

交通信号控制子区内交通运行状态达到相对最优后,构建交通控制子区智能体,各个交通控制子区是相互影响的,不可能同时选取最小延误的控制方案,所以各个子区间也需要进行协调博弈,使整个路网达成相对最优的控制效果。

2.3.2 多交叉口交通信号协同决策

1)环状多交叉口交通信号协同决策

城市道路环状多交叉口是车流量较大、从不同方向到达的车流较为集中、交叉口关联性极强的复杂系统,交叉口上游交通流的持续汇入和下游交通流不能及时疏散是造成其拥堵的主要原因。在交通高峰期甚至会导致多路口出现"锁死"现象。现实中,城市道路环状多交叉口交通控制系统广泛使用的仍是单点定时控制方法,这种方法基于进出单点交叉口的交通流呈规律性分布,在稳定情况下有比较好的控制效果,但在交通流分布不稳定、随机性较强情况下,单点定时控制则难以满足多路口实时控制要求,会产生较大的延误或信号时间的损失。

2)城市干道多交叉口交通信号协同决策

近年来,多智能体系统研究是人工智能领域的一个热点方向,这是由于多智能体具备学习性、自调节性以及交互性等优良特性。因为交通系统是时间和空间上非线性、时变的随机系统,所以,对交通系统的实时优化控制非常适合采用多智能体系统。在研究和分析交通控制领域各种多智能体基础上,将城市干道交通这一抽象模型引入研究范围,进行模型的建立和特性分析,尝试将多智能体技术引入城市干道的交通控制中,实现不同时段对城市干道交通的最优控制。本节后续将介绍一种基于多智能体的城市干道交通信号控制算法。

对于一个城市道路交通路网,主干道往往承受着比较大的交通负载,对干道的各个交叉口进行协调控制,可以保证主干道上车流的畅通运行,减轻路网交通负载,也是缓解城市交通拥堵、改善城市交通运行状况的关键所在。对于干道协调控制，一般根据两个指标进行优化：停车延误和相位差（绿波带）。据此有两种协调设计思路：绿波协调控制设计和停车延误协调控制设计。

绿波协调控制设计是以车辆在干道上行驶时绿波带最大化为设计目标；停车延误协调控制设计则是以车辆的停车延误最小化为设计目标。

相位协调设计是指干道上的多个信号交叉口为了达到协调控制而进行的相位设计，一般以直行相位协调为主。绿波带是指在同一绿灯时间内，车辆相距最远的两条连续行驶轨迹线的空间（时间带宽度）。表征绿波带的两个属性是绿波带宽度以及绿波带速度。其中，绿波带宽度是指车辆在两个交叉口之间连续获得通行权的最小绿灯时间间隔；绿波带速度是指车辆在获得绿波时的平均速度。如果车辆能以绿波带速度在干道上行驶，理想情况下可以不停顿地通过各个交叉口。基于多智能体的干道上交叉口绿波协调算法的基本思路是：将干道上的每个交叉口都看作是一个智能体，并且相邻交叉口之间可以建立信息沟通，两者之间的信息可以共享，可忽略通信时延，那么多个交叉口的协调控制就是多智能体的协调控制。

定义交叉口多智能体的模型如下式所示：

$$\{\text{Agent}, S_t(i,j), C_k, T_k(i,j), P_{\text{next}}^i\}, i=1,2,\cdots,n; j=1,2,\cdots,m; t,k \text{ 均为正整数} \tag{2-27}$$

式中：Agent——交叉口多智能体的集合；

$S_t(i,j)$——交叉多智能体 i 的状态；

C_k——交叉口多智能体的周期长度；

$T_k(i,j)$——交叉口多智能体 i 的每个相位的最大相位时间；

P_{next}^i——交叉口多智能体 i 的下一个相位。

$$\text{Agent} = [\text{agent}_1, \text{agent}_2, \cdots, \text{agent}_n] \tag{2-28}$$

$$S_t(i,j) = [s_t(i,1), s_t(i,2), \cdots, s_t(i,m)] \tag{2-29}$$

$$C_k = [C_k(1), C_k(2), \cdots, C_k(m)] \tag{2-30}$$

$$T_k(i,j) = [t_k(i,1), t_k(i,2), \cdots, t_k(i,m)] \tag{2-31}$$

式中：$S_t(i,j)$——在 t 时刻第 i 个交叉口智能体的第 j 个相位的状态值；

$C_k(i)$——第 i 个智能体在第 j 个周期的周期值；

$t_k(i,j)$——第 i 个智能体在第 k 个周期的第 j 个相位的最大相位时间。

基于交叉口智能体的模型，可进一步求解各个交叉口智能体的交通参数，主要参数有 3 个：周期、各个相位绿灯时间、相位选择策略。以下对这 3 个参数的求解进行阐述。

（1）周期。

周期的求解如下：

$$C_k(i) = \begin{cases} \dfrac{1.5L_i + 5}{1 - Y_i}, Y < 0.9 \\ \text{预案}, Y \geqslant 0.9 \end{cases} \tag{2-32}$$

针对每个交叉口 i，$C_k(i)$ 为最佳周期长度，L_i 为总损失时间，Y_i 为交叉口交通流量比。当满足最优周期条件时，根据韦伯斯特算法求得最佳周期；若不满足，则启用预案中的周期时长。

(2)相位绿灯时间。

基于行驶安全考虑，每个相位应设有最小的通行时间 t_{min}，现取 10s，这里定义第 i 个交叉口智能体的第 j 个相位的车流量为 $q_{(i,j)}$，且在 t 时刻，第 i 个交叉口的总通行车流为 $Q_i(t)$，$t_{(i,j)}$ 为第 i 个交叉口智能体的第 j 个相位应该获取的绿灯时长。那么，根据流量分配原则：

$$t_{(i,j)} = \frac{q(i,j)}{Q_i(t)} C_k(i) \tag{2-33}$$

(3)相位选择策略。

利用多智能体系统的通信与信息共享特点进行设计。其思路为：假设交叉口智能体 agent_i 此时正在对车流 T_f 进行放行，此时，交叉口智能体 agent_{i+1} 发送一个通知 Notification，这里 agent_{i+1} 表示下游交叉口智能体。智能体 agent_{i+1} 根据发来的通知，得到放行时刻，计算出绿波车流到达时刻，从而对自身进行自适应调整，使得道路的通行状态最优化。

为进一步说明协调相位的选择策略，这里对相邻交叉口的时距图进行分析，对一些参数进行解释，如图 2-7 所示，为两个交叉口智能体的时距图。

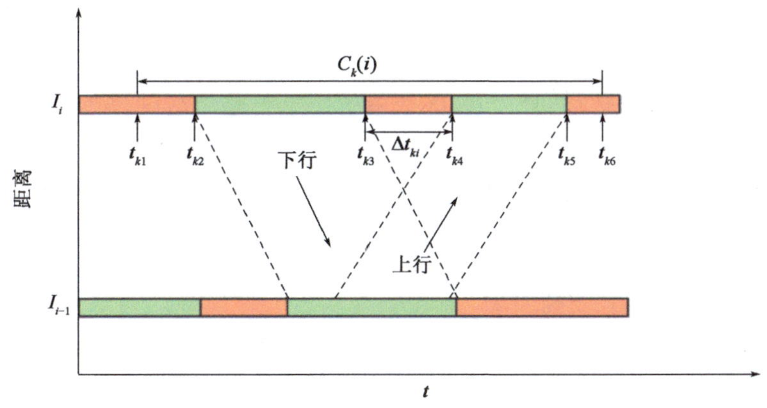

图 2-7 交叉口相位时距图

上图中，I_i、I_{i-1} 为相邻的交叉口；$C_k(i)$ 为交叉口 I_i 的第 k 个信号周期时长；t_{k1} 为信号周期的开始时刻；t_{k6} 为信号周期的结束时刻；t_{k2} 为下行绿波时间开始时刻；t_{k3} 为下行绿波时间结束时刻，下行绿波时间是指车流从交叉口 I_i 到 I_{i-1} 的绿波时间；同理，t_{k4}、t_{k5} 分别为上行绿波时间开始、结束时刻；Δt_{ki} 是两个绿波带的时间间隔，也就是 t_{k4} 和 t_{k5} 的差值。这里定义时间间隔集合 $\Delta t_k = [t_{k2} - t_{k1}, \Delta t_{ki}, t_{k6} - t_{k5}]$，时间间隔 Δt_k 的选择直接影响到相邻智能体交叉口的协调绿波控制效果。

结合单点自适应配时算法和基于多智能体的滤波协调算法，可以按如下过程求解：

(1)获取各个路口不同方向的实时车流量。

(2)根据自适应控制配时算法得到各个路口的周期与各相位的绿灯时间。

(3)基于多智能体信息互通的思想,不同路口将自己的周期与各相位绿灯时间发送给相邻路口。

(4)判断各路口之间的周期是否相同或成整数倍。若是,则可以进行绿波协调控制,各路口智能体根据相邻路口的周期与协调相位绿灯时长,调整自己的协调相位绿灯时间;若不是,则不满足绿波协调条件,各路口智能体执行自己的配时方案即可。

(5)实时车流量数据的更新频率可为5min,因此,每个路口信号灯配时方案执行次数:$n=\frac{5}{T}$,即 n 个周期的时间最接近于5min,n 即为本时段内的周期执行次数。执行完 n 个周期后,继续获取实时车流量,重复步骤(1)。

该算法以城市干道作为多智能体应用抽象模型,进行了交通信号控制模型构建与特性分析,提出了基于多智能体的城市干道多交叉口信号协同控制算法,实现了城市干道交通不同时段的最优控制。

2.3.3 路段混合车辆群体协同决策

车辆群体协同决策涉及诸多场景,下文以多车协同变道为例,介绍路段混合车辆群体协同决策。在路段场景中,变道是最基本的危险驾驶行为之一。与跟车行为相比,变道行为考虑的车辆更多,决策过程也更加复杂,难以描述。据欧盟统计,由变道引起的交通事故占比约为5%,交通延误达到10%。与此同时,75%的变道事故是由驾驶员的错误决策造成的。其根源是车辆状态信息和周围环境信息未被驾驶员充分感知。

智能车辆自动驾驶系统通常由感知模块、行为决策模块、规划模块和控制模块等构成,其中行为决策模块是上层感知模块和下层规划控制模块间的重要桥梁,基于感知信息决策车辆应采取的行为,从而为下层规划控制提供目标引导,起着承上启下的关键作用,智能汽车换道行为决策是其中很重要的一种。近年来,随着先进的传感器技术和车车通信(V2V)技术的应用,车辆与道路设施的互联正在成为现实。通过先进的车辆网络技术,获取行驶路段周围的车辆信息,可以为行驶过程中的车辆提供更加优化的变道规划和速度控制策略,从而使车辆的速度、车头时距、车辆在变道过程中的时间间隔特性发生良性变化,提高了车辆行驶的安全性和舒适性。

现有智能车辆换道行为决策方法按照决策机理,可以分为非数据驱动方法和数据驱动方法两大类。其中有限状态机(Finite State Machine,FSM)、动态博弈(Dynamic Game)等方法属于非数据驱动方法,数据驱动方法主要包括模仿学习和强化学习方法等。

1)非数据驱动方法

此处主要介绍有限状态机和动态博弈这两种非数据驱动方法在多车协同换道中的应用。

冀杰等将车辆行驶过程划分为车道保持、跟驰、变道和紧急制动4种状态,构建有限状态机进行换道行为决策。Kurt等将决策过程进行层次划分,构造分层有限状态机用于决策,以此简化状态转移规则来提高决策时的规则查询效率。各类有限状态机方法均需要人为划分状态并制定状态转移规则,因而存在规则完备性的固有问题。有学者提出动态博弈方法,在换道行为决策时考虑车辆间的持续交互作用。Wang 等将换道行为决策问题表述为微分博弈(Differential Game),假定本车和周边车辆进行非合作博弈,本车根据其他车辆的预期行为进行换道行为决策。Yu 等将本车及周边车辆视作斯塔克伯格博弈(Stackelberg Game)参与者,估计周边车辆的驾驶激进度以确定其收益函数,通过在线求解动态博弈问题来确定本车换道行为。动态博弈方法求解平衡点的计算复杂度较高,在车载嵌入式计算平台上的实时性往往难以满足要求。

本节简单介绍协同博弈换道模型,换道行为可以被认为是一种非合作博弈,存在以下两种可能场景:①不完全信息下的非合作博弈,表示车辆在不确定其他车辆特征、策略空间及支付函数情况下发生的换道博弈。这种不确定性会使驾驶员根据其承担风险的意愿发生潜在的自由换道或强制换道。②完全信息下的非合作博弈,对应的车辆能够知道其他车辆的特征、战略空间及支付函数。车辆按照利己原则选择策略,给定车辆的策略集合,通过 V2V 通信,车辆可以获取周边路况的实时信息,降低博弈收益的不确定性。支付函数反映了驾驶员依据自身的偏好和性格特征从不同的策略选择获取到的利益。

在车辆并道行为中,关系最为密切的是希望并道的车辆与其选定车道的滞后车辆。因此,使用两者非合作博弈描述车辆换道行为。换道车辆(V_A)有两种纯策略,换道或不换道;滞后车辆(V_B)针对 V_A 的换道行为可选择接受并道或拒绝,若选择接受,可以通过减速或换道至相邻车道的方式实现。因此 V_B 有三种纯策略:加速、减速或换道。

V_A 的策略集合 P,对应的概率分别为 $p, 1-p$。$P=\{1:换道,2:不换道\}$。V_B 的策略集合 Q,对应的概率分别为 $q_1, q_2, 1-q_1-q_2$。$Q=\{1:加速,2:减速,3:换道\}$。V_A、V_B 的收益使用 P_{ij}、Q_{ij} 表示,则收益矩阵见表 2-1。

收益矩阵 表 2-1

行为	V_B 加速	V_B 减速	V_B 换道
V_A 换道	$(P_{11}、Q_{11})$	$(P_{12}、Q_{12})$	$(P_{13}、Q_{13})$
V_A 不换道	$(P_{21}、Q_{21})$	$(P_{22}、Q_{22})$	$(P_{23}、Q_{23})$

V_A、V_B 的混合概率期望收益 E_A、E_B 为各混合策略收益与其对应概率的乘积求和:

$$E_A(p,q_1,q_2)=\sum_{i=1,2}^{n}p_i\left(\sum_{j=1,2,3}^{m}q_jP_{ij}\right) \tag{2-34}$$

$$E_B(p,q_1,q_2)=\sum_{j=1,2,3}^{m}q_j\left(\sum_{I=1,2}^{N}p_iQ_{ij}\right) \tag{2-35}$$

其中,$p_1=p, p_2=1-p, q_3=1-q_1-q_2$,在这组方程中,可以通过最大化 V_A、V_B 的预期收益来获得最优解,即求纳什均衡。最优解可以通过求解纳什均衡获得,本文提出的策略模型是 2×3 混合战略博弈,属于有限战略博弈,根据纳什均衡的存在性定理:有限战略博弈至少存在一个纯战略纳什均衡或混合战略纳什均衡。

2)数据驱动方法

模仿学习法基于数据驱动,模仿专家驾驶员策略进行决策。例如 Bojarski 等使用卷积神经网络(Convolutional Neural Networks,CNN)基于车载视觉传感器原始图像信息进行模仿学习决策控制,并在结构化和非结构化道路场景中进行了测试。Codevilla 等在此基础上提出条件模仿学习方法,通过引入驾驶员指令来加速模仿学习并使驾驶员可在一定程度上干预决策以保障行车安全。Kuefler 等则使用生成对抗网络(Generative Adversarial Networks,GAN)模仿专家驾驶员进行决策,实验表明该方法能学习到诸如紧急状况处置等高阶策略。但模仿学习方法需要海量数据支持,存在模型训练成本较高、工作时无法根据环境变化在线调整优化策略、难以适应复杂多变的真实道路环境等不足。而强化学习(Reinforcement Learning,RL)可在与环境在线交互过程中学习得到优化策略,因此,近几年来强化学习(RL)在电子游戏、机器人控制和高级辅助驾驶系统等领域取得一系列显著成果,因而有学者将其应用于智能车辆换道行为决策中。Mirchevska 等使用深度 Q 网络(Deep Q Network,DQN)深度强化学习方法,进行智能车辆高速公路场景换道行为决策,仿真实验表明该方法决策性能优于传统基于复杂规则的方法。Wang 等采用连续的状态空间和动作空间,设计具有闭式贪婪策略的 Q 函数逼近器来提高深度 Q 网络的计算效率,从而更快地学习得到了平稳有效的换道策略。

接下来本书介绍一种使用深度强化学习来学习自动驾驶车辆换道策略的方法,利用元组 $<S,A,R,T,\gamma>$ 将车辆的换道过程表述为马尔可夫决策过程(MDP)。该元组由状态空间 S、动作空间 A、奖励函数 R、转换函数 T,以及折扣因子 γ,通过最大化预期的折现奖励 $R_t=\sum_{t'}{}^{T}\gamma^{t}r(s_{t'},a_{t'})$,车辆根据在时刻 t 的观察,采取相应的行动来学习与道路上其他车辆交互的策略 $\pi(a_t|s_t)$。行动价值函数为:

$$Q^{*}(s,a)=\max_{\pi}E[R_t|s_t=s,a_t=a,\pi] \tag{2-36}$$

状态空间、动作空间、奖励函数和深度 RL 模型设计分别如下所示。

(1)状态空间:每个车辆(agent)$_i$ 的状态由三帧连续的交通快照 $M_t^{(i)}$ 和相应的实际速度 $v_t^{(i)}$ 和预期速度 $v_{\exp}^{(i)}$之差组成。

$$s_t^{(i)}=[M_{t-2}^{(i)},M_{t-1}^{(i)},M_t^{(i)},\Delta v_{t-2}^{(i)},\Delta v_{t-1}^{(i)},\Delta^{(i)}v_t] \tag{2-37}$$

$$\Delta v_t^{(i)}=v_t^{(i)}-v_{\exp}^{(i)} \tag{2-38}$$

(2)动作空间:动作 $a_t^{(i)}$ 表示车辆 i 的驾驶决策,在碰撞检测阶段进行检查。$a_t^{(i)}$ 应该是决策集 A 的元素之一:

$$a_t^{(i)}\in A=\{\text{left(左转)},\text{right(右转)},\text{speedup(加速)},\text{none(保持当前状态)}\} \tag{2-39}$$

(3)奖励函数:奖励 $r_t^{(i)}$ 作为当前状态的评估,它决定了换道模型中的合作程度。奖励 $r_t^{(i)}$ 是车辆自身的行驶效率、与其他车辆的合作以及交通流量之间的权衡,采用了广泛使用的奖励函数的线性组合格式:

$$r_t^{(i)}=r_v^{(i)}+r_{cl}^{(i)}+q_t \tag{2-40}$$

$$r_{\mathrm{v}}^{(i)} = \Delta v_{\mathrm{t}}^{(i)} / (v_{\max} - v_{\min}) \tag{2-41}$$

$$r_{\mathrm{cl}}^{(i)} = \begin{cases} -\alpha, 换道 \\ 0, 其他 \end{cases} \tag{2-42}$$

其中，$r_{\mathrm{v}}^{(i)}$ 是车辆自身效率的奖励值；$r_{\mathrm{cl}}^{(i)}$ 是换车道惩罚；q_{t} 表示当前的交通流量；$\Delta v_{t}^{(i)}$ 表示速度变化量；$v_{\max}$表示车辆最大速度；$v_{\min}$表示车辆最小速度；α 为常数。

在强化学习模型中，智能体通过一系列的观察、操作和奖励与环境进行交互，并选择能够最大化累积奖励的操作。然而，输入的高维性以及行动与奖励之间的延迟给传统的 RL 方法带来了挑战。在深度神经网络的帮助下，深度 RL 方法在求解耦合非线性控制或决策问题方面显示出良好的潜力。基本框架采用 DQN 学习有效的换道决策机制。DQN 以 $s_{\mathrm{t}}^{(i)}$ 作为输入，输出智能体的动作 $a_{\mathrm{t}}^{(i)}$。具体的网络框架如图 2-8 所示。

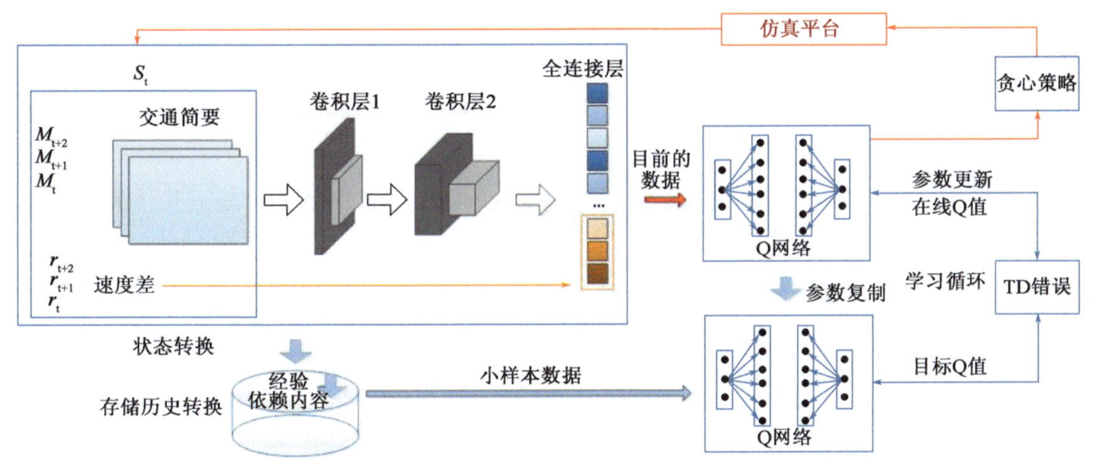

图 2-8　协同换道 DQN 架构

2.3.4　面向自动驾驶应用的多智能体信息融合协同决策

1）多智能体信息融合决策方法

（1）多智能体信息融合的目的。在网联自动驾驶场景中的多智能体信息融合，指的是利用计算机技术将来自多传感器或多源的信息和数据，在一定的准则下加以自动分析和综合，以完成所需要的决策和估计而进行的信息处理过程。多智能体信息融合技术的基本原理就像人大脑综合处理信息的过程一样，将各种传感器进行多层次、多空间的信息互补和优化组合处理，最终产生对观测环境的一致性解释。在这个过程中要充分地利用多源数据进行合理支配与使用，而信息融合的最终目标则是基于各传感器获得的分离观测信息，通过对信息多级别、多方面组合导出更多有用信息。这不仅是利用了多个传感器相互协同操作的优势，而且也综合处理了其他信息源的数据来提高整个多智能体系统的智能化。其目的就是根据从外部获得的环境信息和自身的状态，进行相对独立的决策，发挥联网优势，改变和协同其他探测设备(智能体)的使用状态，使其对目标的探测过程应需而变。信息融合智能体的协同行为是智能体进行观察并与其他智能体进行交互的结果，是响应其环境条件、内部状态和其他驱动事件活动的集中体现。

(2)多智能体信息融合内容。信息融合智能体的协同在内容上是指对处于动态、不确定性环境中的传感器组或测量设备组的使用进行协调的过程。其目的是改善信息融合的性能并最终提高整个系统的感知能力。在传感器较多和探测目标较密集的情况下，信息融合智能体通过对信息的收集过程进行控制，仅收集和存储那些真正需要的数据，从而使各智能体避免过量的数据存储和计算。自协同信息融合智能体要求在恰当的时刻，选择正确的传感器，对正确的目标实施正确的服务。为适应快速变化的环境，信息融合智能体之间的协同必须满足及时性要求，即对信息融合功能的提示性决策必须在战术态势的发展还未使该决策过时前作出。它包括以下内容。

①空间协同：结合友邻信息融合智能体信息指示本智能体的行为。协同方案通常在优化某个组合目标函数的基础上形成，组合目标函数是以整个复杂目标环境为背景。在确定目标的相对优先级以及目标向传感器的分配中，必须保证优先权高的目标分配到探测精度最好的传感器。

②模式协同：选择信息融合设备的工作模式和相应的工作参数，包括决定信号波形、功率大小、主被动方式、优先级等，以获得最佳探测效果。为了突出所关注的目标，要协调管理各传感器的工作时机、工作方式和时空参数(如各探测设备的开机/关机、单波束/多功能、环扫/扇扫、精测/粗测、扫描周期参数、指示搜索区域、跟踪/识别/报警功能的转换等)。通过对探测设备的调度，可以把目标有意识地置于不同探测设备的工作范围之内，提高整个系统对目标的综合跟踪能力。

③任务协同：完成信息融合智能体间目标的交接，以形成对目标的连续不间断探测，完成对移动信息融合设备及其所在平台的移动规划等。通过向传感器空间和时间范围提供控制信息，将传感器分配方案转换成对传感器的操作命令。

④时间协同：用来保障信息融合设备与其他传感器、目标环境中的目标检测及航迹丢失等事件的同步。根据当前事件、目标状态以及战术原则，预测未来事件，检测或验证所期望的事件。目标跟踪时，可以根据当前目标位置，预测目标的未来位置，控制传感器盯住跟踪中的目标。

在车路协同模型中，假定每辆车都装有车载传感器，可以探测车辆自身的行驶信息(如速度、位置、加速度等)。道路两边分布有 M 个路边基站(Road-site Unit, RSU)，每个 RSU 都备有移动边缘计算(Mobile Edge Computing, MEC)服务器，可以为车辆提供移动边缘缓存和计算服务，如图 2-9 所示。记所有智能车辆的集合为 V_A，所有 RSU 的集合为 R_A。其中，每辆车都具有计算能力和缓存能力，可以独立地作为智能体(agent)采集数据，实施信息处理和控制决策。车辆和 RSU 都具有通信能力,可以通过 V2V 通信和 V2I 通信实现车辆行驶信息的采集和扩散。

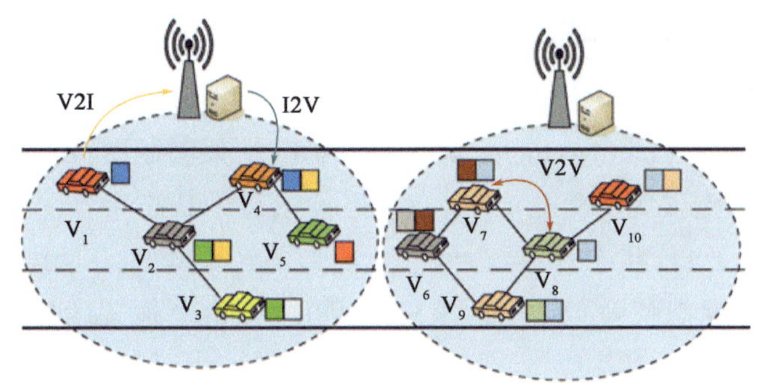

图 2-9　面向自动驾驶任务的车联协同决策模型

(3)自动驾驶信息融合模式。在互联自动驾驶场景中,多维信息融合是数据采集和数据扩散的不同说法。每辆车都备有传感器,可以将探测到的自身行驶信息缓存在车载单元或路边 MEC 服务器上,通过 V2V 通信或 V2I 通信扩散至其他车辆。大多数车辆产生的行驶信息都具有时空属性,即这些数据只在某一时间段或某一区域内有效,如有路径规划需求的车辆需要收集当前区域的地理信息,这些地理信息仅适用于当前车辆所处的区域,一旦车辆进入了其他区域,此前收集的地理信息将不适用于新区域的路径规划任务。因此,为了使互联车辆可以很好地完成自身的自动驾驶任务,车辆必须在行驶信息失效之前完成数据采集工作。

在车辆边缘网络中,车辆的自动驾驶服务主要有两种多维信息融合模式:

①车辆借助边缘服务器,将车辆行驶信息缓存在 RSU 上,其他车辆利用 V2I 通信完成数据采集工作;

②智能车辆自身作为边缘节点,存储自身行驶信息,通过 V2V 通信完成信息融合。

(4)多维感知信息融合模式对自动驾驶任务的增益。在互联自动驾驶网络环境中,如前文所述有两种信息融合策略。由于不同的信息融合模式有不同的时延和开销表现,信息融合策略会影响自动驾驶服务数据采集工作的效果。

当车辆处于通信网络拓扑的边缘位置时(如图 2-9 中车辆 V_1),相较于 V2V 通信,车辆更倾向于选择速度更快、跳数更少的借助边缘服务器的信息融合模式,把自身数据扩散至其他车辆。因为本书假设车辆的行驶信息仅在同一 RSU 的通信范围内是有效的,车辆必须在离开 RSU 通信范围之前完成其自动驾驶任务数据采集工作。在这种情况下,若车辆 V_1 选择 V2V 通信的扩散模式,当数据逐跳扩散至车辆 V_5 时,车辆 V_5 可能已经离开了 RSU 的通信范围。

当其他车辆留在 RSU 通信范围内的时间较为宽松时(如图 2-9 中车辆 V_{10}),相比开销更大的 V2I 通信,V2V 通信明显更适合此场景。由此可见,不同的信息融合模式对自动驾驶任务有不同的增益。增益越大表示此种信息融合模式越适合当前的场景,采用此种信息融合模式可以使更多的车辆用较低的开销,在离开 RSU 通信范围之前完成其自动驾驶任务的数据采集工作。

2)面向自动驾驶的智能分布式决策算法

自动驾驶系统实际上是一个分布式的多智能体系统,不是简单的单车系统或集中式决策系统。因此,相较于集中式的马尔可夫决策过程(Markov Decision Process,MDP)框架,分布式的多车马尔可夫决策过程(multi-vehicle MDP,MVMDP)框架明显更符合实际需求。

MVMDP 框架可以定义为 $<S,A,p,u>$,S 是一个有限的状态集合,A 是一个有限的动作集合,p 是执行动作 $a(a\in A)$,状态 $s(s\in S)$ 到 $s'(s'\in S)$ 的转移概率,u 是执行动作 a 后获得的即时奖励,π 表示从一个状态映射到动作的策略。提出 MVMDP 框架的目的旨在找到最优策略 π^*,使得奖励函数最大化。

在 MVMDP 框架中,每个智能车辆被视为一个智能体,与未知环境进行交互,获取经验,然后迭代学习,最终得到最优策略。所提出的框架中的详细元组定义如下。

(1)状态集合:每个智能车辆在 l 时刻的状态集合记为 S_i^l,车辆只能通过自身对环境的观察获得局部的状态集合。定义车辆的局部状态空间包括互联车辆当前的行为信息(如加速度、速度等)和车辆当前的信息融合策略(如信道选择和通信方式选择等)。

(2)动作集合:网联自动驾驶场景中的动作应该是车辆对自身驾驶行为的调整控制和对信息融合模式策略的调整控制。

(3)奖励函数:自动驾驶应用的目的是使道路车流量最大化、优化信息融合模式。因此,奖励函数应该考虑两方面:一是不同信息融合模式对自动驾驶服务的增益;二是单位时间通过道路的车辆数量。由于传统的基于奖励值的算法,如差分法(Temporal Difference,TD),在实际应用中存在一些不足,不能有效地处理连续动作空间中的任务,且最终的解可能不是全局最优的,因此,推荐使用基于深度确定性策略梯度(Deep Deterministic Policy Gradient,DDPG)的算法与多智能体系统结合,求解 MVMDP 问题,DDPG 结构如图 2-10 所示。

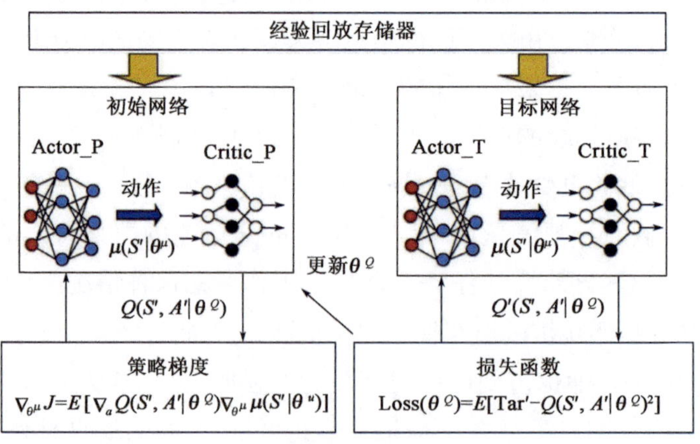

图 2-10 DDPG 架构

第3章

CHAPTER 3

城市道路网联混合交通群体协同控制理论与方法

3.1 基本问题与原理

3.1.1 研究背景

城市道路交通系统是承担城市居民通勤、生活、娱乐等出行的重要载体，相比长距离连续交通系统，其具有功能需求丰富、影响因素众多、网络关系复杂等特点。城市道路交通控制在保证路网内冲突车流安全有序运行过程中，会在交叉口干预和中断不同方向的交通流，使城市道路交通呈现出时空运行不连续的"间断流"特性。

在传统交通环境下，受限于交通状态感知条件和控制水平，交叉口控制停留在粗粒度、后反馈的低效模式。在新型混合交通环境下，智能化技术升级为综合提高城市交通管控水平提供了巨大机遇和全新挑战。在此背景下，本章将论述城市道路交通混合交通群体协同控制理论，并针对城市道路单交叉口、多交叉口、特殊车辆优先等典型场景的具体控制方法展开介绍。

3.1.2 城市道路网联混合交通群体协同控制理论

城市道路网联混合交通群体协同决策与优化控制理论及方法是本章的核心之一。包括针对不同自动化等级的网联自动驾驶车辆在感知能力、控制决策、交互行为等方面与传统人工驾驶车辆存在的差异，在车路网联环境下混合交通系统基本特性和交通群体智能决策方法的基础上，针对城市道路间断流特点，本章提出城市道路混合车辆群体全局协同决策与优化理论，基于车辆群体智能的城市道路路权分配协同优化方法，实现对城市道路间断流混合车辆群体轨迹的规划与协调优化控制；利用网联车的交互能力，以及自动驾驶车的可控性，充分考虑人类驾驶车辆的随机性和动态性，面向多模式车辆交通流条件下的四种交通控制模式，即信号灯控制、网联车辆引导、自动驾驶车辆自主控制，以及通过网联车辆和自动驾驶车辆间接控制常规车辆等，提出城市道路间断混合交通流协同控制理论与方法。

交通的快速机动化使多种问题日益凸显：交通事故频发，造成了巨大的人员伤亡和经济损失；城市道路交通越来越拥堵，消耗了社会大量的时间和资源；不断肆虐全国的雾霾更将汽车尾气排放推上了风口浪尖，城市环境污染已从"大烟囱工业污染型"向"小烟囱尾气排放型"转变；燃油及能源消耗量越来越大，石油大量依赖于进口，已威胁到了国家能源和金融安全。这些交通问题严重地影响了我国乃至全世界的可持续发展。基于智能网联车辆技术，提高城市道路交通安全性、提升交通效率、减少环境污染已经成为整个未来交通的重要发展方向。

智能网联车辆和车路协同技术的出现,极大地促进了车车、车路之间的信息交互。因此,智能网联车辆与车路协同技术是当今国际智能交通领域的前沿技术和必然的发展趋势,是提高效率、优化能耗、降低排放的有效手段,将从根本上改变传统道路交通的发展模式,并构建新一代智能交通系统。现实中的车辆驾驶模式正从人工驾驶、辅助驾驶、自动驾驶、人车混驾向更高级的无人驾驶发展,因此,深入开展智能网联车辆环境下的多交叉口及道路交通网络协同控制理论方法和关键技术研究,将对面向未来的复杂混合交通车辆协同控制及优化,破解交通问题起到重要的支撑作用。其中,城市道路新型混合交通群体协同控制理论意义如下。

(1)跟驰理论发展。以往的车辆跟驰理论是运用流体动力学的方法,研究在无法换道和超车的道路上,车辆列队行驶时,后车运动状态由于前车状态变化而发生变化的理论。该理论用数学模型表达跟车过程中发生的各种状态。其理论认为:一条车道的交通流中,车间距在125m以内的车辆之间存在着一种可以定量分析的相互作用机理,后车的驾驶员跟随前车行驶,在缺乏实时信息交互的环境下,凭借驾驶人的感知能力和判断力,对前车一系列连续的状态变化作出反应。跟驰理论试图通过观察各车辆逐一跟驰的方式来了解单车道交通流的特性。这种特性的研究可以用来描述交通流的稳定性,加速扰动以及扰动的传播特性,此外还能检测高速公路上汽车车队的特性。在信息交互环境下,跟驰模型则可以检验管理技术和通信技术,使追尾事故降到最低限度。更进一步地,它还可以用于分析道路通行能力。

(2)接受间隙理论变革。对于停车让行交叉口而言,处于次要道路的驾驶员必须在主路车辆行驶过程中找到一个安全的"空档"来驶入交叉口,这个"空档"被称为可穿越间隙。可穿越间隙以时间来衡量,即车头时距。在无信号控制交叉口,驾驶员必须遵守通行的优先权规则。所有基于无信号控制交叉口的研究过程都是基于接受间隙理论。而在车路网联与协同乃至自动驾驶环境下,交叉口通行的车辆将不再是依靠人类驾驶员的判断来穿越,而是基于车辆间的精准协同关系实现最佳穿越,因此,接受间隙理论将发生革命性的发展。

(3)交通控制理论发展。本章所涉及的交通控制理论主要是指道路交叉口交通信号控制理论体系。早在19世纪人们就开始对其进行研究,用信号灯指挥道路上的车辆交通,控制车辆出入交叉口的次序。发展至今,已形成了较为完善的理论体系。按其控制策略,可分为定时控制策略、感应控制策略和自适应控制策略;按控制范围,可分为单点信号控制、线控和区域控制。以往的交通信号控制最终方案主要通过交通控制信号相位相序、周期时长、绿信比和相位差四个基本的控制参数来表征。交通信号控制相关的研究成果为道路交叉口各类交通流的通行权在时间上安全、高效的分配提供了理论基础。车路网联与协同及自动驾驶环境下,这种通行权的分配与协调、协同控制将趋于全息、交互,并高度主动化、精细化、精准化和智能化,相关理论也将发生代际变化。

(4)车路协同控制技术。基本思想是运用多学科交叉与融合的方法,充分利用通信和大规模并行计算、传感器网络等先进技术,实现道路交通信息的智能感知与人车路三位一体信息的交互、协同优化控制,大幅提高道路交通信息的利用效率与应用水平,提高交通协同控制能力,为缓解道路交通拥堵、提高道路通行能力、改善道路交通安全等发挥重要的作用,同时也为相关学科和产业的发展提供新的研究方向和发展机遇,从而推动交叉学科新思想、新理论、新方法、新技术和新应用的产生与发展。

3.1.3 城市道路网联混合交通群体协同控制机制

现代交通控制技术在过去的50年时间里并没有发生本质的改变,目前在我国使用最广泛的交通控制系统仍采用定时控制或多时段控制。自适应控制系统虽然从原理到架构上都具有明显优势,但由于其对被控制对象和环境及条件,以及数据质量要求高、投资较大,无法获得应有的高产出交通效益,因此,在实际中的使用效果并不理想,并未得到有效的运用。“车路网联与协同技术”旨在通过车路网联(V2X)及智能车载单元与智能路侧单元双向、实时与高效的信息交互,在获取丰富的基础信息,并为驾驶员提供辅助驾驶信息的同时,进一步通过交互能力实现车路间的最佳协调,以最大限度地提升道路交通系统的功能和安全、保证道路通畅和通行效率。基于车路协同的主动交通控制则是在交通控制范畴、机制、能力与基础数据获取等均发生变化的条件下,在对车路协同环境下交通系统运行规律高度认识、时空轨迹级交通信息与状态充分把握的基础上,利用车车/车路双向、高效的信息交互手段,实现交通系统组成要素(人/物、交通工具、交通设施、交通环境、交通规则、交通信息等)的高度一体化,主动引导并协调控制混合(行人、自行车、机动车混合,人类驾驶车辆、网联车辆、自动驾驶车辆新型混合)交通流,使其达到最佳效能的新方法与新技术,是将车路协同技术用于破解城市道路交通问题的关键手段与核心技术。具体而言,基于车路协同的主动交通控制,其“主动性”主要体现在:为突破现有交通控制系统单向的“检测器—控制系统”信息交互局限,弥补现有交通控制系统的控制手段仅能通过调整信号配时被动适应交通流到达的不足,借助车路协同技术的“车载车辆”与“控制系统”之间的双向通信,使交通控制手段不仅包括信号控制,还能通过诸如车速引导、换道控制等措施直接作用于车辆,甚至对车辆进行溯源调控,从而达到主动调整交通流和使信号配时最佳化的目的。并且,从基于与车辆无关的如线圈定点检测器的数据采集方式,转变为基于车路协同时空零约束的从车辆自身获取动态轨迹级数据的采集方式,从而能更加实时准确地把握受控对象(即交通流)的运行与演化趋势,也是交通控制“主动性”的另一体现。

近年来,电子信息、无线通信、人工智能和交通新技术的迅速发展与应用,极大地推动了交通信息采集、处理与交互技术的发展。数据采集方面,交通状态感知技术实现了通过多种方式对同一交通对象进行采集,以及对交通系统中多种对象同时采集,使得交通信息来源、维度和覆盖面都更为丰富,并且变数据采集为状态感知;信息交互技术方面,以车车通信(Vehicle to Vehicle,V2V)、车路通信(Vehicle to Infrastructure,V2I),乃至车与外界通信(Vehicle to X,V2X)通信为基础的车辆-基础设施协作系统(Cooperative Vehicle-Infrastructure System,CVIS)已经得到了初步实现,为车辆之间、车辆与路侧设施及交通要素之间提供了实时高效信息交互的可能，进而为精准、智能优化交通系统，提高其安全性和保障其运行效率提供了丰富的环境、条件及可能性。

对于交通控制而言，由于车路协同系统提供了实时全面的交通信息以及通信手段，使控制方（信号控制端）与被控制方（行驶车辆）建立起即时交流，控制端能够获得车辆速度、车辆位置、行驶路径等细粒度交通控制信息，并据此生成最适合当前交通流及系统的控制方案，同时被控制方也能获取到最佳的速度引导、避撞提示等信息服务，使得控制方案可执行程度以及控制效能大大提高。上述车路协同系统中交通信号控制机与车辆之间不断交互、反馈和控制的过程，不仅使得交通控制的信息来源更加精细和及时，也进一步地丰富和完善了交通控制功能。以车路协同为应用场景的信息交互环境，对于改善交通安全与效率，乃至带来交通控制技术的革命性变化将发挥广泛而显著的作用，并将推动新一代的交通控制系统发展。未来的交通控制可以使得交通参与者、交通设施及其行驶环境有机地结合，进而基于供需的最佳协同关系，对道路资源进行重新统筹安排，使交通运行更加合理、有效和秩序化。

本书针对不同自动化程度及智能网联汽车在感知能力、交互行为、决策控制等方面与传统人工驾驶车辆存在的差异，同时考虑车辆动力特性（反应延迟和惯性延迟等）、车辆构成、人工控制等多种因素，以及优化模型求解约束等客观条件，介绍道路混合交通智能决策与协同控制关键技术，实现个体最优与系统最优之间的最佳平衡，其典型场景和主要研究内容如下。

（1）全息条件下城市道路混合交通协同控制理论与方法。

鉴于道路交通控制的最小空间单元是交叉口，最小的协调单元是多交叉口（交叉口群），因此，城市道路混合交通协同控制理论与方法研究关键是多交叉口控制目标与控制策略、交通状态与控制参数间的协同机理。基于多模式车辆（人类驾驶车辆、网联车辆、自动驾驶车辆）交通流的高交互性和信息共享基本特征，解析多交叉口间交通流最佳协同控制机理，以达到改善交通系统稳定性和抗干扰能力，以及提高总体运行效率的基本目标。特别对全息环境下最小单元的交叉口通行权最佳分配与安全协同机制、关键的协调参数“相位差及多交叉口交通控制参数矩阵”进行深入研究，形成多交叉口最佳相位协调控制策略；同时针对供需关系、道路设施条件、控制目标等慢变量与车辆轨迹、交通流运行状态、信号控制方案等快变量，研究建立快慢变量协同控制关系。

（2）不同渗透率城市道路混合交通协同控制理论与方法。

在建立全息条件下城市道路混合交通协同控制理论与方法的基础上，研究网联车辆和自动驾驶车辆不同渗透率对协同控制效果的影响。建立渗透率、通行效率与可靠性的解析模型，确定表征参数，进一步通过实验方法测试并验证提出的解析模型，标定关键参数，以支撑后续人工/自动混驾城市道路交通协同控制理论与方法的研究。

（3）人工/自动混驾城市道路交通协同控制理论与方法。

面向多模式车辆交通流条件下四种交通控制模式，即信号灯控制、网联车辆诱导与引导、自动驾驶车辆自主控制，以及通过网联车辆和自动驾驶车辆间接控制常规车辆等，构建一种

“简模型、自学习”的迭代型数据驱动交通控制方法，以此来构建适应大规模交通数据及多模式交通流条件下四种控制模式的协同机制。该方法基于多模式交通流条件下网络化动态交通数据的采集与信息交互技术，考虑采用多智能体强化学习等算法，实现多交叉口最优联合动作精确推理，丰富区域内交通整体协调控制的内容及形式，进一步提升交通控制系统的全局效益及系统的功能和性能。

为了验证城市道路新型混合交通群体协同控制理论和新型混合交通群体协同控制机制，需要构筑实现混合交通协同决策与优化控制的典型场景。

(1)新一代城市道路交通控制系统协同决策与优化控制技术。

基于车路协同环境，建立典型混合交通流环境下城市道路(间断流)及快速路(连续流)交通主动控制机制，并揭示信号灯控制、网联车辆引导控制、自动驾驶车辆自主控制，以及通过网联车辆和自动驾驶车辆间接控制常规车辆四种控制模式协同优化机理，变以往交通控制系统的开环、被动控制为闭环、主动控制，从而建立典型混合交通流环境下控制系统协同决策理论体系与优化控制机制。

(2)面向特殊需求优先的城市道路混合交通协同决策与优化控制技术。

面向城市道路交通间断流混合交通环境，建立特殊需求，如公交车辆时空协同决策与优化控制机制，形成公交车专用道等多功能车道布设、车速引导及信号优先相关理论算法和技术体系，实验验证不同比例智能网联车辆环境下协同决策与优化控制效果，形成更为协调、便捷、舒适、安全的优良城市公共汽车等特殊需求交通系统。

(3)面向可变限速的快速路混合交通协同决策与优化控制技术。

快速路连续流混合交通环境下，以可变限速优化控制为典型应用场景，建立基于智能网联车辆及自动驾驶车辆的快速路连续流交通特征与演化规律分析方法，探寻新型混合交通环境下快速路连续流动态优化控制机制，并通过仿真与实证结合的方式验证提升快速路交通流运行安全与效率的效果。

3.2 单交叉口车路网联混合交通群体协同控制理论与方法

3.2.1 基于车辆轨迹交通协同控制原理与机制

交叉口交通控制是保障路网冲突交叉交通流安全、高效、绿色通行的关键措施。随着出行需求的不断增加和升级，交通控制也成为缓解城市交通拥堵有效而经济的手段，可通过优化配置时空资源，调节交通流，从而提高交通效率、降低交通能耗与排放。交叉口交通控制理论和技术，经历了从基于历史统计数据的离线式向基于实时多源数据的实时在线自适应式发展。

然而，传统交通与控制环境下有限的感知条件及被动的交通控制模式，极大地限制了交通控制智能化功能，更难以有效实现交通拥堵的主动防控。车路协同环境下先进的感知条件和自动驾驶车辆的控制功能，为交叉口的交通控制带来了革命性的提升。近年来，关于100%网联自动驾驶车辆环境下的交叉口交通控制方法的大量研究证明，相关技术在提升交通安全、效率、可靠性、公平性等方面有巨大潜力。然而，自动驾驶车辆的推广尚需要漫长的时间，在可预见的数十年内，人类驾驶车辆和自动驾驶车辆将会共存。这类网联混合交通流已不同于传统的非网联交通流，也不同于未来的纯网联自动驾驶车流，具有独有的特征以及控制难点，为交通控制技术发展带来机遇和挑战。

具体而言，网联混合交通流中部分个体车辆"可知""可控"的新属性，使得交通控制问题从传统的单方面调控(即面向集计交通流的信号控制)转变为信号灯与车辆轨迹的协同控制。车路协同环境下单交叉口的协同主动交通控制场景如图3-1所示。关于道路的几何特征等条件保持与传统交通环境下的道路基础设施基本一致，保留交叉口渠化和信号灯控制条件，且自动驾驶车辆与人类驾驶车辆皆需要严格遵守交通规则和道路渠化及交通信号。交叉口各进口道有唯一指定的行驶方向，右转车辆不受信号控制。在信息条件方面，车路协同环境下交叉口的路侧设施可接受在感知区域内人类驾驶车辆和自动驾驶车辆发送的实时车辆、交通状态、路程和目的地等信息，并根据收集到的信息制订交叉口控制方案。网联自动驾驶车辆同时可通过路侧单元接收其他车辆状态信息及交叉口控制信息(信号配时等)用于其个体的车辆轨迹规划与控制。

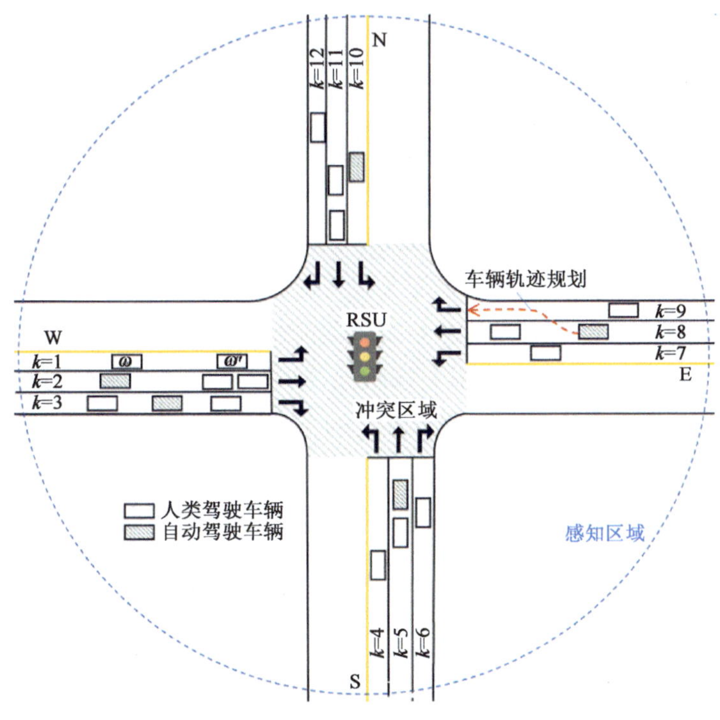

图3-1 网联混合交通环境下单交叉口协同控制场景

不同交通环境下单交叉口控制原理对比见表 3-1。

不同交通环境下单交叉口控制原理对比 表 3-1

交通流	非网联交通流	网联混合交通群体	纯自动驾驶车流
信息基础	交通需求历史信息或固定检测器(线圈等)获取的集计信息	集计数据与非集计数据结合	基于车联网的各交通主体实时状态,非集计完全感知
控制主体	各方向车流	各方向车流 + 车流中的自动驾驶车辆	各自动驾驶车辆
系统机理	面向人类驾驶决策的经典交通模型	面向异质群体的复合场景交通模型	面向车辆轨迹控制的交通模型
控制手段	信号控制	信号控制 + 车辆纵横向轨迹控制	车辆轨迹控制
控制目标	保障安全,提升交通流总体效率	提升交通流总体多元效益 + 车辆个体效益	复合控制目标
可应用性	较为成熟	交通控制新环境正在形成并不断完善	短期难以实现

从系统工程理论的角度,复杂巨系统由诸多子系统构成,复杂交通系统则由移动的主体人和物、运载工具、基础设施、通行环境和规则,以及信息交互等多个系统构成。子系统之间通过信息、能量、物质交换协同工作,这种协同工作使得整个协同产生某种总体效应,其效应可能具有某种全新的性质,而这种性质是在单独的自组织子系统层次所不具备的,并且可能有更大的意义来实现某种目的。

网联混合交通环境下,单交叉口交通控制正在由传统的单向适应向双向协同方向转变。现行的交通控制机制和方法如图 3-2 所示,只有路侧信号灯对车流需求的单向适应性调整,车流对交通信号控制策略只是简单遵从,因信息感知条件不足,致使控制效率和效果低下。而在网联混合交通环境下,部分车辆可提前获取信号灯配时的信息,制定适应性的驾驶策略;控制端也可通过对交通状态的完全感知,主动预测车辆的行动,实现精准的控制优化。

从理论研究的角度,网联混合交通单交叉口协同控制理论与技术方法需解决几个难点问题。一方面,交通运输系统是有人参与的系统,系统的不确定性、关系复杂性、竞争和合作的多元性是其协同控制的一大难点问题。另一方面,从控制论视角,交通控制的鲁棒性和稳定性、优化控制模型复杂度和可求解性都是亟须解决的关键问题。下面章节将重点就以上关键要素,从新型混合交通群体中车辆轨迹控制方法、交叉口主动预测信号控制优化方法,以及交通信号与车辆轨迹协同控制方法三个方面,探究网联混合交通群体协同控制理论与技术。

3.2.2 混合交通群体中自动驾驶车辆轨迹控制方法

网联通信技术可将交叉口信号配时等交通信息传输给车辆,进行车辆的轨迹控制,从而精准地实现降低交通延误、能耗与排放,减少停车次数等目标,以及实现生态驾驶等功能。关于自动驾驶车辆轨迹规划问题,近年来有大量研究,主要包括在车辆控制方面对于个体车辆实时微观可行轨迹的精准设计,和与交通流相关的对车辆在较长周期内最优轨迹的规划研究两类。在新型混合交通群体交叉口协同控制中,交通控制方案的效果应在相对长周期内体现(20s 以上),车辆控制研究成果目前还难以应用,而后者的车辆轨迹控制可分为纵向轨迹规划控制与横纵向耦合轨迹规划控制两类。

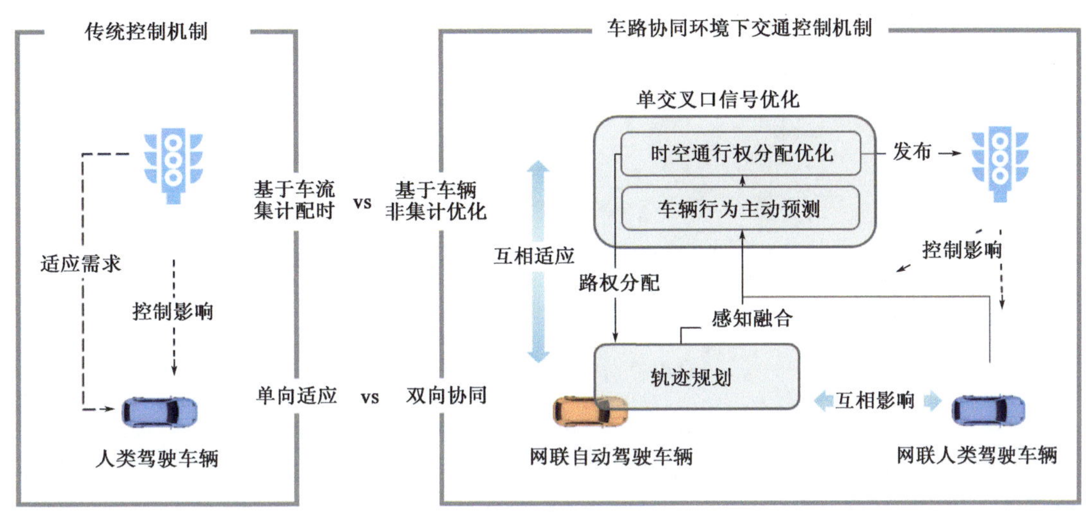

图 3-2 网联混合交通单交叉口协同控制机制

信号控制交叉口的自动驾驶车辆纵向轨迹规划与控制是基于车辆当前状态、前车状态及信号配时等信息,以系统和车辆本身状态最佳化为目标,优化车辆在交叉口的行驶策略,避免剧烈加减速及频繁起停。该类规划方法往往假设自动驾驶车辆及其他车辆在交叉口处不进行变道以简化问题。一般地,以车辆位置和速度为状态变量,以车辆加速度为控制变量,考虑信号配时、路段限速、车辆动力学等约束,将车辆个体轨迹控制问题进行最优控制建模。如图 3-3所示,纵向轨迹规划又分为不受前车影响的头车轨迹规划(Type 1)及受到前车轨迹限制的跟车轨迹规划(Type 2)。

具体而言,记 t_0 为当前时刻,也即车辆 ω 轨迹规划的起始时刻,车辆 ω 的初始状态 x_0^ω 和速度 v_0^ω 已知,车辆 ω 到达交叉口时刻 t_f^ω 的最终状态 x_f^ω 和速度 v_f^ω 已确定(根据路权分配结果已知)。车辆轨迹规划可表示为以下模型:

$$\min_{a^\omega(t)}\int_{t_0}^{t_f^\omega}|a^\omega(t)|\mathrm{d}t \tag{3-1}$$

s. t.

$$\begin{cases}\dot{l}^\omega(t)=v^\omega(t)\\ \dot{v}^\omega(t)=a^\omega(t)\end{cases} \tag{3-2}$$

$$\begin{cases}l^\omega(t_0)=0\\ v^\omega(t_0)=v_0^\omega\end{cases} \tag{3-3}$$

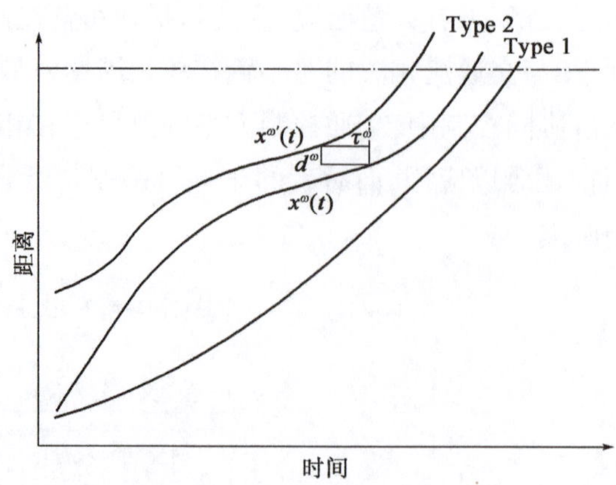

图 3-3 交叉口车辆轨迹规划示意图

$$\begin{cases} l^{\omega}(t_f^{\omega}) = x_0^{\omega} \\ v^{\omega}(t_f^{\omega}) = v_f^{\omega} \end{cases} \tag{3-4}$$

$$0 \leqslant v^{\omega}(t) \leqslant v_{max}, t_0 \leqslant t \leqslant t_f \tag{3-5}$$

$$-a_L \leqslant a^{\omega}(t) \leqslant a_U, t_0 \leqslant t \leqslant t_f \tag{3-6}$$

当考虑前车的位置限制(即 Type 2 的情况)时,需要增加额外的约束条件,可采用车辆跟驰模型作为此约束。以线性的 Newell 跟驰模型为例:

$$x^{\omega}(t+\Delta t) = \max[x^{\omega'}(t+\Delta t-\tau^{\omega}) + d^{\omega}; x^{\omega}(t) - \Delta x_U] \tag{3-7}$$

式中:Δt——时间步长;

τ^{ω}、d^{ω}——Newell 跟车模型中的时间滞后和空间滞后参数;

Δx_U——考虑限速和最大加速度后的行驶距离上界。

关于模型求解,研究证明轨迹优化问题可以基于庞特里亚金极值原理求得最优加速度曲线的解析解。除了解析方法,Wang 等基于庞特里亚金极值原理提出了较为通用的快速数值求解算法,用于求解不同目标函数的最优控制模型,并应用于多车协调控制问题。另一种方法是离散化时间和状态空间,将最优控制模型转化为多阶段决策过程,从而可用动态规划等算法求解。再一个有效方法是将车辆轨迹划分成多段,每一段轨迹对应一个加减速度,将最优控制模型转化为有限决策变量的最优化模型。He 等和 Wu 等将车辆轨迹划分为三段,建立了轨迹优化的近似模型。车辆先加速/减速到最优车速,然后按此车速匀速行驶,最后加速/减速到最终车速并通过交叉口。Wan 等则从乘客体验和实用性的角度认为两段车辆轨迹要优于三段。车辆应先以最大转矩加速或关闭发动机减速到一恒定车速,然后匀速通过交叉口。此外,启发式求解算法可用于求解维度较大的轨迹优化问题,并证明具有较好的适用效果。

在交叉口场景下,只有纵向轨迹规划显然不能满足实际驾驶需求,车辆必然会有变道行驶的需求,因此,需要研究考虑横纵向耦合性的车辆轨迹规划方法。考虑横向变道后,车辆轨迹规划不仅仅需要考虑本车道的交通状态,其他车道的车辆位置与车辆行为也会影响车辆的驾驶可行空间;同时,横向变道策略和纵向驾驶策略存在相互耦合影响,轨迹规划面临更大的求解空间和更大的求解复杂度。具体而言,网联混合交通环境下,网联自动驾驶车辆(CAV)在交叉口场景中的横纵向轨迹规划问题如图3-4所示。车辆的横向变道策略会影响纵向行驶策略的可行空间,而纵向的时空轨迹也限制了变道行为,这造成了在横纵向轨迹优化中的耦合性。为此本书基于对交叉口内车辆当前状态的感知和未来行为的预测,进行CAV横纵向轨迹规划,并在研究场景和网联交通环境中引入了一些常见假设,包括所有车辆(CAV和CHV)的状态信息可实时共享,通信延迟忽略不计,CAV的轨迹规划方案可被立即精准执行等。

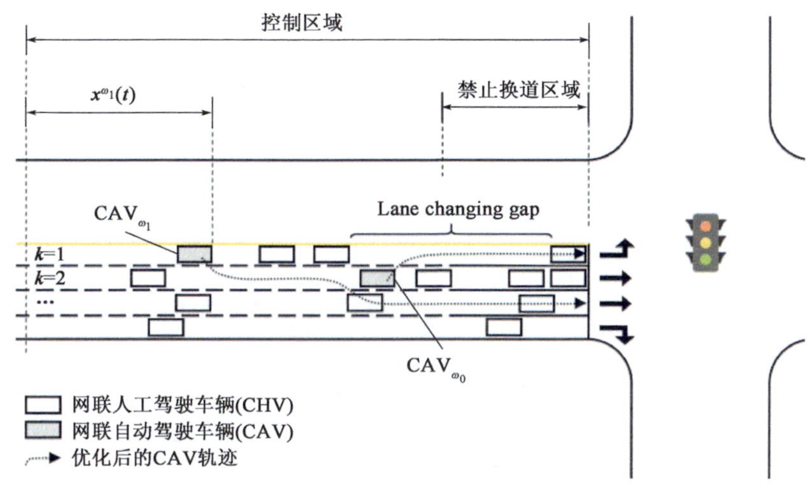

图3-4 交叉口自动驾驶车辆横纵向轨迹规划问题

在此对网联混合交通中多CAV的轨迹规划采用分布式框架,即各CAV根据其所接受的信息,按照某一整体执行框架自主进行轨迹规划,整体框架如图3-5所示。重点解决的车辆轨迹规划方法制定及求解算法的设计问题,即图中橙色部分。

进一步可将自动驾驶车辆横纵向轨迹规划问题建立双层优化框架的混合整数线性规划(MILP)模型,上层搜索横向变道策略g^{ω}(标识为进口道内车辆空挡行驶的时间序列)的可行解,下层在给定横向变道策略的基础上搜寻纵向驾驶策略a^{ω}(标识为车辆加速度的时间序列)的最优解,如图3-6所示。

模型包括以下基本要素:优化目标包括最小化行程时间、最佳的行驶平顺性及最少的变道次数,多目标间通过权重联结,重要程度依次递减。

$$\min_{g^{\omega}} C[a^{\omega},g^{\omega}] \tag{3-8}$$

其中:

$$C[a^{\omega},g^{\omega}]=\alpha_1(t_{\mathrm{f}}^{\omega}-t_0^{\omega})\Delta t+\alpha_2\sum_{t=t_0^{\omega}}^{t_{\mathrm{c}}^{\omega}}|a^{\omega}(t)|+\alpha_3\sum_{t=t_0^{\omega}}^{t_0^{\omega}+h}g^{\omega}(t) \tag{3-9}$$

第一项表示车辆行程时间,第二项表示纵向行驶平顺性,第三项表示换道次数[$g^{\omega}(t)=1$表示t时刻车辆ω变道,而$g^{\omega}(t)=0$表示t时刻车辆ω维持本车道]。

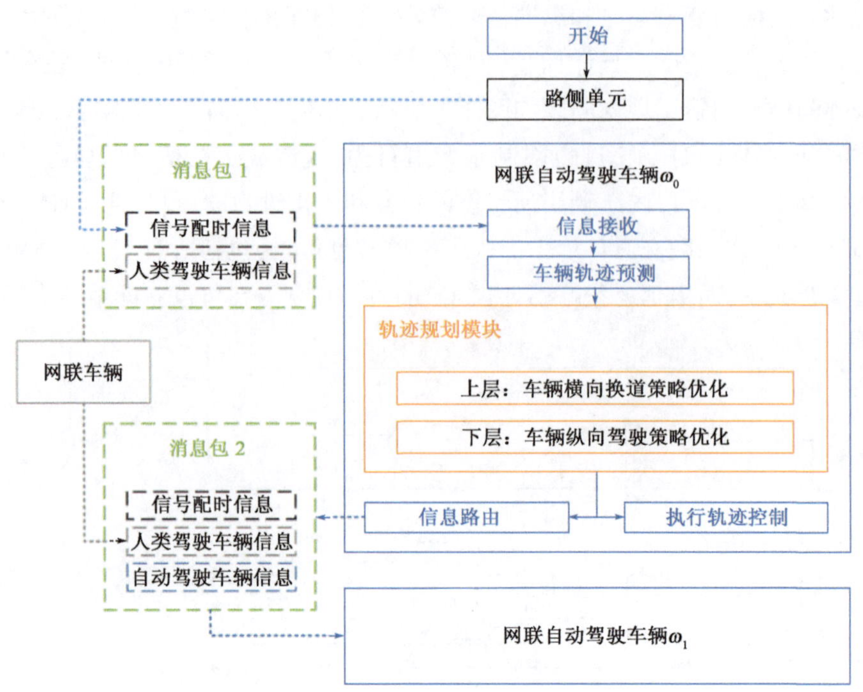

图 3-5　交叉口自动驾驶车辆轨迹规划执行框架

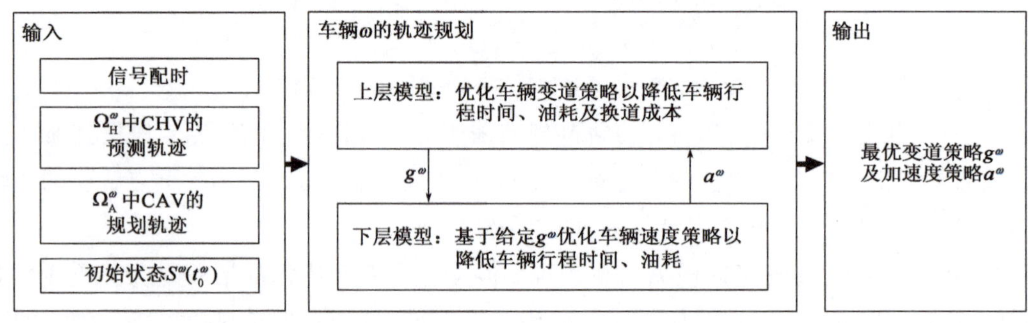

图 3-6　横纵向轨迹规划双层优化模型

上层模型限制条件包括对初始状态的一致性限制、变道策略的可行性限制及根据车辆在交叉口的转向需求，车辆变道的最终状态需要符合与交叉口渠化匹配等。下层模型为在某一给定横向变道策略 g^ω 后，纵向驾驶策略需要满足前后车安全限制、车辆动力学限制等，可作为上层模型的一个复合限制条件［其中 $s^\omega(t_0^\omega)$ 为车辆初始状态］：

$$a^\omega = h(g^\omega; s^\omega(t_0^\omega)) \tag{3-10}$$

模型求解效率在实际应用中十分关键，而双层模型庞大的可行解空间严重影响模型的求解。在车辆每次只能变一条车道的前提下，车辆于优化时域内的换道选择逻辑呈树状发散，故可以通过一种换道树的方式管理可行解，并通过一定逻辑规则对换道树进行剪枝，从而大大提高求解效率，详情可参考相关文献。

将所建立的轨迹规划模型应用至图 3-5 的执行框架中，并在仿真平台内进行实验验证，所得车辆横纵向轨迹时空图如图 3-7 所示。

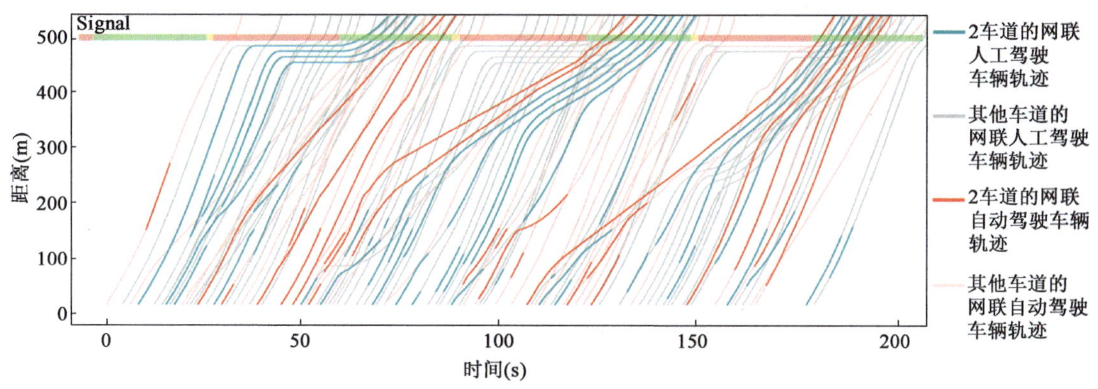

图 3-7 车辆横纵向轨迹时空图

图中红色线为 CAV 车辆轨迹,明显可以看到通过轨迹规划,可以使其平滑地不停车通过交叉口,同时其对 CHV 车辆也有引领作用,使得整个交通流更加平顺。

CAV 轨迹规划方法一方面是车路协同环境下交叉口交通主动控制中交通状态预测的基础,另一方面为协同控制中 CAV 个体控制部分提供支持。

3.2.3 面向异质交通群体非集计主动优化方法

车路协同环境下车辆可实时将其状态信息提供至路侧单元,这种非集计的感知条件不仅可以全面感知当前交通状态,更可以支持精确的交通状态预测,进而实现主动交通控制。交叉口的主动交通控制问题如图 3-8 所示,其场景设定与基本假设如前文所述,右转车辆不受信号控制,在配时中暂不予考虑。为了聚焦路权分配的优化问题,假设车辆在进口车道驶入控制区域前已经换道至符合其转向需求的车道,并且车辆在感知区域内不再进行变道。

基于前文中的机理解析结果,考虑自动驾驶车辆和人类驾驶车辆不同的运行机理,可建立车流中各车辆在某一控制策略下未来运行状态演变预测的交通系统动态,并将其解析为线性化的形式。如图 3-9 所示,自动驾驶车辆在驶向信号控制交叉口的车队中,可能会起到带头效果,引领其后面的人类驾驶车辆平顺通过交叉口(如图中的 ω_3 之于 ω_4),如果充分利用这种效应,使得绿灯启亮的头车为自动驾驶车辆,则交叉口的启动损失可大大降低,并可带来车辆延误减少及通行能力提升。在建模过程中,部分微观行为被进一步简化(如绿灯启亮后的加速过程,采用近似的线性过程替代二次运动模式)。

可以通过当前的交通状态,预测任意控制方案(交叉口信号配时)下,个体车辆运行的演变情况,即可以将个体车辆所面临的延误表示为当前状态和欲施加的控制方案的线性化的函数。

$$D_{\omega}=f(s_0,Y) \tag{3-11}$$

式中:D_{ω}——车辆 ω 的延误;

s_0——起始时刻的交通状态；

Y——模型的决策变量，表示为各方向绿灯的启亮和停止时间。

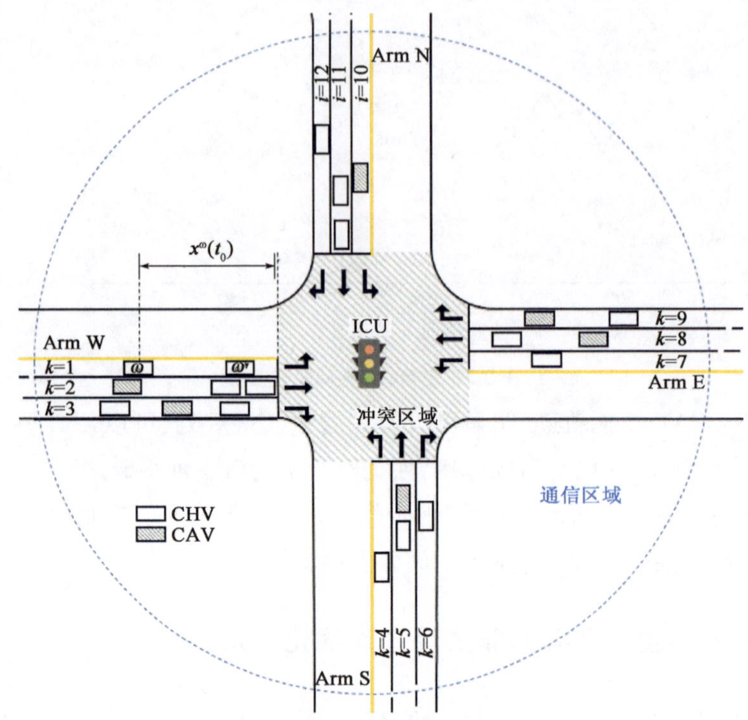

图 3-8　网联混合交通环境下交叉口控制问题

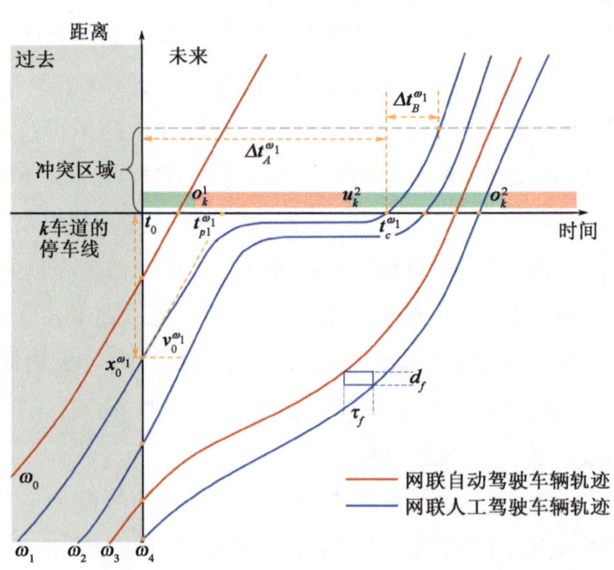

图 3-9　交通流中不同类型车辆运行状态演变预测

通过将决策变量与各进口道的绿灯时间直接关联，配时结果可以不受固定的相位组合、相序等框架的限制，而实现更高自由度的优化，Y 基本关系式如下所示。

$$Y=\{[u_k^i,o_k^i]\},\forall i=1,\cdots,N;k\in K \tag{3-12}$$

其中,k 为交叉口内某一交通流方向的序号,所有方向为集合 K;设每个方向的绿灯在优化时域内重复 N 次,i 为次数的序号。基于此,将交叉口内信号配时优化模型建立为混合整数线性规划模型,信号配时优化模型以交叉口内各车辆运行延误总和最低的系统最优为优化目标:

$$\min_{Y}\sum^{\omega\in\Omega}D_{\omega} \tag{3-13}$$

由于模型采用非集计形式,每个车辆的延误都被独立表示,因此,如果在控制中需要在系统最优的基础上进行个体的优先,可以通过增加权重的方式进行调整。另外,模型还包括配时中必要的安全约束、可行性约束以及上文中的系统动态条件等,可参考有关研究。

优化控制策略需要根据实际交通状态的变化而实时更新,其过程既需要考虑到新的交通状态,也需要保证与正在施行的控制策略结合,以确保控制的连续性和安全性。故本书采用一种带有保留机制的滑动时间窗动态更新方法,考虑到两次相邻优化的控制方案衔接,将上一次优化控制策略结果以限制条件的形式在下一次优化结果中保留,从而实现在保障控制连续性的同时,对当前交通状态进行适应性调整(图 3-10)。

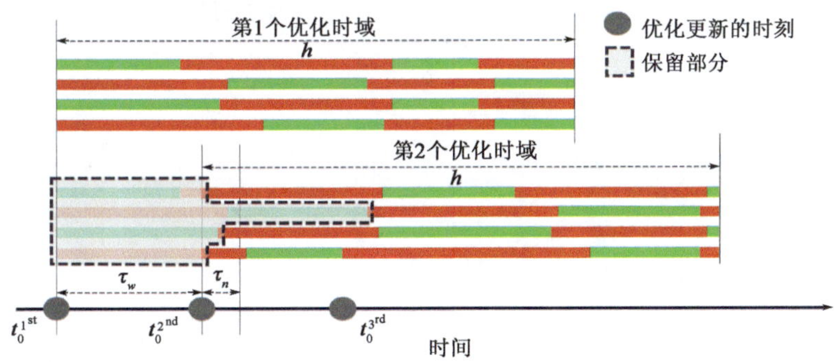

图 3-10 控制方案动态更新与衔接

通过交通仿真验证,前文的信号配时优化模型在效率指标上显著优于传统的固定配时控制和自适应控制。优化控制方法分别在包含四个相位的十字形简易交叉口(交通需求只包含直行方向),以及包含八个相位的十字典型交叉口(包括左转和直行,右转不受控制不予考虑)进行测试。图 3-11 所示为实验中配时优化算例结果。

本书中的非集计配时优化方法可以将个体车辆的通过状态考虑在交叉口配时中,并倾向于让自动驾驶车辆作为各相位绿灯启亮后的头车,以实现其引领车队不停车通过的效果。同时,在较为复杂的八相位典型交叉口配时优化方法中可以提供更加灵活的控制方案。

将本书中的非集计配时优化方法与固定配时和感应配时加以比较(图 3-12),可发现不同的需求水平下,非集计配时优化方法在通过量和延误方面有显著优势,而且在较为复杂的八相位典型交叉口优势更加明显。

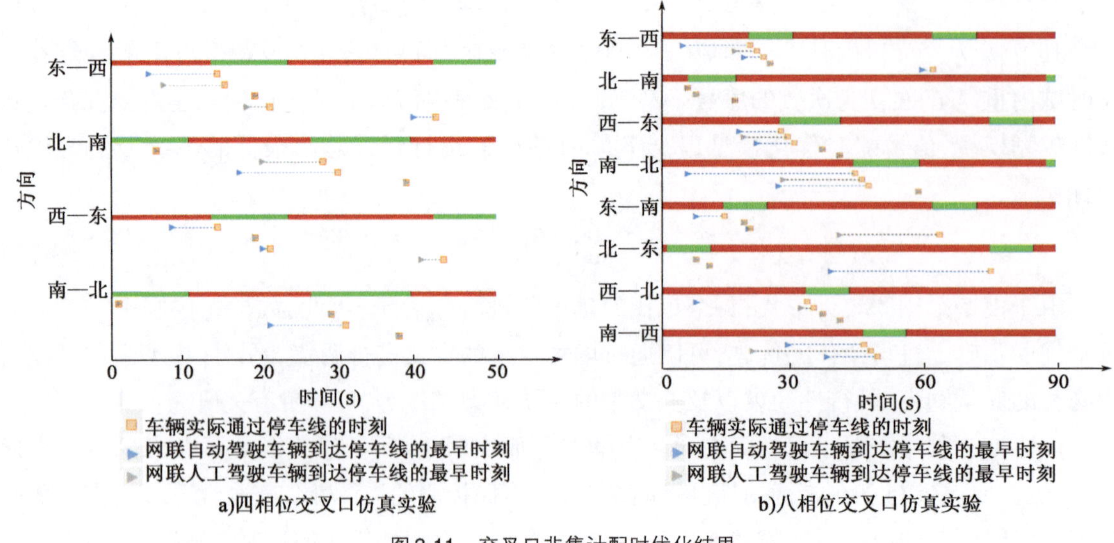

图 3-11　交叉口非集计配时优化结果

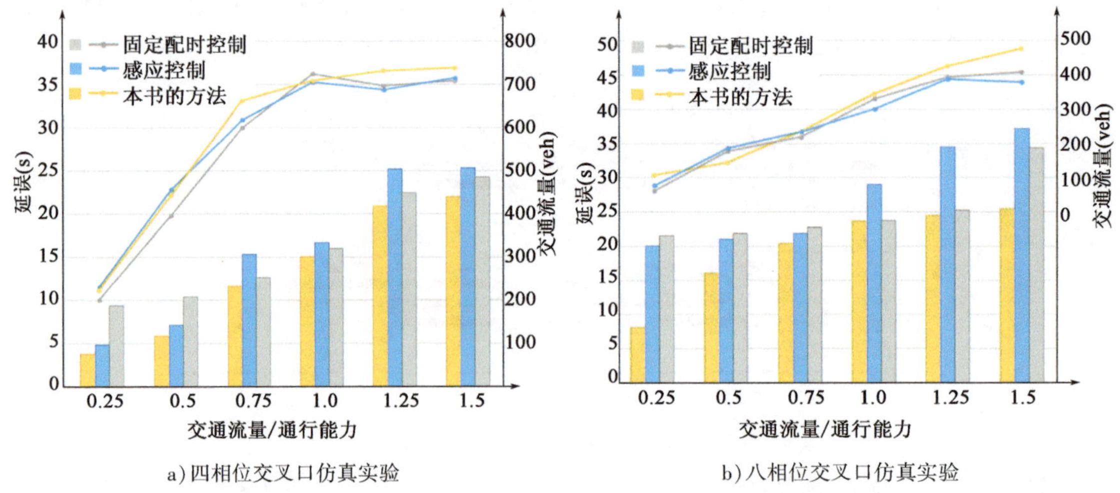

图 3-12　不同需求水平下非集计与固定配时和感应控制优化方法比较

3.2.4　交通信号与车辆轨迹协同控制方法

协同管理与控制的理念最早诞生于 1965 年,美国战略管理学家 H · 伊戈尔 · 安索夫(H Igor Ansoff)在其出版的《公司战略》(Corporate Strategy)一书中首次提出,核心思想是通过各单元的相互协作,使得整体效益大于各独立部分效益之和。在交叉口交通控制场合,车辆端的轨迹控制优化与路侧端的信号配时控制优化都可提升交通控制效果,而两者的协同优化往往具有更大的提升空间。传统交通运行环境下,受限于感知信息与控制手段,难以实现协同控制目标。随着车路联网和自动驾驶技术的发展,不少学者对 100% 网联自动驾驶车辆理想交通场景下的交通协同管理与控制展开了探索。直接的协同方式是将两个协同优化集成于统一模型,即将交叉口交通信号与车辆轨迹的集成控制问题构建为双层优化模型。上层模型以系统最优为目标(如车辆总延误最小化),优化信号配时参数及车辆驶离交叉口时刻。下层模型则根据上层模型给定的信号配时及车辆驶离时刻优化车辆具体轨迹,反向影响上层模型的目标函数值。从理论的角度,在100%网联自动驾驶车辆的环境下,可以完全通过个体车辆的轨迹优化分配路权,而无须集中的信号灯控制,即"无信号控制"交叉口的概念,具体包括基于规则的路权分配和基于优化的轨迹规划方法。在车路网联混合交通流环境下,交叉口需要交通信号灯控制人类驾驶车辆和自动驾驶车辆的混合交通流,也能通过自动驾驶车辆轨迹控制和车速引导来提升交通控制效益,该领域的研究尚处于探索阶段。总体而言,众多学者在车路网联混合交通流环境下的交通信号控制、车辆轨迹控制和"无信号灯控制"交叉口领域取得了相当多的研究成果,而在协同控制技术和方法方面仍需进一步探索。

车路网联混合交通分布式控制环境下的自动驾驶车辆轨迹优化与信号优化方法已在前文两个章节中分别论述。交通信号与车辆轨迹协同控制中最为关键的问题是不同特征优化控制系统的协作机制。协同理论中的一个关键原理是"伺服原理",即系统中的快变量服从慢变量,慢变量的优化支配快变量的行为,该原理可以从系统内部稳定因素和不稳定因素间的相互作用方面描述系统的自组织过程。相对而言,信号控制较车辆轨迹控制在交通控制中仍属于"慢变量",其更新频率更低,策略变动成本高,决定的要素更多,单次优化复杂度更高;而车辆轨迹控制属于"快变量",更新频率更快,影响范围较小。基于此特点,单交叉口分布式协同控制机制如图3-13所示。

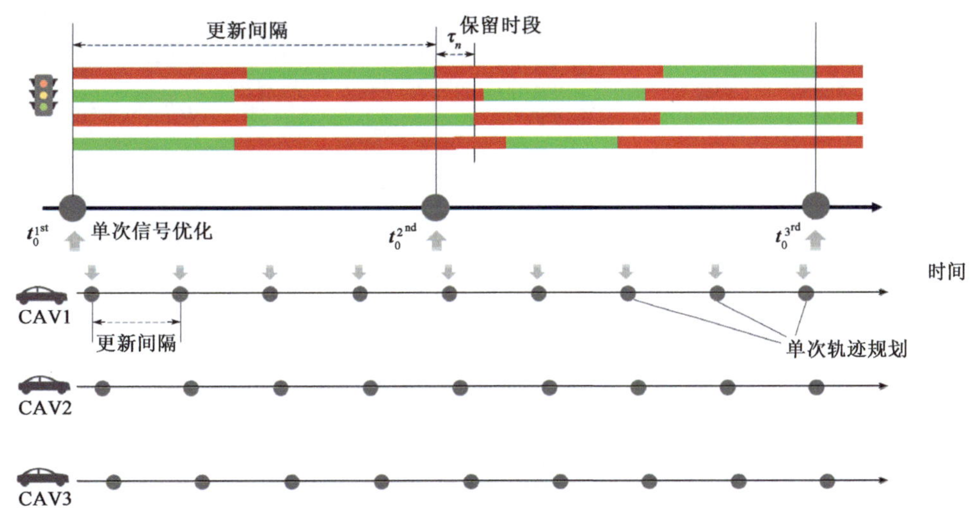

图3-13 交通信号与车辆轨迹协同控制机制示意

信号配时两次优化的时间间隔更长(如10~20s),同时每次信号控制策略的优化需要考虑与上次优化结果的衔接;车辆轨迹规划可采用分布式框架,不同车辆的轨迹规划与控制独立执行,且不必同步优化,可以异步执行。车辆轨迹规划需要参考当前的信号配时方案,因此,信号配时策略不能频繁变更以免造成安全隐患。

理论上，与单向适应交通信号的车辆轨迹规划或适应需求的信号控制策略相比，协同控制可实现更佳的控制效果。基于微观仿真平台，对典型十字交叉口进行交通仿真实验，比较六种控制策略。

①固定配时+无轨迹规划；

②固定配时+30%具有轨迹规划的自动驾驶车辆；

③固定配时+100%具有轨迹规划的自动驾驶车辆；

④信号非集计优化+无轨迹规划；

⑤交通信号与30%车辆轨迹协同优化控制；

⑥交通信号与100%车辆轨迹协同控制。

不同交通需求条件下的车均延误和交叉口通过量的效率指标仿真实验结果如图3-14～图3-17所示。

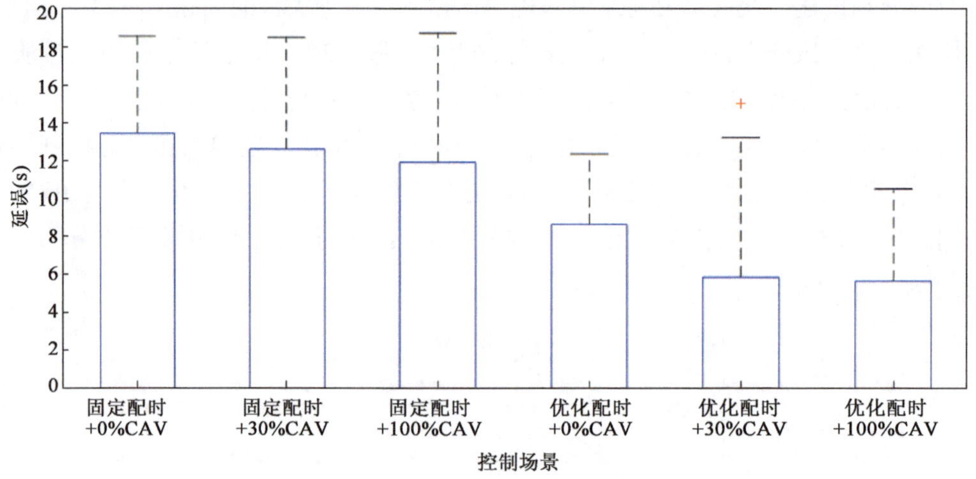

图3-14 低交通需求水平下不同控制场景的车辆延误

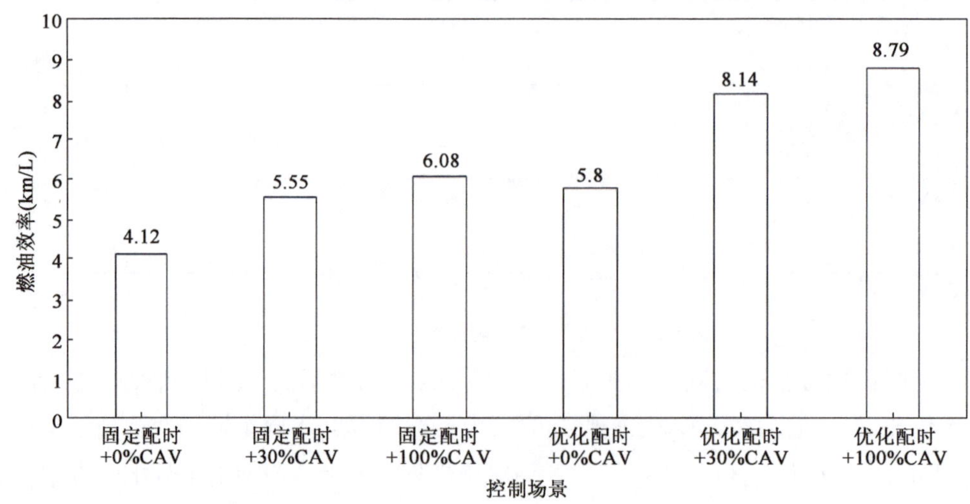

图3-15 低交通需求水平下不同控制场景的平均燃油效率

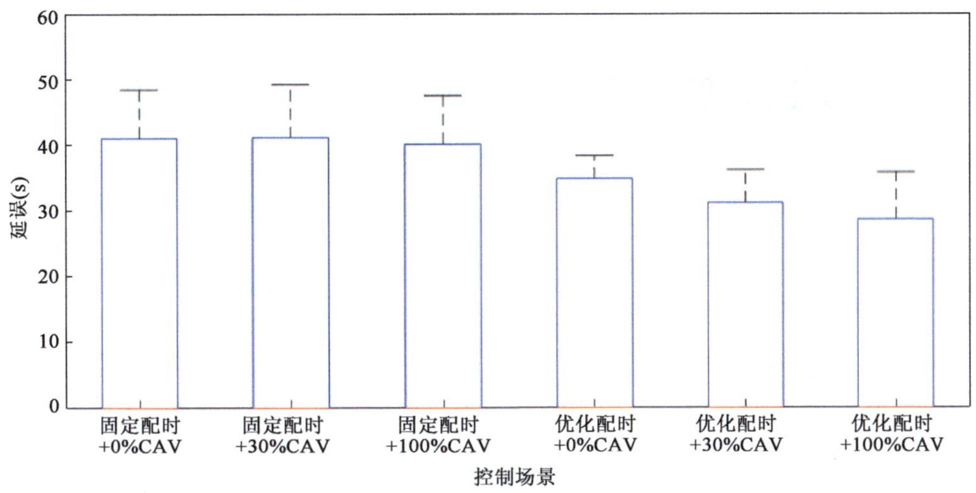

图 3-16　高交通需求水平下不同控制场景的车辆延误

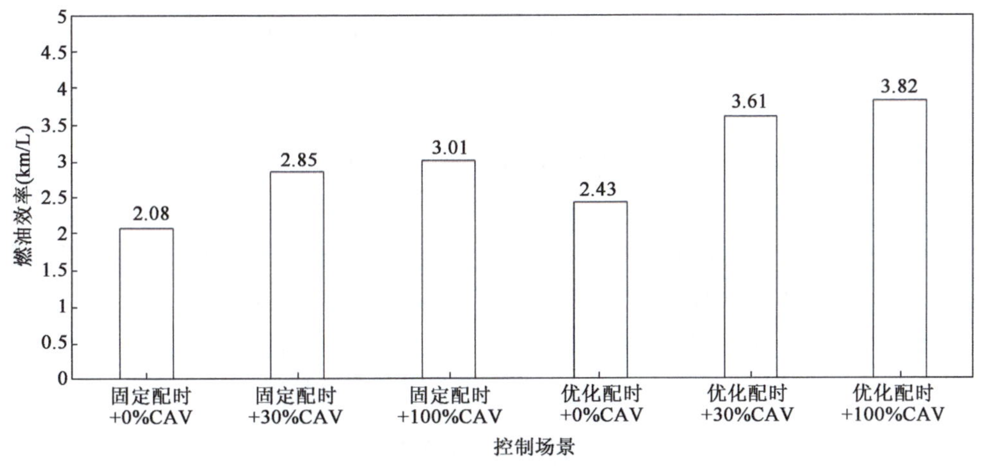

图 3-17　高交通需求水平下不同控制场景的车辆平均燃油效率

从车辆延误的仿真实验结果可以看出，当较低的交通需求水平时，单纯轨迹规划只能小幅减少车辆延误（≈1s），主要源自车辆通过速度协调避免频繁起停及起动损失；信号优化通过更好的资源配置，可以显著提升交通效率、降低延误，而且两者协同可以相得益彰，使得效率优化效果更加显著。从燃油效率看，车辆轨迹规划可以提供更加经济的驾驶策略，也就是体现“生态驾驶”理念，而单纯的轨迹规划仍会受限于固定的信号控制方案，两者同时优化可以大幅提升能源使用的经济性。

当高交通需求水平时，总体趋势与低交通需求水平的实验结果一致。趋于饱和的交通需求使得单一优化策略对控制效果的提升幅度更加受限，两者协同优化控制可以在延误和能源使用经济性上获得更大的提升。

3.3 多交叉口车路网联混合交通群体协同控制理论与方法

多交叉口车路网联混合交通群体协同控制理论，主要研究车路网联环境下在多交叉口场景，网联混合交通群体如何规范行为并最佳地协作与协同运行。该理论不仅是对单交叉口交通群体控制应用场景的网络层拓展，即从单交叉口交通群体控制中的路权协同分配及非集计运动控制延伸拓展至多交叉口场景，同时还是车路网联混合交通群体在路网层实现多目标多约束协同控制的关键理论基础，具有一定的泛化性，可运用于不同城市道路交叉口几何条件、不同路网拓扑结构、不同交通需求条件、不同交通管制规则，亦可适用于不同的交通管理目标，如保障交通安全性、提升交通效率、实现交通可持续等。

多交叉口车路网联混合交通群体协同控制理论主要涵盖多交叉口交通群体协同控制机制与原理、多交叉口交通群体通行权协同分配方法、多交叉口交通群体运动时空协同控制方法三部分内容。

3.3.1 多交叉口交通群体协同控制机制与原理

多交叉口交通群体协同控制机制及原理如图 3-18 所示，其核心有两个部分，分别为：通行权协同分配机制和群体运动时空协同控制机制。车路网联交通群体决策为此提供时空资源约束参数。通行权协同分配机制又包括：①多交叉口时空资源占用描述及通行权分配；②群体运动时空协同控制机制，含多交叉口群体运动控制及轨迹衔接控制。

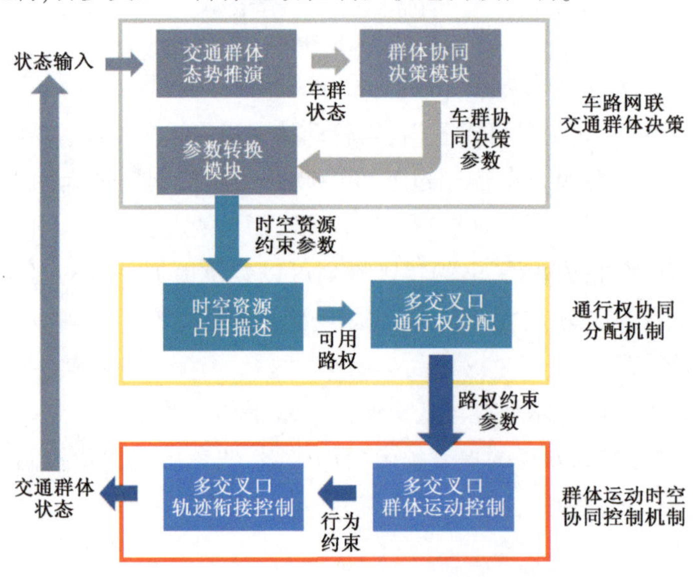

图 3-18　多交叉口交通群体协同控制机制与原理

3.3.2 多交叉口交通群体通行权协同分配方法

1)多交叉口时空资源占用描述

对于多交叉口时空资源占用的描述需分为宏观和微观两个层次。

(1)宏观层。需将多交叉口视作多个节点,交叉口之间的连通道路视作节点间的有向连线,时空资源的占用是对连线的占用。为方便理解和表述,图3-19给出了一个宏观描述的示例,展示了一个由14个交叉口组合成的道路网络,红色虚线为一条示例路径,表示从节点B到节点E的有向连线序列,中间经过了四个交叉口。一辆车若选择该路径行驶,在某个时刻,该车可能会占用该路径上的某一条连线。记某一辆车为ω,其选择的路径记为p^{ω},路径是一系列连线的集合,连线可记为e。

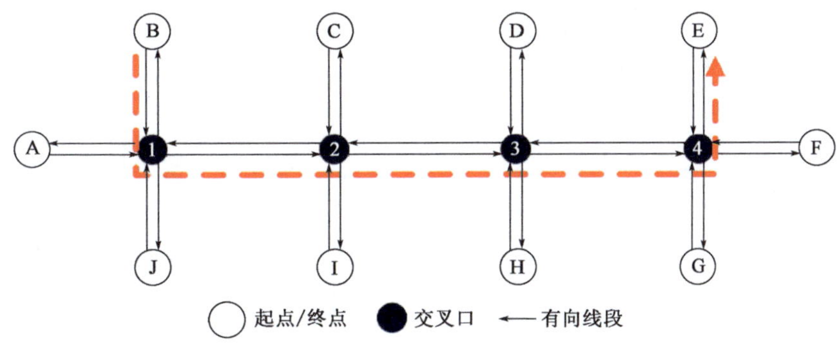

图3-19 时空资源占用的宏观描述

(2)微观层。需描述车辆对路段内车道空间的占用及车辆对交叉口内部空间的占用。车辆对某一车道k的占用可以表示为$\delta_k^{\omega}(t)$:当车道k被车辆ω占用时,$\delta_k^{\omega}(t)=1$;否则,$\delta_k^{\omega}(t)=0$。所占用的空间以所处的位置$x_e^{\omega}(t)$表示,其含义为车辆在连线e上的位置与连线起点之间的距离。故可用数对$[\delta_k^{\omega}(t),x_e^{\omega}(t)]$来表示车辆对路段内车道空间的占用。描述交叉口内部的空间占用需要先构建连线与连线间的直接关系,这样的关系被描述为连接器。换言之,一个连接器在交叉口中连接上下游两根连线。图3-20给出了一个示例。假设图中车辆ω的路径p^{ω}为图3-19中的红色虚线,车辆在交叉口3和交叉口4之间并计划在交叉口4实现左转,那么车辆通行的连线包括了图3-20中深色的路段及其前面连接的所有连接器。车辆在远离交叉口的地方才允许变道,在接近交叉口的实线区是禁止变道的。禁止变道的区域长度被记为l_e。若$l_e=0$,那么车辆只在交叉口内部区域不允许变道。为表示车辆对连线e占用的时间,记车辆进入和离开连线e的时间分别为$\underline{t}_e^{\omega}$及$\bar{t}_e^{\omega}$。故车辆对路段及交叉口的时空资源占用可以表述为$[\delta_k^{\omega}(t),x_e^{\omega}(t),\underline{t}_e^{\omega},\bar{t}_e^{\omega}]$。

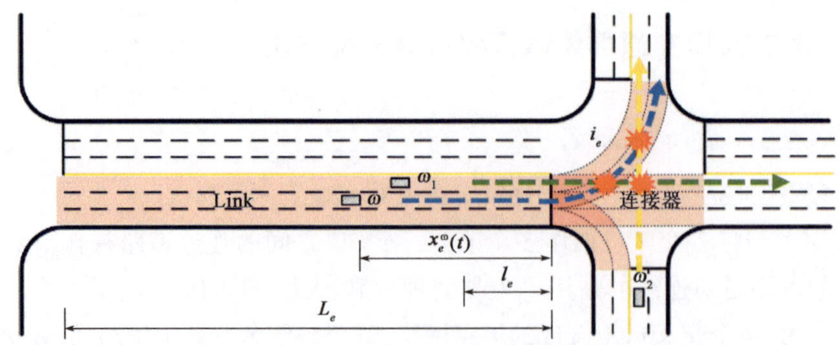

图3-20　时空资源占用的微观描述

2)多交叉口通行权分配方法

多交叉口的通行权分配主要是在时间上对多交叉口的交通信号进行协同配时,其目标主要是在车路网联混合交通群体环境下为多交叉口构成的特殊通道进行信号协调控制。与传统绿波控制不同,车路网联信息的引入,使得车路协同成为可能,使交叉口提供的通行信号均能被车辆接受,并采取协同行为,不会因为车辆行驶阻碍而被浪费。多交叉口的通行权分配是路网通行权分配的基础。本小节主要以某一路径上的多交叉口通行权分配为目标,实现尽可能多的车辆获得不停车的连续通行权,并降低路网总延误或减少停车次数。为达到上述目标,主要的协同优化任务为:基于车辆的车速变化区间,优化交叉口信号配时方案,具体包括交叉口信号控制周期、相位相序、绿信比及交叉口间相位差,以降低总延误或减少停车次数,或多目标最佳。

多交叉口通行权分配的基本内容包括协调相位、公共信号周期、相位差。车路网联环境为多交叉口协调控制提供了实时精细的车辆移动数据和全新的控制手段,实时传输的车辆行驶数据可为协调控制车速提供准确的数据输入,此外还能对车流速度进行引导,从而降低对协调车速建模的难度,提高其估计结果的精确性。

基于上述分析,本小节的主要问题可归结于:车路网联环境可变路段车速的条件下,基于实时的路径各向协调通行需求,将协调相位上通行车流分为停车等待和不停车两类,以协调车流总延误或总停车次数为优化目标,建立交叉口相位序列—交叉口间相位差—车辆行驶车速集成的协同优化模型。与交通信号配时相关的优化变量主要包括信号灯相序和相位差,而与车流行驶相关的优化变量为车流速度。故可按如下步骤构建多交叉口通行权分配方法。

(1)基本相位时长输入。

多交叉口通行权分配的第一步是根据道路总体流量确定交叉口交通信号配时,以适应交叉口总体交通需求。需要输入以下配时参数。

①交叉口渠化参数、交通量、大车率和高峰小时系数。

②饱和流量校正参数,参照《交通管理与控制》相关公式。

车道宽度校正系数:f_w。

纵向坡度及大车校正系数：

$$f_g = 1 - (G + HV) \tag{3-14}$$

若设有左转专用相位，自行车影响校正系数：f_b。

直行：

$$S_T = S_{bT} \times f_w \times f_g \times f_b \tag{3-15}$$

其中 S_{bT} 取平均值 1650。

左转：

$$S_L = S_{bL} \times f_w \times f_g \tag{3-16}$$

其中 S_{bL} 取平均值 1550。

右转：

$$S'_R = S_{bR} \times f_w \times f_g \times f_r \times f_{pb} \tag{3-17}$$

其中 S_{bR} 取平均值 1550。

③信号配时参数计算。

在经过信号相位概略方案设计和检校后，进行配时参数计算，包括以下内容。

a. 绿灯间隔时间 I。

b. 信号总损失时间：

$$L = \sum_k (L_s + I - A)_k \tag{3-18}$$

式中：L_s——启动损失时间；

A——黄灯时长；

k——一个周期内的绿灯间隔数。

c. 信号最佳周期长：

$$C = L/(1 - Y) \tag{3-19}$$

式中：Y——交叉口流量比之和。

d. 总有效绿灯时间：

$$Ge = C - L \tag{3-20}$$

e. 按照下式计算各个相位配时：

$$ge_i = C \times Y_i / Y \tag{3-21}$$

式中：Y_i——交叉口各相位组合的关键流量比。

(2)车流速度引导策略。

通过车速引导功能，向车辆提供车速建议，以不停车通过前方交叉口。对于任意一辆在协调控制路径上行驶的车辆，其在相邻两个交叉口 i、j 之间行驶时的建议车速区间 $[v_x^L, v_x^U]$ 计算如下。

交叉口 i 和交叉口 j 的协调相位绿灯时间：

$$g_i = C \times \lambda_i \tag{3-22}$$

$$g_j = C \times \lambda_j \tag{3-23}$$

式中,λ_i 和 λ_j 分别为交叉口 i 和交叉口 j 的协调相位绿信比。

下游交叉口 j 排队消散时间:

$$t_j^s = \frac{q_j \times (C - g_j)}{q_j - s_j} \tag{3-24}$$

式中,t_j^s 为交叉口 j 协调控制路径方向排队清空时间;q_j 和 s_j 分别为交叉口 j 协调控制路径方向交通流到达率和消散率。由此,对于车辆 x,车速引导上限 v_x^U 可计算为:

$$v_x^U = \begin{cases} \min\left(v_{\text{MAX}}, \dfrac{L_{ij}}{O_{ij} + t_j^s - t_x}\right), (0 \leqslant t_x < O_{ij} + t_j^s) \\ v_{\text{MAX}}, (O_{ij} + t_j^s \leqslant t_x \leqslant g_i) \end{cases} \tag{3-25}$$

式中,v_{MAX} 为道路限速;L_{ij} 为交叉口 i,j 停车线之间的距离;t_x 为车辆 x 通过上游交叉口停车线的时刻,满足$(0 \leqslant t_x \leqslant g_i)$;$O_{ij}$ 为交叉口 i 至交叉口 j 方向上协调控制相位绿灯起亮时间差。车速引导下限 v_x^L:

$$v_x^L = \max\left(v_{\text{MIN}}, \frac{L_{ij}}{O_{ij} + g_j - t_x}\right) \tag{3-26}$$

式中,v_{MIN} 为最低引导车速,以避免车辆以过低的速度在道路上行驶。当上述计算结果出现以下情况时,系统无法对车辆作出不停车通过下游交叉口的车速建议,需要车辆在下游交叉口停车等待红灯:

$$v_x^L > v_x^U \tag{3-27}$$

$$v_x^U < v_{\text{MIN}} \tag{3-28}$$

$$v_x^L > v_{\text{MAX}} \tag{3-29}$$

其他情况下,基于上述计算得出的 v_x^U、v_x^L 和车辆当前车速 v_x,车速引导建议为:

$$\text{车速引导建议} = \begin{cases} \text{自由行驶}, (v_x^L < v_x < v_x^U) \\ \text{减速}, (v_x > v_x^U) \\ \text{加速}, (v_x < v_x^L) \end{cases} \tag{3-30}$$

(3)优化目标函数。

协同控制可以车辆总延误或总停车次数为优化目标,其中,相邻交叉口间的车辆行程时间是计算车辆总延误的关键输入参数。由于信息交互环境下车辆内部能为驾驶员提供车速引导,以适应前方路口信号灯,相邻交叉口间行程时间分布将不同于无车速引导的传统交通条件。常见的行程时间估计模型包括统计模型和解析模型两类,统计模型一般基于线圈、浮动车或车牌数据所呈现的行程时间采样数据,给出统计意义上行程时间分布的估计。在实施信号控制的道路上,信号配时方案对车辆行程时间影响较大,但可以解析的方式为估计行程时间提供条件。信息交互环境下,引入车速引导功能更加简化了行程时间解析模型的复杂程度,即以解析法对协调控制路径上的行程时间进行估计,进而得到总延误这一优化目标函数。对于车辆停车次数，同样也基于车速引导的结果，对总停车次数进行估计。

需要特别指出的是，这里所提出的车速引导策略中，当车辆速度处于可通过速度区间时，假设车辆倾向于选择较高的车速，但受限于周边车辆的运行情况。同时，因为车辆连续不停车通过上下游交叉口，故假设协调相位上的被协调车流以均匀车头时距通过上游交叉口。

估计车速引导条件下协调控制交叉口间行程时间，需确定上下游交叉口协调相位时长中可被协调方向行驶车辆利用的时间。在上游交叉口 i 协调相位的末尾，可能出现以道路限速 v_{MAX} 行驶仍然赶不上下游绿灯的情况，此时，交叉口 i 绿灯尾不可协调时间 g_i^S 为：

$$g_i^S = \max\left[g_i - \left(O_{ij} + g_j - \frac{L_{ij}}{v_{\text{MAX}}}\right), 0\right] \tag{3-31}$$

交叉口 i 绿灯尾不可协调时间内通过的车辆，需在交叉口 j 的下一个周期绿灯期间通过下游交叉口，该部分时间内的车辆数为：

$$V_i^S = V_i^A \times \frac{g_i^S}{g_i} \tag{3-32}$$

式中：V_i^S——交叉口 i 绿灯尾不可协调时间内通过的协调路径交通量；

V_i^A——交叉口 i 协调路径总交通量。

对于下游交叉口 j，其协调相位起始时段需满足非协调路径到达的车辆，以及未得到协调通行的上游协调路径车辆的通行需求。交叉口 j 协调相位绿灯初需停车排队的交通量为：

$$V_j^Q = V_i^S + V_j^{\text{other}} \tag{3-33}$$

式中：V_j^Q——停车排队的总交通量；

V_j^{other}——交叉口 j 非协调路径交通量，例如从交叉口 i 左转进入协调路径的车辆。

因此，交叉口 j 绿灯初非协调路径车辆占用时间为 g_j^Q：

$$g_j^Q = g_j \times \frac{V_j^Q}{V_j} \tag{3-34}$$

当上游交叉口协调相位出发的第一辆车，以道路限速行驶仍不能在下游交叉口排队清空之前到达下游交叉口时，计算下游交叉口可被协调方向行驶车辆利用的相位时长中，应考虑此情形：

$$g_j^A = g_j - \max\left(g_j^Q, \frac{L_{ij}}{v_{\text{MAX}}} - O_{ij}\right) \tag{3-35}$$

式中：g_j^A——交叉口 j 协调相位可被协调方向行驶车辆利用的时长。

根据协调相位上车辆均匀不停车通过停车线的假设，对于在交叉口 i 协调相位内 t_x 时刻通过交叉口 i 停车线的车辆 $x(0 \leqslant t_x \leqslant g_i)$，其通过交叉口 j 停车线的行程时间 T_x 为：

$$T_x = \mathrm{F}(t_x) = \begin{cases} O_{ij} + g_j - g_j^A + g_j^A \times \dfrac{t_x}{g_i - g_i^S} - t_x, [t_x \leqslant (g_i - g_i^S)] \\ \dfrac{L_{ij}}{v_{\text{MAX}}} + C - g_j, [t_x > (g_i - g_i^S)] \end{cases} \tag{3-36}$$

车辆 x 的延误 D_x 为：

$$D_x = T_x - \frac{L_{ij}}{v_{\mathrm{MAX}}} \tag{3-37}$$

一个信号周期内，交叉口 i 至交叉口 j 之间协调路径上车辆总延误 D_{ij} 为：

$$D_{ij} = \sum_{x=0}^{N_i^T/nl_i} \left[F(x \times h_i) - \frac{L_{ij}}{v_{\mathrm{MAX}}} \right] \times nl_i \tag{3-38}$$

$$N_i^T = \frac{f_i^T \times C}{3600} \tag{3-39}$$

$$h_i = \frac{g_i \times nl_i}{N_i^T} \tag{3-40}$$

式中：N_i^T——一个信号周期内从交叉口 i 出发的协调路径车辆数；

nl_i、h_i——分别是协调路径车道数和交叉口 i 停车线车头时距；

f_i^T——交叉口 i 出发的协调路径流量，pcu/h。

对于在交叉口 i 协调相位内 t_x 时刻通过交叉口 i 停车线的车辆 $x(0 \leqslant t_x \leqslant g_i)$，其在交叉口 j 的停车次数为：

$$S_x = \begin{cases} 1, \left(\dfrac{L_{ij}}{T_x} < v_{\mathrm{MIN}}\right) \\ 0, \left(\dfrac{L_{ij}}{T_x} \geqslant v_{\mathrm{MIN}}\right) \end{cases} \tag{3-41}$$

一个信号周期内，交叉口 i 至交叉口 j 之间协调路径车辆总停车次数 S_{ij} 为：

$$S_{ij} = \sum_{x=0}^{N_i^T/nl_i} S_x \times nl_i \tag{3-42}$$

式中各符号意义与前述相同。

（4）优化模型。

在上述优化目标函数中，主要决策变量是相邻交叉口协调相位的起亮时间差，在连线及通道双向协调信号控制中，该变量是由交叉口信号相序和相位差共同决定的。对于两个相邻交叉口的双向协调信号控制，两个方向上的相序及相位差呈相关关系，可由两交叉口的相序方案和其中一个方向的相位差，推导得出另一方向的协调相位绿灯起亮时间差。

如图 3-21 所示，设相邻的两个交叉口 i、j 各有编号为 1 ~ 4 的四个进出口道。其中，1→3 和 3→1 方向为协调相位，以下简写为 13 或 31；交叉口 i 至交叉口 j 协调相位绿灯起亮时间差为 $O_{i,j}(13,13)$，以下简写为 $O_{i,j}$；交叉口 j 至交叉口 i 协调相位绿灯起亮时间差为 $O_{j,i}(31,31)$，以下简写为 $O_{j,i}$。交叉口的信号控制方案按照图 3-22 所示的双环结构描述。

以下是以 $O_{i,j}$ 为已知条件，计算 $O_{j,i}$ 的方法。

交叉口 i 至交叉口 j 协调相位在周期内的起亮时刻 $t(i,13)$：

$$t(i,13) = g(i,34) \times s(i,13) \tag{3-43}$$

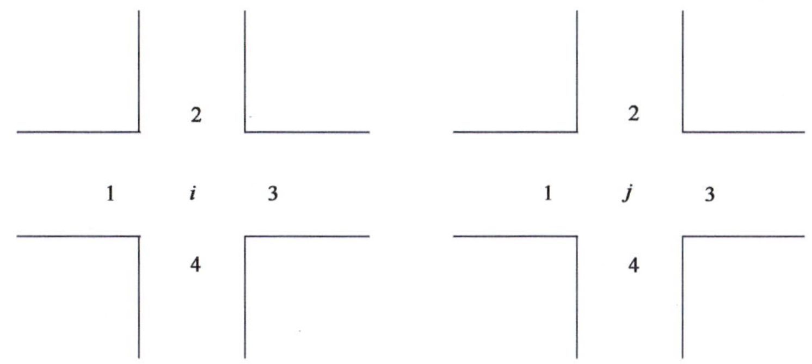

图 3-21 相邻交叉口协调控制相位编号

1→3	3→4		2→4	4→1
3→1	1→2		4→2	2→3

图 3-22 信号控制方案双环结构描述

双环结构中，与 13 方向在同侧且冲突的相位为 34 方向。式(3-43)中，$g(i,34)$为 34 方向的相位时长，$s(i,13)$为 13 方向的相序值。取值为 0 时，表示 13 相位在 34 相位之前放行；取值为 1 时，则表示 13 相位在 34 相位之后放行。对应地，交叉口 i 的 31 方向及交叉口 j 的两个协调相位在周期内的起亮时刻可计算为：

$$t(i,31)=g(i,12)\times s(i,31) \tag{3-44}$$

$$t(j,13)=g(j,34)\times s(j,13) \tag{3-45}$$

$$t(j,31)=g(j,12)\times s(j,31) \tag{3-46}$$

设交叉口 i 的 13 方向绿灯起亮时刻为：

$$T(i,13)=t(i,13) \tag{3-47}$$

则交叉口 j 的 13 方向绿灯起亮时刻为：

$$T(j,13)=T(i,13)+O_{i,j} \tag{3-48}$$

交叉口 j 与 13 方向同周期的 31 方向绿灯起亮时刻为：

$$T(j,31)=T(j,13)+t(j,31)-t(j,13) \tag{3-49}$$

对应的交叉口 i 的 31 方向绿灯起亮时刻为：

$$T(i,31)=k\times C+t(i,31) \tag{3-50}$$

式中，k 为整数，满足下式：

$$(k-1)\times C+t(i,31)-T(j,31)+g(i,31)\leqslant\frac{L_{j,i}}{v_{\mathrm{MAX}}}<k\times C+t(i,31)-T(j,31)+g(i,31) \tag{3-51}$$

交叉口 j 至交叉口 i 协调相位绿灯起亮时间差 $O_{j,i}$ 则可计算为：

$$O_{j,i}=T(i,31)-T(j,31) \tag{3-52}$$

根据上述推导，对于一条有 n 个交叉口的协调路径，以总延误为优化目标的信号控制-车速引导协同优化模型可归纳为：

$$\min \sum_{i=1}^{n-1} (D_{i,i+1} + D_{i+1,i}) \tag{3-53}$$

约束条件为式(3-15)～式(3-52)。

以总停车次数为优化目标的信号控制-车速引导协同优化模型可归纳为：

$$\min \sum_{i=1}^{n-1} (S_{i,i+1} + S_{i+1,i}) \tag{3-54}$$

约束条件为式(3-15)～式(3-52)。

上述模型为非线性混合整数规划模型，可通过启发式算法、遗传算法、粒子群算法等智能算法求解。

3.3.3 多交叉口交通群体运动时空协同控制方法

传统多交叉口控制主要关注车流是否能够集聚通过交叉口，且能在沿途多个交叉口形成绿波，使车辆不停车通过。然而这些传统研究无法保证车流中大部分车辆都能按照预设接收到连续通行权。其缺陷的主要原因是车辆之间的微观轨迹交互无法被考虑在内，从而导致车辆行驶过程中因变道、超车等行为相互干扰及阻挡，无法形成集群顺利通过交叉口，更不必说连续有效地通过多个交叉口。因此，区别于传统多交叉口控制方法，需创新性地引入多交叉口交通群体运行时空协同控制方法，通过感知、调控微观车辆行为，实现车群集聚无障碍连续通过多个交叉口。多交叉口交通群体运动时空协同控制方法，主要包括多交叉口群体运动控制方法及多交叉口轨迹衔接控制方法两个方面。

1）多交叉口群体运动控制方法

多交叉口群体运动控制方法主要是通过多交叉口车辆运动轨迹层面的控制，实现对车辆微观层面交互行为的调控，需在刻画车辆运动约束、车辆之间交互约束、车道变换约束、停车线通行约束等的基础上，实现车辆集聚连续通过多个交叉口。为了刻画这些约束，实现车群快速连续通过多交叉口的目标，首先需要针对每一特定车辆 ω 定义如下三类决策变量：①占用的空间，用所处的位置 $x_e^\omega(t)$ 表示；②车辆对某一车道 k 的占用，表示为 $\delta_k^\omega(t)$［当车道 k 被车辆 ω 占用时，$\delta_k^\omega(t)=1$；否则 $\delta_k^\omega(t)=0$］；③车辆进入和离开连线 e 的时间，分别为 $\underline{t}_e^\omega$ 及 $\bar{t}_e^\omega$。这些变量的定义域如下，

定义 e_0^ω 为当前车辆 ω 占用的连线，若车辆 ω 在连线 e_0^ω 上，那么 $\underline{t}_e^\omega$ 及 $\bar{t}_e^\omega$ 受如下约束：

$$\underline{t}_e^\omega = \underline{t}_0^\omega \leqslant 0, \forall e \in p^\omega, e = e_0^\omega; \omega \in \Omega \tag{3-55}$$

$$0 \leqslant \bar{t}_e^\omega \leqslant T \cdot \Delta t, \forall e \in p^\omega, e = e_0^\omega; \omega \in \Omega \tag{3-56}$$

其中，$\underline{t}_0^\omega$ 是进入连线 e_0^ω 的时间；Ω 是在路网中的车辆集合；$\bar{t}_e^\omega$ 非负。若车辆 ω 在连线 e_0^ω 的一个连接器上，那么 $\bar{t}_e^\omega$ 受如下约束：

$$\bar{t}_e^{\omega} \leqslant \bar{t}_0^{\omega} \leqslant 0, \forall e \in p^{\omega}, e = e_0^{\omega}; \omega \in \Omega \tag{3-57}$$

其中,$\bar{t}_0^{\omega}$ 是通过连线 e_0^{ω} 的停车线的时间。

对于车辆路径上的其他连线,t_e^{ω} 及 $\bar{t}_e^{\omega}$ 是非负的且在规划时域内是有界的:

$$0 \leqslant \bar{t}_e^{\omega} \leqslant T \cdot \Delta t, \forall e \in p^{\omega}, e \neq e_0^{\omega}; \omega \in \Omega \tag{3-58}$$

$$0 \leqslant \bar{t}_e^{\omega} \leqslant T \cdot \Delta t, \forall e \in p^{\omega}, e \neq e_0^{\omega}; \omega \in \Omega \tag{3-59}$$

此外,位于连线上的车辆速度是有界的,这意味着:

$$\bar{t}_e^{\omega} \geqslant \underline{t}_e^{\omega}, \forall e \in p^{\omega}; \omega \in \Omega \tag{3-60}$$

在车辆 ω 进入路径 p^{ω} 的连线 e 之前,出于连续性考虑,$x_e^{\omega}(t)$ 被定义为连线 e 所在的路段长:

$$\mathrm{M}\underline{\mu}_e^{\omega}(t) \geqslant x_e^{\omega}(t) - L_e \geqslant -\mathrm{M}\underline{\mu}_e^{\omega}(t), \forall t = 0, \cdots, T; e \in p^{\omega}; \omega \in \Omega \tag{3-61}$$

其中,M 是一任意足够大的正数;$\underline{\mu}_e^{\omega}(t)$ 是一个辅助零一变量。若车辆 ω 在 t 时刻进入连线 e,那么 $\underline{\mu}_e^{\omega}(t)=1$,否则 $\underline{\mu}_e^{\omega}(t)=0$。约束(3-61)确保在 $\underline{\mu}_e^{\omega}(t)=0$ 时 $x_e^{\omega}(t)=L_e$。当 $\underline{\mu}_e^{\omega}(t)=1$ 时,$x_e^{\omega}(t)$ 受以下两式约束。

当车辆 ω 在连线 e 所在路段行驶时,$x_e^{\omega}(t)$ 是有界的:

$$L_e \geqslant x_e^{\omega}(t) \geqslant -\mathrm{M}[1 - \underline{\mu}_e^{\omega}(t) + \bar{\mu}_e^{\omega}(t)], \forall t = 0, \cdots, T; e \in p^{\omega}; \omega \in \Omega \tag{3-62}$$

其中,$\underline{\mu}_e^{\omega}(t)$ 是一个零一辅助变量。若车辆 ω 通过停车线,那么 $\underline{\mu}_e^{\omega}(t)=1$,否则 $\underline{\mu}_e^{\omega}(t)=0$。式(3-62)保证在 $\underline{\mu}_e^{\omega}(t)=1$ 及 $\bar{\mu}_e^{\omega}(t)=0$ 时,$L_e \geqslant x_e^{\omega}(t) \geqslant 0$。

在车辆 ω 通过停车线[即 $\underline{\mu}_e^{\omega}(t)=1$ 且 $\bar{\mu}_e^{\omega}(t)=1$],$x_e^{\omega}(t)$ 被定义为负值,其绝对值表示车辆通过停车线后在连接器上行驶的距离:

$$\mathrm{M}[1 - \bar{\mu}_e^{\omega}(t)] \geqslant x_e^{\omega}(t) + v_e^{\omega}(t \cdot \Delta t - \bar{t}_e^{\omega}) \geqslant -\mathrm{M}[1 - \bar{\mu}_e^{\omega}(t)],$$
$$\forall t = 0, \cdots, T; e \in p^{\omega}; \omega \in \Omega \tag{3-63}$$

其中,v_e^{ω} 为车辆 ω 在连接器上的速度。注意式中仅用到 $\bar{\mu}_e^{\omega}(t)$,因为 $\underline{\mu}_e^{\omega}(t)$ 必须是 1。当 $\bar{\mu}_e^{\omega}(t)=1$ 时,式(3-63)意味着 $x_e^{\omega}(t) = -v_e^{\omega}\left(t \cdot \Delta t - \bar{t}_e^{\omega}\right)$。

v_e^{ω} 由所选择的车道决定:

$$v_e^{\omega} = \sum_{k \in K_e^{\omega}} \delta_k^{\omega}(T) v_k^{\omega}, \forall e \in p^{\omega}; \omega \in \Omega \tag{3-64}$$

其中,v_k^{ω} 表示车辆 ω 从车道 k 进入连接器的速度,它是一个由车辆 ω 的转向运动决定的确定性参数;K_e^{ω} 是车辆离开连线 e 的停车线时可能使用的车道集合。式(3-64)保证了当车辆 ω 从车道 k 通过交叉口时,$v_e^{\omega}=v_e^{\omega}$。注意上式中仅最后一个时间步 T 会被用到,因为车辆离开停车线后,$\delta_k^{\omega}(t)$ 会被约束成定值。

上述确定完决策变量的定义域后,我们可以对边界条件、车辆运动、安全、进入连线、变道等进行约束。约束如下。

(1)边界条件约束。

对于当前被占用的连线 e_0^{ω},$x_e^{\omega}(0)$ 由车辆 ω 在当前时刻的位置所决定:

$$x_e^\omega(0)=x_0^\omega,\ \forall e\in p^\omega,e=e_0^\omega;\omega\in\Omega \tag{3-65}$$

对于路径上的其他连线(即:$e\in p^\omega,e\neq e_0^\omega$),$x_e^\omega(0)$被定为$L_e$:

$$x_e^\omega(0)=L_e,\ \forall e\in p^\omega,e\neq e_0^\omega;\omega\in\Omega \tag{3-66}$$

相似地,$\delta_k^\omega(0)$表示当前时刻车辆在连线e_0^ω上的车道,它由车辆当前的车道选择所决定:

$$\delta_k^\omega(0)=\delta_{0k}^\omega,\ \forall k\in K_e;e\in p^\omega,e=e_0^\omega;\omega\in\Omega \tag{3-67}$$

其中,K_e为连线e所在路段的车道集合。

在规划时域的最终时刻,每辆车应该从路径上的最后一条连线的停车线离开:

$$x_{p_+^\omega}^\omega(T)<0,\ \forall\omega\in\Omega \tag{3-68}$$

其中,p_+^ω是路径p^ω上的最后一条连线。

车辆运动约束,出于安全考虑车辆不允许向后移动。也就是说,$x_e^\omega(t+1)$不应该比$x_e^\omega(t)$大:

$$x_e^\omega(t+1)\leqslant x_e^\omega(t),\ \forall t=0,\cdots,T-1;e\in p^\omega;\omega\in\Omega \tag{3-69}$$

如果车辆ω在时间步$t+1$进入连线e[即:$\underline{\mu}_e^\omega(t)=0$且$\underline{\mu}_e^\omega(t+1)=1$],则这个时间步车辆在连线$e$上的行程被最大速度$\bar{v}_e^\omega$所约束:

$$L_e-x_e^\omega(t+1)\leqslant\bar{v}_e^\omega[(t+1)\Delta t-\underline{t}_e^\omega]+\mathrm{M}[1+\underline{\mu}_e^\omega(t)-\underline{\mu}_e^\omega(t+1)],$$
$$\forall t=0,\cdots,T-1;e\in p^\omega;\omega\in\Omega \tag{3-70}$$

上式仅当$\underline{\mu}_e^\omega(t)=0$且$\underline{\mu}_e^\omega(t+1)=1$时才生效。

相似的约束在车辆ω位于连线e上时[即:$\underline{\mu}_e^\omega(t)=1$且$\bar{\mu}_e^\omega(t+1)=0$]会给出:

$$x_e^\omega(t)-x_e^\omega(t+1)\leqslant\bar{v}_e^\omega\Delta t+\mathrm{M}[1-\underline{\mu}_e^\omega(t)+\bar{\mu}_e^\omega(t+1)],$$
$$\forall t=0,\cdots,T-1;e\in p^\omega;\omega\in\Omega \tag{3-71}$$

上式仅当$\underline{\mu}_e^\omega(t)=1$且$\bar{\mu}_e^\omega(t+1)=0$时才生效。

如果车辆在$t+1$时刻通过停车线[即:$\bar{\mu}_e^\omega(t)=0$且$\bar{\mu}_e^\omega(t+1)=1$],$x_e^\omega(t)$被最大速度$\bar{v}_e^\omega$所约束:

$$x_e^\omega(t)\leqslant\bar{v}_e^\omega(\bar{t}_e^\omega-t\cdot\Delta t)+\mathrm{M}[1+\bar{\mu}_e^\omega(t)-\bar{\mu}_e^\omega(t+1)],$$
$$\forall t=0,\cdots,T-1;e\in p^\omega;\omega\in \tag{3-72}$$

上式仅在$\bar{\mu}_e^\omega(t)=0$且$\bar{\mu}_e^\omega(t+1)=1$才有效。这种情况下,$x_e^\omega(t+1)$由式(3-63)决定。

在任意时间步t内,车辆ω仅可以占用连线e所在路段的一条车道:

$$\sum_{k\in K_e}\delta_k^\omega(t)=1,\ \forall t=0,\cdots,T;e\in p^\omega;\omega\in\Omega \tag{3-73}$$

假设车辆在一个时间步内仅可以变换一次车道。也就是说,如果t时刻车辆ω在车道k内[$\delta_k^\omega(t)=1$],那么车辆在$t+1$时刻仅可以使用当前车道及其相邻车道:

$$1-\delta_k^\omega(t)\geqslant\delta_{k'}^\omega(t+1)\geqslant\delta_k^\omega(t)-1,$$
$$\forall t=0,\cdots,T-1;k,k'\in K_e,|k'-k|\geqslant2;e\in p^\omega;\omega\in\Omega \tag{3-74}$$

尽管现实中变换车道需要一定的时间,但将这些时间约束加到本书的模型中并不困难。

如果车辆在$t+1$时刻停下了[即:$x_e^\omega(t)=x_e^\omega(t+1)$],那么它将无法变道并且应留在当前

车道内[即:$\delta_k^\omega(t+1)=\delta_k^\omega(t)$]:

$$M[x_e^\omega(t)-x_e^\omega(t+1)]\geqslant\delta_k^\omega(t+1)-\delta_k^\omega(t)\geqslant -M[x_e^\omega(t)-x_e^\omega(t+1)],$$
$$\forall t=0,\cdots,T-1;k\in K_e;e\in p^\omega;\omega\in\Omega \tag{3-75}$$

尽管这里使用的运动学模型是一阶的,但本书的模型框架也可拓展应用于更高阶的运动学模型。

(2)进入连线约束。

定义变量 e_+^ω 为车辆 ω 在路径 p^ω 连线 e 后续选择的连线。车辆 ω 进入连线 e_+^ω 的时间是由车辆 ω 在连线 e 驶离停车线的时间 $\bar{t}_e^\omega$,以及在时间 $\bar{t}_e^\omega$ 时车辆的车道选择两方面共同决定。具体如下式:

$$\underline{t}_{e_+^\omega}^{\omega}=\bar{t}_e^\omega+\sum_{k\in K_e^\omega}\delta_k^\omega(T)\cdot\frac{l_k^\omega}{v_k^\omega},\forall e\in p^\omega,e\neq p_+^\omega;\omega\in\Omega \tag{3-76}$$

其中,l_k^ω/v_k^ω 是一个常数,它是指车辆 ω 在连接器中驶离车道 k 的行程时间。如果车辆 ω 在车道 k 离开连线 e,则 $\delta_k^\omega(T)=1$。根据公式(3-76),$\underline{t}_{e_+}^\omega=\bar{t}_e^\omega+\frac{l_k^\omega}{v_k^\omega}$。

定义变量 k_+^ω 作为车辆 ω 在路径 p^ω 连线 e 后续选择的车道。在这条车道中车辆 ω 进入连线 e_+^ω 是由车辆在连线 e 通过交叉口时的车道选择而决定。

$$\delta_{k_+^\omega}^\omega(0)=\delta_k^\omega(T),\forall k\in K_e^\omega;e\in p^\omega,e\neq p_+^\omega;\omega\in\Omega \tag{3-77}$$

如果车辆 ω 离开连线 e 中的车道 k,则 $\delta_k^\omega(T)=1$。根据公式(3-77),$\delta_{k_+}{}^\omega(0)=1$。如果车辆 ω 在时间步 $t'+1$ 进入后续连线 e_+^ω[$\underline{\mu}_{e_+^\omega}{}^\omega(t')=0$ 且$\underline{\mu}_{e_+^\omega}{}^\omega(t'+1)=1$],那么根据公式(3-61),对于时间步 $t\leqslant t'$时,$x_{e_+^\omega}{}^\omega(t)=L_{e_+^\omega}$。此外,根据公式(3-75),$\delta_{k_+}{}^\omega(t')=\delta_{k_+}{}^\omega(t'-1)=\cdots=\delta_{k_+}{}^\omega\omega(0)=1$。出于安全的考虑,车辆在驶入下一个连线前,若仍在交叉口区域的连接器内,则不允许进行换道,其实现由下述公式所示:

$$-[1+\underline{\mu}_e^\omega(t)-\underline{\mu}_e^\omega(t+1)]\leqslant\delta_k^\omega(t)-\delta_k^\omega(t+1)\leqslant 1+\underline{\mu}_e^\omega(t)-\underline{\mu}_e^\omega(t+1),$$
$$\forall t=0,\cdots,T-1;k\in K_e^\omega;e\in p^\omega;\omega\in\Omega \tag{3-78}$$

上式保证当$\bar{\mu}_e^\omega(t)=0$ 且$\underline{\mu}_e^\omega(t+1)=1$ 时,$\delta_k^\omega(t+1)=\delta_k^\omega(t)$。$\underline{\mu}_e^\omega$ 是一个为了便于建模的辅助变量,它与 $\bar{t}_e^\omega$ 有关,两者关系如下式所示:

$$M\underline{\mu}_e^\omega(t)\geqslant t\cdot\Delta t-\underline{t}_e^\omega\geqslant -M[1-\underline{\mu}_e^\omega(t)],\forall t=0,\cdots,T;e\in p^\omega;\omega\in\Omega \tag{3-79}$$

上式表明如果 $t\cdot\Delta t>\bar{t}_e^\omega$(车辆 ω 在时间步 t 到达连线 e)则$\underline{\mu}_e^\omega(t)=1$;反之,$\underline{\mu}_e^\omega(t)=0$。

(3)在连线上通过停车线。

如果车辆 ω 在时间步 $t+1$ 期间通过停车线[$\bar{\mu}_e^\omega(t)=0$ 且 $\bar{\mu}_e^\omega(t+1)=1$],那么 $x_e^\omega(t)\geqslant 0$ 且 $x_e^\omega(t+1)<0$。上述的公式(3-61)和(3-62)保证当 $\bar{\mu}_e^\omega(t)=0$ 时,$x_e^\omega(t)\geqslant 0$(车辆 ω 在时间步 t 未通过停车线)。公式(3-63)保证 $\bar{\mu}_e^\omega(t+1)=1$ 时 $x_e^\omega(t+1)<0$。

当车辆 ω 在连线 e 通过停车线,则车辆只能处于 K_e^ω 中的一条车道上,由下式进行约束:

$$\sum_{k\in K_e^\omega}\delta_k^\omega(T)=1,\forall e\in p^\omega;\omega\in\Omega \tag{3-80}$$

$\bar{\mu}_e^\omega$ 是一个便于建模的辅助变量。在公式(3-81)中,它与 $\bar{t}_e^\omega$ 有关,两者关系如下式所示:

$$\mathrm{M}\bar{\mu}_e^\omega(t)\geqslant t\cdot\Delta t-\bar{t}_e^\omega\geqslant-\mathrm{M}[1-\bar{\mu}_e^\omega(t)],\forall t=0,\cdots,T;e\in p^\omega;\omega\in\Omega \tag{3-81}$$

公式(3-81)表明如果 $t\cdot\Delta t>\bar{t}_e^\omega$(车辆 ω 在时间步 t 通过停车线),则 $\bar{\mu}_e^\omega(t)=1$;反之,$\bar{\mu}_e^w(t)=0$。

(4)实线区(不换道区域)约束。

车辆在一条连线的路段上行驶,当它驶近停车线时车辆将无法换道[$\delta_k^\omega(t+1)=\delta_k^\omega(t)$],这与实际中的道路网络相符。这种原则由下式进行定义:

$$l_e-x_e^\omega(t+1)\leqslant\mathrm{M}[1-|\delta_k^\omega(t+1)-\delta_k^\omega(t)|],\forall t=0,\cdots,T-1;$$
$$k\in K_e;e\in p^\omega;\omega\in\Omega \tag{3-82}$$

其中,l_e 是一个阈值。当 $x_e^\omega(t+1)<l_e$,车辆 ω 会继续在现有车道上行驶[$\delta_k^\omega(t+1)=\delta_k^\omega(t)$]。通常上,$l_e$ 设置为0。这意味着车辆无法在连接器处进行换道。出于安全考虑,我们将会设置一个更大的 l_e,这与现有实际交叉口处的实线标志类似。

(5)同一连线上的车辆安全空间约束。

当两个车辆在同一连线的相同车道上行驶,其中需要考虑一个安全的空间间距。基于Newell 跟车模型的安全约束如下所示:

$$x_e^\omega(t)\geqslant x_e^{\omega'}(t-\tau/\Delta t)+d-\mathrm{M}[1-\zeta_e^{\omega,\omega'}(t)+\rho_e^{\omega,\omega'}(t)],$$
$$\forall t=0,\cdots,T;e\in p^\omega\cap p^{\omega'};\omega'\in\Omega_\omega;\omega\in\Omega \tag{3-83}$$

$$x_e^{\omega'}(t)\geqslant x_e^\omega(t-\tau/\Delta t)+d-\mathrm{M}[\zeta_e^{\omega,\omega'}(t)+\rho_e^{\omega,\omega'}(t)],$$
$$\forall t=0,\cdots,T;e\in p^\omega\cap p^{\omega'};\omega'\in\Omega_\omega;\omega\in\Omega \tag{3-84}$$

其中,τ 和 d 是 Newell 跟车模型在时间和空间上的偏移量;$\rho_e{}^{\omega,\omega'}(t)$ 是一个二进制的辅助变量。当 $\rho_e{}^{\omega,\omega'}(t)=0$,空间安全间距约束生效,其表明车辆 ω' 和车辆 ω 在时间步 t 时处于相同车道。公式(3-83)在 $\zeta_e{}^{\omega,\omega'}(t)=1$ 时生效,当 $\zeta_e{}^{\omega,\omega'}(t)=0$ 时,则公式(3-84)生效。除了保证安全方面外,公式(3-83)和(3-84)通过禁止车辆在一条车道上超车从而保证先进先出的原则。值得注意的是 Δt 应当进行恰当选取进而保证 $\tau/\Delta t$ 是一个整数。

如果车辆 ω 和车辆 ω' 在时间步 t 时处于连线 e 上相同路段的同一车道上,则公式(3-83)和公式(3-84)其中的任一个生效,这一点由如下公式所保证:

$$\chi_e^{\omega,\omega'}(t)+[2-\underline{\mu}_e^\omega(t)-\underline{\mu}_e^{\omega'}(t)+\bar{\mu}_e^\omega(t)+\bar{\mu}_e^{\omega'}(t)]\geqslant\rho_e^{\omega,\omega'}(t),$$
$$\forall t=0,\cdots,T;e\in p^\omega\cap p^{\omega'};\omega'\in\Omega_\omega;\omega\in\Omega \tag{3-85}$$

其中,$\chi_e{}^{\omega,\omega'}(t)$ 是一个二进制的辅助变量,其定义如下:

$$\chi_e^{\omega,\omega'}(t)=\sum_{k\in K_e}|\delta_k^\omega(t)-\delta_k^{\omega'}(t)|,\forall t=0,\cdots,T;e\in p^\omega\cap p^{\omega'};\omega'\in\Omega_\omega;\omega\in\Omega \tag{3-86}$$

公式(3-86)表明:如果车辆 ω' 和车辆 ω 在时间步 t 时处于连线 e 上的相同车道,则 $\chi_e{}^{\omega,\omega'(t)}=0$;

除此之外，$\chi_e^{\omega,\omega'}(t)=2$。公式(3-85)和(3-86)保证车辆$\omega'$和车辆$\omega$在同一连线$e$路段上的相同车道时，$\rho_e^{\omega,\omega'}(t)=0$。

如果车辆ω在连线e上并且车辆ω'在连线e的连接器上时，则公式(3-83)生效：

$$\chi_e^{\omega,\omega'}(t)+[2-\underline{\mu}_e^{\omega}(t)-\bar{\mu}_e^{\omega'}(t)+\bar{\mu}_e^{\omega}(t)]\geqslant\rho_e^{\omega,\omega'}(t),$$
$$\forall t=0,\cdots,T;e\in p^{\omega}\cap p^{\omega'};\omega'\in\Omega_{\omega};\omega\in\Omega \tag{3-87}$$

$$\chi_e^{\omega,\omega'}(t)+[2-\underline{\mu}_e^{\omega}(t)-\bar{\mu}_e^{\omega'}(t)+\bar{\mu}_e^{\omega}(t)]\geqslant 1-\zeta_e^{\omega,\omega'}(t),$$
$$\forall t=0,\cdots,T;e\in p^{\omega}\cap p^{\omega'};\omega'\in\Omega_{\omega};\omega\in\Omega \tag{3-88}$$

类似于公式(3-85)，公式(3-87)和(3-88)分别保证当$\underline{\mu}_e^{\omega}(t)=\bar{\mu}_e^{\omega'}(t)=1$，$\bar{\mu}_e^{\omega}(t)=0$时，$\rho_e^{\omega,\omega'}(t)=0$。而当$\chi_e^{\omega,\omega'}(t)=0$时，$\rho_e^{\omega,\omega'}(t)=0$。

如果车辆ω'在连线e上，车辆ω在连线e的连接器上[$\underline{\mu}_e^{\omega'}(t)=1$，$\bar{\mu}_e^{\omega'}(t)=0$，且$\bar{\mu}_e^{\omega}(t)=1$]，那么公式(3-84)生效[$\rho_e^{\omega,\omega'}(t)=0$，$\zeta_e^{\omega,\omega'}(t)=0$]：

$$\chi_e^{\omega,\omega'}(t)+[2-\bar{\mu}_e^{\omega}(t)-\underline{\mu}_e^{\omega'}(t)+\bar{\mu}_e^{\omega'}(t)]\geqslant\rho_e^{\omega,\omega'}(t),$$
$$\forall t=0,\cdots,T;e\in p^{\omega}\cap p^{\omega'};\omega'\in\Omega_{\omega};\omega\in\Omega \tag{3-89}$$

$$\chi_e^{\omega,\omega'}(t)+[2-\bar{\mu}_e^{\omega}(t)-\underline{\mu}_e^{\omega'}(t)+\bar{\mu}_e^{\omega'}(t)]\geqslant\zeta_e^{\omega,\omega'}(t),$$
$$\forall t=0,\cdots,T;e\in p^{\omega}\cap p^{\omega'};\omega'\in\Omega_{\omega};\omega\in\Omega \tag{3-90}$$

(6)同一连线上的车辆安全时间约束。

当两辆车在相同车道上通过停车线时，它们彼此在通过时间上存在一个安全时距。基于Newell跟车模型的安全约束如下所示：

$$\bar{t}_e^{\omega'}\geqslant\bar{t}_e^{\omega}+\frac{d}{v_e^{\omega}}+\tau-\mathrm{M}[\bar{\zeta}_e^{\omega,\omega'}+\chi_e^{\omega,\omega'}(T)],\forall e\in p^{\omega}\cap p^{\omega'};\omega'\in\Omega_{\omega};\omega\in\Omega \tag{3-91}$$

$$\bar{t}_e^{\omega'}\geqslant\bar{t}_e^{\omega}+\frac{d}{v_e^{\omega}}+\tau-\mathrm{M}[\bar{\zeta}_e^{\omega,\omega'}+\chi_e^{\omega,\omega'}(T)],\forall e\in p^{\omega}\cap p^{\omega'};\omega'\in\Omega_{\omega};\omega\in\Omega \tag{3-92}$$

(7)相邻连线车辆间的空间安全间隔。

当交通需求高且廊道沿线交叉口彼此临近，交通很有可能产生溢流的现象。假设车辆ω'在连线e的车道k上，车辆ω从下一连线e_{-}^{ω}驶入车道k。车辆ω'和ω可能会由于溢流而发生碰撞。为了避免冲突，采用如下约束：

$$x_{e_{-}^{\omega}}(t)+l_{k_{-}}^{\omega}+L_e\geqslant x_e^{\omega'}(t-\tau/\Delta t)+d-\mathrm{M}[2-\delta_{k_{-}}^{\omega}(T)-\delta_k^{\omega'}(t)+\tilde{\zeta}_e^{\omega,\omega'}(t)],$$
$$\forall t=0,\cdots,T;k\in K_e;e\in p^{\omega}\cap p^{\omega'};\omega'\in\Omega_{\omega};\omega\in\Omega \tag{3-93}$$

$$2-\underline{\mu}_e^{\omega'}(t)-\bar{\mu}_{e_{-}^{\omega}}^{\omega}(t)+\underline{\mu}_e^{\omega}(t)\geqslant\tilde{\zeta}_e^{\omega,\omega'}(t),$$
$$\forall t=0,\cdots,T;e\in p^{\omega}\cap p^{\omega'};\omega'\in\Omega_{\omega};\omega\in\Omega \tag{3-94}$$

其中，$\tilde{\zeta}_e^{\omega,\omega'}(t)$是一个辅助二进制变量。公式(3-94)保证：如果车辆ω'在连线e且车辆ω在下一连线e_{-}^{ω}的连接器上，k_{-}^{ω}是连线e_{-}^{ω}的车道连接于连线e的车道k，$l_{k\omega}$是连接车道k_{-}^{ω}和车道k的连接器长度。类似于公式(3-83)，公式(3-93)保证了车辆ω'和ω间的安全间距。

(8)交叉口区域的冲突避撞约束。

假设车辆 ω 在连线 e 上,车辆 ω'在连线 e'上,两者同时驶向同一个交叉口。为了使得车辆能够在交叉口区域内的冲突点处避免碰撞,在车辆 ω 的 $\bar{t}_e^{\omega}$ 和车辆 ω'的 $\bar{t}_{e}'^{\omega'}$之间有一段清空时间,具体的公式如(3-95)~(3-97)所示

$$\bar{t}_{e'}^{\omega'}-\bar{t}_e^{\omega}\geqslant\pi_{\omega',e'}^{\omega,e}-M\gamma_{\omega',e'}^{\omega,e},\ \forall e\in p^{\omega},e'\in p^{\omega'},i_e=i_{e'}';\omega,\omega'\in\Omega \tag{3-95}$$

$$\bar{t}_e^{\omega}-\bar{t}_{e'}^{\omega'}\geqslant\pi_{\omega,e}^{\omega',e'}-M\gamma_{\omega,e}^{\omega',e'},\ \forall e\in p^{\omega},e'\in p^{\omega'},i_e=i_{e'}';\omega,\omega'\in\Omega \tag{3-96}$$

$$\gamma_{\omega',e'}^{\omega,e}+\gamma_{\omega,e}^{\omega',e'}=1,\ \forall e\in p^{\omega},e'\in p^{\omega'},i_e=i_{e'},\omega,\omega'\in\Omega \tag{3-97}$$

其中,$\gamma_{\omega',e'}^{\omega;e}$和 $\gamma_{\omega,e}^{\omega',e'}$是二进制的辅助变量。公式(3-95)在 $\gamma_{\omega',e'}^{\omega;e}=0$ 时有效。公式(3-96)在 $\gamma_{\omega,e}^{\omega',e'}=0$ 时有效。$\pi_{\omega,e}^{\omega',e'}$是车辆 ω' 从连线 e' 跟随车辆 ω 从连线 e 到通过冲突点之间的清空时间。

$\pi_{\omega',e'}^{\omega;e}$是由车辆 ω 和车辆 ω'在通过停车线时所处于的车道决定的。两个车道可能属于相同的连线也可能处于不同连线。

$$-M[2-\delta_k^{\omega}(T)-\delta_{k'}^{\omega'}(T)]\leqslant\pi_{\omega',e'}^{\omega;e}-\pi_{\omega',k'}^{\omega;k}\leqslant M[2-\delta_k^{\omega}(T)-\delta_{k'}^{\omega'}(T)],$$
$$\forall k\in K_e^{\omega},k'\in K_{e'}^{\omega'};e\in p^{\omega},e'\in p^{\omega'},i_e=i_{e'};\omega,\omega'\in\Omega \tag{3-98}$$

其中,$\pi_{\omega',k'}^{\omega;k}$是由交叉口的布局所决定,并且基于从停车线到冲突点的行程时间以及安全时距 st 进行计算:

$$\pi_{\omega',k'}^{\omega,k}=tt_{\omega,k'}^{\omega,k}-tt_{\omega,k}^{\omega',k'}+st,\ \forall k\in K_e^{\omega},k'\in K_{e'}^{\omega'},$$
$$e\in p^{\omega},e'\in p^{\omega'},i_e=i_{e'},\omega,\omega'\in\Omega \tag{3-99}$$

其中,如果车辆 ω 从车道 k 进入交叉口并且车辆 ω'从车道 k'进入交叉口,$tt_{\omega,k}^{\omega,k}$是车辆 ω 从停车线行驶到冲突点的行程时间。值得注意的是,如果存在多冲突点,上述约束应当适用于每个冲突点。

结合上述约束,并以最小化车辆总延误为目标,我们可以构造一个优化模型。车辆延误的定义是实际行程时间和在自由流状态下行驶的行程时间的差值。实际行程时间的计算是通过车辆离开和进入廊道时间的作差。自由流行程时间是由每辆车的路径所决定。由于车辆进入廊道的时间是一个常数,因此,最小化车辆延误等同于最小化车辆离开廊道的时间。目标函数的定义如下:

$$\min\sum_{\omega\in\Omega}\bar{t}_{p_+^{\omega}}^{\omega} \tag{3-100}$$

其中,$\bar{t}_{p_+^{\omega}}^{\omega}$是车路 ω 离开路径的时间。然而,针对总车辆延误可能存在多种优化求解。并且在某些特定求解中的车辆轨迹是不合理的。故第二个目标应当加上如下公式:

$$\min\sum_{\omega\in\Omega}\sum_{e\in p^{\omega}}\sum_{t=0}^{T}x_e^{\omega}(t) \tag{3-101}$$

值得注意的是第二项目标也会导致停车线处产生交通波。因为上述安全约束是依据Newell 跟车模型,这个模型考虑了交通波的影响。

结合公式(3-100)和(3-101),最终的目标函数如下所示:

$$\min\left[w_1\sum_{\omega\in\Omega}\bar{t}^{\omega_\omega}_{p^\omega_+}+w_2\sum_{\omega\in\Omega_e}\sum_{e\in p^\omega}\sum_{t=0}^{T}x^\omega_e(t)\right]\tag{3-102}$$

2)多交叉口轨迹衔接控制方法

多交叉口的轨迹衔接控制，是在群体运动时空协同控制的基础上，考虑多个交叉口与路段的衔接，从而实现交通流在多个交叉口连续无障碍行进。为了实现多个交叉口的衔接，需要对相邻连线上的车辆进行空间约束。在交叉口彼此间距离较近的情况下，交通流可能会产生溢流现象。假设车辆 ω'在连线 e 的车道 k 上并且车辆 ω 从上游连线 e^ω_- 的一个连接器驶入车道 k，车辆 ω'和车辆 ω 可能会由于溢流的缘故产生碰撞。为了避免这种碰撞，需要采用如下的约束：

$$2-\mu^{\omega'}_{\underline{e}}(t)-\bar{\mu}^{\omega}_{e\underline{\omega}}(t)+\mu^{\omega}_{\underline{e}}(t)\geqslant\tilde{\zeta}^{\omega,\omega'}_e(t),$$
$$\forall t=0,\cdots,T;e\in p^\omega\cap p^{\omega'};\omega'\in\Omega_\omega;\omega\in\Omega\tag{3-103}$$

$$\bar{t}^{\omega'}_{e'}-\bar{t}^{\omega}_{e}\geqslant\pi^{\omega;e}_{\omega',e'}-\mathrm{M}\gamma^{\omega;e}_{\omega',e'},\ \forall e\in p^\omega,e'\in p^{\omega'},i_e=i_{e'};\omega,\omega'\in\Omega\tag{3-104}$$

结合上述约束及多交叉口群体运动时空协同控制，多交叉口轨迹衔接控制方法可归纳为以下优化模型：

$$\min\left[w_1\sum_{\omega\in\Omega}\bar{t}^{\omega_\omega}_{p^\omega_+}+w_2\sum_{\omega\in\Omega}\sum_{e\in p^\omega}\sum_{t=0}^{T}x^\omega_e(t)\right]\tag{3-105}$$
$$\text{s.t. 约束}(3\text{-}55)\sim(3\text{-}99)$$

3.4 车路网联混合交通环境特殊车辆优先控制理论与方法

车路网联环境下的交通参数估计、交叉口信号配时优化、驾驶人行驶辅助等方面的技术已趋成熟，但如何对特殊车辆（公交车、救护车、消防车以及特殊用途的 VIP 车辆）的优先通行实施优先协同控制，尚有待研究。本节主要以公共汽车为例进行论述，建立面向特殊车辆群体的优先控制方法，包括时间和空间两个维度的信号优先控制方法（Transit Signal Priority，TSP）和专用道优先路权设计方法（Dedicated Bus Lane，DBL）。

3.4.1 车路网联环境特殊车辆优先控制原理与策略

1)信号优先控制方法

TSP 是一种交通信号控制方法，可以减少公交车等特殊需求车辆（消防、救护、工程抢险等）在信号交叉口的延误，根据这些车辆到达交叉口的情况进行信号配时方案的调整。这种方法是公交等车辆优先的一种常用手段，被广泛用于改善交通服务质量，增加公交出行承担率等方面。传统的公交信号优先控制方法主要有绿灯延长、红灯早断以及相位插入等，在复杂道路环境情况下，追加采用相序调换等信号控制优先手段。几种公交信号优先控制的示意图如图 3-23 所示。

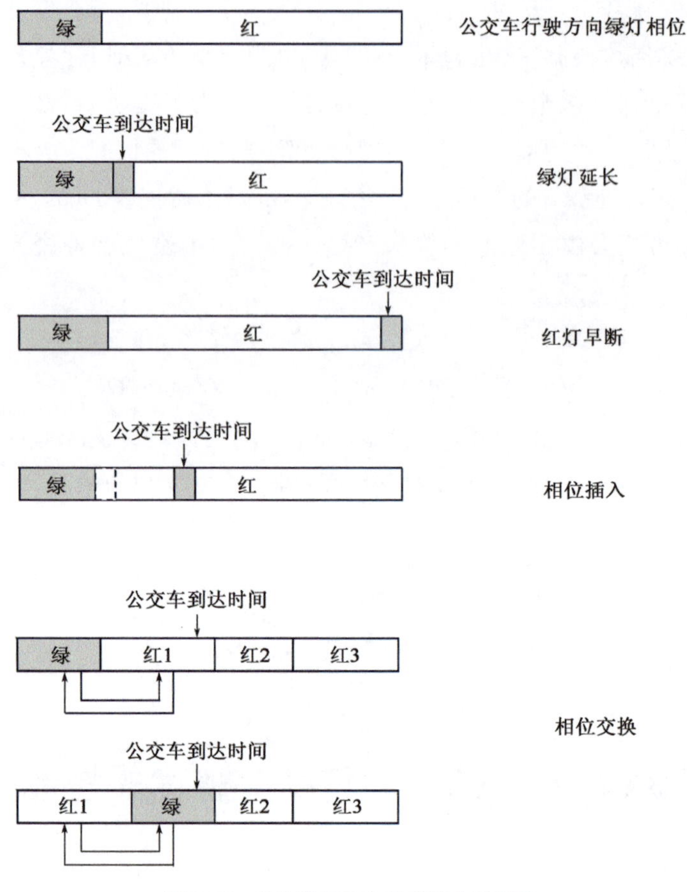

图 3-23　公交信号优先控制基本示意图

但是，传统的信号优先控制方法，在保证部分公交车辆优先运行的同时也具有相应的缺点。一方面，传统的信号优先控制方法仅考虑部分公交车辆，例如绿灯时间延长策略，往往只有在绿灯延长时间内到达的公交车辆能够获得优先通行的权益，根据以往研究表明，在绿灯延长策略（绿灯延长 1/5 信号周期）下，只有 20% 的公交车辆能够实现在交叉口处优先通行并减少行程时间。另一方面，以往的信号优先控制方法在为公交车辆提供交叉口处优先通行权的同时，频繁的相位切换和配时方案调整，极大地降低了普通社会车辆的通行稳定性，不必要地牺牲了普通社会车辆的运行效益，并且严重的扰动也易导致交通事故。

随着车路网联技术的应用，信号优先控制方法可以得到明显的改善。通过车辆与信号灯之间的信息交互与协同控制，一方面，信号灯可以实时获取车辆状态信息，并且可以更加精准地给予公交车辆优先信号配时方案，因此，在不增加绿灯时间的基础上，通过对绿灯时间的重新分配与划分，绿灯延长时间的浪费得到大幅度缩减，实现了公交车辆精准优先、社会车辆损失最小的效果。另一方面，公交车辆可以获得及时的引导信息，通过不同的速度引导实现与优先信号配时方案的协调,真正地实现车路一体化协同优先控制。

2)专用道路权优先方法

公交车专用道是我国大中城市普遍使用的提高公交车辆运行可靠性的优先手段,多用于拥挤的城市主干道或次干道上。因此,这种方法能够保证公交车辆在整个运行的过程中不受到外界车辆的干扰,为公交车辆提供了一种更加绝对的路权优先,表 3-2 统计了我国主要大城市公交车专用道建设情况。

我国主要大城市公交车专用道建设概况 表 3-2

城　　市	公交车专用道里程
北京	“十三五”期间达到 1000km
上海	2020 年达到 500km
广州	至 2015 年,达 424km
深圳	至 2016 年,总里程达 819. 8km
南京	至 2017 年,中心城区 295. 5km
成都	至 2016 年,共建成 724km
西安	至 2020 年,建成公交车专用道 576km

3. 4. 2　车路网联环境特殊车辆信号优先控制方法

车路协同环境下,公交车等特殊车辆与路侧分别安装了车载单元和路侧单元,可使公交车等特殊车辆状态信息实时上传,从而确保了控制策略的有效实施。路侧单元和车载单元都具有车载电脑、全球定位系统(GPS)或北斗定位系统、短程通信设备、天线、可视可听的用户界面以及其他配件。路侧单元可以分别与车载单元以及交通控制信号机进行通信,其数量取决于通信距离以及不同安装环境的要求。车载单元与路侧单元通过通信以获取相关信息,并由车载单元的车载电脑计算公交车等特殊车辆运行所需要的车速引导以及驻站时间等提示信息。

针对多路口公交车等特殊车辆信号优先控制问题,可根据特殊车辆和关联交通的状态,通过优化模型和算法求解沿线多个交叉口的最佳协同控制方案。以下从优化目标、约束条件、优化模型求解以及实验结果与分析四个方面加以论述。

1)优化目标

交通信号控制优化一般有三个优化目标:通行能力最佳化,周期长度最小化以及延误最小化。为了在提供公交车等特殊车辆优先的同时,提高交叉口的通行能力,因此选取通行能力最大化作为优化目标。假定各流向比不变,交叉口通行能力的最大化,相当于最大化流量乘数 μ。

$$\mathrm{Max}\ \mu \tag{3-106}$$

2)约束条件

(1)储备通行能力。

将交通需求 Q 乘以流量乘数 μ 作为可保持交叉口正常运行的最大交通流量。交通需求被分配在各个车道不同流向上,各个流向的流量总和即为交叉口交通流量。

$$\mu Q_{ij}=\sum_{k=1}^{N_i^{AL}}q_{ijk},\ \forall i=1,2,\cdots,N_{\mathrm{A}},j=1,2,\cdots,N_A-1 \tag{3-107}$$

(2)车道分配。

①车道使用权。为了避免普通车辆与公交车专用道或多功能车道上行驶的特殊车辆产生冲突,每条车道每个相位又只能分配一个流向的车辆。

$$\sum_{j=1}^{N_A-1}\delta_{ijk}=1,\ \forall i=1,2,\cdots,N_A,k=1,2,\cdots,N_i^{AL} \tag{3-108}$$

②禁止流向。在某个车道允许某一流向驶入时,该流向车辆才能驶入该车道:

$$M\delta_{ijk}\geqslant q_{ijk}\geqslant 0,\ \forall i=1,2,\cdots,N_A,j=1,2,\cdots,N_A-1,k=1,2,\cdots,N_i^{AL} \tag{3-109}$$

$$M\delta_{ijk}\geqslant q_{ijk}\geqslant 0,\ \forall i=1,2,\cdots,N_A,j=1,2,\cdots,N_A-1,k=1,2,\cdots,N_i^{AL} \tag{3-110}$$

M 为一任意大正整数,如果 $\delta_{ijk}=0$,则该流向不被允许。若 $\delta_{ijk}=1$,则分配到进口道 i 车道 j 驶向出口道 k 的车辆数,可为满足其他约束条件的任意正整数。

③相邻车道允许流向。为了避免增加冲突点,对于进口道 i 的任意两个相邻车道 k 和 $k+1$,若流向 $i\to j$ 被允许分配于车道 $k+1$ 上,则流向 $i\to j+1$ 不允许被分配到车道 k。

$$1-\delta_{ijk+1}\geqslant\delta_{imk},\ \forall i=1,2,\cdots,N_A,j=1,\cdots,N_A-1,k=1,\cdots,N_i^{AL},m=j+1,\cdots,N_A \tag{3-111}$$

$$1-\delta_{ijk+1}\geqslant\delta_{imk},\ \forall i=1,2,\cdots,N_A,j=1,\cdots,N_A-1,k=1,\cdots,N_i^{AL},m=j+1,\cdots,N_A \tag{3-112}$$

④出口道数量。某一出口道的车辆数,不应小于同一时间被分配到该出口道的进口道最大车辆数。

$$N_j^{EL}=\max\left(\sum_{k=1}^{N_i^{AL}}\delta_{ijk},\ \forall i=1,2,\cdots,N_A,j=1,2,\cdots,N_A-1,i\neq j\right) \tag{3-113}$$

(3)信号配时。

①周期长度。假设信号配时允许的最大周期长度和最小周期长度分别为 $C_{\max}$ 和 $C_{\min}$。为了保持模型线性,定义周期的倒数 ζ 为控制变量。

$$\frac{1}{C_{\min}}\geqslant\zeta\geqslant\frac{1}{C_{\max}} \tag{3-114}$$

②绿灯开始时间。交叉口信号配时具有周期性,绿灯开始时间在满足其他约束条件下可为周期内任意时间。为了使模型线性化,所有相位的绿灯开始时间被约束在一个周期范围内,在[0,1]中取值。

$$1\geqslant\theta_{ij}\geqslant 0,\ \forall i=1,2,\cdots,N_A,j=1,2,\cdots,N_A-1 \tag{3-115}$$

若公交车等特殊车辆行驶路线为 $i\to j$,则从进口道 i 到进口道 j 和从进口道 j 到进口道 i 绿灯开始时间需与公交车相同。

$$\theta_{ij}=\theta_{ji},\ \forall\ ij=ij^{b} \tag{3-116}$$

$$\theta_{ij}\neq\theta_{im},\ \forall\ ij=ij^{b},m=1,\cdots,N_{A}-1,m\neq j \tag{3-117}$$

③绿灯持续时间。考虑到安全因素,每个相位的绿灯持续时间不能小于可允许的最小绿灯时间。

$$1\geqslant\phi_{ij}\geqslant g_{ij}\zeta,\ \forall\ i=1,2,\cdots,N_{A},j=1,2,\cdots,N_{A}-1 \tag{3-118}$$

与绿灯开始时间相似,若公交车行驶路线为 $i\rightarrow j$,则从进口道 i 到进口道 j 和从进口道 j 到进口道 i 绿灯持续时间需与公交车相同。

$$\phi_{ij}=\phi_{ji},\ \forall\ ij=ij^{b} \tag{3-119}$$

④相位相序。定义从进口道 i 到出口道 j 或者进口道 l 到出口道 m,(i,j) 和 (l,m) 为冲突相位。定义一组冲突相位为 $\overline{w_s}$。任意两个冲突相位的顺序由一个二元变量决定,即 Ω_{ijlm}。若相位 (l,m) 在相位 (i,j) 之后,则 $\Omega_{ijlm}=1$,反之则为 0。

$$\Omega_{ijlm}+\Omega_{lmij}=1,\ \forall\ (ij),(ml)\in\psi_{s} \tag{3-120}$$

⑤车道信号。任一车道某流向的信号配时需与主信号保持一致。

$$M(1-\delta_{ijk})\geqslant\Theta_{ik}-\theta_{ij}\geqslant-M(1-\delta_{ijk}) \tag{3-121}$$

$$M(1-\delta_{ijk})\geqslant\Phi_{ik}-\phi_{ij}\geqslant-M(1-\delta_{ijk}) \tag{3-122}$$

3)优化模型求解

本模型的求解步骤如图 3-24 所示。

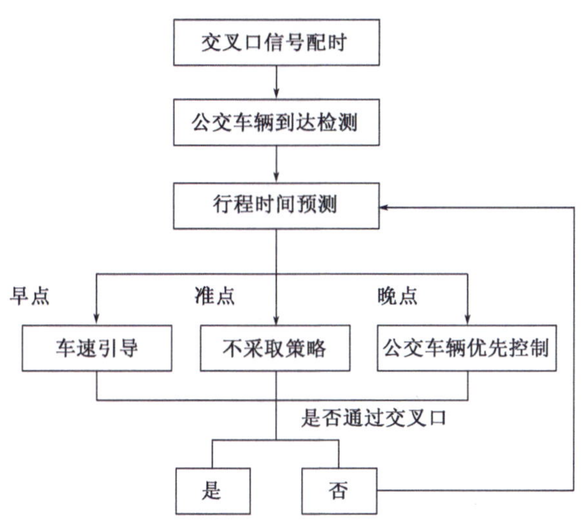

图 3-24 模型求解步骤

模型求解主要分为以下 4 步:

(1)交叉口基础信号配时。交叉口信号配时的优劣是其运行服务质量的重要评价指标之一,在进行公交车等特殊车辆优先控制之前要保证交叉口信号配时高效、可靠。

(2)行程时间预测。根据公交车等特殊车辆被检测到的时间与位置即可预测其行程时间。优先车辆到达交叉口的行程时间 A_F^t 是优化控制方案生成的基础。本模型求解第一步即为在优先车辆到达交叉口前进行行程时间预测。

(3)方案选择。根据优先车辆到达延误时间是否超过 ΔT 来进行优先方案的选择。若车辆将提早到达,则通过车速引导方式进行轨迹修正;若车辆晚点到达,则需要通过优先控制方法进行路权优先分配。

如图3-25所示的优先车辆,若不提供优化控制,则优先车辆会晚点;若提供绝对优先,则会造成优先时间的浪费。为使优先车辆准点到达,同时避免优先时间的浪费,本部分以公交车作为优先车辆为例,展示了从下游公交站之前的第一个交叉口向上游公交车站之后的第一个交叉口进行逆向优化策略求解的过程。

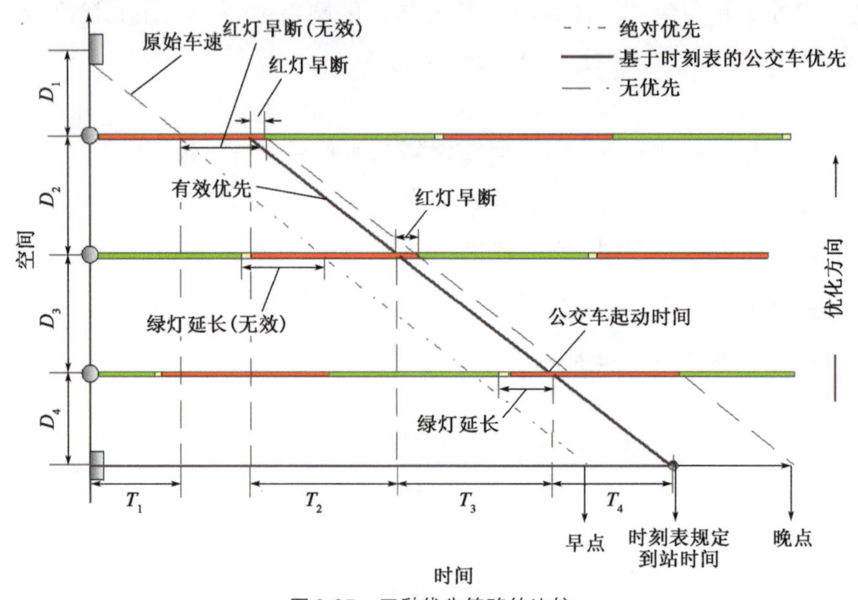

图3-25 三种优先策略的比较

假定公交车车速为定值,即公交车在交叉口间行程时间、公交车在交叉口与相邻停靠站间的行程时间均恒定。对于公交车,当其车速为恒定时,可以成为从下游停靠站向上游停靠站优化方案生成的重要条件。

图3-26为优化决策顺序的示意图。公交车辆从 $D1$ 向 $D2$ 行进。带圈数字为优化控制方案生成顺序。通过该生成方法,可保证公交车等优先车辆在每个交叉口的信号控制优先都为必需,不会造成优先时间浪费。

(4)策略执行与验证。每当公交车通过交叉口或者停靠站,则重复步骤(1)。若行程时间不变,则保持当前优化策略不变,否则,重新执行步骤(2)。

4)实验结果与分析

如表3-3所示,仿真实验比较了公交车在有优先和无优先情况下的站间行程时间、行程时间标准差以及准点性。

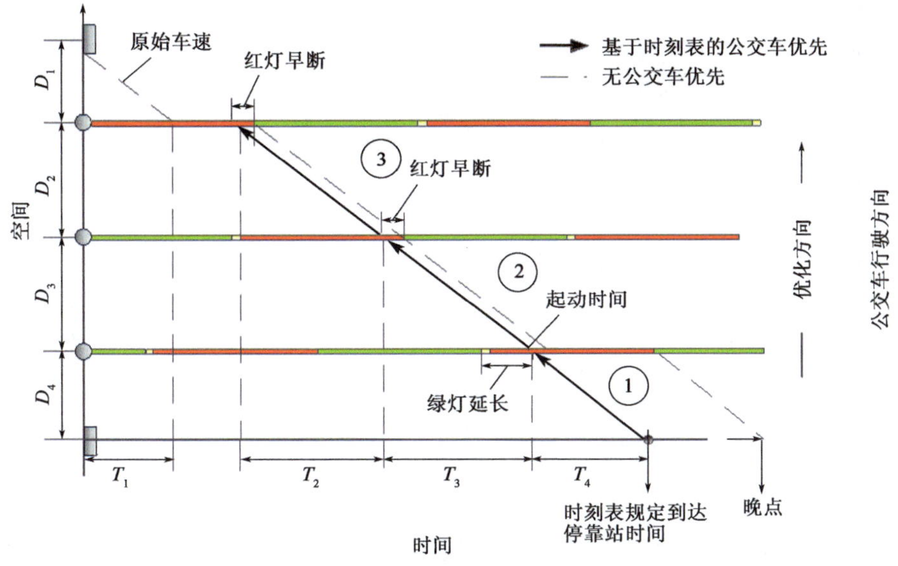

图 3-26 优化决策顺序示意图

表 3-3

实验结果：公交车延误

情形	策略	平均行程时间(s)	行程时间标准差(s)	95% 置信区间(s)
1	NP	183.60	18.74	±36.73
	PR	181.90	6.44	±12.62
2	NP	215.45	23.31	±45.69
	PR	213.62	8.00	±15.68

图 3-27 为一轮实验中公交车在有优先和无优先两种情况下行程时间波动的比较。由实验结果可以看出，公交车的行程时间在有无优先两种情况下没有显著区别，但公交车行程时间的标准差及准点性在有优先情况下均好于无优先情况，该结果符合本模型保持公交车准点的主要功能。在有优先情况下公交车在 95% 置信区间的准点性优于无优先情况。

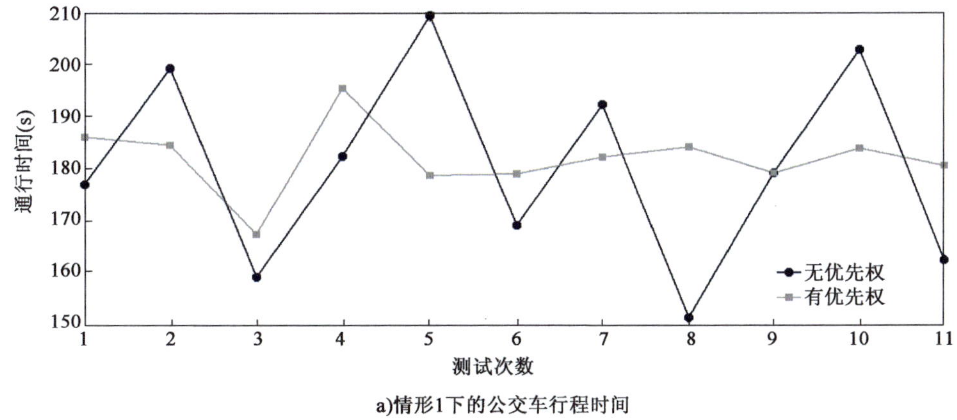

a)情形1下的公交车行程时间

图 3-27

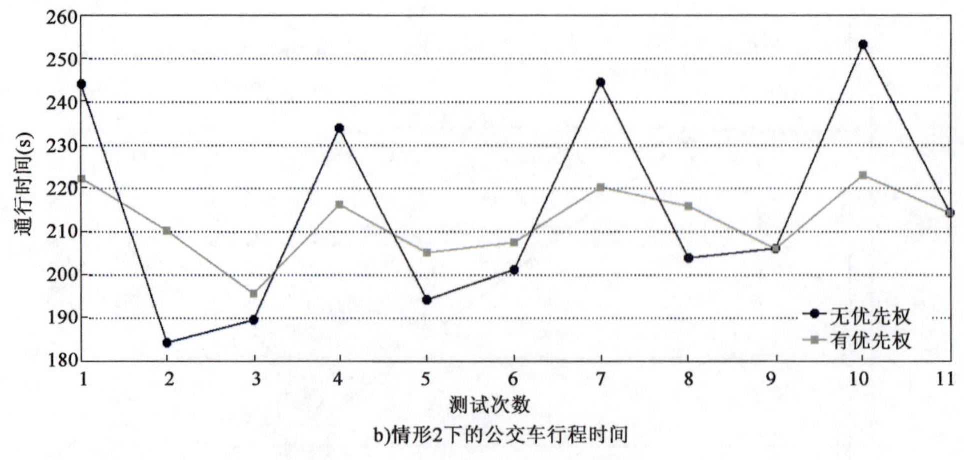

图 3-27 实验结果：公交车行程时间

3.4.3 车路网联环境下的车道分时共用控制方法

本小节将公共交通专用路权道路的进口道部分，作为可间歇使用的普通车辆左转车道，用两个预信号分别控制公交车辆和普通车辆进入适时复用车道的权限。如图 3-28 所示，为了便于运营和管理，左转车辆仅能在准入区域进入可间歇使用的公交车专用道（Intermittent Bus Lane For Left-Turn，IBLFL）。可间歇使用的公交车专用道相当于增加的一条左转短车道，这样可以提高左转车辆的通行能力，使得信号配时有可优化的空间，从而提高社会车辆的通行效率。同时，为了减少普通车辆对公交车造成的扰动，预信号与交叉口主信号配合使用，可及时清空公交车专用道，使得公交车准时离开该交叉口。针对此场景采用 IBLFL 模型建模，分别从优化目标、约束条件，以及分析与评价三个方面进行介绍。

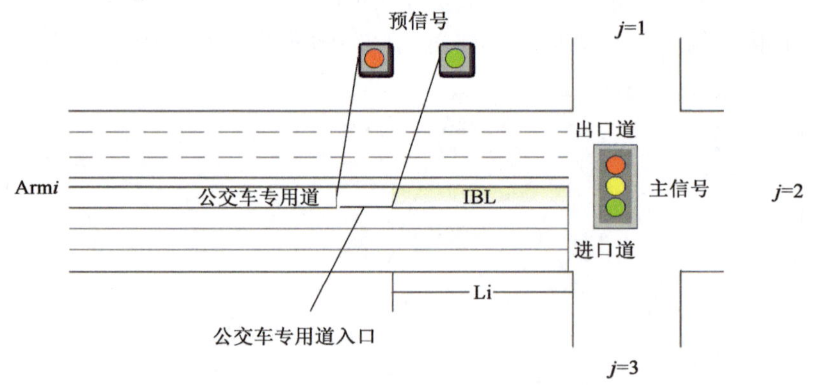

图 3-28 公交车专用道分时共用基本概念图

1）优化目标

IBLFL 模型的目的是减小过饱和，增加交叉口的通行能力，同时减小普通车辆对于公交车的影响。引用各转向比为产量的常用假设，提高通行能力相当于提高通行能力系数 μ。

$$\mathrm{Max}\ \mu \tag{3-123}$$

2)约束条件

(1)流量分配约束。

①储备流量:被分配到所有路径上的流量之和应该等于通行能力。

$$\mu Q_{ij}=\sum_{k=1}^{L_i}q_{ijk}+q_{ij}^{b},\ \forall i=1,2,\cdots,N_A,j=1,2,\cdots,N_A-1 \tag{3-124}$$

②公交车专用道入口通行能力:被分配到间歇式公交车专用道部分的普通车流量不能大于公交车专用道入口的通行能力。

$$s_i^{e}\phi_i^{g}\geqslant q_i^{g}S_i^{g}\geqslant 0,\ \forall i=1,\cdots,N_A \tag{3-125}$$

③路权分配:公交车专用道根据主信号和预信号交替服务公交车和普通车辆。参数 $\kappa_{ij}=1$ 代表普通车辆可以使用公交车道。普通车辆在公交车专用道的流量分配需遵循下式:

$$M\kappa_{ij}\geqslant q_i^{g}\geqslant 0,\ \forall i=1,\cdots,N_A;j=1,\cdots,N_{A-1} \tag{3-126}$$

(2)交叉口信号配时约束。

①周期长度:周期长度需介于最大周期长度和最小周期长度之间。定义周期的倒数 $\theta=1/C$ 为控制变量。

$$\frac{1}{C_{\max}}\leqslant\theta\leqslant\frac{1}{C_{\min}} \tag{3-127}$$

②绿灯开始时间:所有相位的绿灯开始时间都必须在周期内,并可为时间轴上的任意值。为了算法的便利性,所有相位的绿灯开始时间都被约束在一个[0,1]周期内。

$$1\geqslant\xi_{ij}\geqslant 0,\ \forall i=1,\cdots,N_A;j=1,\cdots,N_{A-1} \tag{3-128}$$

③时间:考虑到安全因素,每个相位的绿灯持续时间不能小于可允许的最小绿灯时间。

$$1\geqslant\zeta_{ij}\geqslant g_{ij}\theta \tag{3-129}$$

④排队长度:可间歇式使用的公交车专用道部分可被视为短车道,在绿灯时间时不能被充分利用。

$$L_i\geqslant l_{i1}\geqslant 0,\ \forall i=1,\cdots,N_A \tag{3-130}$$

⑤相位相序:定义从进口道 i 到出口道 j 或者进口道 l 到出口道 m,(i,j) 和 (l,m) 为冲突相位。定义一组冲突相位为 ω_s。任意两个冲突相位的顺序由一个成熟的算法 $\Omega_{i,j,l,m}$ 决定。若相位 (l,m) 在相位 (i,j) 之后,则 $\Omega_{i,j,l,m}=1$,反之则反。

$$\Omega_{i,j,l,m}+\Omega_{l,m,i,j}=1,\ \forall[(i,j),(l,m)]\in\omega_s \tag{3-131}$$

⑥清空时间:考虑安全因素,任意冲突相位间都需要有清空时间。

(3)预信号配时约束。

预信号的作用是指示哪类车辆可以驶入间歇式公交车专用道。预信号的绿灯开始时间与持续时间受公交车到达时间、主信号控制等因素约束。

①绿灯开始时间:绿灯开始时间受使用间歇式公交车专用道车辆的转向相序约束,间歇式

公交车专用道需在公交车每次使用前清空。

$$\phi_i=\xi_{i1}+t^c/C+\delta,\ \forall i=1,\cdots,N_A \tag{3-132}$$

②绿灯持续时间：为保证每次使用后间歇式公交车专用道车道被清空，预信号的绿灯持续时间需满足下式约束：

$$0\leqslant\varphi_i\leqslant\zeta_{i1},\ \forall i=1,\cdots,N_A \tag{3-133}$$

③公交车预信号：为避免公交车与普通车辆混行，公交车预信号需满足下式约束：

$$\phi_i^b=\xi_{ij}+t_b^c/C+\delta,\ \forall i=1,\cdots,N_A;j=i+2 \tag{3-134}$$

$$0\leqslant\varphi_i^b\leqslant\zeta_{ij},\ \forall i=1,\cdots,N_A;j=i+2 \tag{3-135}$$

④清空时间：为了减小可间歇式公交车专用道上公交车与社会车辆的相互影响，需保证在其各自相位结束后没有车辆滞留在公交车专用道上。

$$t^c\geqslant L^{IBL}/v^g+t^s \tag{3-136}$$

(4)流量比约束。

一个流向的流率除以该流向的饱和流率，被称为流量比，可由下式计算：

$$y_{ik}=\frac{\sum_{j=1}^{N_A-1}q_{ijk}}{s_{ik}},\ \forall i=1,\cdots,N_A;j=1,\cdots,N_{A-1} \tag{3-137}$$

考虑到流量均衡，间歇式公交车专用道上的左转车流量不应大于常规车道：

$$y_{i(k+1)}\geqslant y_{ik}^b \tag{3-138}$$

(5)饱和度约束。

为确保交叉口有秩序地运行，所有流向的流量都不能超过最大饱和度的约束。

$$C_{ij}\geqslant\frac{r_{ij}}{\zeta_{ij}},\ \forall i=1,\cdots,N_A;j=1,\cdots,N_{A-1} \tag{3-139}$$

3)分析与评价

(1)时空图分析。

本部分利用时空分布图来分析 IBLFL 方法。假设：①除起步阶段外，公交车和普通车辆的车速为定值；②交叉口信号配时合理；③交通流量饱和。

本部分分析了两种不同相序下的情形。预信号的设置不仅能使公交车和普通车辆不经二次停车通过交叉口，同时可以通过预信号的控制消除起动延误，从而增大可间歇式公交车专用道的通行能力。如图 3-29、图 3-30 所示，预信号控制可使公交车与普通车辆提前起动，将点 D_5、D_{10}提前到了 D_4、D_9，从而使得通行方向的通行时间增加，L_5 与 L_6、L_{11}与 L_{12}之间所示时间即为增加时间。如图 3-29b)和图 3-30b)所示，使用 IBLFL 方法，在左转时长不变的情况下，可以提高左转车一个周期的流量，若不需提高左转车流量，则可将增加出的时间分配给其他相位使用，从而提高整个交叉口的通行能力。

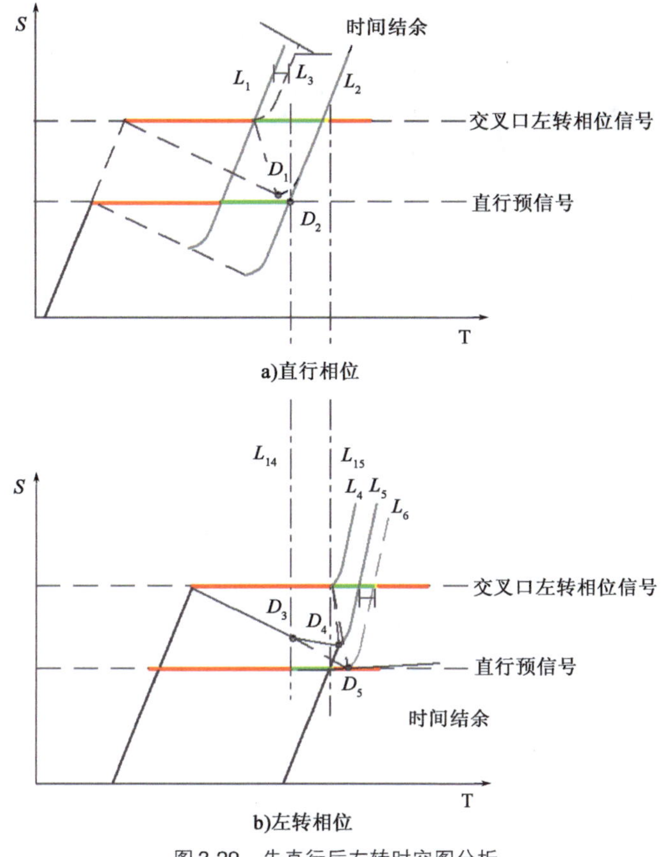

图3-29 先直行后左转时空图分析

(2)仿真分析。

为证明所提出模型的效率和适用性,本部分利用微观仿真软件VISSIM进行仿真评价。如表3-4所示,仿真选取一个十字交叉口,并在十字交叉口的一条路径上有公交车专用道,分析了高、中、低三种流量情境。交叉口信号灯控制采用四相位和先左转后直行的放行策略。交叉口渠化情况如图3-31所示,可间歇使用的公交车专用道长度为50m。根据公交车服务水平以及公交停靠站的服务能力约束,公交车流量在中、高流量条件下为200辆/(车道·h),在低流量条件下为100辆/(车道·h)。普通车辆的流量如图3-32所示。各流向的流量比在三种情形下保持不变。每一条车道的饱和流率为1800辆/(车道·h)。公交车和普通车辆的期望车速分别为35~40km/h和45~50km/h。

图3-32为仿真实验记录的普通车辆的流量与延误。由图3-32a)~c)可见,车流量在高密度条件下提高了17%,在中密度和低密度条件下保持相同。由图3-32d)~f)可知,在高密度条件下,普通车辆延误减小了21%;在中密度条件下,普通车辆延误减小15%;在低密度条件下,普通车辆延误减小12.5%。综合普通车流量及延误可知,IBLFL方法可增大交叉口的通行能力,并减小交叉口延误。

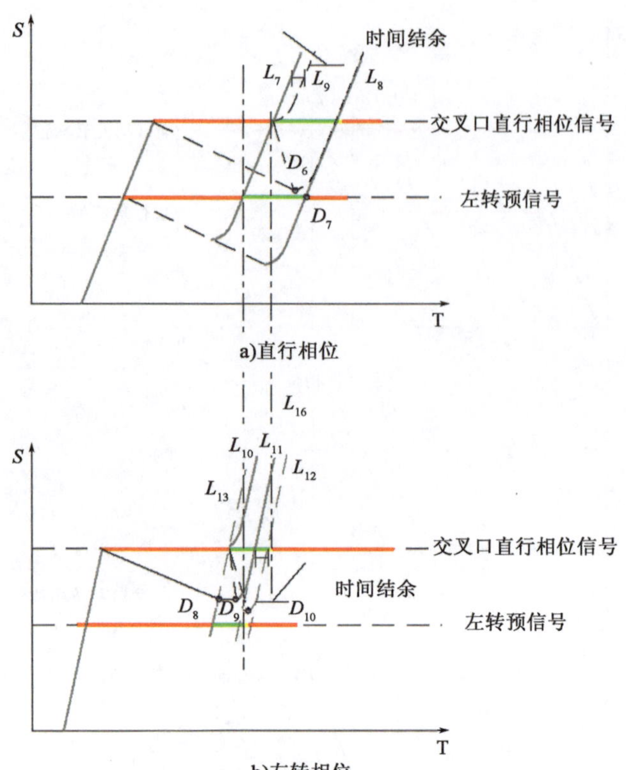

图 3-30　先左转后直行时空图分析

仿真所使用的交通流量　　　表 3-4

进口道		W			E			S			N			总计
流向		左	直	右	左	直	右	左	直	右	左	直	右	
流量（辆/h）	高(1.0)	500	500	450	500	500	450	250	300	450	250	300	450	4900
	中(0.8)	325	325	250	325	325	250	200	200	250	200	200	250	3200
	底(0.6)	200	200	150	200	200	150	100	100	150	100	100	150	1800

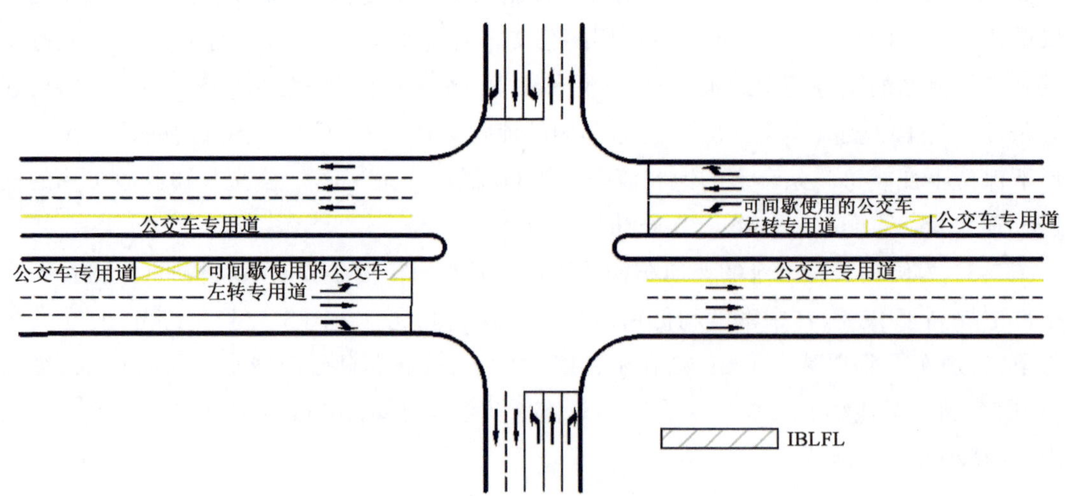

图 3-31　仿真所用交叉口渠化示意图

车流量
通常情况下
IBLFL
输入
W
E
S
N
高密度
a)高密度条件下车流量
车流量
通常情况下
IBLFL
输入
中密度
b)中密度条件下车流量
车流量
延误
IBLFL
输入
低密度
c)低密度条件下车流量
延误(s)
通常情况下
IBLFL
AVG
BUS
高密度
d)高密度条件下普通车延误
延误(s)
通常情况下
IBLFL
中密度
e)中密度条件下普通车延误
延误(s)
通常情况下
IBLFL
低密度
f)低密度条件下普通车延误

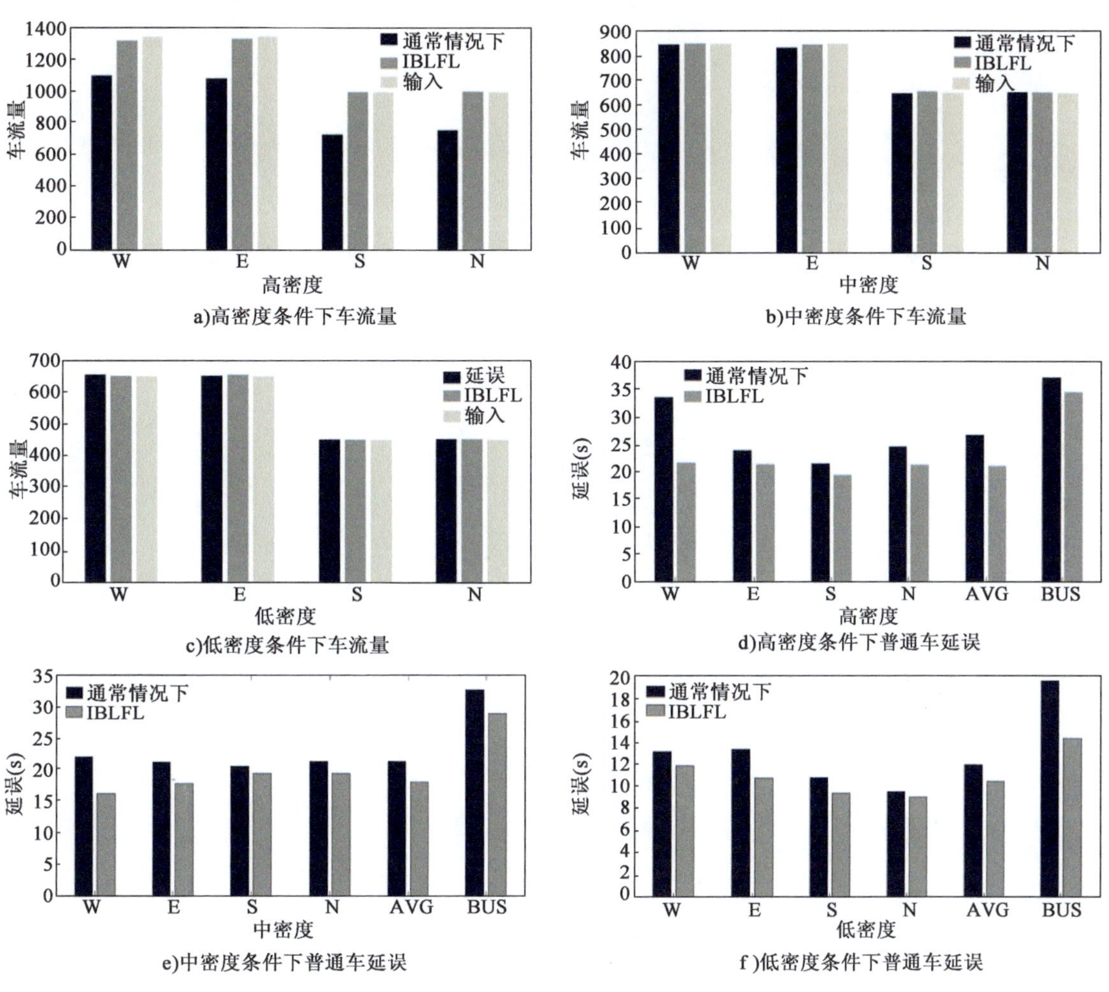

图3-32 仿真结果

第4章

CHAPTER 4

快速路新型混合交通群体协同控制

4.1 基本问题与原理

4.1.1 研究背景与问题分析

1)研究背景

快速路系统与城市道路交通系统存在着本质区别,前者服务于连续交通流,后者服务于间断交通流。快速路系统一般由快速路路段、上下匝道以及立体交叉道路等构成,其上通行的交通流易受到沿途汇入或驶出匝道车辆、施工或事故车辆占道影响而出现阻塞等状态,但总体上快速路系统可为车辆提供干扰少和路况良好的行车环境,支持车辆快速高效抵达目的地。因此,快速路上车辆在运动过程中呈现出连续流特性。

传统交通系统中的车辆是由不具备网联通信等功能的人类驾驶车辆(Human driver vehicles,HVs)群体所组成,因其缺乏互通和互联,所以,道路上的车辆与车辆之间、车辆与路侧设施之间不能实现充分的协调与优化,采用传统的交通管理及交通流控制措施来改善日益严重的交通问题面临着巨大困难。

随着电子信息与通信技术的发展,具备自动驾驶功能的汽车正逐渐进入市场。根据Navigant Research最新报告,预计到2035年,全球具有自动驾驶功能的汽车将占新车市场的75%,高度自动驾驶汽车将达3400万辆。现有研究首先考虑道路上均为网联自动驾驶车辆的场景,并在此基础上设计了相应的网联自动驾驶汽车控制策略,例如网联自动驾驶车辆编队策略、网联自动驾驶车辆协同换道策略、网联自动驾驶车辆最优路径跟踪策略以及面向能耗最优的网联自动驾驶车辆控制策略等。目前,针对快速路网联自动驾驶车辆全覆盖情景的控制基本方案已经比较丰富。

但由于技术成熟度和成本问题的限制,自动驾驶车辆进入市场将是一个漫长的渐进过程,同时受经济条件和相关法律法规的制约,一步到位实现智能化车辆全面覆盖还存在较大困难,现有研究提供的网联自动驾驶车辆控制策略在短期内尚不具备广泛应用的条件。由于传统人类驾驶车辆和网联自动驾驶车辆并存的快速路新型混合交通场景将长期存在,面向复杂异质车辆群体混行环境,研究设计针对性的混合交通控制策略就显得尤为重要。

据公安部统计,截至2021年3月,全国机动车保有量达3.78亿辆,其中汽车2.87亿辆;汽车驾驶人4.25亿人。随着汽车保有量的逐年增长,道路上行驶的车辆数量也在逐渐增大,使得快速路的交通也常常呈高密度群体运动形态。为此,仅从单车控制角度已不足以应对实际交通场景出现的复杂问题,学术界遂开始重视从车辆群体的视角来认知复杂的交通现象,并设计相应控制策略,为破解交通难题探索新的途径。因此,新型混合交通带来的挑战和面向车辆群体的交通控制,是新一代道路交通技术发展必须面对的两个重要课题。本节主要面向快速路新型混合交通场景,阐述新型混合车群控制的支撑技术、混合车群本质问题分析、混合车群的控制目标等基础问题。

2)快速路群体协同控制典型车路网联技术

信息获取是实现快速路群体协同控制的关键,车路网联技术的兴起为快速路群体协同控制所必需的信息获取提供了有效途径。快速路新型混合交通与车路网联技术关系如图 4-1 所示。

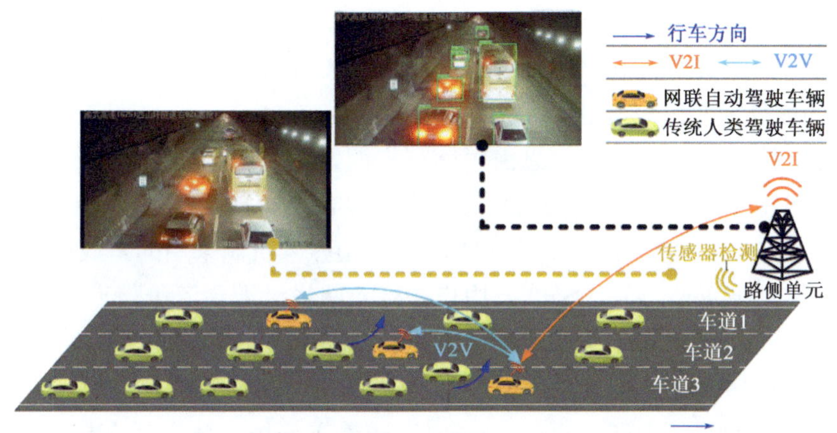

图 4-1 车路网联环境下快速路混合交通的示意图

车路网联技术将综合应用信息、通信、传感网络、下一代互联网、可信计算、计算仿真与人工智能等领域的最新技术,实现车辆与车辆、车辆与道路设施的信息交互,在实时、可靠的交通信息共享基础上,结合车辆主动安全控制和道路交通协同控制技术,保证交通安全,提高通行效率,实现人-车-路的有效协同。

快速路交通由于车辆移动速度快,导致车路网联具有动态性高、数据传输量大、通信质量易受车辆速度影响等特点。因此,其采用的技术有别于传统网络的解决方案。

现有车路网联的解决方案主要分为两大技术体系:一个是由第三代合作伙伴计划(3rd Generation Partnership Project, 3GPP)主导,基于传统蜂窝网络基站的 Cellular V2X;另一个是由电气和电子工程师协会(Institute of Electrical and Electronics Engineers, IEEE)主导的 VANET。两者具体发展进程如下:

(1)3GPP 的蜂窝网络经历了 2G、3G、4G LTE 的发展,再到最近已经商用的 5G,蜂窝网络的基础设施组网已十分成熟。2015 年 3GPP 开始了基于 LTE 的 V2X 标准化工作,同时立项对车路网联的需求进行研究;同年 6 月,3GPP RAN 启动了基于 LTE-based V2X 的研究项目,并于 2 年后完成了基于 LTE Uu 和 LTE PC5 接口的 V2X 标准化工作。在 2017 年发布的 Release 15 版本中,3GPP 建议将广泛部署的 LTE 网络用于 V2X 网络通信,并为基于 LTE 的 LTE-based V2X 应用场景提供了标准技术规范。

蜂窝网络具有通信覆盖范围广、传输速率高、接入时延稳定等优点。进入全新的 5G 时代,车路网联被认为是整个 5G 网络新兴产业中最具潜力的应用场景,3GPP 也积极地为 5G V2X 的实现提供解决方案,并于 2018 年第一季度发布在了最新的 Release 16 版本中。与基于 LTE 的车路网联相比,5G 中的 C-V2X 有着 1ms 的超低时延、更高的数据速率和更可靠的通信链路,可以支持无人驾驶,甚至网联自动车群编队行驶等更先进的车路网联应用场景。

(2)VANET 又名车载自组织网络,是一种适用于短距离 V2X 通信的移动自组织网络。通常意义上的 VANET 网络包括车辆节点内部的车载单元(On Board Unit,OBU)、用户应用单元(Application Unit,AU)与路边节点(Road Side Unit,RSU)。RSU 是位于路边或者道路上放置的固定接入点,功能类似 Wi-Fi 网络的 AP,负责与覆盖范围内的车辆用户进行信息交互,而 OBU 则安装于智能汽车上,负责车辆用户的数据发送与接收,AU 通常是用户所使用的移动智能设备。

VANET 的前身是专用短程通信(Dedicated Short Range Communication, DSRC)技术。在基于 DSRC 的车联网中,安全告警信息由每辆车定期发送,受频段和发射功率限制,通信范围一般在几十米到几百米左右,V2V 的信息交换主要包含车辆自身状态、速度与方向、路况信息及安全事故信息。由于 802. 11 协议族的 MAC 层信道接入机制采用的是载波侦听多址接入方案(Carrie Sense Multiple Access,CSMA),用户在接入网络时需要竞争信道成功之后才能发送数据,如果检测到信道繁忙就会回退一段时间再次尝试接入,每回退一次,回退时间就会成指数增长,从而避免网络过度拥塞。

VANET 作为一种基于 DSRC 的车联网通信,随着车辆用户数量越来越大,信道碰撞概率也显著上升,导致用户的接入时延不稳定,严重情况下还会造成丢包,可能对车辆的行车安全造成极大隐患。除此之外,DSRC 的基础设施、传播范围和商用成熟度等方面均不具有优势,无法满足 V2X 中安全业务的低时延、高可靠性的要求。表 4-1 列出了 DSRC 与其他 V2X 通信技术的性能指标对比,可以看出 DSRC 在传输距离、时延上都与 C-V2X 有着一定的差距。因此,将 VANET 与 C-V2X 异构网络融合应用以提升车联网用户的体验,是未来车联网研究的趋势。

DSRC 与其他 V2X 技术的性能指标对比 表 4-1

业务类型	DSRC	LTE-V	5G V2X
数据速率	270Mb/s	500Mb/s	1Gb/s
传输距离	300 ~ 500m	800m	500 ~ 1500m
时延	50 ~ 300ms	50ms	< 50ms
部署情况	需要部署 RSU	基于 LTE 基站	基于 5G 基站
技术成熟度	部分商用	技术成熟	5G 已经商用
主要供应商	高通	华为、爱立信、高通	华为、爱立信、高通

车路网联技术作为车-车之间、车-路之间的关键桥梁，其技术特性对车辆群体控制方案设计有着至关重要的影响。例如，有学者采用代数图论的方法来描述车群间的通信拓扑连接，利用图论中对点、边、邻接矩阵的一些定义来描述车辆队列中的车辆节点和网络拓扑的连接状态。由于车路网联技术的通信距离、连接的可靠性、传输的延时与丢包等问题，可能导致通信拓扑结构的不稳定，进而会影响到系统控制性能，甚至可能导致整个交通控制系统不稳定。此外，在混合交通场景下，通信拓扑结构与网联自动驾驶车辆空间分布的关联性，也将会进一步导致快速路混合群体控制问题复杂化。因此，车路网联环境下的混合车群协同控制问题面临极大的挑战。

3）混合车群本质问题分析与认识

（1）信息不对称问题。

在新型混合交通系统中，人类驾驶车辆获取信息的途径往往是通过驾驶员观察获得，因此，受驾驶员及驾驶环境和条件的制约，所获信息量和质量常常受限。而在车路网联环境下网联自动驾驶车辆则不同，一方面其能通过各样的车载传感器获取信息，另一方面也能通过网络接收来自其他车辆、路侧设备以及云平台等的信息。所以，就驾驶必须掌握的各种信息情况来看，显然网联自动驾驶车辆要比传统人类驾驶车辆获取的驾驶信息更丰富，从而支持车辆表现出更加丰富的动态行为。

因此，在传统人类驾驶车辆与网联自动驾驶车辆混行的条件下，这种感知和信息传递层面的差异，造成了混合交通环境下的特有异质车辆群体信息不对称问题，如图4-2所示。

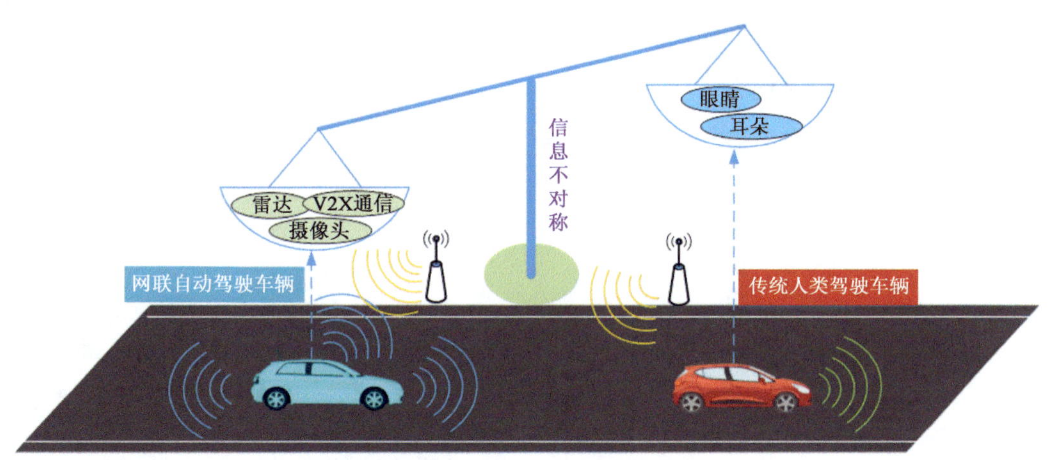

图4-2　混合交通信息不对称示意图

信息不对称（Asymmetric Information）原本属于信息经济学的概念，其主要含义是指在交易中不同的人所掌握的信息不相同。一般而言，在日常的经济活动中，人们对于信息的了解是参差不齐的，往往存在一部分人能获得比较充分的相关信息，因此这些人在交易中就占据了有利的位置（常见的有卖家），而那些掌握了少量信息的人（常见的有买家）就常常处于不利的位置。正是由于双方所了解信息的差异,导致了信息不对称问题。

在异质车辆信息不对称这个重要因素的影响下,新型混合交通系统将会出现不同于传统交通系统的交通演变规律。因此,在设计新型混合车辆群体协同控制方案的过程中,有必要更加重视车辆信息不对称问题,并以此作为切入点,从本质上把握新技术条件下的道路交通运行规律的变化,消除其负面影响,为未来的道路交通优化提供指导。

(2)智能化水平不均衡问题。

自动驾驶等级从L0到L5(SAE J3016标准划分),是一个较普及的自动驾驶行业参考基准。从可控性角度看,L5级网联自动驾驶车辆作为自动驾驶的最高目标,是真正意义上的全工况自动驾驶,其特点在于可面向复杂交通环境,依托高性能感知、通信、计算硬件,适配严格逻辑的控制算法系统,实现高精度、高可靠性、高稳定性的自主避障、跟车、换道、制动、车速保持行进等操作。

目前配备简单高级驾驶辅助系统(Advanced Driving Assistance System,ADAS)功能的传统人类驾驶车辆基本处于L1级阶段,其自动化系统只能支持单独执行横向或者纵向控制任务,其余动态驾驶任务仍需人类驾驶员完成。例如,装配有防抱死制动系统(Antilock Braking System, ABS)、车身电子稳定程序(Electronic Stability Program, ESP)、定速巡航(Cruise Control, CC)、自适应巡航(Adaptive Cruise Control,ACC)、车道保持辅助(Lane Keeping Assistance,LKA)等自动控制相关功能的汽车。

由于这种自动化等级的差异,车辆行驶过程中的动态行为自然也存在着显著的区别。重庆大学团队基于图4-3中的多等级自动驾驶车辆实验平台,通过分析数十名驾驶员的驾驶数据与网联自动驾驶车辆的行驶数据,从反应时间、车辆跟车稳定性、车道保持性能等方面均发现传统的人类驾驶车辆表现出的不足之处。而人类驾驶车辆与网联自动驾驶车辆的这种自动化程度及相应驾驶行为差异,本质上可以归结为新型混合交通场景下特有的智能化水平不均衡问题。

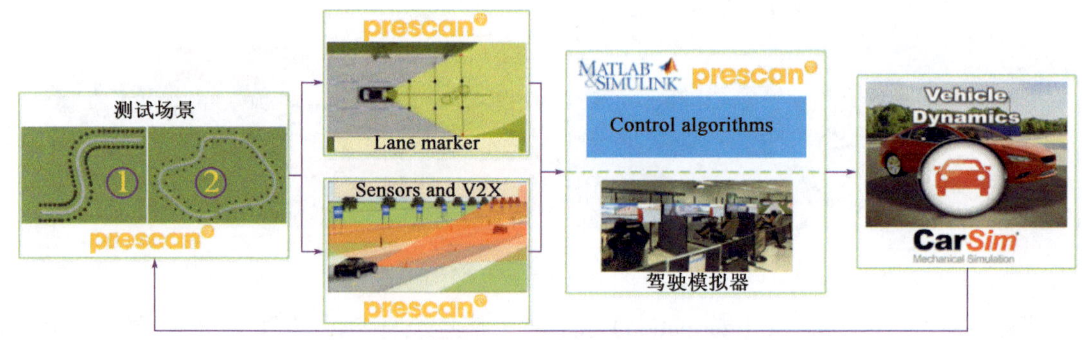

图4-3 驾驶员在环的多等级自动驾驶车辆实验平台

在智能化水平不均衡的影响下,新型混合车群中的网联自动驾驶车辆可能会受到个别人驾车时不规范驾驶行为的影响,从而导致整体车群的动态行为出现局部波动。因此,在设计新型混合车群协同控制策略时，必须额外考虑到人类驾驶车辆的不规范驾驶行为。重庆大学团队提出的解决途径是，以网联自动驾驶车辆为抓手，抑制个别人类驾驶车辆不规范行为对相邻车辆的影响，实现对整体交通的优化。

总之，从交通控制角度看，新型混合车辆群体形成的交通流是一个机会与挑战并存的复杂环境。网联自动驾驶车辆的引入为快速路新型混合车群协同行驶提供了新的控制手段，但也带来了信息不对称、智能水平不均衡等问题，使得新型混合车群内部耦合关系更复杂，增加了信息交互与优化控制的不确定性。

4）快速路群体协同控制目标

理想的道路交通系统是期望高效、安全、舒适、绿色等性能的全面优化。因此，无论是传统人类驾驶车辆构成的道路交通系统，或者是引入了网联自动驾驶车辆的混合交通系统，面向快速路的协同控制目标在本质上并未发生根本的变化。

随着新型混合交通时代的到来，有必要与时俱进，在新型混合车群控制问题的研究中，考虑这些控制目标如何适应新的交通环境和控制策略。在此，分别从交通工程学和理论分析视角进行讨论。

（1）交通工程视角。

①安全。

保证安全是交通系统首要考虑的也是最基本的目标。新型混合交通中不同类型车辆的驾驶行为差异较大，尤其是在快速路场景下，驾驶行为稍有不当，极易发生安全事故。

在较大车流密度场景下，安全与通行效率存在一定的矛盾关系。从保障安全的角度出发，安全行车环境意味着要求车与车之间能保证足够的反应和制动空间，车辆之间的纵向间距应保持足够大。而从提高通行效率的角度，又需要在固定的道路空间保持适度高的车群密度和平均车速，从而期望减小车辆间距。因此，为验证车群协同控制算法的有效性、安全与通行效率，通常需要同步验证。优秀的协同控制方法，应该是在保证车群安全的前提下，通过优化车群内部稳定性，进而减少车群运动状态波动态势，提高通行效率，以此平衡安全与通行效率的矛盾，实现安全前提下的通行效率优化。

由于对安全概念的认知存在差异，在新型混合车群控制算法中设计的安全保障机制也有所不同。例如，对面向快速路场景下具有换道干扰的新型混合交通安全控制问题，长安大学团队采用人工势能场概念，在保证网联自动驾驶车辆准确估计其他传统车辆的换道意图基础上，实现车辆动态轨迹生成和基于模型预测控制的轨迹跟踪，进而避免网联自动驾驶车辆与换道的非自动驾驶车辆的碰撞，保证交通安全。

如图4-4所示，人工势场包括引力场和斥力场。其中，目标点对物体产生引力，引导物体朝向其运动。障碍物对物体产生斥力，避免物体与之发生碰撞。物体在路径上每一点所受的合力等于这一点所有斥力和引力之和。另一方面，驾驶员生理心理模型侧重于从驾驶员视角来认知安全问题，该模型考虑了队列驾驶模式中驾驶员的观察、选择、处置判断等反应时间，以及尽可能避免造成驾乘人员晕车、心理紧张等,定义了一个合适的跟车间距与跟车速度耦合区间。

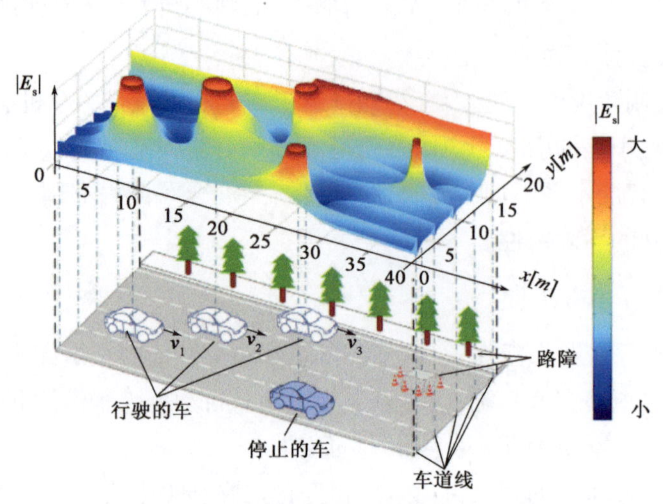

图 4-4　基于势能场的碰撞预警

图 4-5 表达了生理心理汽车跟驰模型在距离和速度上的行驶状态演化过程。该模型基于人类驾驶员的感知阈值(SDX、OPDV、SDV 和 BX)对不同的驾驶模式进行了分类。BX 表示人类驾驶员的最小跟随阈值;SDV 是人类驾驶员检测前车接近的感知阈值;OPDV 是驾驶员实现前车离开的感知阈值。根据该模型,如果人类驾驶员检测到上述变化,即车际状态超过阈值,则会产生相应的加/减速,直到汽车进入驾驶员生理心理安全区。

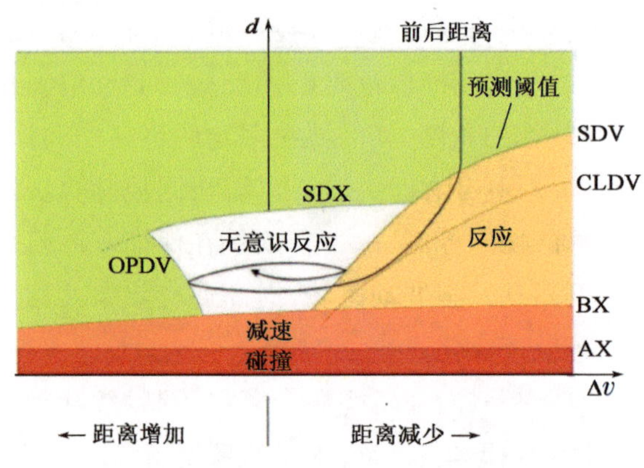

图 4-5　驾驶员生理心理安全区域图

在新型混合车群安全控制问题上,最优速度模型、固定间距、固定时距、可变时距等安全相关的控制协议也常被提及。但实际上,快速路车群协同驾驶的安全隐患需从不同方面去认知,如同一场景下不同的驾驶员行为、车辆类型、运行状态都可能会引发不同等级的安全问题,目前对多数问题已提出相应的解决方案,但是距离实际应用还需要进一步研究和测试。

②通行效率。

在道路基础设施不变的情况下,提高道路的通行效率对于交通管理者来说至关重要。在由传统人类驾驶车辆和网联自动驾驶车辆组成的新型混合交通中，网联自动驾驶车辆具有反应时间短、感知能力强和操控精度高等优点。新型混合交通中常用到网联自动驾驶车辆渗透率的概念。渗透率一般是对一类具有相同驾驶级别车辆而言的，主要指道路上一种车辆（如网联自动驾驶车辆）的数量与道路上总体车辆数量的比值。网联自动驾驶车辆渗透率是新型混合交通不同于传统道路交通的一个重要指标，渗透率大小反应的是交通系统的智能化、网联化水平，且网联自动驾驶车辆渗透率的高低将直接影响快速路的通行能力。

例如，荷兰屯特大学的 Arem 等人针对新型混合交通条件下的车道缩减场景（图 4-6），研究了当快速路从四车道变为三车道时不同的协同自适应巡航控制（Cooperative Adaptive Cruise Control，CACC）车辆渗透率对道路通行能力的影响，结果表明，CACC 车辆对快速路的通行能力影响主要取决于道路的交通状况和 CACC 车辆的渗透率。在交通流量较大且 CACC 车辆渗透率较高的情况下，CACC 车辆对快速路的通行能力具有显著的正面影响。

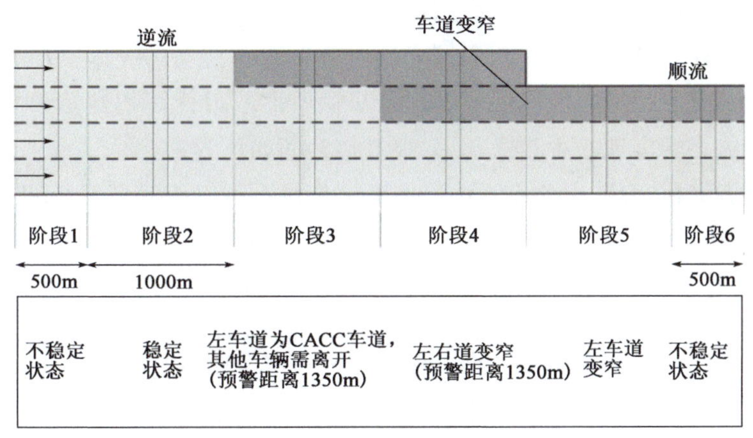

图 4-6　快速路混合交通条件下车道缩减场景

事实上，改善通行效率的方式是多样化的，通常还与其他控制目标有一定关联，包括优化车群队列的稳定性、收敛性或者鲁棒性，在一定程度上也可以间接对通行效率产生积极影响。目前较为常见的改善快速路通行效率的车群控制方案有：车群协同编队行驶方案、专用车道方案与可变限速控制方案。

车群协同编队行驶方案的研究始于 20 世纪 80 年代美国加利福尼亚州的 PATH 项目，之后的研究包括欧洲的 SARTRE 项目、日本的 Energy ITS 项目和荷兰的 GCDC 项目等。这些前期的研究表明，车辆队列化可以显著地减少交通堵塞、提高通行效率、增强车辆安全性和改善燃油效率。

传统的车辆队列控制仅仅依靠车载雷达等传感器感知车辆间的相对运动，对于周围车辆的行驶信息获取具有很大的局限性，且无法形成一个稳定的队列，不能达到最优的行驶状态。随着车路网联技术的发展，基于车路网联通信的车辆协同编队控制能够感知更大范围的驾驶环境，从而能够促使车辆形成稳定的队列，具有更好的行驶性能和通行效率，如图 4-7 所示。

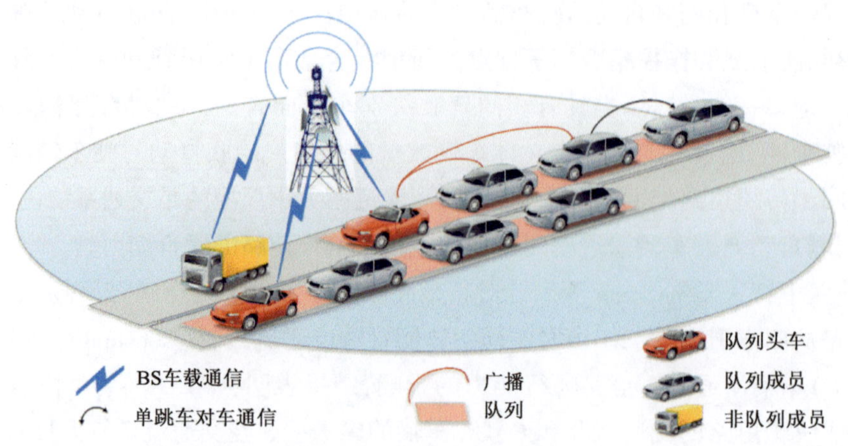

图 4-7 V2X 编队自动行驶示意图

关于专用车道方案,本书参考文献[120]和[121]认为应该根据交通需求、网联自动驾驶车辆渗透率以及网联自动驾驶车队队列长度等因素为网联自动驾驶车辆动态分配车道,并给出了在不同交通情况下快速路上网联自动驾驶车辆所需的最优车道数量。实验表明,利用最优车道管理策略能大幅度地减少交通延误,提升道路的通行效率。

当专用车道方案执行后,对应车道内网联自动驾驶车群以编队形式行驶,可保障专用车道内的编队匀质车群快速通过既定路段,而非专用车道内的其他车辆,由于大部分交通压力被专用车道分担,因此也能在一定程度上提高通行效率,如图 4-8 所示。

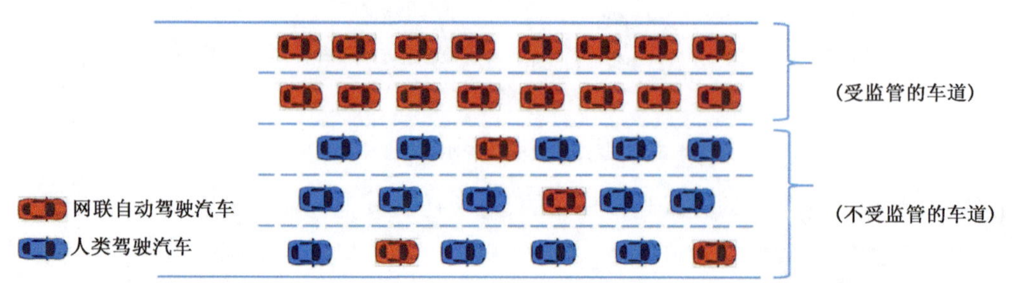

图 4-8 快速路专用车道示意图

可变限速控制策略应用较为广泛。快速路交通拥堵通常发生在瓶颈附近,这些瓶颈是由路网几何结构(例如合并、分叉或交织)、施工或事故等原因形成的。瓶颈问题导致车群随时间而堆积,车速减慢以至形成交通拥塞,阻碍了交通高效、稳定地运行。为防止瓶颈激活,提高瓶颈通行效率,需要更好地管理上游车流量。于是提出了可变限速控制(VSL)方案,用以减少和调节主线流量,如图 4-9 所示。

传统的可变限速控制是通过路侧感知设备(如摄像头、车检器等)感知路段交通状态,并采用路侧可变信息板发布限速信息,试图将车流量调节到瓶颈容量以下,从而防止或缓解瓶颈、交通故障产生的阻塞,提高快速路通行效率。可变限速控制已有较长的研究与发展历史,被证明可以降低瓶颈交通阻塞率、缩短整体拥堵时间、减少尾气排放量。然而,由于对路侧可变信息板的依赖性,导致该技术和措施难以在空间广、突发事件随机发生的快速路上全方位实施。

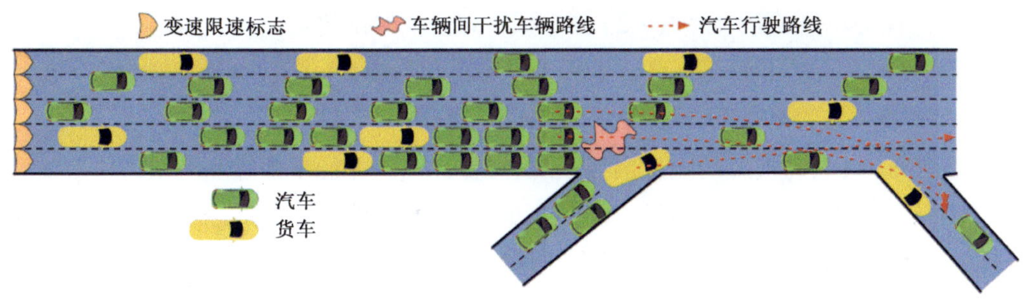

图 4-9 快速路可变限速示意图

在新型混合交通场景下,已有条件逐渐脱离对路侧可变限速信息板的依赖,形成以网联自动驾驶车辆及网联车辆为抓手的快速路异质车群控制策略。例如,Li 等提出一种基于区间型模糊逻辑的新型混合交通可变限速控制算法,当网联自动驾驶车辆的渗透率超过 10% 时,能较好地保证道路的通行效率。

③能耗。

随着汽车保有量的增加,交通能源消耗问题日益突出。无论是传统交通系统还是新型混合交通,最大限度地降低汽车的能耗与排放一直是学术界和产业界关注的焦点,也设计了针对新型混合车流场景下的控制策略。

相关数据表明,交通系统中燃油汽车是燃油消耗和二氧化碳排放的主要贡献者之一。同时,交通拥堵的发生也会在很大程度上加剧燃油消耗和二氧化碳的排放。目前,理论研究多采用 Kamal 等提出的燃油消耗估计模型来估计燃油汽车在行驶过程中内燃机的燃油消耗功率 $\dot{m}_E$(单位:mL/s),具体油耗估算模型如下:

$$\dot{m}_E=\begin{cases}\alpha_0+\alpha_1 v(t)+\alpha_2 v^2(t)+\alpha_3 v^3(t)+[\beta_0+\beta_1 v(t)+\beta_2 v^2(t)]\dot{v}(t), \dot{v}(t)>0\\ \alpha_0+\alpha_1 v(t)+\alpha_2 v^2(t)+\alpha_3 v^3(t), \dot{v}(t)\leqslant 0\end{cases} \tag{4-1}$$

式中,$v(t)$ 与 $\dot{v}(t)$ 分别表示燃油车的速度与加速度。$\alpha_i(i=0,1,2,3)$ 和 $\beta_i(i=0,1,2)$ 表示标定的参数,具体取值见表 4-2。

燃油车油耗估算模型参数　　表 4-2

参　数	单　位	取　值
α_0	mL/s	0.1569
α_1	mL/m	2.450×10^{-2}
α_2	$mL\cdot s/m^2$	-7.415×10^{-4}
α_3	$mL\cdot s^2/m^3$	5.975×10^{-5}
β_0	$mL\cdot s/m$	0.07224
β_1	$mL\cdot s^2/m^2$	9.681×10^{-2}
β_2	$mL\cdot s^3/m^3$	1.075×10^{-3}

一般来说，内燃机的燃油消耗与二氧化碳的排放呈正比例关系。如果汽油在发动机内处于充分燃烧的情况，则每排出 1LCO_2，汽油消耗（研究法辛烷值 98）会达到 2.39kg。因此，可以通过与燃油消耗的比例关系，借助(4-2)式估算二氧化碳的排放量。

$$\dot{m}_E = \begin{cases} \alpha_0 + \alpha_1 v(t) + \alpha_2 v^2(t) + \alpha_3 v^3(t) + [\beta_0 + \beta_1 v(t) + \beta_2 v^2(t)]\dot{v}(t), \dot{v}(t) > 0 \\ \alpha_0 + \alpha_1 v(t) + \alpha_2 v^2(t) + \alpha_3 v^3(t), \dot{v}(t) \leqslant 0 \end{cases} \tag{4-2}$$

不同于燃油车，电动汽车的能量供应系统包括两部分，即能量损耗和能量回收。能量损耗主要用于对抗行驶阻力，驱动发动机以及运行其他车载电子设备（如：空调，音响等），而电动汽车可以在减速阶段，通过轮胎的负转矩，回收一部分能量进入蓄电池。可将能量损耗功率 P_l 表征为：

$$P_l = \frac{r \cdot R_t^2}{K^2}\left(Ma + \delta v^2 + f_r Mg + \frac{bv}{R_t}\right)^2 + \left(\delta v^2 + f_r Mg + \frac{bv}{R_t}\right)v + P_a \tag{4-3}$$

式中，r 表示导体电阻值；R_t 为轮胎半径；$K = K_a\phi_d$，K_a 表示电驱时间常数，ϕ_d 表示磁通量；M 表示电动车质量；a 表示车辆加速度；$\delta = 0.5\rho C_D A_f$，表示空气阻力常数，ρ 为空气密度，C_D 为阻力系数，A_f 为迎风面面积；v 表示车辆速度；f_r 表示滚动摩擦常数；g 表示重力加速度；b 表示轴承的阻尼系数；P_a 为其他车载电子设备能耗。

而能耗回收功率 P_r 可表示为：

$$P_r = \eta \cdot Mav \tag{4-4}$$

η 表示能量回收效率。因此，电动车的能耗模型为：

$$P = P_l + P_r \tag{4-5}$$

以上涉及的常数或系数一般可取表 4-3 中参数取值。

电动车能耗模型参数取值 表 4-3

参　数	取　值	单　位
M	1500	kg
f_r	0.015	—
C_D	0.3	—
A_f	1.8	m^2
ρ	1.2	kg/m^3
r	0.11	Ω
η	0.3	—
g	9.81	m/s^2
R_t	0.3	m
b	1.0	m
P_a	2.0	kW

(2)理论分析角度。

交通工程学角度的控制目标较为直观，但为了更深入分析本质问题，可进一步针对系统机理，运用更丰富的数学方法与工具优化交通控制问题，学术界还从理论分析角度提出了一类控制目标。这两类控制目标往往是相关联的，换言之，通常可以针对典型的交通场景，通过优化理论目标，来实现对工程目标的进一步改善。

从理论分析角度，交通系统的稳定性、收敛性和鲁棒性等交通特性属于协同控制的基本目标，可以更本质地反映道路交通控制系统的性能。理论分析角度的控制目标是将交通控制的工程目标抽象化，便于利用数理解析的方法去剖析交通工程问题，优化分析控制目标，进而改善交通工程的控制目标。

在新型混合交通中，由于传统人类驾驶车辆的驾驶行为存在随机性，例如随意的减速和换道，常常会对后车产生额外的扰动。如果此时交通系统的稳定性、收敛性和鲁棒性不足，其扰动将会沿着车流持续放大，进而导致安全风险加大、通行效率降低、能耗增加等问题。由于网联自动驾驶车辆具备很强的可控性，因此，可以通过设计相应的网联自动驾驶车辆控制器来保证新型混合交通的稳定性、收敛性和鲁棒性。

①稳定性。

在车群协同控制领域，稳定性主要强调系统受到瞬时扰动后保证系统恢复到原来状态的能力。有关稳定性控制，现有研究主要从新型混合交通的队列稳定性着手，在给出车流队列稳定性定义的基础上，借助于控制理论中的传递函数分析车流的队列稳定性，进而设计保证新型混合交通队列稳定性的网联自动驾驶车辆控制器，诸如模型预测控制器、滑模控制器、粒子群优化与比例积分微分相结合的控制器等。

例如，Monteil 等针对新型混合交通提出了一个弱队列稳定的概念，并据此基于线性矩阵不等式设计了网联自动驾驶车辆最优控制器，从而实现对网联自动驾驶车辆行为参数的调整，保证混合交通的 L_∞ 队列稳定，应用该策略可以在网联自动驾驶车辆渗透率很低时保证新型混合交通系统的稳定性。此外，还有学者通过中央控制器实现对含有人类驾驶车辆和网联自动驾驶车辆的混合交通在队列稳定性方面的控制，不仅能使得新型混合交通尽快达到稳定状态，同时也能保证较高的通行效率。

②收敛性。

收敛性指系统是否能在有限时间内迅速地与期望的状态收敛到一致。该问题的讨论通常集中在车群队列控制研究领域。对于收敛性控制，现有研究考虑到车路网联技术存在着一定的通信延时，在设计车群控制方法时，将含有延时的被控车群视为一类延时系统，在通过构造李亚普洛夫函数分析车群收敛性的同时，还会进一步分析维持收敛性的延时上界。过大的延时上界会使得受控的车群系统在时间趋近于无穷的条件下状态无法收敛到一致或期望的状态。

例如，重庆大学研究团队考虑到弯道场景下的混合队列控制问题，设计了基于网联自动驾驶车辆的横纵耦合控制器。通过轨迹点跟踪、点集映射等方法，降低人类驾驶车辆不规范行车轨迹的影响，同时，还讨论了延时因素对队列状态的影响，使得弯道典型场景下队列的一致性得到改善。

③鲁棒性。

鲁棒性是指系统受到持续未建模动态扰动后保证系统仍然具备保持原来状态的能力。目前新型混合交通的鲁棒性主要针对人类驾驶车辆的不可控性和随机性,研究如何通过网联自动驾驶车辆,来抑制同一群体内部人类驾驶车辆的不确定跟驰行为带来的扰动。以此防止扰动扩散,进而对交通效率、行车安全和能耗方面产生积极作用。

关于新型混合交通的鲁棒性控制,Orki 等分析了全自动驾驶车队的特殊性,同时考虑到人类驾驶车辆的不可控性,针对新型混合车队中的网联自动驾驶车辆设计了分布式控制器,采用 $H\infty$ 控制方法将人类驾驶车辆的不可控性和随机性转化为系统的扰动输入,从而保证网联自动驾驶车辆能较好地抑制由人类驾驶车辆导致的扰动传播。Zhou 等将由人类驾驶车辆和网联自动驾驶车辆组成的新型混合车队分解成多个子系统,给出了子系统的队列稳定定义,在此基础上构建了基于频域的网联自动驾驶车辆控制器,利用 $H\infty$ 控制方法将人类驾驶车辆导致的扰动降到最小,从而增加具有队列稳定性的子系统数量,大幅度抑制由于起停波带来的扰动。

4.1.2 快速路群体协同控制相关案例分析

目前,已有与快速路车辆群体协同控制相关的一些案例探索。下面以几个典型应用案例来介绍快速路上群体协同控制相关研究现状。

1)智慧快速路紧急救援方案

交通事故的发生具有随机性和突发性,因此难以完全消除。据有关资料统计,在交通死亡事故中,除少数在事故现场死亡外,大多数是重伤无法得到及时救护而死亡的。法国民防部门统计,同样伤势的重伤员,在 30min 内获救,其生存率为 80%,在 60min 内获救,生存率为 40%,在 90min 内获救,其生存率仅为 10% 以下。由此可见,事故发生后的尽快施救、缩短被困伤员的获救时间,是减少事故人员死亡率的关键。因此,及时而有效的紧急救援措施,对降低事故所造成的人员伤亡与财产损失,预防二次连锁事故的发生至关重要。

(1)应急救援可变车道解决方案。

快速路交通背景下,如何通过群体协同的方式,提高交通事故发生后或其他应急交通需求的救援效率,缩短被困伤员的救援时间,是值得关注的重要课题。应急救援可变车道即是针对这一需求的重要解决方案。

高速公路和部分快速路场合,专门设置有应急车道,一旦出现事故,救援车辆可通过专用应急车道快速到达事故发生地点实施救援。但这种方案的灵活性较低,应急车道作为硬性的基础设施,即使没有事故发生,依然不允许普通车辆经过,降低了道路的利用率。同时,应急车道若被非法占用,事件发生时不仅增加了救援难度,更难以保证救援实时性。

在以往交通场景中，一旦听到紧急车辆的警笛声，所有车辆都将靠路边停车，以便为应急车辆让出一条车道。这种措施的主要问题是无法保证应急车辆的行驶速度。尽管所有驾驶员都愿意优先让行应急车辆，但他们仍有可能无法及时驶离车道。由于是车辆独立做出换道决定，它们很可能相互阻碍，如选择相同的换道间隙，从而导致减速，进而阻塞应急车辆。

因此，近年来提出了车路网联环境下的救援应急可变车道的概念，如图4-10所示，通过车辆之间的协同，规划前面普通车辆的靠边位置，为救援车辆形成一条专用车道，实现救援车辆的快速通行。

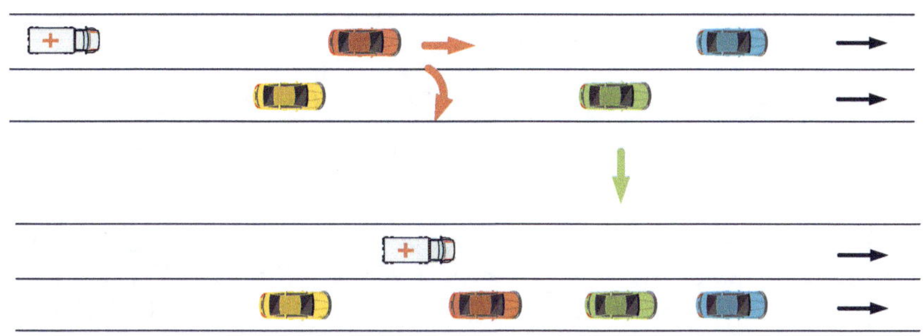

图4-10　应急救援可变车道示意图

该方案中，当紧急救援车辆接近时，基于车路网联技术的集中控制系统，将向该路段上的所有其他车辆发出实时指令。在车路网联环境下，车群的位置、速度、加速度和车辆独特属性等信息，都将被路侧检测单元收集，然后将关键数据通过蜂窝网络传输到服务器（即集中控制系统）。如图4-11所示，集中控制系统将对数据进行处理，通过（整数线性等）规划方法，为尽可能远离紧急救援车辆的普通车辆指定靠边位置，以此实现普通车辆单侧汇集，临时让出应急救援可变车道，并在短时间后重新收集数据。循环重复，直到在此段中建立了应急可变车道。

实际

位置					车辆1	车辆3	车辆4	车辆6	车辆7	车辆9	车辆10	车辆12	车辆13	车辆15
				救援车辆	救援车辆	救援车辆	救援车辆	救援车辆	救援车辆	救援车辆	救援车辆	救援车辆	救援车辆	救援车辆
	救援车辆	救援车辆	救援车辆			车辆2		车辆5		车辆8		车辆11		车辆14
速度			4			3			3			3		

所提策略

位置				车辆1	车辆3	车辆4			车辆6		车辆9	车辆10	车辆12	车辆13
					车辆2		车辆5			车辆7	车辆8		车辆11	
	救援车辆	救援车辆	救援车辆	救援车辆	救援车辆	救援车辆	救援车辆	救援车辆	救援车辆	救援车辆	救援车辆	救援车辆	救援车辆	救援车辆
速度			4			5			6			7		

图4-11　建立救援应急可变车道的实验效果

从群体协同控制角度来看，该方案中，原本有序且具有一定空间分布的车辆群体，因为车群外部因素介入（特种救援车辆接近目标群体），车辆群体在设计的控制算法里，打破原本有序的运动状态和空间分布，朝向另一种特定的空间规则演化，也就是车群单侧汇集，临时预留出救援应急车道。

(2)改进的可变紧急救援车道方案。

面向同样的快速路服务需求,从全新角度认知车群协同问题,可实现可变应急车道方案的进一步改善。随着研究的深入,有学者发现车辆换道和停车行为可能会引起普通车辆群体运动状态的振荡,引发道路通行能力下降等问题。

同样在车路网联环境下,为了能够让救援车辆保持期望速度行驶,并将对正常交通的影响降至最低,本书参考文献[147]将车群协同驾驶问题描述为一个混合整数非线性规划问题,并提出了一种救援车道预清理策略,如图4-12所示。

最终位置				车辆1	车辆3	车辆4			车辆6		车辆9	车辆10	车辆12	车辆13
					车辆2		车辆5			车辆7	车辆8		车辆11	
	救援车辆	救援车辆	救援车辆	救援车辆	救援车辆	救援车辆	救援车辆	救援车辆	救援车辆	救援车辆	救援车辆	救援车辆	救援车辆	救援车辆
救援车辆速度	13.4m/s				15.5m/s			17.2m/s			18.9m/s			20.4m/s

a)参考文献[147]中的方案

最终位置					车辆3	车辆4	车辆6		车辆9	车辆10	车辆12		车辆15	
	救援车辆	救援车辆	救援车辆	救援车辆	救援车辆	救援车辆	救援车辆	救援车辆	救援车辆	救援车辆	救援车辆	救援车辆	救援车辆	救援车辆
				车辆1	车辆2		车辆5	车辆7	车辆8		车辆11	车辆13	车辆14	
救援车辆速度	20.4m/s													

b)改进的方案

图4-12 改进的可变应急车道救援方案对比效果示意图

该策略的重点是,将应急车辆前面的普通网联车辆所处空间划分为几个区块,对于每块,开发应急车辆排序算法来实施普通网联车辆的最佳合并轨迹。利用生成的决策轨迹,在上层解决约束优化问题,以确定执行决策轨迹的起始时间和距离。该案例实验研究表明,采用此算法,应急车辆能够以期望的速度行驶,最小化对正常车辆群体的干扰,同时揭示了最优解与道路车辆密度之间的线性关系,有助于在高精度数据不可用时,改进救援车辆行驶路线。

从群体协同控制角度来看,该方案涉及对车辆群体自组织特性演化规律的机理解析。在打破前方车辆群体原本有序的运动状态和空间分布的同时,依托对车辆群体内部演化规律的解析,实现无序的车辆群体尽可能稳定、快速地向另一种有序和固定空间规则的车辆群体演化,最终在给救援车辆预留应急车道的同时,维持好原有道路的通行效率。

除了上述算法外,也有学者提出基于神经网络、模型预测控制等算法的网联自动驾驶车辆的路径轨迹规划方法,针对应急救援这一特殊问题进行改进后,也可有效降低救援时间,提高救援效率。但上述两个方案实施的前提是车路网联通信技术的全面普及。目前尚无法适应新型混合交通场景,单纯针对新型混合交通场景下的应急救援问题,还有待进一步研究。

2)快速路交通效率改善的典型方案

交通流量是衡量交通运输能力和交通拥堵情况的一项重要指标。在传统快速路环境下,可通过路侧可变信息板、道路限行分流等措施来实现道路交通流量(通行能力)最大化。而在新型混合交通环境下,通过车车协同、车路协同的方式,针对如何提高通行能力这一问题,也开始有控制方案的探讨。

(1)分布式可变限速控制。

快速路可变限速是根据实时的交通状态来动态调整路边可变信息标志牌上的限速值,从而达到有效缓解交通拥堵、提升行车安全、改善交通环境的目的。目前,可变限速控制策略可以分为两类:基于被动的可变限速控制和基于主动的可变限速控制方法。

基于被动的可变限速控制方法,主要是根据预先定义的交通量、占有率和平均速度等阈值来改变车辆的限速。该方法只有在交通状态发生改变后,系统才能根据预先定义的阈值作出响应,在控制上存在一定的滞后性。

基于主动的可变限速控制方法,则是根据实时的预测信息动态改变车辆的限速值,进而限制进入瓶颈区的交通量,以消除交通崩溃的发生,使瓶颈区交通状态保持在最佳状态。限速值通常是以总行程时间(Total Travel Time, TTT)为目标求解最优限速值。

例如,有研究以提高交通吞吐量为目标,通过对交通流进行分布式的速度控制,利用网络道路基础设施,基于对偶分解和次梯度法构建分布式被动可变限速控制框架。如图 4-13 所示,分布式的可变限速控制方法不依赖复杂的网络道路基础设施进行信息收集,只依赖局部交通信息,在流量一致性约束下迭代求出可行解。

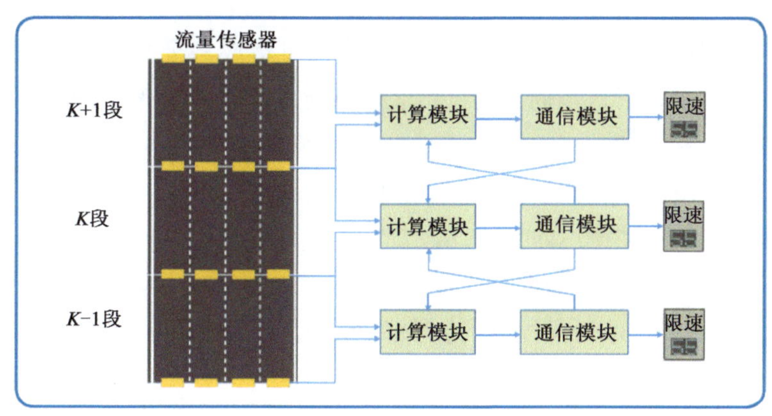

图 4-13 分布式可变限速控制框架

该方法通过对不同路段上的车辆进行速度控制,结合深度学习的相关算法,求解出每一路段中车辆的最优速度,使得最终的道路吞吐量最大。从群体协同控制的角度,该分布式可变限速控制采用路侧控制的方式,通过分阶段设置车辆集群运动的约束,规划和调节车辆群体向下游汇集的速度和密度,使得受控后的车辆群体呈现更为均匀的空间分布规律,避免车群由于利己因素,以无组织、分簇成团的群体形式向道路下游行进。

在新型混合交通场景下,人类驾驶车辆对限速信息的遵从情况使得快速路可变限速控制问题从一个新方向不断延伸,本章 4.4 节将详细论述可变限速下自动驾驶车辆和人类驾驶车辆控制方法,以及当人类驾驶车辆不遵从限速规则后,如何调整期望速度等。

(2)协同自适应巡航控制。

在协同自适应巡航控制(CACC)中,汽车通过车路网联技术的方式获取周围车辆的运动状态,包括相关车辆的位置、速度和加速度信息等,并与自身车辆的运动状态进行比较,完成对车辆的节气门开度控制及制动情况的决策,进而控制车辆的驾驶行为。

CACC 系统优点在于可以减轻驾驶员的工作强度和疲劳度,提高乘坐的舒适度和安全性,还能缩短跟车间距,提高车队行驶的稳定性,改善通行效率,增加其吞吐量。由于协同自适应巡航控制设计思路和关注的侧重点存在差异,得出的最终方案也存在一些差异。

在图 4-14 的方案中,针对快速路的匝道分流场景,设计了一种确定是否将接收到的其他车辆信息并入 CACC 的控制策略,该策略可以保证位于后方不准备下匝道车辆的运动轨迹得到有效引导,并通过数据驱动的方法实现在线增益优化控制,进而提高车辆安全性和减少混合交通干扰。由于该 CACC 方法无须了解其他车辆的动力学特性,对于新型混合交通控制问题显示出一定优势。

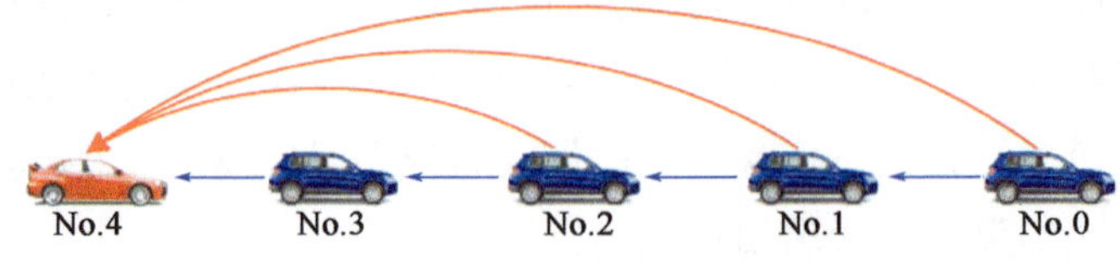

图 4-14 协同自适应巡航控制场景

同样,从群体控制角度,CACC 目标是将车辆群体打造成一个具有较为固定的群体边界、一致的状态且内部关系紧密的车辆队列。目前研究表明,车群以车辆编队的形式行驶,可以有效地改善通行效率。

在混合交通场景下,网联自动驾驶车辆之间的拓扑连接关系与网联自动驾驶车辆在混合车群中的空间分布规则会使得巡航控制问题复杂化,全车路网联环境下 CACC 队列控制方法将不再适用,本章 4.3 节将对新型混合交通场景下的队列控制问题进行阐述。

总体看,目前快速路群体协同控制的研究尚处于理论摸索或仿真实验阶段。

4.1.3 快速路交通信息物理系统及混合车群控制方案

信息物理系统(Cyber Physical System, CPS)是将 3C 技术,即计算(Computation)、通信(Communication)和控制(Control)技术,与物理系统进行有机融合和深度协作,充分考虑了系统中的信息因素和物理因素的不同特性,并基于信息系统和物理系统之间的相互作用和反馈,进而实现对物理系统精确认知和有效控制的前沿科学。由于 CPS 属于新兴的研究领域,还没有统一的定义,尚处于不断的发展中。

2004 年,美国国家自然基金会(the National Science Foundation in the United States, NSF)提出 CPS 的概念。2006 年,美国科学院发布了《美国竞争力计划》,其中将 CPS 列为重要的研究项目之一。美国总统科学顾问委员会在 2007 年提交的《面临挑战的领导地位》报告中,明确将 CPS 列为网络信息技术领域优先发展的首要提案。随后,美国在 2008 年成立的信息物理系统指导小组,指出应将 CPS 应用在国家建设的各个方面。与此同时,欧盟等也都投入了大量的财力对 CPS 进行了研究,并希望在 CPS 的理论和技术方面取得重大突破。德国将 CPS 作为工业 4.0 的基础,中国的国家自然科学基金和“973 计划”也将 CPS 作为研究的重点。

学术界自 2008 以来组织了多次有关 CPS 的大型会议,对其相关理论以及技术等进行了一系列的讨论和探索,其中包括 IEEE 和 ACM 举办的著名会议,该领域重要事件见表 4-4。

信息物理系统重要事件及会议　　表 4-4

时间(年)	事件及会议	主要内容
2012	高校联合成立赛博协同创新中心	探讨工业信息物理系统的基础理论和关键技术
2012	15th International Conference on Network-Based Information Systems	讨论 CPS 未来的研究方向
2012	IEEE/ACM Third International Conference on Cyber-Physical Systems	讨论了信息物理系统的研究进展
2013	中国与 NSF-IMS 联合成立海洋智能技术中心(OITC)	开展 CPS 技术在工业领域的应用研究
2013	IEEE 1st International Conference on Cyber-Physical Systems, Networks, and Applications(CPSNA)	讨论信息物理系统的应用问题
2013	IEEE International Conference on Green Computing and Communications and IEEE Internet of Things and IEEE Cyber, Physical and Social Computing	讨论 CPS 的信息、物理和社会计算问题
2014	美国国家标准与技术研究院 NIST 成立 CPS 公共工作组	讨论 CPS 关键问题
2014	Workshop on Embedded and Cyber-Physical Systems Education	探讨 CPS 与嵌入式系统的关联关系
2015	欧盟发布《CyPhERS CPS 欧洲路线图和战略》	讨论了 CPS 的战略意义及应用的关键领域
2015	德国国家科学与工程院发布《网络世界的生活》	讨论 CPS 在技术等方面面临的挑战和机遇
2015	高校建立 CPS 重点实验室	开展制造领域的集成示范工作
2015	NIST 发布 CPS 测试平台设计概念	讨论建立 CPS 测试平台和交互性公共工作组
2016	德国建立世界第一个已投产的 Cyber-Physical Production Systems 实验室	开展 CPS 的试验工作
2016	美国 NIST 发表《信息物理系统框架》	讨论 CPS 的两层域架构模型
2016	3rd International Workshop on Emerging Ideas and Trends in Engineering of Cyber-Physical Systems	讨论 CPS 未来的发展趋势
2017	中国工信部发布《信息物理系统白皮书》	讨论 CPS 的技术内涵
2017	ACM/IEEE 8th International Conference on Cyber-Physical Systems(ICCPS)	讨论 CPS 的安全问题
2017	IEEE International Conference on Software Architecture	讨论信息物理系统的软件架构
2018	IEEE Industrial Cyber-Physical Systems(ICPS)	讨论 CPS 在工业应用中的研究方向
2018	IEEE Workshop on Monitoring and Testing of Cyber-Physical Systems(MT-CPS)	探讨 CPS 在检测和测试方面研究方向
2019	International Conference on Cyber Physical System and IoT	讨论 CPS 与物联网的最新进展

续上表

时间(年)	事件及会议	主要内容
2019	IEEE/ACM 5th International Workshop on Software Engineering for Smart Cyber-Physical Systems(SEsCPS)	讨论 CPS 在软件方面的研究进展
2020	IEEE International Conference on Industrial Engineering and Engineering Management	探讨 CPS 在工业管理方面的研究进展
2020	中国发布信息物理系统(CPS)建设指南 2020	讨论 CPS 落地应用的建设
2021	International Conference on Information Networking	讨论 CPS 的网络信息技术

CPS 涵盖了感知、通信和计算等各个方面,且特别关注系统中物理资源和计算资源的协调优化,从而使得系统具有实时感知、精确控制和信息服务等优点,受到国内外学者的青睐,并将之与医疗、工业、电网、军事,以及交通等领域相结合,对信息物理系统从理论到具体应用进行了积极的尝试与探索。

1)交通信息物理系统整体架构

国内外学者将信息物理系统也引入交通领域,重庆大学研究团队就提出了交通信息物理系统(Transportation Cyber Physical System,T-CPS)的概念。美国国家科学基金会等相关机构从2008 年陆续举办了有关交通领域信息物理系统的会议,有些大型国际会议和期刊也对 T-CPS 进行了深入的探讨,并针对信息物理系统应用在交通领域中需要克服的困难和挑战提出了很多有建设性的方案。本节将从体系架构、基础研究、应用和仿真建模四个方面讨论交通信息物理系统的研究现状。

T-CPS 是由智能网联汽车、交通、信息和通信有机融合的多维复杂系统。通过汽车、交通、通信、信息等行业产品系统间的一体化设计、研发、仿真、验证、部署和运营,实现异构信息系统和物理系统间的安全可靠协同与互操作,支持智能网联汽车可靠、高效、实时的感知与决策控制,提高驾乘舒适度和便捷性,提升交通安全和效率水平。

从图 4-15 可知,T-CPS 基本架构是一个物理域—信息域—物理域的结构,实质上,T-CPS 是一个物理域—信息域状态信息反馈至控制信息运用的过程。在实际的交通系统中,作为信息感知来源的交通物理系统和作为信息服务对象的交通物理系统,其实为广义上的同一个交通物理系统,只是具体的客观实体略有差别而已。

总体来说,该功能架构主要包括四个板块,分别是融合区、业务区、支撑区和安全保障区。其中,融合区是新型混合交通信息系统和物理系统交互反馈的关键,业务区是信息物理系统应用于混合交通的出发点,支撑区则主要提供相关的技术手段,安全保障区为混合交通信息物理系统的构建保驾护航。

(1)融合区。

融合区是新型混合交通信息物理系统的核心部分,主要由物理空间、信息空间以及二者之间的循环交互和反馈构成。

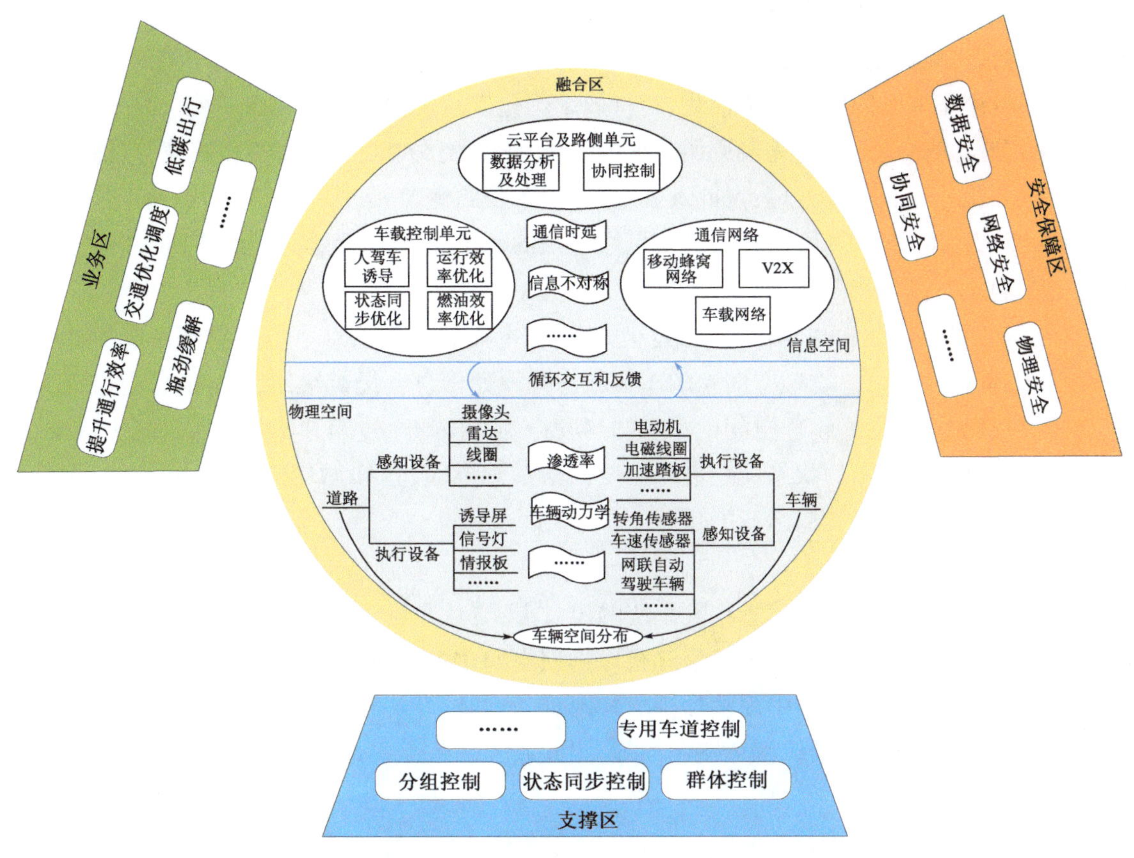

图 4-15 混合交通信息物理系统功能架构

新型混合交通信息物理系统的物理空间主要负责感知和收集实际交通环境中的真实数据，同时根据信息空间所给出的有关指令完成相应的动作。道路和车辆上的感知设备及执行设备构成了物理空间。对于道路而言，感知设备主要包括路侧摄像头、雷达、线圈等，执行设备包含诱导屏、交通信号灯以及情报板等。对于车辆而言，执行设备主要包括电动机、电磁线圈以及加速踏板等。

由于新型混合交通中包含了具有网联功能的自动驾驶车辆，因此感知设备除了包括传统的车速传感器、转角传感器等，还包含了具备接收和发送信息的网联车辆本身，人类驾驶车辆不具备信息感知能力。值得注意的是，除了以上提到的感知和执行设备以外，渗透率、车辆空间分布以及车辆动力学都是混合交通物理系统中的关键组成要素。

信息空间的功能则主要根据物理空间所收集的数据进行决策和控制，主要包含通信网络、车载控制单元、云平台及路侧单元。

通信网络由若干基站和通信网络节点构成，主要负责将物理空间中获取的原始信息传输给云平台及路侧单元。同时，通信网络中也提供了各种各样的通信模式，例如移动蜂窝网络4G、5G，用于车辆与其他任何通信设备（即 V2X）通信的专用短程通信技术和 LTE-V 通信技术，以及 CAN、LIN 和 FlexRay 等常见的车载通信网络。

车载控制单元主要完成模型的构建和不同算法的评估等功能，同时接收来自云平台和路侧单元的指令信息，最终实现混合交通情况下网联自动驾驶车辆对人类驾驶车辆的诱导控制，以及不同类型车辆之间状态同步优化、运行效率优化以及燃油效率优化等功能。

云平台及路侧单元首先完成原始数据的分类、任务的分析、任务处理和调度等，然后对数据进行标准化处理和降噪处理，在此基础上，云平台及路侧单元进一步实现对道路上的交通流量估计、拥堵程度预测，并将这些关键信息在适当的时机发送给新型混合交通中具备通信功能的各个车辆。

信息空间和物理空间之间的循环交互及反馈，主要是强调信息系统与物理系统并非独立的存在，二者相互耦合。物理空间中的车辆状态等原始信息会提供给信息空间，信息空间又经过分析、决策和控制指导物理空间中车辆的驾驶行为。但这个过程并不是一次就能完成的，物理空间需要将车辆输出的状态信息进一步反馈给信息空间，这样循环反馈，反复迭代，直至最终达到协调和优化混合交通运行的目的。

(2)业务区。

业务区是构建混合交通信息物理系统的出发点，也就是说，从物理空间中获取的海量交通信息经过信息空间的一系列处理将最终指导物理空间中的物理实体行为，而这些行为将克服业务区覆盖的新型混合交通中面临的挑战和困难，例如提升新型混合交通的通行效率、优化交通调度、保障低碳出行以及缓解道路瓶颈等，因此业务区的存在是建设好新型混合交通信息物理系统的关键所在。

(3)支撑区。

支撑区为新型混合交通信息物理系统的协调和优化提供主要的技术方案，例如通过采取群体车辆控制、分组控制、状态同步控制以及专用车道控制等技术实现不同类型车辆之间的交互和协同，从而克服因驾驶行为差异等带来的不利影响，较大程度地提升新型混合交通通行效率。因此，支撑区的关键技术方案对于更好地解决业务区所覆盖的相关挑战和困难至关重要。

(4)安全保障区。

安全保障区首先负责系统在数据方面的保密，并确保信息空间和物理空间之间的通信稳定，同时防止数据在物理空间中受到污染。其次，还应该保障物理实体之间的车车协同安全以及网络安全等，这一部分的详细工作机制可以参考文献[156]和[157]，这些文献对信息物理系统中的安全保障方面进行了详细的分析和总结，采用其中的方法能有效保证新型混合交通信息物理系统中所涉及的各方面安全。

2)T-CPS 环境下单车控制分析

T-CPS 不仅可描述交通系统这种多层级的复杂大系统，也可以描述智能汽车单车的信息物理关系。智能汽车(网联自动驾驶汽车)是全球汽车产业的未来发展方向和战略制高点，在我国的发展同样面临重大机遇和挑战。鉴于智能汽车具备信息物理系统的典型特征，因此，借鉴 T-CPS 的思想内涵，对于分析自动驾驶的发展演进技术路线、揭示自动驾驶与交通控制问题的融合机制,具有重要指导意义。

清华大学李克强教授团队指出,智能网联汽车(Intelligent Connected Vehicles,ICV)是基于移动互联技术与自动驾驶汽车相结合的新一代智能汽车,而网联化与智能化既不能单独发展、互不影响,也不能是二者的简单叠加,要走深度融合、协同发展的道路。作为 CPS 在汽车领域中的典型应用,智能汽车信息物理系统将为打造网联化与智能化融合的新一代汽车提供支撑。

如图 4-16 所示,从 T-CPS 角度解读汽车智能化发展的 L0 ~ L5 这几个关键阶段。首先是 L0 的车辆,受限于信息技术的发展,此阶段的汽车为典型的人和机器组成的二元系统。车辆是主体,出行和运输任务是通过物理系统完成的,而人则是主宰和主导,人(工程师)是物理系统的创造者,同时人(驾驶员)又是物理系统的使用者。驾驶员通过自身的观察感知进行决策并直接控制操作车辆完成自己的预期任务(出行或者运输)。因此,由于人类对物理系统的创造和改造,解放了大量的纯人力的劳动,大大提高了出行和运输的质量与效率。

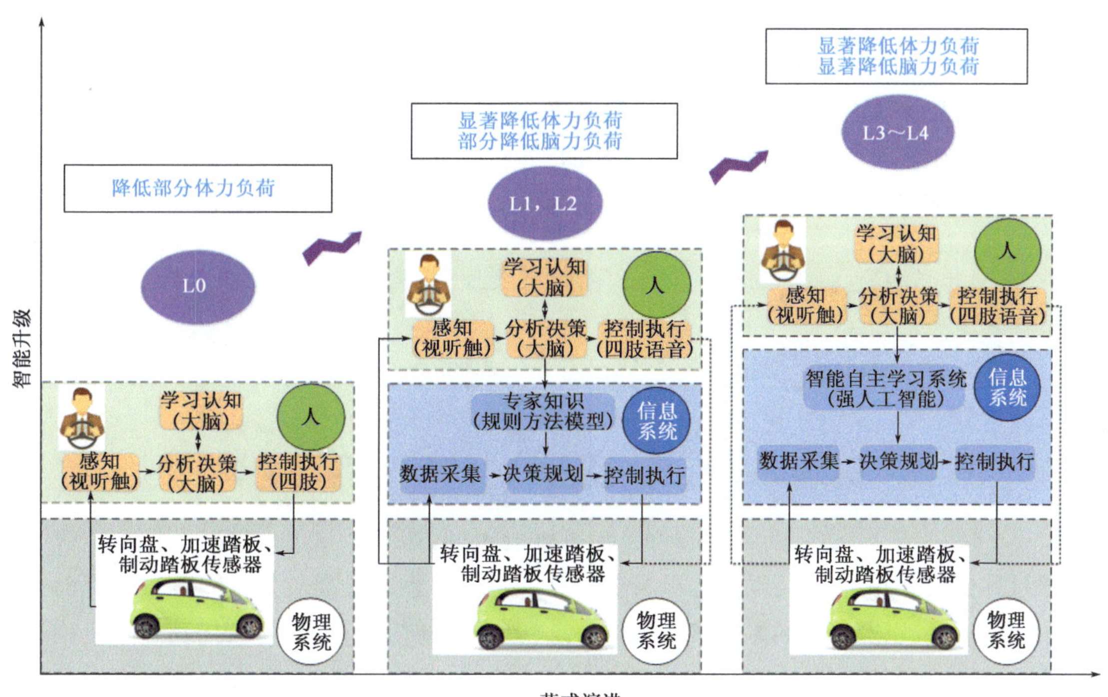

图 4-16　T-CPS 下的汽车智能化发展视图

其次是 L1 和 L2 的车辆,信息系统的加入使得车辆控制发生了一次革命。此阶段物理系统仍然是主体,人依然起着主宰的作用,信息系统成为重要辅助,可以在一定程度上取代人的分析计算与控制工作。

最后是 L3 ~ L5 的车辆,此阶段的构想距离现实落地仍存在一段距离。这里物理系统依旧是主体,人的控制作用逐步降低,信息系统则逐渐起着主导作用,最终将完全取代人的分析计算与控制工作。

协同驾驶系统中单一车辆作为受控目标和信息载体，在交通信息以及其他车辆信息的影响下，通过各种 T-CPS 端结构的互联互通互操作，实现协同驾驶系统的有效协调和优化。因此，单一车辆的内部信息物理融合过程如图 4-17 所示。

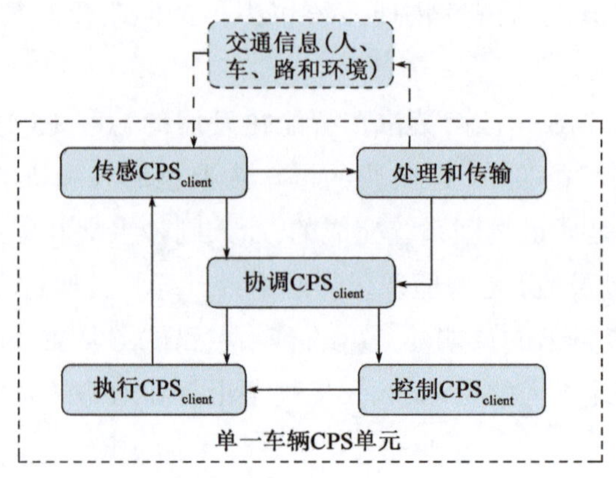

图 4-17　单一车辆的 CPS 单元

道路交通从整体出发，制定相应的控制策略，最终由各车辆实体执行，改变车辆状态。而车辆状态的改变是通过其速度的改变来实现的。因此，可通过形式化描述车辆速度控制过程来刻画车辆内部信息物理融合过程，如图 4-18 所示。

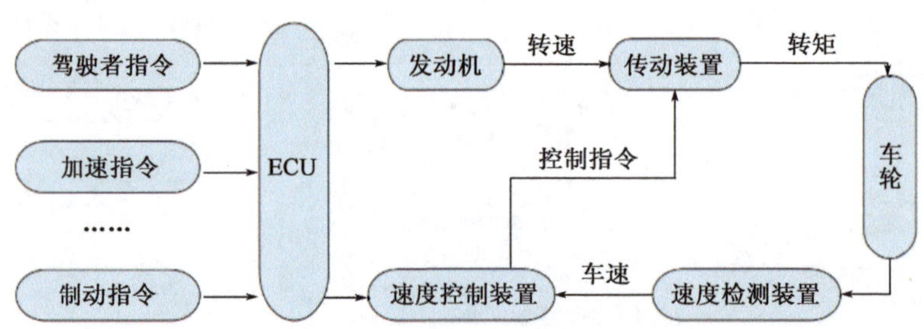

图 4-18　单一车辆速度控制过程

该过程包括感知过程、传动过程以及控制过程。其中感知过程包括车辆自身对当前交通状态的实时感知，以及从交通系统接收到的信息（如车车通信、车路通信）；传动过程是物理空间的具体实现；控制过程是在车辆自身感知当前交通信息的基础上，接收交通系统的控制指令，结合自身当前实际情况，进行控制指令的制定与下发。显然，该过程是典型的信息物理融合过程。

事实上，无论什么信息物理系统，最终都需要落实到实际物理对象当中去，从系统实际建设的角度出发，实际物理对象之间的关系尤为重要。

3）T-CPS 环境下的车群协同控制分析

单一的智能汽车只能完成车辆级 T-CPS 的基本功能。当面向车辆群体行为研究时，必须要考虑到车辆与车辆之间，以及车辆与道路之间，甚至车辆与人（包括交通管理者与交通参与者）之间的协同问题。车群控制角度下的 T-CPS 架构中，路侧设备通过接收单一车辆发送的车辆信息，以及自身的计算资源，可以实现一定范围内的数据自动流动和多个车辆级 T-CPS 的互联、互通和互操作。

如图 4-19 所示，面向车群控制的 T-CPS 从整体交通系统的角度出发，其核心就是将交通物理对象和系统状态传递到信息系统中，基于计算、通信、控制 3C 技术集成，将交通信息元素与交通物理元素融为一体，发挥信息技术在感知、传输、存储、分析挖掘和优化控制等方面的优势，通过信息系统和物理系统之间的相互作用与反馈，在对交通物理现象与状态准确认知的基础上，实现交通系统的信息沟通、系统协调和优化决策控制。

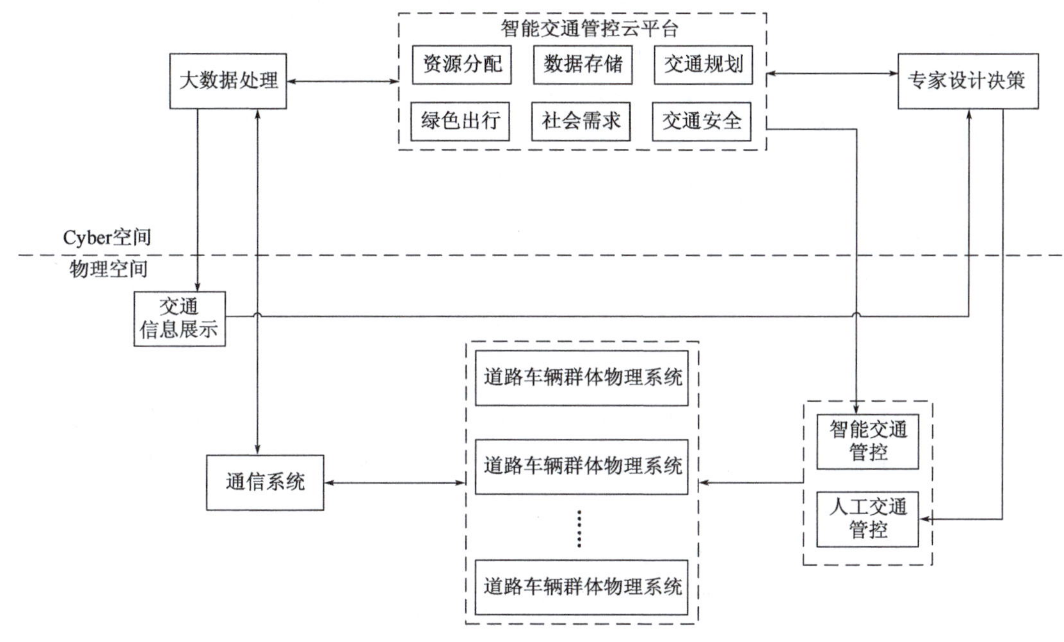

图 4-19 车群控制角度下的 T-CPS

从 T-CPS 角度看，传统车辆群体受制于通信、计算和自动控制等信息手段的欠缺，车辆外部的智能交通管理与控制手段无法及时准确介入，传统车辆群体的信息交互主要依靠物理观察，物理介质的人工交通管控手段（如设置路障、交通指挥、修改红绿灯配时）是其主要的管控措施。而在车路网联环境下，车辆群体的运动状态可通过通信系统映射到信息空间，通过智能数据处理、智能交通管理云平台决策或规划，实时向网联自动驾驶车辆群体发布控制指令，单个网联自动驾驶车辆则依靠车辆级 T-CPS 架构，进一步优化控制方案，并执行相应指令。因此，在 T-CPS 环境下的网联自动驾驶车群控制策略，不仅可以实现车辆自身交通的工程目标和理论分析及目标的改善，同时可以兼顾交通系统全局的优化问题。

不同于传统车辆群体和全网联自动车群体控制，新型混合交通场景下的 T-CPS 是一个物理空间受控主体异构、信息空间多元素不同源的复杂系统，而引发该问题的关键则是本章

4.1.1 中提到的信息不对称和智能化水平不均衡问题。

从 T-CPS 的视角看新型混合车群控制问题必然会经历三个主要阶段，如图 4-20 所示。在低级阶段，道路上的车辆只有人类驾驶车辆，交通主体是以驾驶员为主导，即车辆状态信息的感知、分析以及控制决策都是由人来完成的。与此同时，由于这个阶段还不具备网络通信，因此交通系统中缺乏信息系统，也无法与物理系统相互反馈进一步协调和优化物理实体的行为，导致其连通性、交互性以及可控性都较弱。

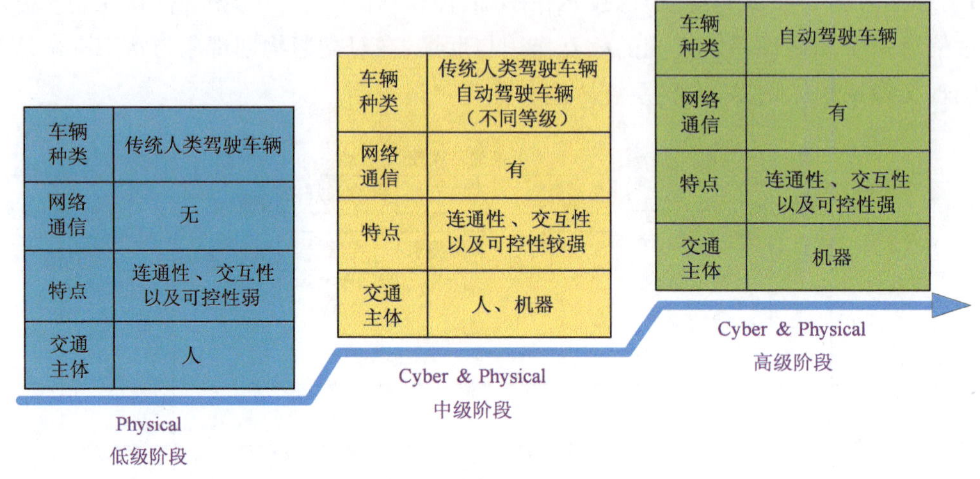

图 4-20　新型混合车辆群体控制经历的三个阶段

随着车路网联技术和自动驾驶技术的发展，网联自动驾驶车辆的引入使得混合交通逐渐从低级阶段转变到中级阶段。在这一阶段中，道路上将不再只包含人类驾驶车辆，还存在处于不同自动化等级的网联自动驾驶车辆。在信息感知方面，网联自动驾驶车辆除了利用自身装备的传感器外，还可以通过车路网联技术获取更加丰富的环境信息，并在此基础上进行分析、决策和控制。也就是说，此时道路交通的主体则是人和机器同时存在。在车路网联环境下，使得新型混合交通的信息系统与物理系统相互耦合，其连通性、交互性以及可控性都较强。众所周知，网联自动驾驶车辆替代人类驾驶车辆是未来的趋势，但由于各种因素的制约导致这一过程非常漫长，所以中级阶段也将持续很长时间。

新型混合交通发展的高级阶段必然是具备完全自动化驾驶功能的车辆组成的完全智能化交通系统（自主交通系统）。此时的网络通信技术高度发达，信息的感知、分析以及决策控制也都是靠机器完成，基本不需要人的参与，交通系统的连通性、交互性以及可控性达到了极强的水平。事实上，此时的信息系统与物理系统的耦合程度也更加紧密，信息系统也能更好地指导物理系统中车辆的驾驶行为，从而较大程度上提升道路的通行效率、安全性和降低能耗、污染等。

4.2 快速路上/下匝道群体协同控制

4.2.1 上/下匝道群体协同控制原理与机制

1)概述

在快速路上/下匝道场景下,车流的汇入与分流等行为可能造成不同流向、速度的车辆之间相互干扰严重,进而引发交通堵塞,导致快速路通行能力的降低:一方面,由于匝道车辆汇入主车道,可能导致主车道车辆大幅减速引发停走波现象,这不仅造成了空气污染物排放和能源消耗增加,而且由于匝道车辆速度往往比主车道车辆速度低,在上匝道汇流区的非主动横向冲突可能对车辆安全产生影响;另一方面,在下匝道区域,由于衔接部交通紊流和交织普遍,使与下匝道出口相衔接的交叉口延误及排队大大增加,并且反作用于下匝道本身,这可能导致行车高峰期间的交通不畅乃至严重阻塞,甚至影响到快速路主干道车辆运行。根据控制范围,匝道控制主要可分为:

(1)单点控制。即将每一个匝道口视作一个独立体,对其单独施加控制。常用方法有需求-容量(Demand-Capacity)控制,占有率(Occupancy)控制和ALINEA控制。需求-容量控制算法通过调节进入主干道的交通量,以保证上匝道的车流量和上游主干道的车流量之和不超过通行能力上限。占有率控制是对上一方法的改进,该策略通过测量的下游占有率值对下游通行能力进行估计,根据估计值调整上游车流量。与前两种控制策略不同的是,ALINEA控制是一种闭环控制算法,它借鉴了PID算法的思想对交通流进行调整。

(2)多匝道口协同控制。即综合考虑上、下游若干匝道的调节,通过联动协同需要控制快速路系统中的所有关联匝道,以使整体的交通流达到最优。在不同的多匝道口协同控制中,有一类特殊的协同控制问题应加以考虑,即同时考虑进出口匝道之间的协同。进出口匝道协同控制的特殊性及其非常重要的学术性在于,它建立了快速道路与衔接的城市道路之间的一体化控制关系。针对此问题,同济大学杨晓光教授提出了一种考虑进出口匝道排队约束的城市快速道路交通系统动态控制方法。该方法给出了具有普遍性的城市快速道路流入交通动态控制法,探讨了各约束条件对控制解的影响,并对所提出控制模型的有效性和基本性质进行了分析。

协同匝道控制方法主要有HELPER方法,LINKED-RAMP方法和METALINE方法等。HELPER方法根据匝道排队长度进行分配,将交通流流量分流到排队长度较小的匝道。LINKED-RAMP方法与HELPER方法类似,但应用了需求-容量模型作为控制器调节。METALINE方法在ALINEA方法上进行了扩展,将该方法推广到了多匝道口联动。

从控制结构上,多匝道口联动可分为四类:集中控制、分散控制、分布式控制和递阶控制(表4-5)。

多匝道口联动类型　　表4-5

联动类型	优　势	劣　势
集中控制	分析和设计较简单,可实现整体的协调控制,得到系统的全局最优解	随着交通规模的增大,可能出现维数爆炸的问题,且因采用单一控制器,系统的可靠性较差
分散控制	计算负担和通信负担较小,系统鲁棒性、灵活性及可拓展性较强	无法得到全局最优解
分布式控制	计算负担小,可通过邻居子系统之间的协调实现全局优化	对子系统之间通信质量要求较高
递阶控制	灵活程度高,可通过调整或更换不同层的算法适应各种情况	系统的通信负担更大,不同层控制器之间的协调耗时较长

采用集中控制结构时,路网中所有的检测信息都会传递给集中控制器,由该控制器根据全局信息计算出所有的控制信号,再传送给路网的各个执行器。集中控制策略的优点是分析和设计比较简单,可以将优化问题写成由多个决策变量组成的线性规划、二次规划、混合整数线性规划以及非线性规划等问题,解决多决策变量以及多目标的优化问题。由于集中控制策略基于全局的信息进行优化,因此可以实现整个路网交通流的协同控制,得到系统的全局最优解。然而随着路网规模的增大,控制器优化时所需传输的信息增多,优化问题的计算复杂度也随之增大。此外,由于采用单一的控制器,当控制器发生故障时会导致整个系统的瘫痪,因此系统的可靠性较差。集中控制策略主要适用于小规模交通系统的实时控制。

采用分散控制结构时,每个路口或区域(称为子系统)根据采集到的局部交通信息求解各自的优化问题,各子系统地位平等,在优化的过程中不与别的子系统进行通信。分散控制的优点是各子系统对应的优化问题规模较小,其需要传输的信息限制在局部范围内,计算负担和通信负担较小。因此在分散控制中,各子系统可以采用更为精确的交通流模型和更为复杂的控制理论进行优化。此外,子系统间无须通信的特点,使得系统的鲁棒性、灵活性以及可拓展性较强。分散控制的缺点是控制器只根据局部的交通信息进行优化,无法得到全局最优解。分散控制适用于通信网络有限、路网中各子系统耦合度较低的情况。

采用分布式控制结构时,每个子系统求解各自对应的优化问题,各子系统之间可以进行通信以获得优化过程中涉及的邻居子系统的关联信息。分布式控制拥有分散控制策略的优点,即各子系统对应的优化问题规模和计算负担较小。此外,由于可以与邻居子系统进行通信,故各子系统可以通过与邻居子系统的协调实现全局的优化目标。分布式控制克服了集中控制和分散控制的缺点。

采用递阶控制结构时,通常把系统的优化问题分成多层多目标的多个子问题,各层之间的数学模型、约束条件以及优化性能指标可以不同。较高层的控制器通常处理较为宏观的问题,可对低层子系统之间的决策进行协调,其控制输出通常作为下一层的参考输入;较低层的控制器则根据高层控制器的输出,求解局部的优化问题。递阶控制的优点是可以将原优化问题分解为多层的优化问题求解,其中每一层控制器可以根据控制的要求采用不同的模型、约束条件和控制目标,算法的灵活性较高。缺点是不同层控制器之间的协调比较消耗时间,系统的通信负担比分布式控制大。因此递阶控制适用于通信网络较为完备且对系统控制性能要求较高的交通路网。

2)经典多匝道口协同控制策略

单点控制策略仅能对局部匝道流量进行控制,对于较大范围的拥堵则无能为力,当前研究多集中于多匝道口协同控制策略,这些策略侧重于全局优化效果。在经典单点控制策略的基础之上,多匝道口协同控制策略可以在方法上进一步细分为:系统最优协调控制、二次型反馈控制和启发式协调控制(表4-6)。

多匝道口协同控制策略　表4-6

控制方法	优势	劣势
系统最优协调控制	理论上能得到不同交通状态下的最优控制策略	模型较复杂,计算量大,实时性差
二次型反馈控制	调整能力强,能将交通状态维持在理想状态附近	鲁棒性不强,当系统发生强烈扰动时,控制的有效性和稳定性均将降低
启发式协调控制	无明确控制目标,具有一定反馈机制,可实施性强	各匝道权重由经验确定,依赖于专家经验,且不适用于瓶颈路段

系统最优控制方法一般取系统总通行时间最小、系统总通过车里程量最大,或各入口匝道总流入量最大等作为目标函数。根据实时检测、预测的状态信息和起讫点(OD)信息,同时考虑一系列的约束条件,包括主线瓶颈通行能力,主线车速,主线密度,出、入口匝道通行能力,出、入口匝道最大排队长度等,最终将问题转化为线性规划或非线性规划问题,求解各匝道的调节率。系统最优控制方法的缺点在于模型较复杂,主要用于匝道控制的理论和仿真分析。

二次型反馈(LQR)控制方法,指利用控制理论中比较完善的线性二次型反馈(LQR)控制理论对匝道流量进行调节。其基本思路是:将匝道控制视为状态调节器,将理想状态附近的系统状态以及控制模型均设为线性函数,性能指标为系统状态和控制变量的二次函数,一般主要以系统实际状态与理想状态之间偏差量的平方和最小为目标函数,来求解匝道调节率。

一种代表性的LQR控制方法是Papageorgiou等提出的metaline方法。在法国、美国、荷兰等地的实践表明,该方法对交通事故造成的拥堵控制效果优于ALINEA控制算法。该研究中要考虑的控制策略主要目标是实现和保持理想的交通条件,且基于线性二次(Linear Quadratic,LQ)优化理论的高速道路系统协调反馈控制进行理论推导。该研究分别采用了两种控制律,包括经典的线性二次控制律和线性二次积分(Linear Quadratic Integral,LQI)控制律:

$$\underline{r}(k)=\underline{r}^{d}-K_{\mathrm{LQ}}[\underline{\rho}(k)-\underline{\rho}^{d}] \tag{4-6}$$

$$\underline{r}(k)=\underline{r}(k-1)-K_{\mathrm{LQI}}[\underline{\rho}(k)-\underline{\rho}(k-1)]-K_{\mathrm{LQI}}^{2}[\hat{\underline{\rho}}(k)-\hat{\underline{\rho}}^{d}] \tag{4-7}$$

这两个控制律都是基于 META 的建模方程,通过在所需稳态的邻域将方程线性化推导出来的,并被命名为 metaline。严格来说,增益矩阵的值取决于所需的交通状况。然而,对于非拥堵的交通,交通行为的非线性并不是很明显。由于指定的期望交通条件总是不拥堵的,增益矩阵值相对于修改的期望条件敏感性很低。因此,无论所需条件的选择如何,都可以使用相同的增益矩阵。在模拟测试中使用两种控制策略获得的结果相似,因其更易于使用,最终推荐应用 LQI 控制。它们的反馈结构使得这两种控制策略都具有出色的鲁棒性,且对随机零均值测量误差的敏感性很低。需要指出的是,这两个控制律均适用于直接使用交通占有率的情形,因为常见的环路检测器提供的统计数据通常是交通占有率,这使得 LQR 控制方法更适用于实际。

启发式控制是基于经验的一种控制策略,一般采取单点与协调层面相结合的方法生成匝道调节策略。在单点层面,通常采用需求-容量差额控制、占有率控制或 ALINEA 控制等策略;在协调层面,它往往没有明确的目标函数,也不进行实时最优求解,而是根据对实时控制效果做比较计算匝道调节率,或者对单点层面得出的调节率作出调整。这类控制方法可以进一步分为合作(Cooperative)型方法、竞争(Completive)型方法和整体型方法(表 4-7)。

典型启发式控制方法 表 4-7

方法		优势	劣势
合作型	Helper	对交通量较大的情况控制灵活,能有效缓解交通拥堵	无最优控制目标,控制误差较大
	Linked-ramp	模型简洁,不依赖实时预测的交通出行量信息	不适用于交通拥堵情况
竞争型	Bottleneck	控制逻辑简单灵活,具有实时协调性	控制目标不明确,鲁棒性不强
	SWARM	有能力在拥堵初期消除瓶颈	控制阈值为定值,对匝道状态考虑不足
整体型	模糊逻辑	允许不精确的数据输入,也不需要控制对象的精确数学模型	依赖于专家经验,且控制规则复杂,需要花费大量时间校正参数
	线性规划	能基于实时数据和历史数据有效控制交通流	计算量大且耗时较长,导致难以实时调节
	动态匝道计量	有能力处理各种类型控制和建模限制,可使高速公路交通流始终运行在最优状态	模型过于复杂,求解过程较为烦琐,并可能产生无最优解或无法收敛的情形

合作方法根据相邻匝道间的排队均衡原则对单点匝道调节率进行调整,包括 Helper, Linked-ramp 等方法。Helper 算法由 Lipp 等提出,于 1981 年首次部署在美国科罗拉多州丹佛地区的某高速公路上,该方法将高速公路分为 6 组,每组包括 1 ~7 个上匝道,并定义了 6 个可选匝道调节率,当某个入口匝道出现排队时,系统将通过协调控制将该匝道的交通量有序分配至上游匝道,直至拥堵缓解才结束协调控制。当没有给控制器提供准确的信息和交通流模型时,该方法的鲁棒性很强。Linked-ramp 算法自 1968 年以来一直应用于圣地亚哥市。它的基本思想是,在道路中设置若干个监测点,用每个监测点所检测到的上游流量来决定调节率。

竞争方法通过比较整体调节率和单点调节率之间的调节效果，取效果较好的调节率为最终调节率。典型的竞争方法包括 Bottleneck，SWARM（System Wide Adaptive Ramp Metering）等方法。

Bottleneck 方法是一种双层控制算法，它分为单点层和协调层。在协调层，该算法首先检测并确定主线交通瓶颈，然后基于流量守恒原理来计算其上游各入口匝道调节率的降低总量，并在其影响范围内按照经验权重，将降低量分配到与其相关联的各个入口匝道。

SWARM 方法实质上包含两种相互独立的匝道控制算法，即预测及系统分配算法和传统的局部交通感应算法。在每一个时间段中，系统根据当前交通状态在这两种控制算法中选择一种并应用。

预测及系统分配算法是基于交通流密度的算法，其目标是使得每个路段的交通密度都低于事先确定的饱和交通流密度。在每个时间间隔内，以检测到的交通流数据应用线性叠加及卡尔曼滤波来预测未来时段的交通流密度，并基于这一预测值判断当前交通流量是否需要减少。在得到需要减少的交通流量之后，系统将其分配到每一个上游的受控匝道。

局部交通感应算法的实质是应用高（快）速道路主线及匝道口处的检测器检测到的交通流车头时距来确定匝道调节率。其通过线性转换将交通密度转换为匝道调节率，从而来保持车头时距和主线上的交通流量。

SWARM 算法综合了两种不同的算法来预防车辆检测器失效，同时消除检测数据的噪声，加强了算法的鲁棒性。此外，该算法依据预测的交通条件而不是测得的交通条件来识别瓶颈，因此有能力在萌芽阶段消除拥堵。然而该算法的控制阈值为定值，对匝道状态考虑不足，这可能导致算法失效。

整体型匝道控制算法通常有清晰的系统优化目标函数，并与控制策略紧密相连。目标函数一般选择系统总通行时间最小、系统总流出流量最大、系统总流入行驶量最大等。典型的整体型方法包括模糊逻辑算法、线性规划算法和动态匝道计量算法等。

模糊逻辑算法在单点层面的调节和瓶颈处调节进行权衡，目标是使总行程距离最大化，总行程时间最小化，匝道排队车辆数可接受。该算法基于模糊变量和模糊逻辑，它允许不精确的数据输入，也不需要控制对象的精确数学模型。但是它依赖于专家经验，且控制规则复杂，需要花费大量时间校正参数，并且当交通条件改变时，在原条件下调整好的参数可能完全不适用。

线性规划算法基于高（快）速道路和匝道的实时数据和历史数据对交通进行控制。由于数据量大且约束条件多，该算法计算量大且耗时较长，但是该算法能有效控制交通流。线性规划算法主要有以下几个步骤：

（1）在两个匝道之间将道路分成若干个路段；

（2）检测每个路段的车辆平均速度，用于计算由于堵塞引起的实时通行能力下降，进而求得每段的实时通行能力；

(3)检测匝道排队长度及历史交通出行量数据,用于预测匝道需求;

(4)基于匝道的通行能力提前设定每个匝道允许的最大排队长度;

(5)基于历史交通出行量数据和影响因子预测每个匝道的下游交通流量;

(6)确定优化目标,在上述约束条件的基础上进行线性规划。

动态匝道计量算法是一种综合了区域最优控制和局部感应控制的双闭环控制方法。它的有效性主要依靠状态估计模型和交通出行量预测模型的准确性。从理论上讲,该算法有能力处理各种类型控制和建模限制,可使高(快)速道路交通流始终运行在最优状态。但是它的缺点也很明显:模型过于复杂,求解过程较为烦琐,并可能产生无最优解或无法收敛的情形。

综上所述,启发式控制方法的优点在于:

(1)模型相对比较简洁,求解方便,不存在无解的情形;

(2)一般只需要实时检测数据作为输入条件,而并不强烈依赖于实时预测的信息和状态信息;

(3)具备一定的反馈机制,利于保持系统稳定。

缺点在于:

(1)由于不存在最优控制目标,一般达不到整个系统最优;

(2)一般不具备预测机制,难以避免由时滞引起的控制误差;

(3)经验对控制过程的稳定性、准确性等有较大影响。

4.2.2 面向上匝道区域的群体协同控制

快速路上匝道车辆的合并行为是降低交通效率、引发交通事故的主要原因之一,如何设计有效的控制方法,缓解交通压力,降低上匝道车辆并入主干道时的危险,已成为研究热点。快速路上匝道区域车辆控制方法可分为两类:一类是以匝道控制(Ramp Metering)、可变限速(Variable Speed Limit,VSL)为代表的传统控制方法;另一类是基于智能网联车辆(CAV)的控制方法。其中,匝道控制是通过适当调节从匝道到快速路主干道的流量来改善快速路的交通状况,可进一步分为固定时间匝道控制策略、反应式匝道计量策略和非线性最优匝道计量策略。Papageorgiou 等人提出了一种非线性模型预测分层控制方法,其效率接近基于开环的最优方法。此外,进行速度限制也是提高快速路上匝道区域交通效率的有效方法之一,可通过可变限速板进行速度调节。Cho 等人结合匝道控制和可变限速提出了一种新的控制策略,其优于匝道控制和可变限速两种控制策略,能有效提升上匝道区域的容量。

2005 年,Davis 发现引入 ACC 车辆能改善上匝道区域的交通状况,提升交通效率。此后,研究重心逐渐转移到基于智能网联车辆的上匝道区域控制方法上。Lu 和 Hedrick 提出了虚拟车队的概念,将车辆从上匝道映射到主干道以形成虚拟车队。中央控制器调整虚拟车队中每辆车的速度和加速度,以确保车辆在适当的时间到达合并点。在此基础上,Scarinci 等人将合并控制和匝道控制结合在一起,以便对主干道车辆进行重新布置,为红绿灯即将释放的匝道车辆产生可接受的间隙。Hu 等人进一步考虑多车道干线的场景,提出了一种基于 CAV 环境的多车道高速公路合并区域在线系统控制算法，该算法优化了车道变更和跟随轨迹。此外，还有学者将入口匝道控制和速度引导控制结合在一起，在研究了 METANET 宏观交通流模型和模型预测控制方法的基础上，给出了一种基于网联车辆的城市高速公路入口匝道控制和速度引导控制的联合控制方法。

尽管上述基于智能网联车辆的研究可以改善上匝道区域交通状况，但智能网联车辆难以在短时间内全面普及，未来相当长时间将处于智能网联车辆和人类驾驶车辆共存的状态。因此，有必要针对新型混合交通情景设计上匝道区域的车辆控制方法。本节后续部分将介绍当前典型的上匝道控制方法，以及重庆大学研究团队的工作。

1）传统上匝道控制方法

（1）固定时间匝道控制策略。

固定时间匝道控制策略是基于恒定的历史需求，在没有实时测量的情况下，参考一天中特定时间的历史数据进行控制。其基于简单的静态模型。如果道路上有若干个上匝道和下匝道，则将其细分为若干个路段，每个路段包含一个上匝道。且：

$$q_j = \sum_{i=1}^{j} \alpha_{ij} r_i \tag{4-8}$$

式中：q_j——路段 j 主干道流量；

r_i——路段 i 上匝道容量，veh/h；

α_{ij}——$a_{ij} \in [0,1]$，表示在路段 i 进入高速路并且未在路段 j 上游离开高速路的一部分车辆。

为了避免拥堵，加入如下约束：

$$q_j \leqslant q_{\mathrm{cap},j} \ \forall j \tag{4-9}$$

其中，$q_{\mathrm{cap},j}$ 是路段 j 的容量。进一步添加约束：

$$r_{j,\min} \leqslant r_j \leqslant \min\{r_{j,\max}, d_j\} \tag{4-10}$$

其中，d_j 和 $r_{j,\max}$ 分别是上匝道 j 的需求和容量；$r_{j,\min}$ 是进入高速路的最小流量。

（2）反应式匝道计量策略。

与固定时间匝道控制策略不同，反应式匝道计量策略基于实时监测，目的是保持高（快）速道路交通状况接近预先设定的值。其中局部匝道流量计量策略利用匝道附近的流量计量来计算合适的匝道流量计量值：

$$r(k) = \begin{cases} q_{\mathrm{cap}} - q_{\mathrm{in}}(k-1), & o_{\mathrm{out}}(k) \leqslant o_{\mathrm{cr}} \\ r_{\min}, & \mathrm{else} \end{cases} \tag{4-11}$$

式中：q_{cap}——匝道区域下游的主路容量；

q_{in}、q_{out}——分别是匝道区域上、下游的交通流量；

o_{cr}——临界占用率（此时高速路流量达到最大值）；

$r_{\min}$——预先设定的匝道流量最小值；

$o_{\mathrm{out}}(k)$——匝道区域下游实时占用率。

(3)非线性最优匝道计量策略。

反应式匝道计量策略需要适当的设定值,且部分特征还是属于局部的,而高(快)速道路需要一个高协调级别,从主动、战略角度实时计算出最优和公平的设置值。因此,学者提出了满足以上要求的非线性最优匝道计量策略。非线性交通动态表示如下:

$$\mathrm{x}(k+1)=\mathrm{f}[\mathrm{x}(k),\mathrm{r}(k),\mathrm{d}(k)] \tag{4-12}$$

其中,状态 x 包括 500m 主路路段的所有交通密度和平均速度,以及所有匝道队列;控制 r 包括所有可控制的匝道容量;干扰 d 包括所有上匝道需求和道路曲率(在道路分流处或在上匝道)。队列约束如下:

$$l_i(k)\leqslant l_{i,\max} \tag{4-13}$$

其中,l_i 为队列长度(veh),整个系统在时间 K 内所花费的总时间为:

$$T_{\mathrm{s}}=T\sum_{k=0}^{K}\left[\sum_{i=1}^{n}\rho_i(k)\cdot\Delta_i+\sum_{i=1}^{m}l_i(k)\right] \tag{4-14}$$

其中,$\rho_i(k)$ 为时间 $k\cdot T$ 内时段 i 的交通密度(veh/km)。

(4)可变限速。

在上匝道区域上游路段选用可变限速算法是优化缓解合流区拥堵情况的有效方法之一。它通过自动检测道路交通流运行状态,针对变化中的道路交通情况,自动计算当前合理限速值,并通过信息发布技术将限速信息发布给驾驶员。其示例如下:

$$V_{\mathrm{L}}=\begin{cases}100, AX_i+BY_i<C_1\\ 90, C_1\leqslant AX_i+BY_i\leqslant C_2\\ 80, C_2<AX_i+BY_i\end{cases} \tag{4-15}$$

式中:C_1、C_2——切换速度限制的流量阈值;

X_i——上匝道区域上游流量;

Y_i——上匝道流量;

A、B——相关系数。

2)基于智能网联车的控制方法

(1)考虑多车道的控制方法。

实际道路中上匝道区域主干道一般为多车道,但大部分研究并未考虑这一点。Hu 等人在 2019 年提出了考虑多车道情景的上匝道控制方法。该方法的调整分为两步:第一步,主干道的车辆在进入汇流区之前进行车道的调整,从而为后续调整留出空间;第二步,在汇流区,靠近匝道的主干道车辆进行速度和车间距的调整,从而为匝道车辆并入主干道留出空间(图4-21)。

其合作换道控制模型的目标函数是使当前变道周期内所有输入车辆的平均速度最大,动力学方程如下:

$$x_{l,i,t}-x_{l,i,t-1}=v_{l,i,t-1}\cdot\Delta t^{\mathrm{LC}}, \forall l,i,t=2,\cdots,T^{\mathrm{LC}} \tag{4-16}$$

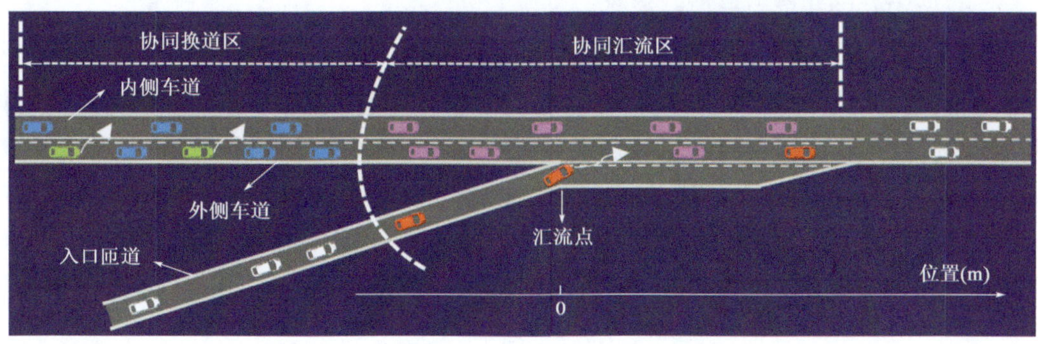

图 4-21 上匝道控制示意图

$$v_{l,i,t}-v_{l,i,t-1}=a_{l,i,t-1}\cdot\Delta t^{\mathrm{LC}},\ \forall\, l,i,t=2,\cdots,T^{\mathrm{LC}} \tag{4-17}$$

式中：l、i、t——分别为车道编号(1,2)、任一车道车队中的序号、时间步长数；

x,v,a——分别为车辆的位置、速度、加速度；

Δt^{LC}——换道时间间隔。

合作合并模型在 Letter 于 2017 年提出的模型上做了修改，定义了在任何速度下车辆的最小跟随距离：

$$X_t-x_t\geqslant v_t g_{\min}^{\mathrm{CM}},\ \forall\, t \tag{4-18}$$

式中：X_t——与目标车辆有冲突的车辆位置；

$g_{\min}^{\mathrm{CM}}$——合作合并的最小间隔时间。

内侧主干道、外侧主干道及匝道车辆轨迹分别如图 4-22、图 4-23 所示。

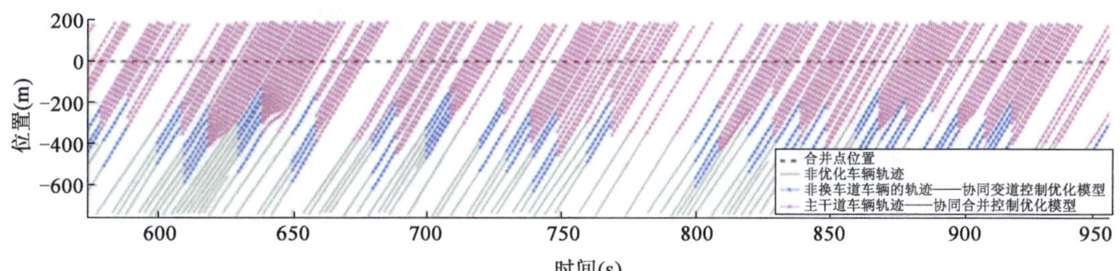

图 4-22 内侧主干道车辆轨迹

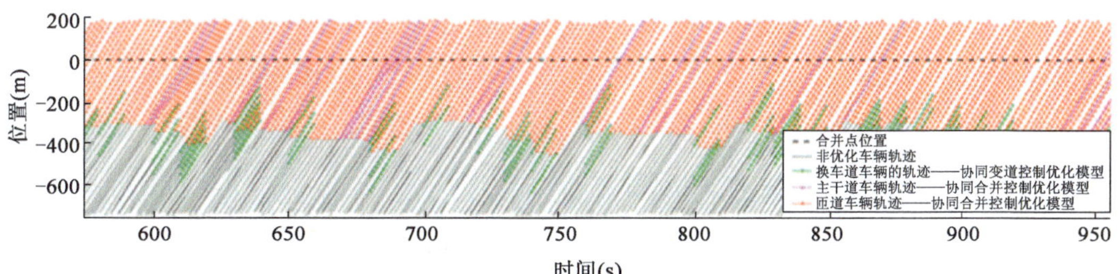

图 4-23 外侧主干道及匝道车辆轨迹

在多场景下的仿真结果表明，该方法在延迟和平均行驶速度方面具有优势。

（2）基于 MPC 的速度引导控制策略。

Wu 等人将入口匝道控制和速度引导控制有效地加以结合，在研究了 METANET 宏观交通流模型和模型预测控制方法的基础上，提出了一种基于网联车辆的城市快速路入口匝道控制和速度引导控制的联合控制方法。该方法对 METANET 宏观交通流模型进行了改进，通过因子分析和多元线性回归，建立了基于快速路探测器数据的严重交通冲突预测模型，并基于改进的 METANET 模型，建立了以交通效率和交通安全水平为目标函数的联合控制模型。其中，考虑总行程时间和严重冲突数量的目标函数为：

$$\min J(k)=T\sum_{i=k}^{k+N_p-1}\left[\sum_{m,i}\rho_{m,i}(k)L_m\lambda_m+\sum_i L_i^q(k)\right]+\sum_i\{591.634-14.872\rho_i+1.625(v_i-v_{r_i})+1.638[|v_i(k+1)-v_i(k)|]+0.877[|v_i(k)-v_{i-1}(k)|]\} \tag{4-19}$$

式中，$L_i^q(k)$表示匝道内的排队长度。通过求解多目标函数，可以优化入口匝道汇流车辆速度的指导策略。在其提出的控制策略中，入口匝道的汇流速率和期望速度值被嵌入一组封闭表达式中，可以联合求解出最优汇流速率和速度导向值。

对比分析联合控制方法与无控制方法，匝道与干线速度的联合控制可以有效地提高城市快速路汇流与分流时的交通效率，保证交通流以相对稳定的速度运行，并保持相对均匀（图 4-24）。在提高快速路整体交通效率的同时，速度差和速度均化效应的减小，一定程度上大大降低了因频繁换道引起的追尾和侧面碰撞风险，对快速路系统交通安全的改善也具有积极的作用。

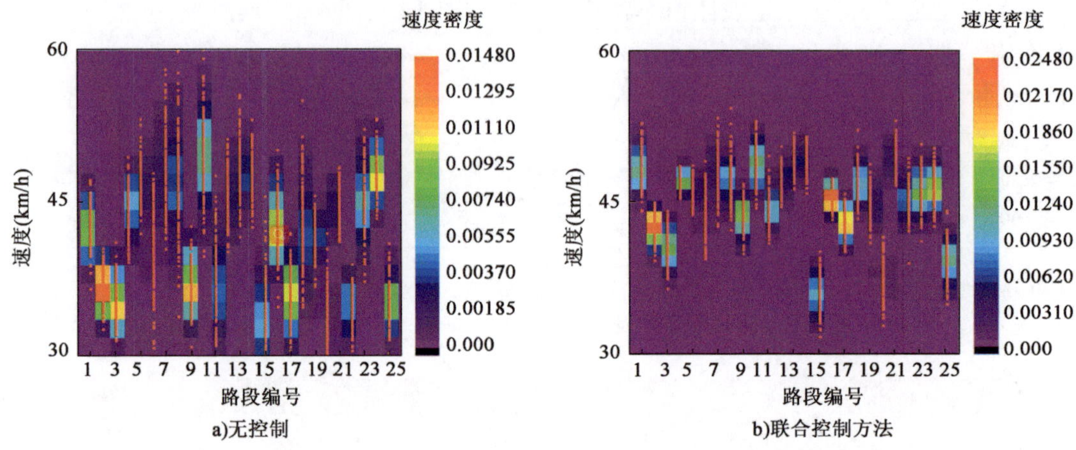

a)无控制　b)联合控制方法

图 4-24　各路段 5min 内的速度分布

3）面向新型混合交通事件触发切换控制方法

另一个控制方案的设计思路是，参考多模态控制思想针对不同交通场景，设计各自相应最适合的控制策略，有望在复杂多变的混合交通场景下，最大化发挥 CAV 的优势和引导作用。为此，重庆大学孙棣华教授研究团队提出了一个事件触发切换控制策略。其基本思路是：在将快速路主线和匝道上的车辆映射进一个虚拟的车队，通过适当步骤来确定 CAV 是否可以在虚拟车队中超车，以避免不必要的先进先出队列（First Input First Output，FIFO）。方法的基本流程如图4-25所示，其中IDn是第n辆车的控制ID。在给每辆感知区内的车辆分配了控制ID后，让控制ID小的车辆优先进入汇流区。控制ID的分配是动态的，从而避免不必要的FIFO。控制ID分配流程如图4-26所示。

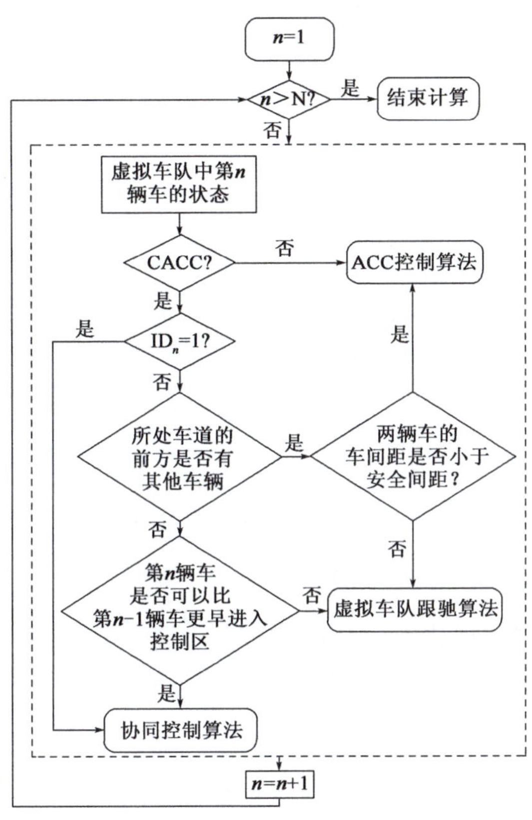

图4-25 事件触发切换控制流程

如果第n辆车是CAV，那么事件触发条件如下：

$$e_n(t)=(-1)^{\mu_n}[p_k(\hat{t}_m^n)-p_n(t)-s_{ea}]\leqslant 0 \tag{4-20}$$

式中：k——第n辆车在同一车道中的前车的编号；

μ_n——第n辆车触发事件的次数；

$\{\hat{t}_m^n\}_{m=0}^{\infty}$——第$n$辆车的采样时刻；

s_{ea}——前后两辆车应保持的安全间距；

$p_n(t)$——第n辆车在时刻t所处的位置。

式(4-20)说明事件触发切换机制将安全性作为首要考虑条件：如果同一车道内前后两辆车的车间距小于安全间距，后车便会优先基于前车状态调整。

令σ为切换信号，对应σ的切换序列如下：

$$\{(r_0,t_0),\cdots(r_i,t_i),\cdots,|r_i\in M,i\text{ 为自然数}\} \tag{4-21}$$

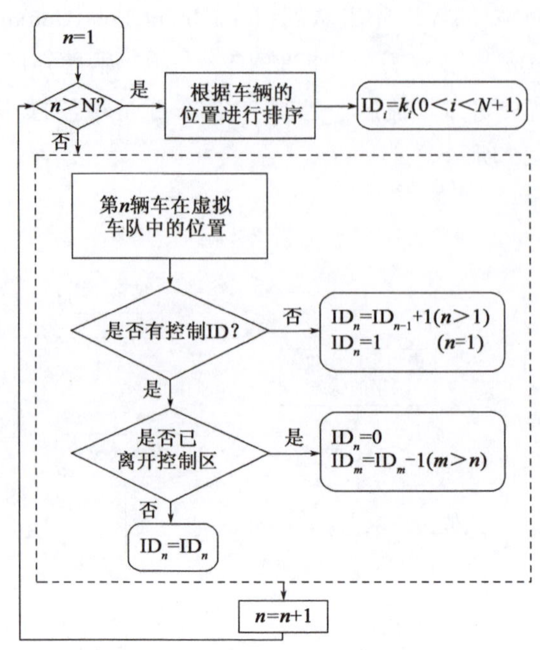

图 4-26 控制 ID 分配流程

$M=\{1,2,3\}$,其中 1 表示协同控制算法,2 表示虚拟车队跟驰算法,3 表示 ACC 控制算法。t_i表示切换时间,如果 $t\in[t_i,t_{i+1})$,那么交通系统的第 r_i 个子系统被激活。为了简化分析,令$\hat{t}_0^i=t_0=0$,且在非切换时间区间$[t_i,t_{i+1})$内有 l 个采样。$\hat{t}_{k,i}^n$是$[t_i,t_{i+1})$内的第 k 个采样时间。切换时间必须是采样时间。控制器按如下形式给出:

$$u_n(t)=\begin{cases} f_{r_i}(s_n(\hat{t}_{1,i}^n),v_n(\hat{t}_{1,i}^n),\Delta v_n(\hat{t}_{1,i}^n)),t\in[t_i,\hat{t}_{1,i}^n) \\ f_{r_i}(s_n(\hat{t}_{2,i}^n),v_n(\hat{t}_{2,i}^n),\Delta v_n(\hat{t}_{2,i}^n)),t\in[\hat{t}_{1,i}^n,\hat{t}_{2,i}^n) \\ \cdots \\ f_{r_i}(s_n(\hat{t}_{l,i}^n),v_n(\hat{t}_{l,i}^n),\Delta v_n(\hat{t}_{l,i}^n)),t\in[\hat{t}_{l,i}^n,t_{i+1}) \end{cases} \tag{4-22}$$

其中 $n\geqslant1$。在式(4-22)中,f_i 表示不同的控制模式的输入,$s_n(t)$为第 n 辆车在时刻 t 与虚拟车队前车的车间距,$v_n(t)$为第 n 辆车在时刻 t 的速度,$\Delta v_n(t)$为第 n 辆车在时刻 t 与虚拟车队前车的速度差。控制器将仅在采样时间接收切换和状态信息。

从图 4-27 可以看出,事件触发切换控制方法可以避免不必要的 FIFO,并且,通过 CAV 的适当提前调节,应用事件触发切换控制可以略微提前所有车通过汇流区的时间。相关指标还表明,驾驶员的体验并不总是随着渗透率的提高而变得更好,这也许是因为 CAV 的频繁调节导致交通效率降低。这种现象需要进一步研究以揭示其形成机制。

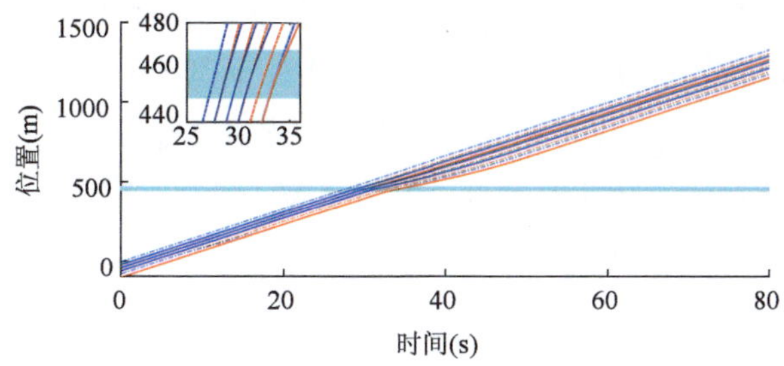

图 4-27 时间-位置关系(虚拟车队示意)

4)快速路新型混合交通上匝道协同汇流策略

当前,大多数上匝道协同汇流控制策略可能对汇流区下游的交通状况有不利影响。针对这一问题,重庆大学孙棣华教授研究团队提出了一种新的快速路新型混合交通上匝道协同汇流控制策略:通过直接控制自动驾驶汽车影响并间接控制下游协作车辆。这一策略的大致说明如图 4-28 所示。

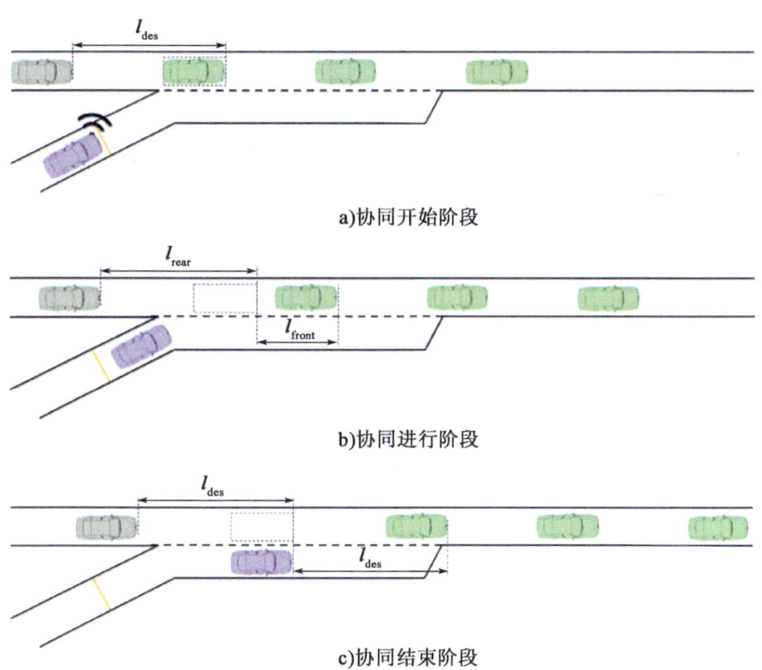

图 4-28 快速路混合交通上匝道协同汇流策略示意图

在协同开始阶段,待汇入主路的匝道车辆向主路中的网联自动驾驶车辆发出汇流请求。

在协同进行阶段,主车道的网联自动驾驶车辆会判断当前状态下匝道车辆驶入汇流区时,是否有足够的间隔进行并道操作,如果间隔足够则不采取额外的控制策略,否则转入协同结束阶段。

在协同结束阶段,当下游有足够间隔时,主车道中靠前的网联自动驾驶车辆会进行加速,而靠后的网联自动驾驶车辆会进行减速,以给车辆汇流留出足够的间隔。

汇流的时间和位置取决于主线中网联自动驾驶车辆调整合适间隙的轨迹和上游车辆的状态。因此,将协同汇流问题转化为最优问题并通过模型预测控制解决,是一个有效的思路。在输入、加速度、速度的限制下,综合考虑多方面因素,该方法给出了一个多目标最优控制策略(图4-29)。该策略可以有效地防止交通状态由于汇流区的并道行为而恶化,并在提高汇流效率和降低能耗及排放方面具有一定优势。

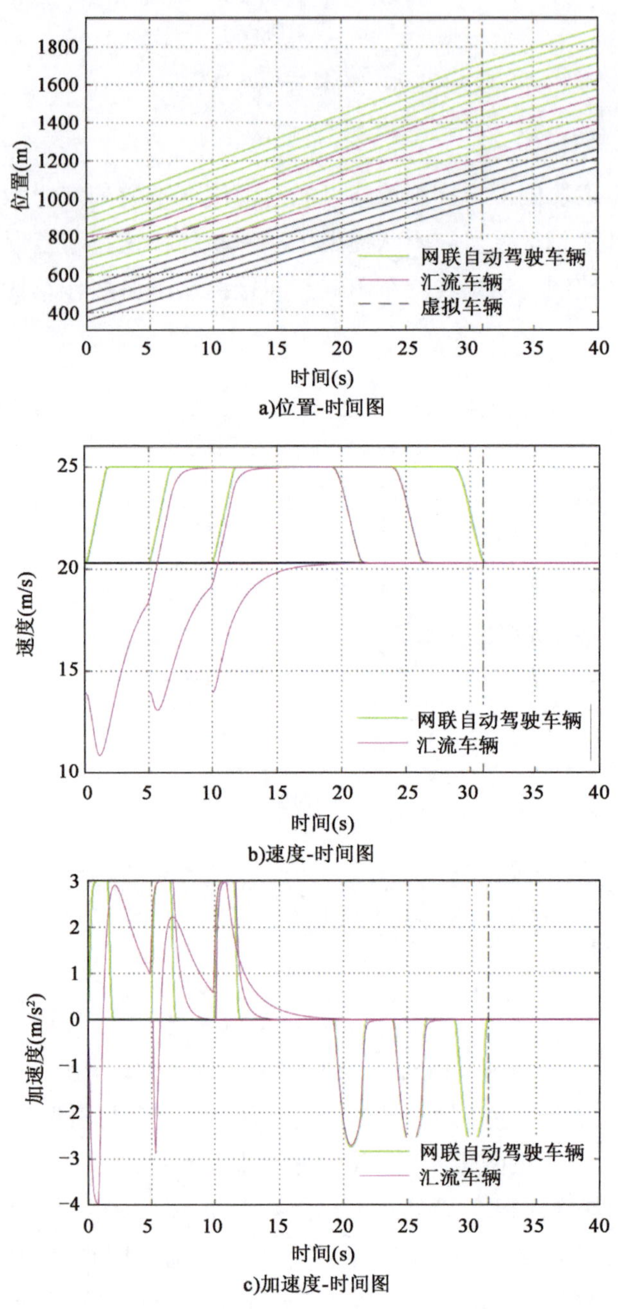

图4-29 协同汇流策略下上匝道汇流区车辆状态-时间图

4.2.3 出口匝道区域群体协同控制

出口匝道的分流区,一般不会引起主线的交通拥堵。但是,有关研究发现,频繁变道的机动车仍是匝道附近交通拥堵的主要触发因素之一,即将下匝道的车辆需在出口匝道上游附近换道至最右侧车道,由此产生的变道行为可能引发主线车道的交通拥堵。此外,如果与下匝道相连的辅路下游交叉口信号配时不合理,不仅导致辅路排队过长,也会导致出口匝道的交通向主线延伸,进而导致快速路主线交通的拥堵。

在全部车辆均为人工驾驶的条件下,为了缓解过多的匝道排队引起的高速公路拥堵,最早进行研究的应是同济大学杨晓光教授,提出了考虑出口匝道排队约束的快速路流入交通控制方法,通过建立出口匝道排队长度与上游主线交通状态、流入匝道的关系模型,进而动态优化确定相关流入匝道车辆的流入率。另一类研究,旨在减少匝道附近的非必要换道行为。例如,Daganzo 等人提出了一种动态车道分配策略,以减少在拥堵的匝道区域换道的频率。基于现场观测数据,Rudjanakanoknad 提出了两种交通控制策略来增加拥堵区域的匝道通行能力:匝道控制和禁止匝道附近的非必要换道行为。

出于同样的目的,还有一类研究旨在将交通分流到其他不拥堵的地区。例如,Günther 等人提出了一个模型,让一些车辆在地面街道上绕行,并为下匝道车流量提供控制优先权。Spiliopoulou 等人从用户最佳角度开发了一个实时路线改道模型,给定检测到的坡道外队列溢出,控制模块将被执行以将一些坡道外交通流绕行至替代路线,旨在防止坡道外的队列溢出。

除了上述策略之外,缓解这种匝道排队溢出更有效的方法是在其连接的主线上控制交通信号。近几十年来,已经对高速公路出口匝道和局部干道的信号灯控制优化进行了大量研究。例如,Messer 提供了一种控制策略和模拟研究,以解决交叉口和立交桥出口之间距离较短的密集信号主干道的交通拥堵问题。同样,Zong 等人开发了一种集成控制算法,包括匝道控制和本地信号计时,以改善高速公路菱形立交桥及其邻近地面街道的性能。

Li 等人提出了一个混合整数模型,用于匝道和主线交通流之间的综合控制,旨在使从匝道到高速公路主线的队列溢出最小化。同样,Lim 等人提出了一个信号控制模型,以最小化匝道及其连接动脉的总延迟。Pei 等人开发了一个控制模型,根据匝道交通状况优化地面道路的绿灯时间和周期长度。Yang 等人利用两阶段框架提出了一个分解控制模型,以优化交叉口信号配时,并同时向来自匝道和上游交叉口的竞争交通流提供信号级数。2018 年,Yang 等人在对匝道进行了排队估计的基础上,设计了一种针对下匝道的自适应信号控制系统。

近年来,随着自动驾驶和车联网技术的发展,越来越多的研究人员针对网联自动驾驶车辆的可控性和可协同性展开研究。2019 年,Zheng 等人针对全部车辆均为网联自动驾驶车辆的情况,提出了一种协调目标车道上急需下匝道的车辆与可合作车辆之间行为的策略,以改善出口匝道附近分流区域的交通运行状况和安全状况,并研究了合作区域的设定对改善交通运行状况、交通安全和交通振荡的影响。次年,Dong 针对所有车辆均没有网联通信及协同控制的情况,讨论了三种网联自动驾驶车辆下匝道路径最优控制策略。

针对新型混合交通场景,目前研究大多先建立 CAV 模型和 HV 模型,然后从 CAV 渗透率的角度探讨其对交通流的影响。例如,董长印等人研究了混入自动驾驶车辆的下匝道瓶颈路段交通流运行情况,通过增大车辆的感知范围,提高换道的冒险程度以及加长换道区域的长度,可以在一定程度上改善下匝道瓶颈路段的拥堵、提高交通运行效率。Guo 等研究了考虑车辆的入口匝道合并与出口匝道分流情况下,随着网联自动驾驶车辆渗透率的不断增加,道路通行能力和平均速度得以不断提高。Wang 从不同自动化等级的角度,建立了无自动化(NA)、驾驶员辅助(DA)、部分自动化(PA)和条件自动化(CA)四种车辆的跟车和换道模型,其中,PA 和 CA 可以提高交通容量,CA 则在提高匝道附近道路通行能力方面更为有效。

1)经典下匝道控制方法

(1)出口匝道信号控制策略。

针对下匝道衔接辅路交通流量较大,受流出能力约束而导致出口匝道车辆排队上溯到主路,造成快速路主线拥堵的问题,曲昭伟等人借鉴上匝道信号控制的 ALINEA 方法,提出了一种下匝道衔接辅路的自适应信号控制方法。该方法根据道路交通情况,预设下匝道的期望道路占有率,依据实际的辅路交通流量和下匝道占有率与预设期望的差值,通过辅路交通流量控制算法计算辅路调节率;最后,通过衔接辅路的信号配时控制辅路交通流量。其中,辅路交通流量自适应控制调节算法为:

$$R_{\text{side}}(i+1)=q_{\text{side}}(i)+\eta[N_{\text{s}}-N_{\text{off}}(i)] \tag{4-23}$$

式中:$R_{\text{side}}(i+1)$——第 $i+1$ 时刻辅路流量调节率;

$q_{\text{side}}(i)$——第 i 采样时刻辅路实际检测通过停车线的流量;

η——调节系数;

N_{s}——下匝道车辆目标时间占有率;

$N_{\text{off}}(i)$——第 i 时刻下匝道实际检测的车辆时间占有率。

利用仿真系统,将其控制方法与不控制、让行控制、定时控制方法进行对比分析(图 4-30、图 4-31)。这里的“不控制”是指辅路车辆和下匝道车辆具有同等的行驶优先权;“让行控制”是指出口匝道车辆具有优先通行权,辅路车辆需减速让行下匝道车辆;“定时控制”是指辅路车辆按照信号控制方案周期性放行。结果表明,让行控制,即出口匝道车辆优先时,在平均行程车速与车辆延误时间方面均有明显优势,自适应控制的表现优于不控制和定时控制。考虑到让行控制在实际中难以应用,因此,自适应控制方法更可以有效改善出口匝道区域的路网状态。

(2)快速路主线实时诱导控制策略。

针对快速路出口匝道排队溢出的问题,还有些学者研究通过诱导的方式为车辆提供最佳出口匝道及行驶路径,以此来均衡整体路网的负荷,达到提升运行效率的目的。Spiliopoulou 等人提出了基于匝道排队估计的动态路径诱导策略,该策略利用了对出口匝道上队列长度的实时估计,故需要一些探测装置测量交通状态。路径诱导策略试图将出口匝道上的排队长度维持在一个理想值。具体采用 bang-bang 控制策略，对每个控制周期 k，主线分流率的计算如下：

$$\beta(k)=\begin{cases}1, w(k)<\hat{w}\\0\end{cases} \tag{4-24}$$

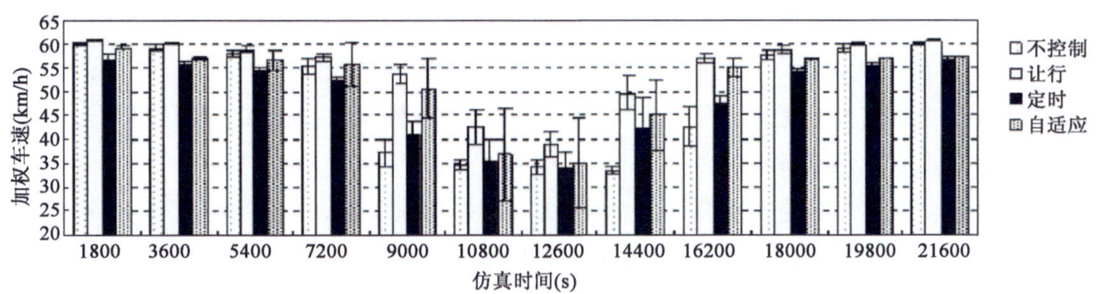

图 4-30 不控制、让行、定时、自适应控制方法下的行程速度

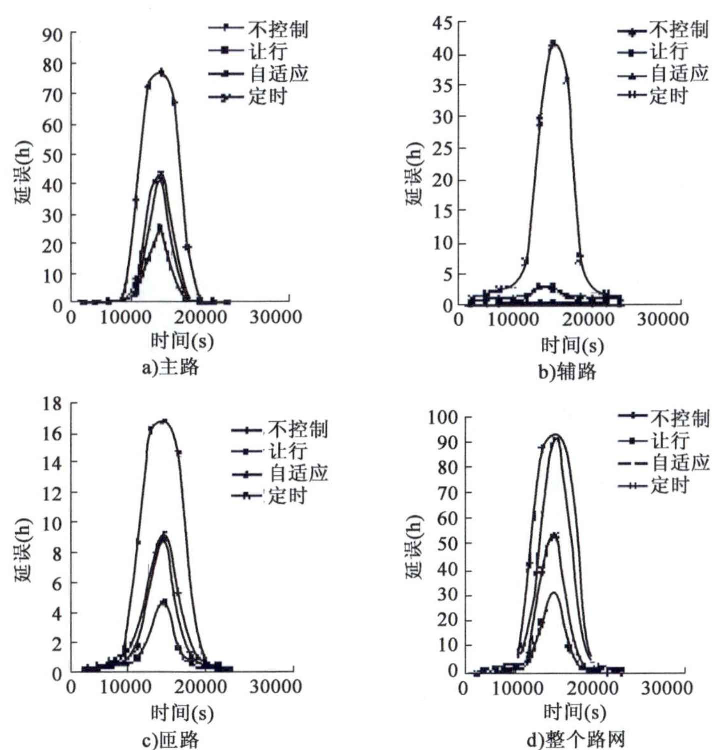

图 4-31 不控制、让行、定时、自适应控制方法下的车辆延误

其中，β 是分流率，$\hat{w}$是出口匝道上排队长度的理想值。采用 PI 控制策略，对每个控制周期 k，主干道的分流率的计算如下：

$$\beta(k)=\beta(k-1)+K_p[w(k-1)-w(k)]+K_i[\hat{w}-w(k)] \tag{4-25}$$

为缓解快速路下匝道的交通拥堵，王艳丽等提出了从主线上进行速度协调控制的方法。其基本思路是对瓶颈上游的路段进行速度引导，放缓上游交通流的速度，使瓶颈区域的交通量

与其通行能力相匹配,从而缓解已拥堵路段的拥堵程度,加快拥堵的消散。该方法基于如下假设前提:

①基于车道进行交通流预测时,假设在预测时间单元内,如果没有出入口匝道影响,车道之间的流量占比不会发生太大的变化;

②假设当距离出口匝道处很近时,车辆已经完成换道行为,只有最外侧车道有出匝道的车辆;

③假设在交通需求不变的情况下,入口匝道的交通流量经过一定交织换道之后,会按照固定的比例分配到下游各个车道中;

④假设在交通需求不变的情况下,出口匝道上游邻近断面最外侧车道上的直行和出匝道车流量成固定比例,该比例可根据交通流实际情况分析得到。

在此四个假设前提下,基于现有断面的速度协调控制模型,通过对入口匝道、出口匝道等的修正,构建了面向出口匝道的基于车道的速度协调控制模型,描述和预测每个车道的交通流状态,以路网行程时间最短、总通过量最大为优化目标,对每个车道分别进行最佳速度引导。对比分析不同交通需求情形下无策略控制、基于车道速度协调控制、基于断面速度协调控制三种措施,结果表明:速度协调控制策略适用于中高密度,对缓解交通拥堵、提高交通安全水平有一定的助益,且基于车道的控制在拥堵的情形下,优于基于断面的控制(图4-32)。

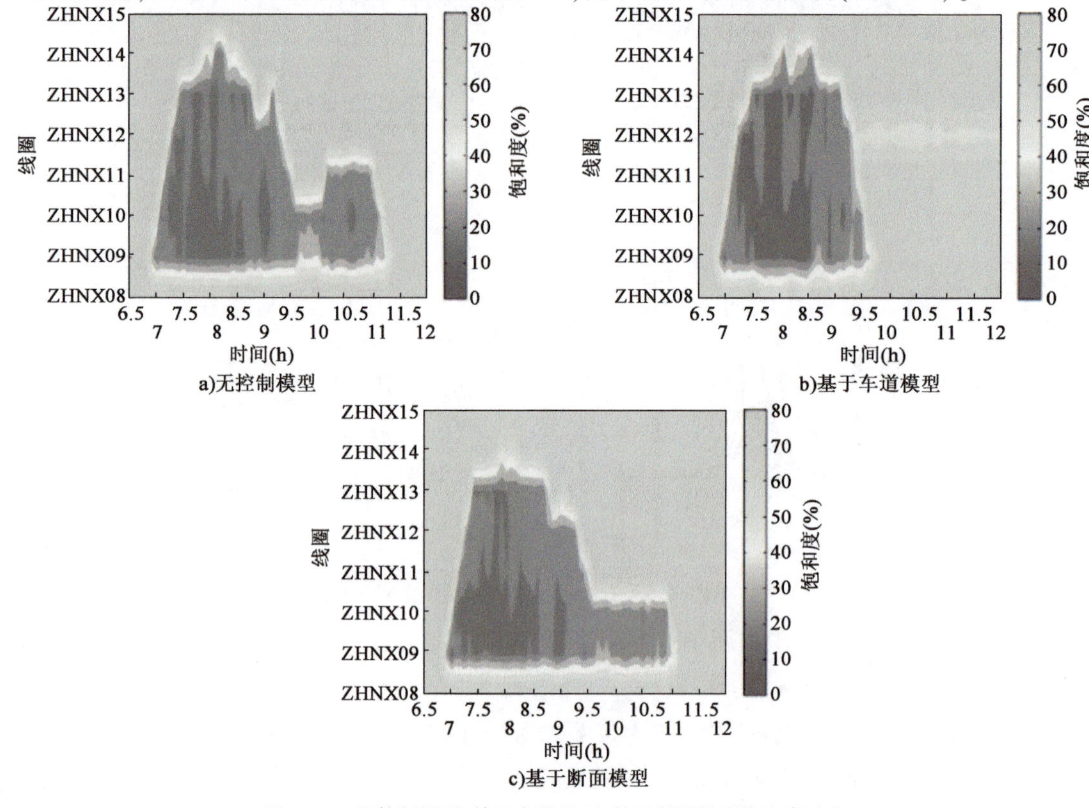

图4-32　无控制模型、基于车道模型、基于断面模型饱和度对比

(3)出口匝道与衔接交叉口协调优化控制策略。

当出口匝道下游临近交叉口时,需要设计一种出口匝道与衔接交叉口信号灯协调控制策略。张翔基于元胞传输模型(CTM)的快速路出口匝道与衔接交叉口区域交通流模型,以区域总体延误最小和交叉口通过量最大为控制目标,以绿灯时间、周期时长、出口匝道排队长度和交叉口进口道排队长度为约束,建立了快速路出口匝道与衔接交叉口区域协调优化控制模型:

$$F = \min \frac{D(k)}{Q_{\text{out}}(k)} \tag{4-26}$$

s. t.

$$\begin{cases} g_{i\min} \leqslant g_i(k) \leqslant g_{i\max} \\ C_{\min} \leqslant C(k) \leqslant C_{\max} \\ N_{\text{offramp}}(k) \leqslant N_{\text{offramp}\max} \\ N_l(k) \leqslant N_{l\max} \end{cases} \tag{4-27}$$

式中:$D(k)$——第 k 个控制周期路网元胞总体延误;

$Q_{\text{out}}(k)$——第 k 个控制周期交叉口通过车辆数。

该方法基于遗传算法,提出了一种协调优化控制方法。遗传算法(Genetic Algorithm)是一种基于达尔文生物遗传进化规律演化而来的随机搜索方法,具备良好的全局寻找最优解的能力。遗传算法模拟一个人工种群的进化过程,通过选择(Selection)、交叉(Crossover)以及变异(Mutation)等机制,在每次迭代中都保留一组候选个体,重复此过程,种群经过若干代进化后,在理想情况下其适应度达到近似最优的状态。遗传算法能够在复杂空间内进行全局优化搜索,其主要特点在于直接以适应度函数值作为搜索信息,不存在函数连续性和求导的限定即可确定搜索方向和范围,适用于解决一些比较复杂的目标函数求解优化问题;以一组可行解进行并行搜索,具备良好的全局寻优能力,避免陷入局部最优状况;采用遗传算子进行全局搜索,能够自动获取和指导搜索空间,自适应地调整搜索方向,不需要人为添加确定的规则。

基于遗传算法的出口匝道与衔接交叉口信号协调优化控制的主要实现步骤包括种群规模和迭代次数等基本参数设定、染色体编码、个体适应度计算、选择操作、变异操作和交叉操作。具体步骤如下:

①设定遗传算法基本参数。包括种群个数、最大迭代次数、交叉概率和变异概率 MP 等。

②染色体编码。该方法采用二进制编码规则对可行解进行编码,所构建的出口匝道与衔接交叉口信号配时优化控制模型参数,包括交叉口四个相位的绿灯时间(其中周期时长等于各相位绿灯时间总和,可间接计算获得,不纳入染色体编码中)。

③生成初始种群。随机生成若干个满足绿灯时间和周期时长约束条件的队列结构数据的初值,各个数据都是一个个体,由上述个体形成一个种群。通过随机产生预定种群数目的初始

群体，以初始种群作为初始点开始进化。同时为了保证种群个体的多样性和差异性，初始种群数量要达到一定的规模。

④计算个体适应度。本节构建的区域协调优化模型的目标函数是区域车辆总体延误与交叉口车辆通过量比值的最小值，需要对其进行转化，当目标函数值越小时，适应度值越大，被选择的概率也越大。因此，通过引入惩罚函数将目标函数值转化为适应度函数值，针对不满足约束条件的个体，设定适应度值取0。

⑤选择操作。根据上述计算的每个个体的适应度值，选用轮盘赌选择法，利用每个个体适应度值所占比例大小决定其保留的概率。

⑥交叉操作。采用单点交叉法进行基因交叉重组，随机设置一个交叉点位，交换该点位前部或后部的两个部分基因结构，生成两个新的个体，并根据约束条件判断个体可行性，若为无效个体，继续执行交叉操作直至生成有效个体。

⑦变异操作。根据互换变异法，通过随机生成两个小于染色体长度的不等整数，交换这两个整数位置的编码实现变异操作，根据约束条件判断个体可行性，若为无效个体，继续执行变异操作直至生成有效个体。

⑧检验是否满足最大迭代次数，若满足，执行步骤⑨；否则迭代次数加一，转到步骤④。

⑨输出种群中适应度值最高的个体作为问题的最优解。

通过对比无协调控制、启发式协调控制，以及协调优化控制方法下，出口匝道与减速车道排队长度，分析不同控制方法在控制出口匝道排队长度方面的效果。出口匝道与减速车道每个控制周期平均排队长度如图4-33、图4-34所示。

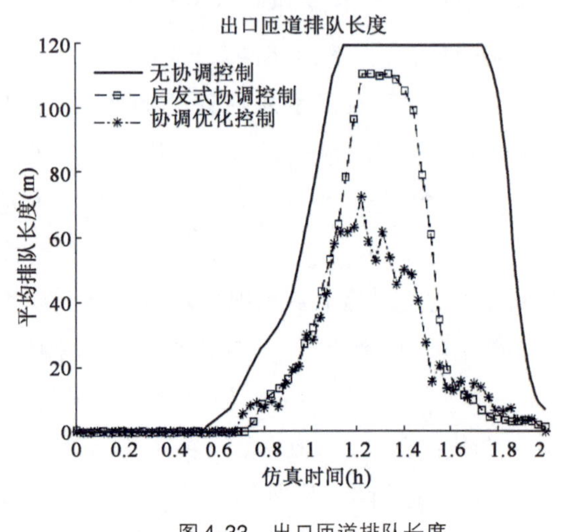

图4-33 出口匝道排队长度

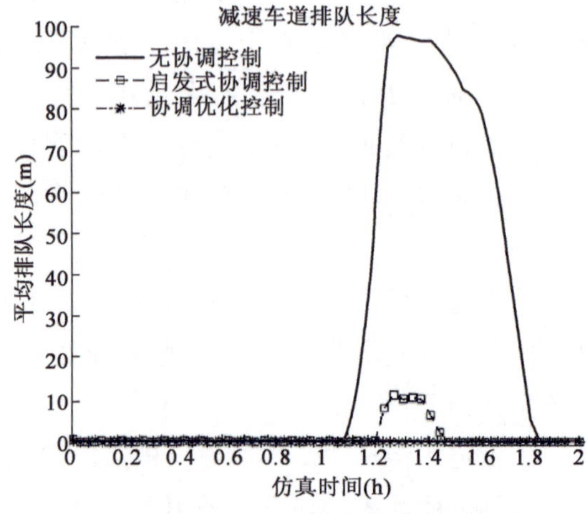

图4-34 减速车道排队长度

该策略从排队长度、车流通过量以及车均延误指标综合对比评价无协调控制、启发式协调控制和协调优化控制方法的控制效果，结果表明：启发式协调控制能够有效消除出口匝道排队溢出，协调优化控制能够根据外部动态交通需求实时优化控制参数，减少了路网总体延误，提高了交叉口和衔接段交织区通过量，实现了区域运行效益的最大化。

2）基于 CAV 的协同控制方法

（1）基于协同换道策略。

针对邻近出口匝道分流区的交通场景，Zheng 等人提出了一种协同换道策略以改善交通运行管理和安全，其策略的主要思想是协调分流车辆（即内侧车道需要驶出匝道的车辆）与合作车辆（即外侧车道邻近匝道口的车辆）在目标车道上的行为，协助分流车辆在合作区域成功进行强制换道（图 4-35）。协同换道策略主要流程为：

①寻找协助车辆 D 出匝道的最近上游车辆，即车辆 A；

②保证车辆 A 与车辆 D 不碰撞，计算车辆 A 的加速度：

$$a=\frac{X_{\mathrm{D}}(t+\Delta t)-X_{\mathrm{A}}(t)-v_{\mathrm{A}}(t)\cdot\Delta t-v_{\mathrm{A}}(t)\cdot T}{0.5\cdot\Delta t^{2}+T\cdot\Delta t} \tag{4-28}$$

③保证加速度符合车辆 A 的动力学约束；

④跳转流程①，重复算法。

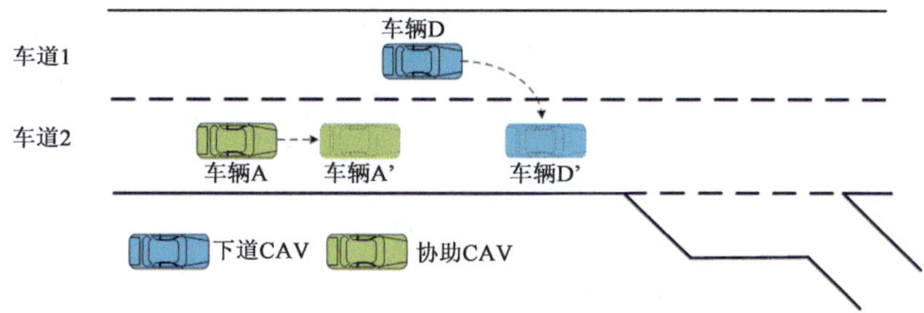

图 4-35 匝道协同换道示意图

与传统的换道策略相比，协同换道策略可以有效提高交通运行效率与交通安全，以及减少交通波的产生与抑制交通振荡。

（2）下匝道路径选择控制策略。

针对出口匝道上游车辆随意变更车道会产生交通瓶颈这一问题，Dong 设计了三种出口匝道车辆路径控制策略（阶梯策略、半重叠策略、全域策略），限制了车辆的换道区域，以实现车辆逐渐变道的目的。如图 4-36 所示，每种策略都遵循以下规则：内侧车道的下匝道车辆只允许在 L_1 区域内换道至中间车道，中间车道的下匝道车辆只允许在 L_2 区域换道至外侧车道，最终在 L_3 区域内完成离开匝道的行为。

阶梯策略在缓解交通拥堵、减少出行延误以及提高交通容量方面效果最好，其次是半重叠策略，全域策略的效果最差。此外，阶梯策略在安全性、行驶效率以及换道频率方面的表现也更好。

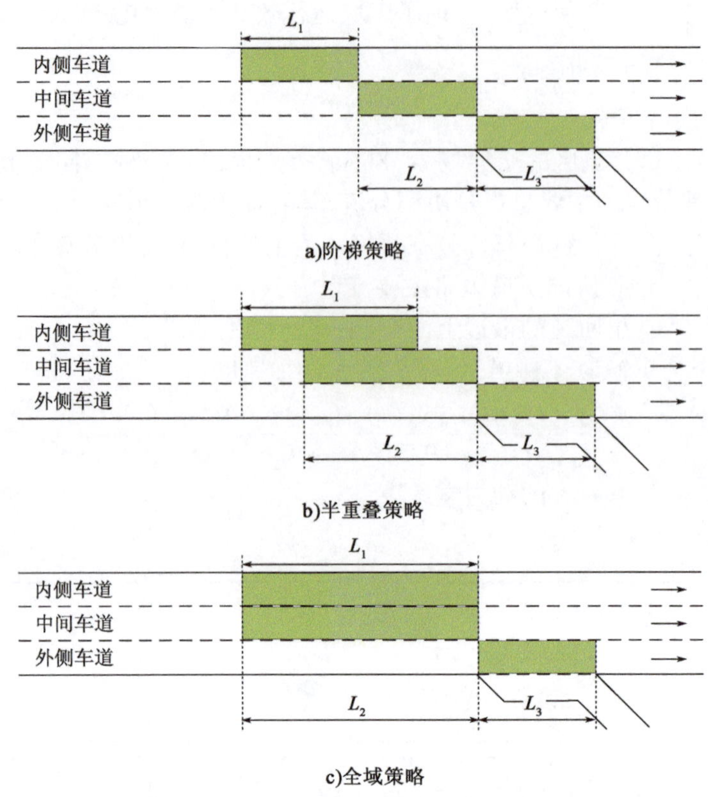

图4-36　下匝道路径选择策略示意图

4.3 快速路路段新型混合交通群体协同控制

4.3.1 快速路路段群体协同控制概述

1)快速路路段交通拥堵

与进/出匝道等瓶颈处不同,快速路路段是道路中最为常见的一个交通场景,其交通拥堵同样是一个一直受到关注的热点问题。道路交通拥堵是指在某一段时间内,由于交通需求的增加,某条道路路段或交叉口总的车流量大于其交通容量(通行能力)时,导致道路上的交通流无法畅行,超过部分交通流滞留在道路上的交通现象。

快速路路段车辆性能及驾驶行为的差异性,以及不断的提前分流或受到进出口匝道附近交通状态的蔓延影响,易导致其交通供需矛盾,从而出现交通堵塞。同时,交通安全事故也是导致交通拥堵的一个重要原因。交通安全事故形态主要有追尾、剐蹭、正面相撞、侧面相撞、撞固定物以及翻车等，而追尾事件占所有事故总数的半数以上，其次为剐蹭事件，具体统计如图4-37所示。在实际交通运行过程中，受道路条件、气候、交通状态等影响，车辆不同程度出现的急加速、急减速、急转弯等异常驾驶行为，成为导致交通安全事故的主要因素之一。当某一车辆发生上述异常驾驶行为时，可能发生单车事故，也可能对周围车辆行驶产生较大影响，引发多车交通事故，从而造成严重且频繁的快速路路段拥堵。

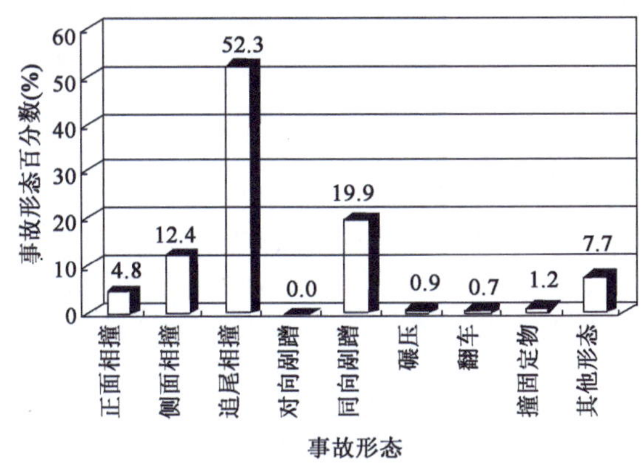

图4-37 快速路交通安全事故形态

因此，破解快速路交通拥堵问题必须从单纯依靠增加设施资源提高供给能力，转变为主要通过交通系统管理（TSM）和交通需求管理（TDM），以及智能化管理（ATM）等来改善交通。也即在快速路既有路网基础上，通过不断完善快速路交通管理与控制辅助设施和设备，运用车路网联技术、交通控制系统等提升服务能力，缓解快速路交通拥堵问题。

2）快速路路段交通既有管理与控制方法

长期以来，我国高速道路（高速公路与城市快速道路）交通管控常采用静态的交通控制形式，如主线采用道路设计限速或85%位速度作为限速值对道路交通流进行速度管控，如图4-38所示。

快速路静态交通管理与控制方法在交通处于长期稳定的道路上实施，能够节省道路辅助交通设施资金投入，并在一定程度上降低交通拥堵和事故等问题发生频率。然而，由于静态交通管理与控制方法仅以一种期望/开环的方式存在，无法针对动态交通状态变化进行反馈调节，当快速路交通需求、交通供给或道路环境非稳定性变化而导致道路交通状态出现恶化时，静态交通控制方法将因其无法及时应变，导致道路交通事故风险增加、交通运行安全性降低。

图4-38 静态限速控制

20 世纪 90 年代初，荷兰学者 Smulders 提出主线可变限速控制的思想，根据实际交通流运行状态及道路环境的情况对限速值进行调整，并通过可变信息标志加以展示，以实现对检测路段交通流速度的管理及控制，并进一步证实了主线可变限速控制能够提升道路交通运行的安全性。

运用先进的交通流和环境特征参数自动检测技术，以及可变限速控制技术可以对变化中的道路交通环境特征作出实时反应，进一步基于实时数据对当前交通流运行状态进行主动判别、基于一定控制策略由计算机自动调整当前限速值，通过信息实时发布技术发布给道路使用者。

(1)单一可变车速管理与控制。

与传统静态限速方法相比，可变限速控制技术不依赖于某一固定限速值，其核心思想为通过改变限速值对快速道路交通流运行进行主动干预，从而实现改善交通流运行、减小车速离散、缓解交通拥堵、提升行车安全等目的，其本质是一种带闭环反馈的动态限速方法(图 4-39)。

图 4-39　可变限速控制

分析主线可变限速标志对道路交通运行状况影响可以发现，在对快速路设置主线可变限速控制系统提取的交通参数数据分析的基础上，主线可变限速的控制能够有效降低车辆运行速度间的差异性，提升道路交通流运行稳定性，降低交通拥堵发生频率。

虽然单一的可变限速控制能够有效降低车辆加速频率和减少能耗及尾气排放量，但在分析英国 M25 四车道快速路采集的主线可变限速控制下的道路交通参数数据后也发现，主线可变限速控制下每条车道所呈现的速度和占有率关系存在明显的差异性。

(2)多方法协同控制。

随着交通拥堵越发严重，以及关于快速路路段拥堵研究的深入，已显现不同交通控制手段之间的协同运用，可以产生更好的改善交通作用。20 世纪 90 年代中期，Yang 等提出交通分配和交通控制协同运用的控制思想，并基于双层控制思想构建交通分配和交通控制协同系统。

在对高速道路路网交通运行特性分析的基础上，Kotsialo 等以传统宏观交通流模型为基础，结合匝道控制和交通诱导控制思想提出高速道路协同优化交通控制策略，并选取总行程时间最短构建联合控制目标函数，最后采用实际道路交通数据对模拟路网交通参数进行标定。协同优化控制方法能够降低总体行程时间，产生明显的缓解路网交通拥堵的效果。

同时，有研究者提出了一种主线可变限速控制、匝道控制等交通控制措施，与交通诱导协同的快速路路段交通联合协同控制策略，通过与匝道控制结合向驾驶员提供必要的诱导信息，优化其出行备选路径，调节路网交通流量，从而缩短行程时间。

此外，分布式强化学习方法也被引入快速路路段的交通控制中。参考分布式强化学习方法的多智能控制架构，充分利用车辆的独立强化学习性能，以及持续更新共享策略相互连接，Wen 等将高速道路匝道控制和交通引导进行相互协同，可使总行驶时间减少 20%。

综上，目前高速道路交通控制与交通诱导协同方法相关研究，主要是对道路交通常态拥堵问题提出，极少有针对新型混合交通的研究。

3）车路网联环境下快速路路段交通群体控制

在 V2X 环境下，车辆能够通过更广泛的信息交互，以交通效率、交通安全、交通环保等为优化目标进行协同行驶。如图 4-40 所示，V2X 环境下路段车辆群体协同的主要工作是从跟驰模型、自适应巡航控制/协同自适应巡航控制（ACC/CACC）、动力学协同行驶等方面对新型混合交通群体控制问题展开研究。

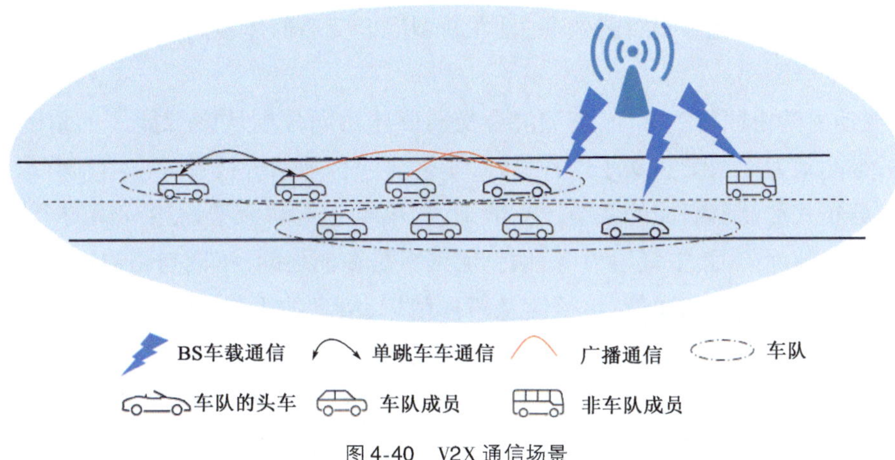

图 4-40　V2X 通信场景

在跟驰模型方面，典型的刺激-反应跟驰模型中的驾驶员存在反应延迟并试图调整本车与前车速度达到一致。该跟驰模型认为车辆运动状态的改变只与速度变化相关，与车辆间距无关。在新型混合交通中，车辆的行驶不仅与速度变化有关，还与其通信车辆的速度差、车间距、驾驶反应时间有关。Newell 基于两个重要的参数（反应时间和车辆间距），提出了带优化速度的跟驰模型。考虑到 Newell 模型由静止加速而出现加速度发散和车间距较小时无法减速的情况，在优化速度模型（Optimal velocity model，OV 模型）基础上，Hasebe 等推广了混合交通多车群体跟驰模型。在信息全覆盖环境下，目标车辆可获取前方所有车辆的信息改善协同行驶性能。

在自适应巡航控制/协同自适应巡航控制（ACC/CACC）方面，重庆大学孙棣华教授团队认为，在混合群体控制中，车头间距小于安全间距时，驾驶者通常会根据前后车的速度差、优化速度差和安全间距信息，通过持续调节目标车辆的速度来避免发生碰撞。此时，安全间距是驾驶者首要考虑的因素；反之驾驶者会根据前后车的速度差和优化速度差来控制车速，以保持与前车的速度一致，这一过程往往会忽略安全间距对车辆运行的影响。

巡航控制（Cruise Control，CC）是一种早期的方法，驾驶者预设一个固定的速度，车辆以给定速度恒速行驶，以减少驾驶员的操作负担。由于车辆无法根据交通状况和驾驶条件相应地改变车速，这种策略的实用性和适应性非常低。随后提出的自适应巡航控制(Adaptive Cruise Control，ACC)是利用车载雷达等传感器获取前车的速度、相对位置等信息，根据这些信息的变化，调整车辆的加速和制动，实现安全、高效和舒适的目标。

在具有V2V通信的混合交通群体控制中，车辆不仅可以传输速度和车辆间距信息，还可以进一步传输加速度和制动能力等信息。有研究者基于这种信息交互能力提出了一种线性反馈控制器，以实现混合交通中群体的协同控制。结合强化学习选取合适控制参数获取不同控制参数下性能的核心思想，传统的CACC控制算法能够在V2X环境下实现混合交通群体的协同控制。此外，针对新型混合交通中群体协同控制时CACC换道过程中的跟踪性、安全性和舒适性问题，V2X环境也提供了新的解决方法，通过引入模型预测控制确保目标车辆与原车道和期望行驶车道的前车在协同时的效率，且在新型混合交通群体协同时，考虑了目标车辆与周边多车之间的安全距离。

最后，在动力学协同行驶方面，新型混合交通群体协同控制从多智能体的角度出发，可以看作一种一维的动力学系统。基于这种思路，车辆协同行驶系统被看成由单车节点动力学、信息流网络和分布式控制器组成的系统。一般来说，单车节点动力学描述车辆的个体动力学行为，包括驱动力、地面阻力、空气阻力等；信息流网络是车辆之间、车辆与路边设备之间，以及车辆与云端之间信息的交流和通信，包括信息拓扑结构、信息的丢包、中断、时延等；分布式控制器是利用信息和根据车辆的运行状态执行反馈控制等。

以下分单车道路段和多车道路段两种交通场景，介绍重庆大学孙棣华团队的工作。

4.3.2 面向路段的单车道协同控制

1)研究背景

在新型混合交通中，人类驾驶车辆和网联自动驾驶车辆在感知、控制和决策等方面都存在很大的差异性，从而导致两者在驾驶行为上也不尽相同。重庆大学针对单车道快速路路段的混合车队控制问题，提出了一种保证混合交通异质车辆行驶一致性的控制方法。在该方法中，考虑了两类异质车辆的驾驶行为差异性，包括车辆动力学和时变时延因素，并分析了在这两种因素下系统的稳定性，同时，降低了由人类驾驶车辆和网联自动驾驶车辆间驾驶行为差异带来的不利影响。针对车路协同通信环境下的网联自动驾驶车辆设计了一致性控制算法，并结合具有时变时延的人类驾驶车辆模型，构建了混合车队系统模型。

2)问题描述

在图4-41中，由人类驾驶车辆和网联自动驾驶车辆组成的混合车队行驶在快速路路段上，在头车的带领下，所有的跟随车辆紧紧跟随头车的驾驶行为向前行驶。其中，网联自动驾驶车辆一方面可通过车路协同技术获取头车的运动状态信息，另一方面还可获得邻近的前车运动状态信息。

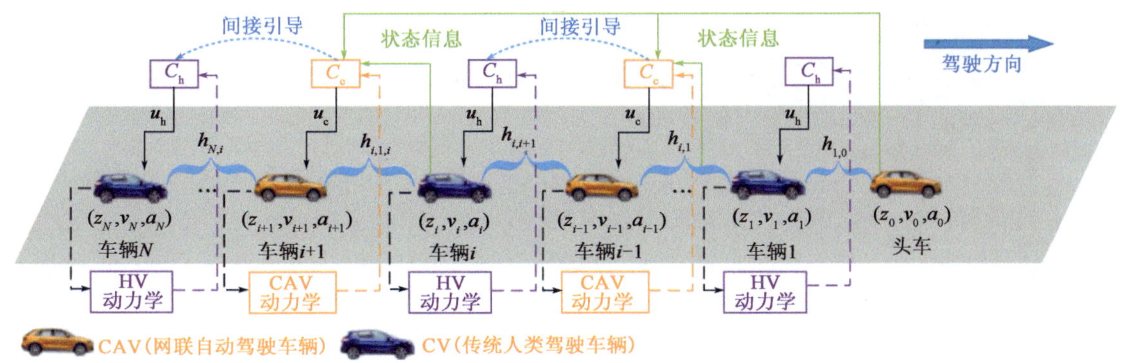

图 4-41 新型混合车队在快速路路段行驶示意图

事实上,在车辆行驶的过程中,每一辆网联自动驾驶车辆都可以看作是一个分布式控制器,因此,尽管人类驾驶车辆不能获取头车的运动状态信息,但可以通过对网联自动驾驶车辆设计相应的控制器,从而间接地引导人类驾驶车辆尽可能快地调整自身的驾驶行为,并最终保证快速路路段上混合车队的行驶一致性。假设头车以恒定的速度向前行驶,头车的驾驶行为可用下式描述:

$$\begin{cases}\dot{z}_0(t)=v_0(t)\\ \dot{v}_0(t)=0\end{cases}\tag{4-29}$$

一般来讲,车队行驶的目标是所有跟随车辆尽可能地追踪头车的速度并使得车辆相互间维持一个恒定的间距前行。因此,车队行驶一致性问题可采用如下表达式:

$$\begin{cases}\lim\limits_{t\to\infty}\|z_i(t)-h_{i0}-z_0(t)\|=0\\ \lim\limits_{t\to\infty}\|v_i(t)-v_0(t)\|=0, i=\{1,2,\cdots,N\}\\ \lim\limits_{t\to\infty}\|a_i(t)-a_0(t)\|=0\end{cases}\tag{4-30}$$

其中,h_{i0}表示第 i 辆车与头车的平衡间距;$z_i(t)$、$v_i(t)$和 $a_i(t)$分别表示车辆的位置、速度和加速度。

此外,为了描述网联自动驾驶车辆在通信环境下与其他车辆的信息交互,采用有向图来描述车辆的通信拓扑。有向图 $G=\{V,E,A\}$表示通信结构;$V=\{1,2,3,\cdots,N\}$是节点集合,表示跟随车辆;$E\subseteq V\times V$ 表示边集合,意味着每对跟随车辆之间的通信连接;$A=[c_{ij}]_{N\times N}\in R^{N\times N}$表示具有非负元素的加权邻接矩阵,其中 $c_{ij}=1$ 表示第 i 辆车可以获得第 j 辆车的运动状态信息,否则 $c_{ij}=0$。此外,假设不存在车辆自身与自身通信,即 $c_{ii}=0$, $\forall i\in N$。定义 $R=D-A$,这里 $D=diag\{d_1,d_2,\cdots,d_N\}$是一个具有非负元素的邻接矩阵,它的对角元素由 $d_i=\sum\limits_{j=1}^{N}c_{ij}$确定。定义矩阵 $\ell=diag\{\ell_1,\ell_2,\cdots\ell_N\}$表示由 N 辆车和一辆头车组成的系统相关的头车邻接矩阵,其中 $\ell_i=1$ 代表节点 i 与头车的通信连接,否则 $\ell_i=0$。

3）方法与控制器设计

（1）车辆动力学。

车辆动力学模型的主要思想是以物理空间中的车辆为分析对象，从物理系统的角度来分析和研究车辆的动力性能和动态响应性能。

一般而言，涉及车辆动力学的系统为三阶动力学系统，该系统能较好地反映出车辆在实际应用中的典型特点，如车辆的传动系统惯性时延、滚动阻力等。本小节中，考虑所有车辆行驶在直线快速路路段上，且不考虑车辆的换道和超车行为。车辆的纵向动力学模型为非线性模型，通常包括重力、空气阻力、传统系统、滚动阻力等，具体表达式如下：

$$\dot{z}_i(t)=v_i(t) \tag{4-31}$$

$$\frac{\eta_i}{r_i}T_i(t)=m_i\dot{v}_i(t)+C_{\mathrm{A},i}v_i^2(t)+m_i gC_{\mathrm{r}}\cos\{\theta[z(t)]\}+m_i g\sin\{\theta[z(t)]\} \tag{4-32}$$

$$\varsigma_i\dot{T}_i(t)+T_i(t)=T_{\mathrm{des},i}(t) \tag{4-33}$$

这里的 $z_i(t)$ 和 $v_i(t)$ 表示第 i 辆车的位置和速度，m_i 是车辆的质量，g 代表重力加速度系数，C_{r} 表示滚动阻力系数，$T_i(t)$ 表示驱动力或者制动力，$T_{\mathrm{des},i}(t)$ 表示期望的驱动力或制动力，$C_{\mathrm{A},i}$ 代表空气阻力系数，ς_i 代表车辆纵向运动的惯性时延，r_i 表示车辆轮胎的半径，η_i 表示动力传统系统的机械传输效率，$\theta(z)$ 表示道路的坡度角，考虑到实际的高速公路场景，一般道路的坡度角很小，因此有 $\cos[\theta(z)]\approx1$，$\sin[\theta(z)]\approx\theta(z)$。

利用线性反馈控制器设计方法，可以进一步将非线性模型转化为线性模型，具体表达式如下：

$$T_{\mathrm{des},i}(t)=\frac{1}{\eta_i T_i}\{C_{\mathrm{A},i}v_i(t)[2\tau_i\dot{v}_i(t)+v_i(t)]+m_i gC_{\mathrm{r}}+m_i g\theta(z)+m_i u_i(t)\}r_i \tag{4-34}$$

在无扰动输入的情况下，可以得到线性化的车辆动力学模型：

$$\varsigma_i\dot{a}_i(t)+a_i(t)=u_i(t) \tag{4-35}$$

（2）网联自动驾驶车辆控制算法。

网联自动驾驶车辆在通信过程的时延是不可忽视的重要因素。真实的交通环境中，通信的时延存在随机性且随着时间变化，所以在设计网联自动驾驶车辆控制算法时将对时变时延给予考虑，具体的控制算法如下：

$$\begin{aligned}u_c={}&k^c\{\sum_{n=0}^{m}\alpha_n^c c_{i,n}f(h_{i,n}[t-\tau_{i,n}(t)])-v_i[t-\tau_{i,i}(t)]\}+\\&\lambda^c\sum_{n=0}^{m}\beta_n^c c_{i,n}\Delta v_{i,n}[t-\tau_{i,n}(t)]+\\&\mu^c\sum_{n=0}^{m}\gamma_n^c c_{i,n}\Delta a_{i,n}[t-\tau_{i,n}(t)]\end{aligned} \tag{4-36}$$

这里 $c_{i,n}$ 表示从车辆 n 到车辆 i 的通信连接，$k^c>0$，$k^c\in R$，$\lambda^c>0$，$\lambda^c\in R$ 和 $\mu^c>0$，$\mu^c\in R$ 表示控制增益。α_n^c、β_n^c 和 γ_n^c 分别代表第 n 辆车的位置、速度和加速度对第 i 辆车的影响权重。

$h_{i,n}=z_n(t)-z_i(t)$，$\Delta v_{i,n}=v_n(t)-v_i(t)$和$\Delta a_{i,n}=a_n(t)-a_i(t)$分别表示第$n$辆车与第$i$辆车的车间距、速度差和加速度差。$\tau_{i,n}(t)$表示通信时延，$T_i=\varsigma_i$代表车辆纵向运动的惯性时延，$f(h_{i,n}(t))$是非线性函数，它与第$n$辆车与第$i$辆车的车间距有关，具体定义如下：

$$f(h_{i,n}(t))=\begin{cases}0,h_{i,n}\leqslant g_l\\ v_m/2\left\{1-\cos\left[\dfrac{\pi(h_{i,n}-g_l)}{g_h-g_l}\right]\right\},g_l\leqslant h_{i,n}\leqslant g_h\\ v_m,h_{i,n}\geqslant g_h\end{cases} \tag{4-37}$$

如果$h_{i,n}\leqslant g_l$，表示第i辆车与第n辆车的车间距小于g_l时，车辆i的期望速度为0。当$g_l\leqslant h_i,n\leqslant g_h$时，车辆的期望速度随着车间距$h_{i,n}$增加而增加。当$h_{i,n}\geqslant g_h$时，第$i$辆车趋向于获得最大的速度$v_m$。

(3)人类驾驶车辆模型。

与网联自动驾驶车辆的通信时延类似，驾驶员的感知时延也不应被忽视，假定感知时延随时间变化而变化，结合前面给出车辆动力学模型，进一步给出人类驾驶车辆的三阶模型：

$$\begin{cases}\dot{z}_j(t)=v_j(t)\\ \dot{v}_j(t)=a_j(t)\\ T_j\dot{a}_j(t)+a_j(t)=k^h\{f(h_{j,j-1}[t-\tau_{j,n}(t)])-v_j[t-\tau_{j,j}(t)]\}+\\ \qquad\lambda^h\Delta v_j[t-\tau_{j,n}(t)]+\mu^h\Delta a_{j,n}[t-\tau_{j,n}(t)]\end{cases} \tag{4-38}$$

其中，k^h、λ^h和μ^h是敏感系数，同时设加速度系数$\mu^h=0$。此外，这里的$\tau_{j,n}(t)$表示驾驶员的感知时延，它也可以被看作一种特殊的通信时延。

(4)系统模型。

根据前面提出的控制算法，并结合混合车队的行驶一致性目标，进一步得到了混合车队的系统模型，具体表达式如下：

$$\dot{x}_{\text{mix}}(t)=G^{\text{mix}}x_{\text{mix}}(t)+\sum_{m=1}^{k^{\text{mix}}}U_m^{\text{mix}}x_{\text{mix}}(t-\eta_m(t))+\sum_{b=1}^{l^{\text{mix}}}U_b^{\text{mix}}x_{\text{mix}}(t-\xi_b(t))$$
$$k^{\text{mix}}\leqslant N,l^{\text{mix}}\leqslant N(N-1) \tag{4-39}$$

这里$x_{\text{mix}}(t)=[p_1^T(t)\quad p_2^T(t)\quad p_3^T(t)]^T$，$p_1(t)=[\bar{z}_1(t)\quad\cdots\quad\bar{z}_i(t)\quad\cdots\quad\bar{z}_N(t)]^T$，$p_2(t)=[\bar{v}_1(t)\quad\cdots\quad\bar{v}_i(t)\quad\cdots\quad\bar{v}_N(t)]^T$和$p_3(t)=[\bar{a}_1(t)\quad\cdots\quad\bar{a}_i(t)\quad\cdots\quad\bar{a}_N(t)]^T$。

令

$$\sigma=\begin{cases}h,i\in\text{HV}\\ c,i\in\text{CAV}\end{cases} \tag{4-40}$$

那么

$$G^{\text{mix}}=\begin{bmatrix}0^{N\times N} & I^{N\times N} & 0^{N\times N}\\ 0^{N\times N} & 0^{N\times N} & I^{N\times N}\\ 0^{N\times N} & -k^{\sigma}/T_iI^{N\times N} & -1/T_iI^{N\times N}\end{bmatrix}\in R^{3N\times 3N} \tag{4-41}$$

$$U_m^{\text{mix}}=\begin{bmatrix}0^{N\times N} & 0^{N\times N} & 0^{N\times N}\\ 0^{N\times N} & 0^{N\times N} & 0^{N\times N}\\ A_{\text{mix1}}^{N\times N} & A_{\text{mix2}}^{N\times N} & A_{\text{mix3}}^{N\times N}\end{bmatrix}\in R^{3N\times 3N} \tag{4-42}$$

$$U_b^{\text{mix}}=\begin{bmatrix}0^{N\times N} & 0^{N\times N} & 0^{N\times N}\\ 0^{N\times N} & 0^{N\times N} & 0^{N\times N}\\ B_{b1}^{\text{mix}N\times N} & B_{b2}^{\text{mix}N\times N} & B_{b3}^{\text{mix}N\times N}\end{bmatrix}\in R^{3N\times 3N} \tag{4-43}$$

$$A_{\text{mix1}}=\begin{bmatrix}u_1^{\text{mix}} & 0 & \cdots & 0\\ 0 & u_2^{\text{mix}} & \cdots & 0\\ \vdots & \ddots & \ddots & \vdots\\ 0 & 0 & \cdots & u_N^{\text{mix}}\end{bmatrix}\in R^{N\times N} \tag{4-44}$$

$$u_i^{\text{mix}}=\begin{cases}-k^{\sigma}\alpha_{i,0}^{\sigma}f'(h_{i,0}*)/T_i, i=m, \tau_{i,0}(t)=\eta_m(t), i=1\\ \begin{cases}-k^{c}\alpha_{i,0}c_{i,0}f'(h_{i,0}*)/T_i, i=m, \tau_{i,0}(t)=\eta_m(t), i\in \text{CAV}, i\neq 1\\ 0, i\in \text{HV}\end{cases}\end{cases} \tag{4-45}$$

$$s_i^{\text{mix}}=\begin{cases}-\lambda^{\sigma}\beta_{i,0}^{\sigma}/T_i, i=m, \tau_{i,0}(t)=\eta_m(t), i=1\\ \begin{cases}-\lambda^{c}\beta_{i,0}^{c}c_{i,0}/T_i, i=m, \tau_{i,0}(t)=\eta_m(t), i\in \text{CAV}, i\neq 1\\ 0, i\in \text{HV}\end{cases}\end{cases} \tag{4-46}$$

$$y_i^{\text{mix}}=\begin{cases}-\mu^{\sigma}\gamma_{i,0}^{\sigma}/T_i, i=m, \tau_{i,0}(t)=\eta_m(t), i=1\\ \begin{cases}-\mu^{c}\gamma_{i,0}^{c}c_{i,0}/T_i, i=m, \tau_{i,0}(t)=\eta_m(t), i\in \text{CAV}, i\neq 1\\ 0, i\in \text{HV}\end{cases}\end{cases} \tag{4-47}$$

$$B_{b1\ (j_1,j_2)}^{\text{mix}}=\begin{cases}\dfrac{k^h}{T_i}\alpha_{i,n}^{h}f'(h_{i,n}*), \text{with } i\neq n, \text{if } \xi_b(t)=\tau_{i,n}(t), j_1=i, j_2=n, i\in \text{HV}\\ \dfrac{k^c}{T_i}\alpha_{i,n}^{c}c_{i,n}f'(h_{i,n}*), \text{with } i\neq n, \text{if } \xi_b(t)=\tau_{i,n}(t), j_1=i, j_2=n, i\in \text{CAV}\\ -\dfrac{k^h}{T_i}\alpha_{i,n}^{h}f'(h_{i,n}*), \text{with } i\neq n, \text{if } \xi_b(t)=\tau_{i,n}(t), j_1=j_2=i, i\in \text{HV}\\ -\dfrac{k^c}{T_i}\alpha_{i,n}^{c}c_{i,n}f'(h_{i,n}*), \text{with } i\neq n, \text{if } \xi_b(t)=\tau_{i,n}(t), j_1=j_2=i, i\in \text{CAV}\\ 0, \text{otherwise}\end{cases} \tag{4-48}$$

$$B_{b2\ (j_1,j_2)}^{\text{mix}}=\begin{cases}\dfrac{\lambda^h}{T_i}\beta_{i,n}^h,\text{with } i\neq n,\text{if } \xi_b(t)=\tau_{i,n}(t),j_1=i,j_2=n,i\in \text{HV}\\ \dfrac{\lambda^c}{T_i}\beta_{i,n}^c c_{i,n},\text{with } i\neq n,\text{if } \xi_b(t)=\tau_{i,n}(t),j_1=i,j_2=n,i\in \text{CAV}\\ -\dfrac{\lambda^h}{T_i}\beta_{i,n}^h,\text{with } i\neq n,\text{if } \xi_b(t)=\tau_{i,n}(t),j_1=j_2=i,i\in \text{HV}\\ -\dfrac{\lambda^c}{T_i}\beta_{i,n}^c c_{i,n},\text{with } i\neq n,\text{if } \xi_b(t)=\tau_{i,n}(t),j_1=j_2=i,i\in \text{CAV}\\ 0,\text{otherwise}\end{cases} \tag{4-49}$$

$$B_{b3\ (j_1,j_2)}^{\text{mix}}=\begin{cases}\dfrac{\mu^h\gamma_{i,n}^h}{T_i},\text{with } i\neq n,\text{if } \xi_b(t)=\tau_{i,n}(t),j_1=i,j_2=n,i\in \text{HV}\\ \dfrac{\mu^c\gamma_{i,n}^c c_{i,n}}{T_i},\text{with } i\neq n,\text{if } \xi_b(t)=\tau_{i,n}(t),j_1=i,j_2=n,i\in \text{CAV}\\ -\dfrac{\mu^h\gamma_{i,n}^h}{T_i},\text{with } i\neq n,\text{if } \xi_b(t)=\tau_{i,n}(t),j_1=j_2=i,i\in \text{HV}\\ -\dfrac{\mu^c\gamma_{i,n}^c c_{i,n}}{T_i},\text{with } i\neq n,\text{if } \xi_b(t)=\tau_{i,n}(t),j_1=j_2=i,i\in \text{CAV}\\ 0,\text{otherwise}\end{cases} \tag{4-50}$$

值得注意的是,在上述的状态空间方程中,第 i 辆车可能是人类驾驶车辆,也可能是网联自动驾驶车辆。事实上,对于道路上行驶的车辆而言,在 V2I 通信环境下,其车辆的空间分布信息可以通过路侧设备获取。因此,只要得到了车辆的空间位置信息,则混合车队的系统模型就可以通过上式计算得到。

(5)车辆状态一致性分析。

考虑混合车队的状态空间方程,假设时延 $\eta_m(t)$ 和 $\xi_b(t)$ 有界且头车的信息是全局可达的,即 $\forall t$, $\forall m$ 和 $\eta\leqslant 1$ 满足 $\eta_m(t)\in[0,\bar{\eta}_m]$,$\dot{\eta}_m(t)\in(0,\eta]$。$\forall t$, $\forall b$ 和 $\xi\leqslant 1$ 满足 $\xi_b(t)\in[0,\bar{\xi}_b]$,$\dot{\xi}_b(t)\in(0,\xi]$。那么存在一个常量 $\delta^*=\max\{\bar{\eta}_m,\bar{\xi}_b\}$ 和常数正定矩阵 $P\in R^{3N\times 3N}$,$Q_m\in R^{3N\times 3N}$ 和 $Q_b\in R^{3N\times 3N}$,同时,满足以下关系:

$$Y^TP+PY+(k^{\text{mix}}+l^{\text{mix}})\delta^*K+\sum_{m=1}^{k^{\text{mix}}}Q_m+\sum_{b=1}^{l^{\text{mix}}}Q_b<0 \tag{4-51}$$

$$k^{\text{mix}}\delta^*H/2-(1-\eta)Q_m<0 \tag{4-52}$$

$$l^{\text{mix}}\delta^*H/2-(1-\xi)Q_b<0 \tag{4-53}$$

其中:

$$Y=G^{\text{mix}}+\sum_{m=1}^{k^{\text{mix}}}U_m^{\text{mix}}+\sum_{b=1}^{l^{\text{mix}}}U_b^{\text{mix}} \tag{4-54}$$

$$K=\sum_{m=1}^{k^{\text{mix}}}PU_m^{\text{mix}}H^{-1}U_m^{\text{mix}\,T}P+\sum_{b=1}^{l^{\text{mix}}}PU_b^{\text{mix}}H^{-1}U_b^{\text{mix}\,T}P+H \tag{4-55}$$

那么对于混合车队，队中各个车辆与头车的状态误差最终均趋于0，即：

$$\lim_{t\to\infty} x_{mix}(t)=0 \tag{4-56}$$

证明：略。

4）仿真实验

在仿真实验中，以单车道上的11辆车组成的车队为例，其中包括1辆头车和10辆跟随车辆，不考虑换道和超车。

设定仿真时间间隔为0.1s，所有车辆的初始速度为27.8m/s。此外，仿真中与交通相关的实验参数设置为：$g_l=5\text{m}$，$g_h=35\text{m}$，$v_m=27.8\text{m/s}$，$T=0.2\text{s}$，$k^h=0.41$，$\lambda^h=0.79$，$a_{max}=3.5\text{m/s}^2$，$a_{min}=-3.5\text{m/s}^2$，$k^c=1.6$，$\lambda^c=0.8$，$\gamma^c=0.4$。为了研究控制算法在不同稳定速度下的有效性，给出了头车的期望速度如下式所示：

$$v_0(t)=\begin{cases}27.8(\text{m/s}),0\leq \text{t}<50\text{s}\\27.8-1.5t(\text{m/s}),\text{if } v_0\leq 5\text{m/s},\text{then } v_0=5\text{m/s},50\leq \text{t}<140\text{s}\\5+1.5t(\text{m/s}),\text{if } v_0\geq 27.8\text{m/s},\text{then } v_0=27.8\text{m/s},140\leq \text{t}<230\text{s}\\27.8-1.5t(\text{m/s}),\text{if } v_0\leq 5\text{m/s},\text{then } v_0=5\text{m/s},\text{t}\geq 230\text{s}\end{cases} \tag{4-57}$$

在后续的仿真实验中，除了特别说明之外，均假设网联自动驾驶车辆和传统人类驾驶车辆是均匀分布在道路上的。

（1）时变时延环境下混合车队一致性分析。

首先讨论混合车队在时变时延情况下的一致性程度。

在仿真实验中，设置时变时延 $\tau(t)=0.3+0.1\sin(t)$，并满足 $\tau(t)<\delta^*=45\times10^{-2}\text{s}$，这里的理论时延上界可以通过前面的定理得到。

混合车队在有界时延范围内的速度误差和车间距变化如图4-42所示。结果表明，在时变延迟条件下，提出的控制方法可以使混合车队的跟随车辆很好地跟随前车的运动状态，保持速度和车间距的一致性。

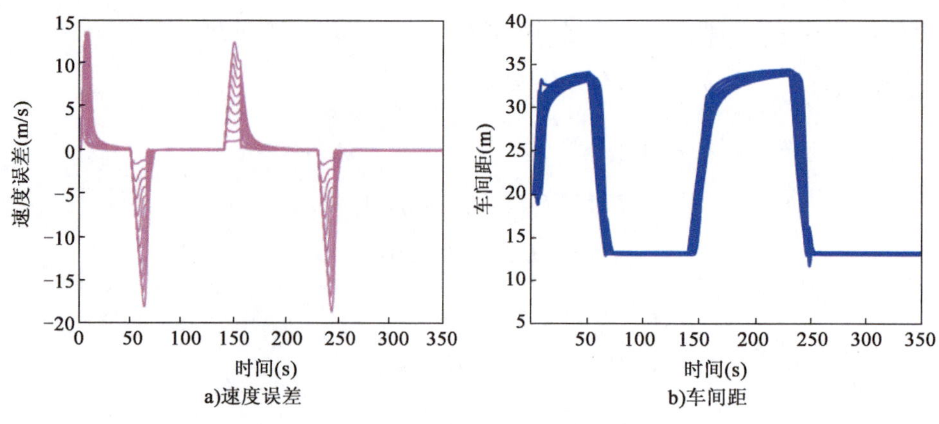

图4-42 当 $\tau<\delta^*$ 时混合车队的状态同步分析

此外,进一步给出当时变时延的上界超过最大理论上界时的混合车队状态同步程度。从图4-43可以看出,在这种情况下,混合车队的跟随车辆也在一定程度上能跟踪头车的运动状态,但会出现误差(从曲线的振荡可知),这说明在使用本小节提出的控制方法时,应尽可能保证时延的范围,避免其对车辆行驶一致性带来的负面影响。

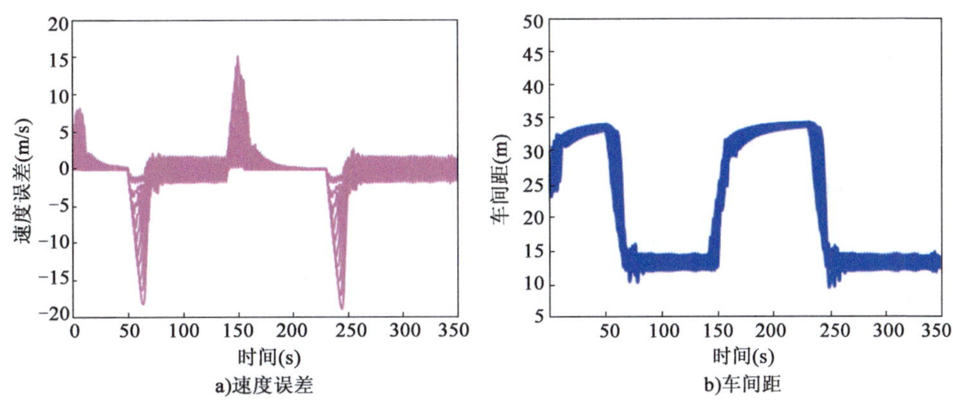

图4-43 当 $\tau > \delta^*$ 时混合车队的状态同步分析

(2)燃油效率。

为了进一步分析控制方法的性能,图4-44给出了两种算法的混合车队中所有车辆的燃油效率曲线。图中红色虚线表示的是基于本小节算法的混合车队的燃油效率,蓝色实线表示的是式(4-1)的结果对应的混合车队燃油效率。对比两条曲线可以看出,本小节算法使得该混合车队中所有车辆的燃油效率之和优于式(4-2)的方法。

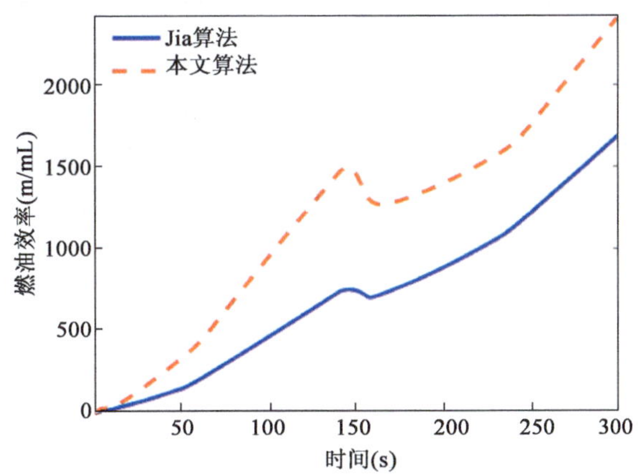

图4-44 不同算法下混合车队的燃油效率变化曲线

5)路段多车道群体协同控制小结

在车路协同环境下,针对快速路路段的混合车队提出了考虑时变时延和车辆动力学的一致性控制方法,旨在克服不同类型车辆由于驾驶行为差异导致的状态不同步等问题。结果表明,混合车队通过本小节的控制算法能在受到扰动的情况下仍然保证车辆间的速度和车间距的一致性，减小由于人类驾驶车辆和网联自动驾驶车辆驾驶行为差异带来的不利影响。同时，在燃油及排放效率方面也具有较明显的优势。

4.3.3 路段多车道群体协同控制

1)研究背景类

在双车道新型混合交通中，每个车道都会同时存在人类驾驶车辆和网联自动驾驶车辆，协调好两个车道上车车之间的协同关系对于改善道路的通行效率与安全具有重要作用。

针对快速路路段的多车道场景，可设计一种基于车辆空间分布的多车道混合交通群体控制策略，旨在通过调整双车道上网联自动驾驶车辆的空间分布，使得整条道路上的网联自动驾驶车辆尽可能均匀地分布，同时引导人类驾驶车辆的驾驶行为，完成组群和分群的过程，并最终提升交通效率、降低能耗和减少事故等。具体而言，根据网联自动驾驶车辆和人类驾驶车辆的物理空间位置对相同车道上的车辆进行了分组，并在此基础上给出新的网联自动驾驶车辆控制算法，给出了双车道混合交通组群和分群的具体规则，实施双车道混合交通群体控制。

2)整体技术框架

双车道新型混合交通的群体控制策略整体技术架构，主要包括预备信息获取、车辆群体划分和分群组群控制策略三部分，如图 4-45 所示。

初始阶段，需要利用 V2X 通信技术获取道路上车辆的类型，如人类驾驶车辆、网联自动驾驶车辆等。在此基础上，为了便于后续新型混合交通群体的划分及定义，需要进一步获取不同类型的车辆在道路上的相对位置，同时需要了解每辆车所在的车道，即车辆的空间分布信息。此外，利用道路路侧设备提前明确车辆当前所处的环境，决定分群组群控制策略能否适用。

基于所获取的信息，进一步对双车道新型混合交通群体进行划分。首先，明确混合车队的定义，即具备何种特征的群体可以归类为一个小组，进而将双车道上所有车辆进行归类，把每一辆车都划分到一个特定的子车队中。不同于全网联自动驾驶车辆构成的同质群体，新型混合交通每个子车队中的网联自动驾驶车辆的通信拓扑将发生改变，因此这些网联自动驾驶车辆的信息交换机制也需重新定义。以此为基础，进一步给出混合交通子车队中网联自动驾驶车辆和人类驾驶车辆的运动学模型，用于描述不同车辆的运动学行为。

在图 4-45 的第三部分，重点根据前面两部分内容设计出双车道混合交通的组群及分群控制策略，即需要确定出在什么条件下哪些车辆需要执行分离或者组合的动作，与此同时，由于车辆在行驶时是一个连续变化的动态过程，分群和组群过程也是随时发生的，因此这也是一个循环反馈控制过程。

3)方法与控制器设计

(1)子车队定义。

由网联自动驾驶车辆和人类驾驶车辆组成的新型混合交通可以看成是将人类驾驶车辆随

机分配到全部网联自动驾驶车辆群体之中，因此，可认为新型混合交通群体由若干个子车队构成，并定义紧跟在人类驾驶车辆后面的网联自动驾驶车辆为一个子车队的次头车，而次头车前面一辆人类驾驶车辆则为另一个相邻子车队的尾车。

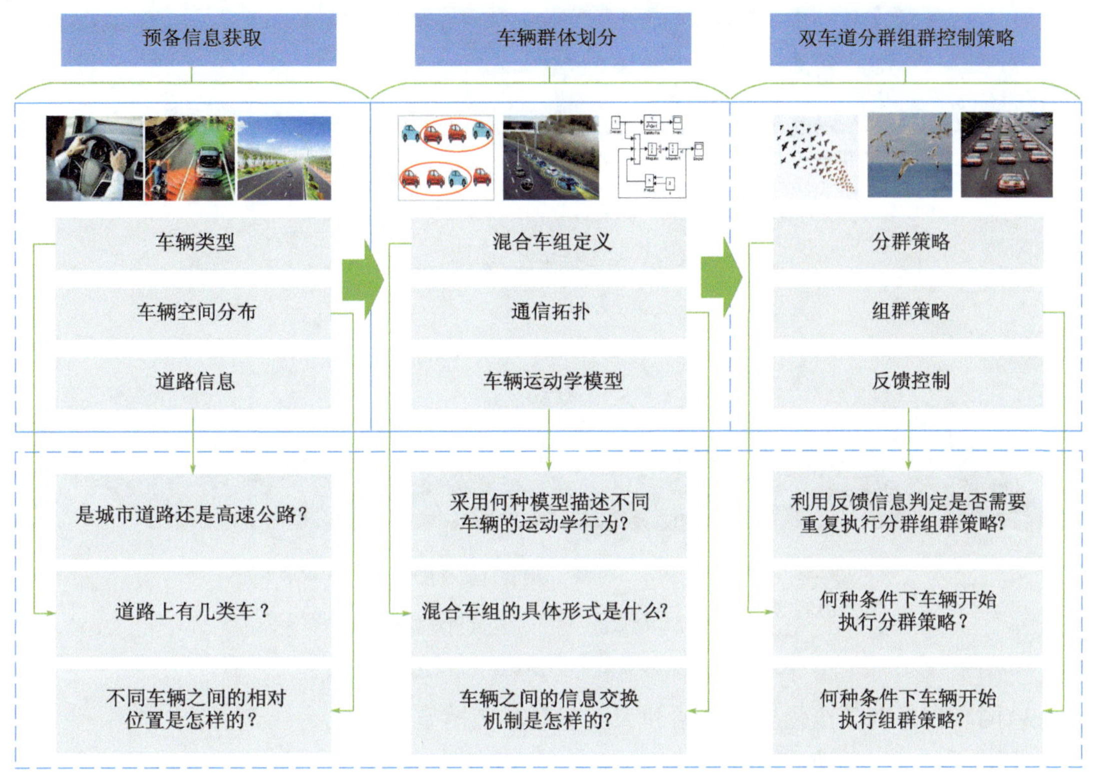

图 4-45 整体技术架构说明

将包含人类驾驶车辆和网联自动驾驶车辆的子车队称为“一般子车队”，而仅含有人类驾驶车辆或者网联自动驾驶车辆的子车队称为“特殊子车队”。因此，位于车道上的新型混合交通群体则由一般子车队和特殊子车队构成，此两类车队的多少与网联自动驾驶车辆的渗透率有关。值得注意的是，一般子车队是以网联自动驾驶车辆为头车和人类驾驶车辆为尾车的形式出现。具体子车队划分如图 4-46 所示。

(2)子车队中网联自动驾驶车辆通信拓扑。

对新型混合交通而言，由于人类驾驶车辆的不可控性以及它只能获取前车的信息，以前针对单一网联自动驾驶车辆环境下的通信拓扑结构也不再适用于新型混合交通。道路上所有网联自动驾驶车辆被一辆或者多辆人类驾驶车辆分隔开则形成了许多混合车队，我们定义紧跟在人类驾驶车辆后面的一辆网联自动驾驶车辆为次头车，因此，新型混合交通就由次头车领导的子车队构成，在这些子车队中所有的网联自动驾驶车辆都能从离本车最近的网联自动车辆和它的前车获取相关运动状态信息，如图 4-47 所示。

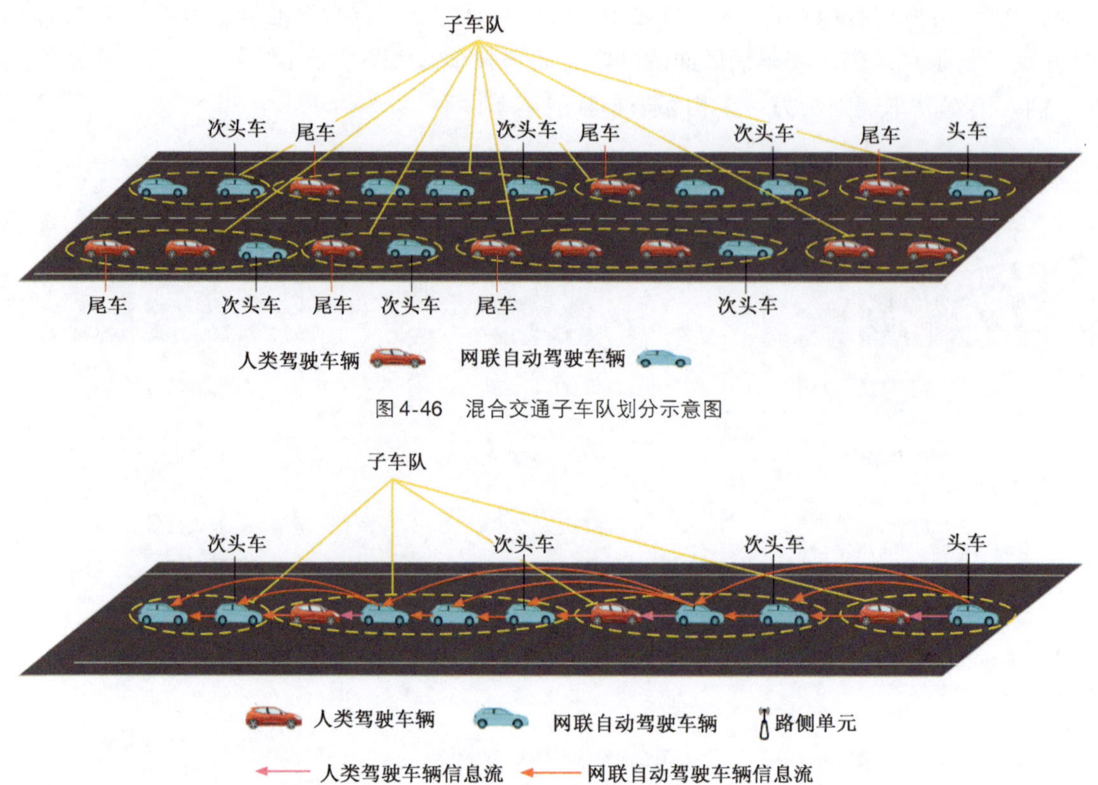

图 4-46　混合交通子车队划分示意图

图 4-47　混合交通子车队中网联自动车辆的通信拓扑

(3)网联自动驾驶车辆控制策略和人类驾驶车辆模型。

根据次头车的定义和子车队的划分，设计子车队中网联自动驾驶车辆控制算法如下：

$$\begin{aligned} u_n(t) = & k_s\{x_{n-1}(t-\xi) - x_n(t-\xi) - [s_0 + t_h v_n(t-\xi)]\} + \\ & k_{\Delta v}[v_{n-1}(t-\xi) - v_n(t-\xi)] + k_{\Delta v,cl}[v_{cl}(t-\xi) - v_n(t-\xi)] + \\ & k_{a,cl}[a_{cl}(t-\xi) - a_n(t-\xi)] \end{aligned} \tag{4-58}$$

这里 $v_{cl}(t)$和 $a_{cl}(t)$是距离第 n 辆车邻近的网联自动驾驶车辆的速度和加速度，s_0 是静止时的最小安全距离，t_h 是期望的车头时距，ξ 表示通信时延，k_s，$k_{\Delta v}$，$k_{\Delta v,cl}$和 $k_{a,cl}$是控制增益。值得注意的是，位置差$[x_{cl}(t-\xi) - x_n(t-\xi)]$并没有包含在以上控制器中，主要原因是第 n 辆车与其邻近的网联自动驾驶车辆中间存在人类驾驶车辆，因其具有不确定性，因此导致距离是不可控的。

对于人类驾驶车辆而言，可由许多跟车模型模拟它的驾驶行为，这些模型通常是非线性，最终都需要线性化处理。因此，本书参考文献[237]提出了一个统一的线性跟车模型框架，包含了许多跟车模型。根据此统一的模型框架，可得到人类驾驶车辆的加速度主要是三个参数的函数，即本车与前车的位置差$[x_{n-1}(t) - x_n(t)]$，本车与前车的速度差$[v_{n-1}(t) - v_n(t)]$，本车的速度 $v_n(t)$。

此线性化过程是在一个平衡点处实现的。换句话说，当车辆 n 以恒定速度 v^* 行驶时，存在一个特定的距离 $\Delta x^*(v^*)$保证车辆持续以相同速度向前行驶。在平衡点附近，人类驾驶车辆模型如下：

$$a_n(t)=g_s[x_{n-1}(t)-x_n(t)-\Delta x^*]+g_{\Delta v}[v_{n-1}(t)-v_n(t)]-g_v[v_n(t)-v^*] \quad (4\text{-}59)$$

这里的系数 g_s，$g_{\Delta v}$ 和 g_v 是正常数，由给定的跟车模型在平衡点处推导得出。此外，最优速度函数与上一节相同，不再赘述。

(4)双车道新型混合交通群体控制方法。

双车道新型混合交通群体控制目标是，尽可能减小两车道上所有子车队，从而提高网联自动驾驶车辆分布的均匀性。实际上，为了缩小子车队的规模，需要确保子车队中间的网联自动驾驶车辆在适当的条件下离开当前较大规模的车队，同时，它将在另一条车道上形成一个新的子车队。如图 4-48 所示，假设在左车道(车道 1)中有更多的子车队，在右车道(车道 2)中有更少的网联自动驾驶车辆。因此，需要将 1 号车道中规模较大的子车队分开，离开 1 号车道子车队的“个体”将与 2 号车道中的人类驾驶车辆重新组合(红色箭头所示)。

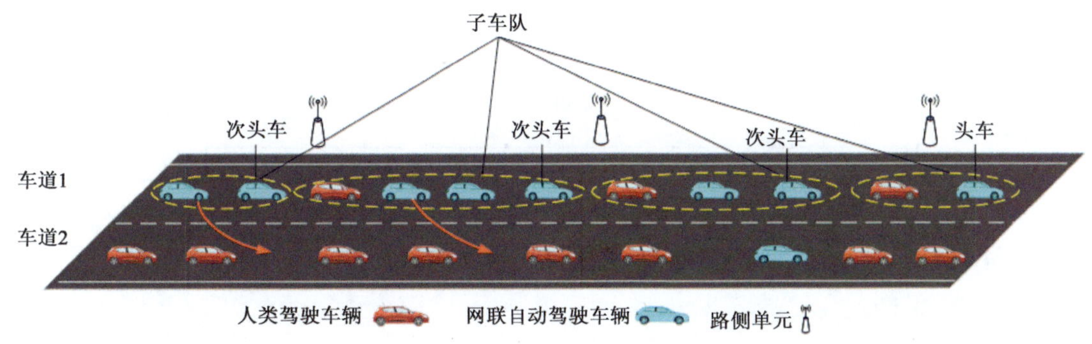

图 4-48　组群和分群前的两车道场景示意图

因此，当离开子车队的“个体”与车道 1 分离时，可以认为一次分群策略完成；当离开子车队的“个体”成功进入车道 2 时，可以认为一次组群策略完成。

图 4-49 显示了在完成群体控制策略后，车辆在两条车道上的空间分布。从图中可以看出，车道 1 和车道 2 分别形成新的子车队小群体，原来位于车道 1 的网联自动驾驶车辆成为车道 2 的次头车。由于人类驾驶车辆的随机变道现象，在车辆行驶过程中会持续执行组群分群的控制策略，从而保证大尺度子车队的出现时间尽可能短。

为了更详细地阐述双车道场景下的组群分群策略，在图 4-50 中给出了具体流程图。

4)仿真实验

为了评估双车道新型混合交通群体控制策略的有效性，采用 VISSIM 交通仿真软件进行实验验证。基于 VISSIM 软件搭建了总长度为 3km 的快速路双车道路段，同时采用 VISSIM 软件默认的车辆模型来模拟人类驾驶车辆的驾驶行为，而网联自动驾驶车辆的行为则采用本小节的控制算法，并通过 C++ 编写的 DLL 文件将该模型导入 VISSIM 软件中。为了尽可能地考虑人类驾驶车辆的随机性，实验中设置人类驾驶车辆的期望速度为 60 ~ 110km/h，而网联自动驾驶车辆的期望速度设置为 100km/h。仿真场景如图 4-51 所示。

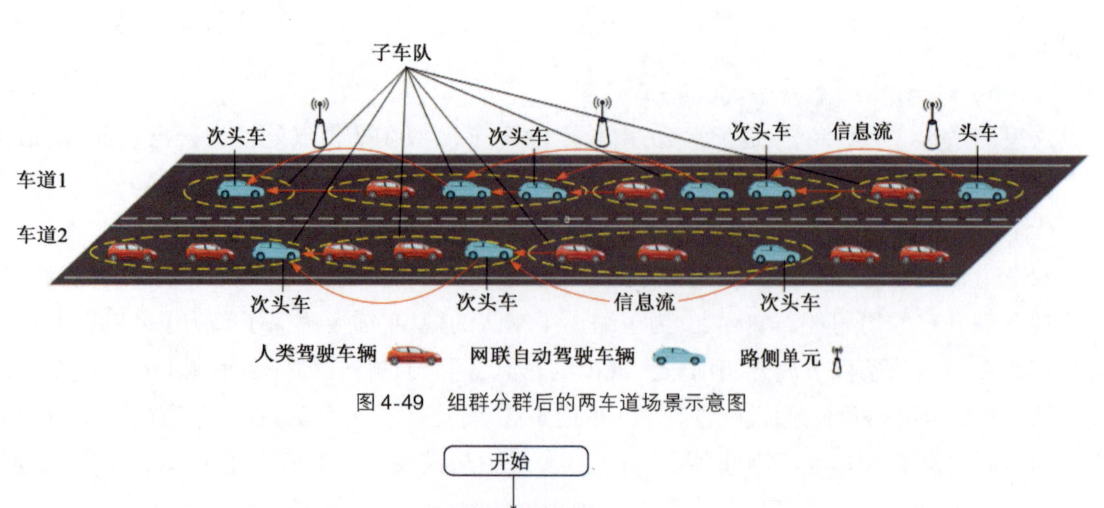

图 4-49　组群分群后的两车道场景示意图

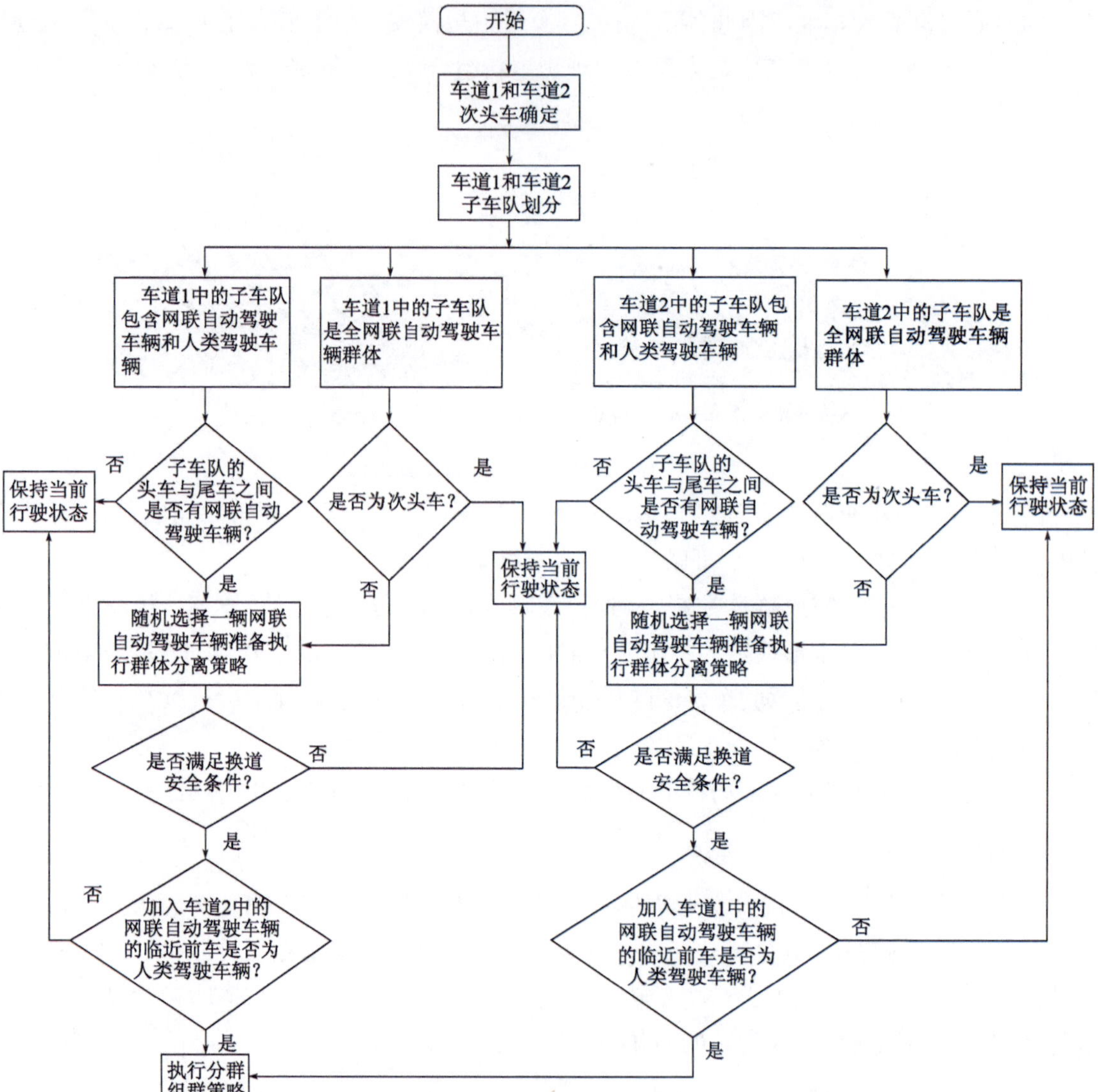

开始
车道1和车道2次头车确定
车道1和车道2子车队划分
车道1中的子车队包含网联自动驾驶车辆和人类驾驶车辆
车道1中的子车队是全网联自动驾驶车辆群体
车道2中的子车队包含网联自动驾驶车辆和人类驾驶车辆
车道2中的子车队是全网联自动驾驶车辆群体
子车队的头车与尾车之间是否有网联自动驾驶车辆？
否
保持当前行驶状态
是
是否为次头车？
是
否
保持当前行驶状态
子车队的头车与尾车之间是否有网联自动驾驶车辆？
否
是
是否为次头车？
是
保持当前行驶状态
否
随机选择一辆网联自动驾驶车辆准备执行群体分离策略
随机选择一辆网联自动驾驶车辆准备执行群体分离策略
是否满足换道安全条件？
否
是
是否满足换道安全条件？
否
是
加入车道2中的网联自动驾驶车辆的临近前车是否为人类驾驶车辆？
否
是
加入车道1中的网联自动驾驶车辆的临近前车是否为人类驾驶车辆？
否
是
执行分群组群策略

图 4-50　组群分群流程图

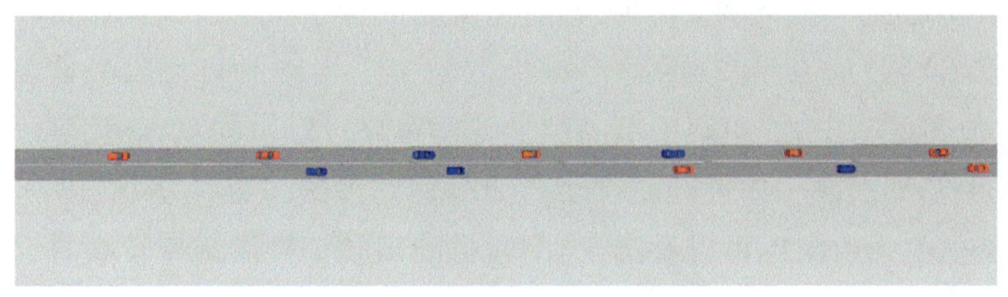

图 4-51 VISSIM 仿真场景示意图

实验考虑了以下三种情况：

Case 1(本小节方法)：采用本小节提出的双车道群体控制策略；

Case 2(基准)：路段上所有车辆自由行驶，不存在组群和分群行为；

Case 3(现有方法)：采用本书参考文献[238]中提出的群体控制策略。

图 4-52 给出了 Case 1、Case 2 和 Case 3 情形下不同交通流量对应路段平均速度的变化情况。从图中可以看出，在相同交通流量下(设为 2000veh/h)，本小节的双车道群体控制策略所对应的平均速度远高于其他两种情况。

随着交通流量的逐渐增加，从图 4-52 中直方图可以明显看出，Case 1 的车辆平均速度仍然高于 Case 2 和 Case 3。不难发现，交通流量的增加导致了车道内车辆密度的增加，因此三种情况对应的平均速度呈下降趋势。然而，在最大交通流量为 3500veh/h 的情况下，本小节的方法仍然可以保证车辆的平均速度大于 70km/h，而其他两种情况都不能达到这个速度。

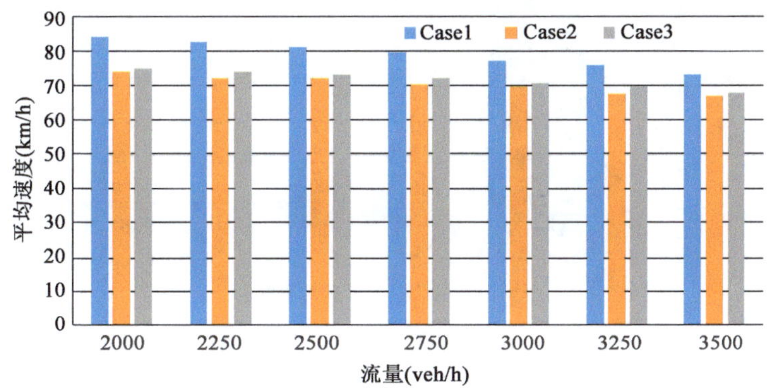

图 4-52 三种情况下不同交通流量对应的平均速度

基于本节控制方法，给出了三种网联自动驾驶车辆渗透率条件下不同流量对应的车辆平均速度和平均行程时间的变化情况。从图 4-53 可以看出，在相同的交通流量情况下，网联自动驾驶车辆渗透率越高，该路段的平均车速越大。且随着交通流量的增加，车流密度增大，三种渗透率对应的车辆平均速度逐渐减小。当最大流量为 3500veh/h 时，即使在低渗透情况下(如 $p=0.3$)，路段车辆的平均速度也不低于 70km/h。

图 4-54 显示了三种网联自动驾驶车辆渗透率下的停车次数。从图中可以看出，当网联自动驾驶车辆渗透率较小时，路段上车辆的停车次数较多(超过 100 次)。事实上，渗透率小说

明该路段网联自动驾驶车辆的数量较少，相应路段的混合车队也较少，从而导致满足换道条件的网联自动驾驶车辆数量也较少，因此停车次数较多。当网联自动驾驶车辆渗透率增加到50%时，停车次数明显减少，说明本小节的组群分群策略可以增加双车道混合交通子车队的数量，从而大大减少停车次数。如果网联自动驾驶车辆的渗透率继续增加，停车次数也会减少，但减少幅度不是很大。由此也可以看出，当网联自动驾驶车辆渗透率较高时，渗透率的持续增加对停车次数的影响较小。

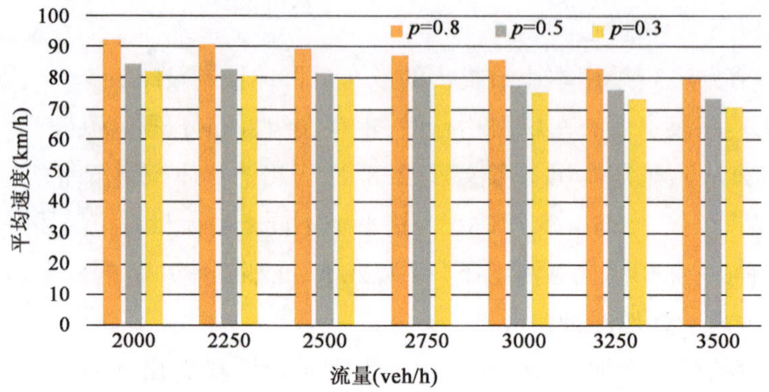

图4-53　三种网联自动驾驶车辆渗透率下不同交通流量对应的平均速度

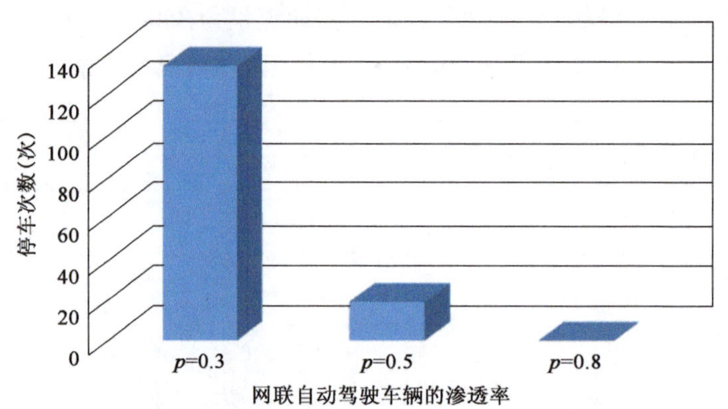

图4-54　三种网联自动驾驶车辆渗透率下的停车次数

5)路段多车道群体协同控制小结

为了缓解快速路交通拥堵，重庆大学孙棣华教授团队提出了一种基于空间分布的双车道混合交通群体控制策略。根据网联自动驾驶车辆和人类驾驶车辆在道路上的物理空间位置，给出了一种混合交通子车队的划分方法，并由此构建了新的网联自动驾驶车控制算法。基于此，通过设置网联自动驾驶车辆换道条件来调整网联自动驾驶车辆在道路上的空间分布，进而实现组群和分群的目的。结果表明，群体控制算法能明显提高道路平均速度，减少车辆平均行程时间，同时降低停车次数，较大程度提高了交通效率。

4.4 快速路典型瓶颈负效应抑制方案

快速路具有车速快、交通流量大的特征，如果由于发生交通事故或道路维修等则会引起车道关闭，易形成瓶颈区域。若在瓶颈区域不施加有效控制，拥堵形成的队列会逐渐向上游蔓延，致使快速路通行能力和交通效率下降，其瓶颈如图4-55所示。

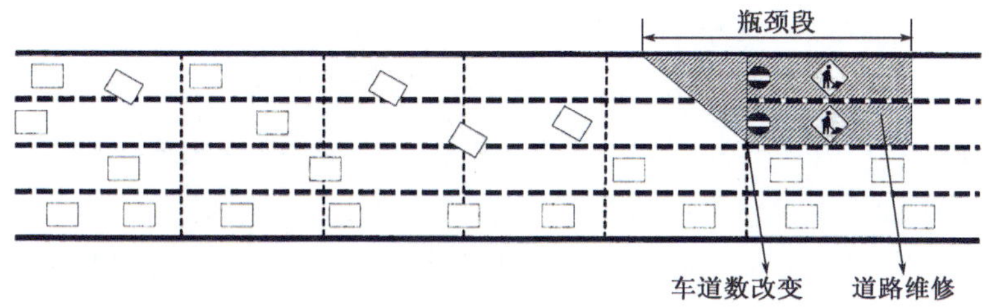

图4-55 瓶颈路段示意图

针对快速路典型的瓶颈拥堵问题，已有大量的研究。本节主要结合研究现状介绍重庆大学孙棣华教授团队的工作，阐述三类典型瓶颈负效应抑制方案，分别为：快速路专用车道优化控制方案、快速路协同可变限速控制方案和快速路全局协调控制方案。

4.4.1 快速路专用车道优化控制

在新型混合交通中，快速路专用车道优化控制主要是研究自动驾驶车辆与网联自动驾驶车辆的专用车道设置，一定程度上能够提升快速路的交通效率和道路的通行能力。目前的快速路专用车道优化控制主要从宏观层面和微观层面进行研究。

1）快速路专用车道优化控制研究概述

（1）基于宏观的快速路专用车道优化控制方法。

从宏观层研究快速路专用车道优化控制，很大程度上能够提升路网的交通效率。目前，已有相关学者提出利用交通流量、密度、速度等参数对快速路专用车道进行优化控制，以提升整体道路的交通水平。

例如，2015年，美国交通部Smith等人发表技术报告，提出了评估网联自动驾驶车辆（CAV）运营效益的分析框架，结果表明，即使在专用车道CAV低渗透率情况下，也能保证车流的一致稳定性。2019年，澳大利亚悉尼大学的Mohajerile和Ramezan考虑了CAVs和人类驾驶车辆（HVs）在混合车流中的排列顺序，提出CAVs和HVs混合车流的延迟模型，基于车辆与车辆之间的微观相互作用，推导出车辆与车辆混合交通流的宏观和稳态特性，并通过Aimsun分析了分配CAVs专用车道策略可以减少道路的总延迟。同年，Talebpour等探讨了为自动驾驶车辆预留一条专用车道对交通流动力学和行程时间可靠性的影响，研究发现，选择使用CAV专用车道可以改善拥堵状况，减少基本图上的离散度。2021年，Zhong等人在不同的CAV渗透率情况下，研究专用车道管理方法的交通流特性，结果证明了CAV专用车道的引入可以提高整个交通的通行量。

由于宏观模型对快速路专用车道进行优化控制时，主要以道路的车流量、密度等参数进行研究，而对车辆行为细节和异质车辆之间行驶差异性刻画不足。因此，需要从微观层对快速路专用车道进行研究，进一步提高快速路的交通效率。

(2)基于微观的快速路专用车道优化控制方法。

在微观模型中，主要以单一车辆为研究对象，模拟不同车辆在道路上的行驶情况，例如，车辆的跟驰和换道。目前，相关学者从微观层对快速路专用车道进行了大量研究。例如，2018年，Ye等人使用元胞自动机模型对异质交通主体中的CAV进行建模，分析表明，在三车道的快速路上，仅当车流处于中等密度时，设置CAV专用道才会起作用。

从以上研究分析可知，面向CAV设置专用车道，在一定程度上可以提高交通的通行效率和交通流的稳定性。但是，当前对新型混合交通CAV专用车道设置条件还缺乏深入研究，CAV的渗透率在多大的情况下需要开启专用车道尚需进一步研究。本节重点探索新型混合交通中CAV专用车道设置条件。

2)新型混合交通CAV专用车道设置条件

(1)CAV专用车道通行能力估计。

CAV与自适应巡航控制(CACC)具有很高的相似性，能够调整巡航速度，提供短距离和快速的反应时间。CACC是自适应巡航控制系统与V2V通信的结合体，利用V2V通信提供目标车辆及其周围车辆的信息，使得目标车辆能够立即响应多个前方车辆的速度变化。

PATH实验室所提出的CACC跟驰模型如式(4-60)所示，该模型具有结构简单、物理意义明确的优点：

$$\dot{v}_n(t)=k_1\dot{v}_{n-1}(t)+k_2[x_{n-1}(t)-x_n(t)-t_g v_n(t)-l-s_0]+k_3[v_{n-1}(t)-v_n(t)] \tag{4-60}$$

其中，$\dot{v}_n(t)$、$\dot{v}_{n-1}(t)$分别表示车辆n、$n-1$在t时刻的加速度；$x_n(t)$、$x_{n-1}(t)$分别表示车辆n、$n-1$在t时刻的位移；$v_n(t)$、$v_{n-1}(t)$分别表示车辆n、$n-1$在t时刻的速度；l为车辆长度；k_1、k_2和k_3为系数，分别取$k_1=1.0$，$k_2=0.2$，$k_3=3.0$；s_0为安全停车间距；t_g为期望的车头时距。

然而，上述CACC模型的车间距是固定的，不符合宏观交通自由流的特性。基于交通流的跟驰特性，车速较低时，车头时距比较小，车速较高时，车头时距比较大。Wang提出随速度动态变化的车头间距为：

$$h_d(t)=\frac{l+s_0}{1-v_n(t)/v_0} \tag{4-61}$$

其中，$h_d(t)$为车头间距，v_0为当前车速。综合上述分析，根据式(4-61)所描述的动态车头间距模型，由于专用车道上 CAV 的比例为 100%，可以得到考虑动态车头间距的交通流量为：

$$C_{\mathrm{ML}} = kv = \frac{(1 - v/v_0)v}{l + s_0} \tag{4-62}$$

当专用车道启用后，CAV 首先被分配到专用车道。如果专用车道不能容纳所有 CAV，剩余的 CAV 将被分配到通用车道。如果 CAV 的渗透率为 40%，因为每个车道只能容纳 33% 的交通量，专用车道不能满足所有 CAV，剩余的 CAV 被分配到其余两个普通车道。

(2)单车道异质交通流模型构建。

在新型混合交通流场景下，连续车流之间的车头时距分布具有随机性。为了体现异质交通流的随机性，本小节考虑使用 Ghiasi 提出的马尔科夫方法来体现混合交通流车辆的随机分布，即在当前车辆信息给定的情况下，只有当前车辆的状态可以用来预测后一辆车的状态，前车状态对于预测后车信息是无关的。

在单车道场景下，考虑一群有 N 辆车的交通流，$N=\{1,2,3,\cdots,N\}$，其中车辆的状态方程为 $A_n \in \{0,1\}$，当车辆为 CAV 时，$A_n=1$；当车辆为 HV 时，$A_n=0$。此时，在由 N 辆车所组成的路段的新型混合交通流中，CAV 的渗透率 P_1 被定义为：

$$P_1 = \frac{\sum_{n=1}^{N} A_n}{N} \tag{4-63}$$

相对应地，在这个由 N 辆汽车所组成的新型混合交通流路段中，HV 的比例 P_0 定义如下：

$$P_0 = 1 - P_1 = \frac{\sum_{n=1}^{N}(1 - A_n)}{N} \tag{4-64}$$

为了以简洁的方式为随机混合交通建模，采用离散的马尔科夫模型来描述。A_n 作为第 n 步的状态变量，状态空间为：

$$S = \{s_1, \cdots, s_n\} = \{1,0\} \tag{4-65}$$

定义如下转移矩阵：

$$A = [a_{ij}]_{N \times N} = \begin{bmatrix} a_{11} & a_{10} \\ a_{01} & a_{00} \end{bmatrix} \tag{4-66}$$

$$a_{ij} = P(A_{n+1} = s_j \mid A_n = s_i),\ \forall n \in N, s_i, s_j \in S \tag{4-67}$$

在不同的 CAV 渗透率下，车辆队列的分布方式也不同。考虑不同的车辆分布会形成不同的队列强度，根据不同的 CAV 渗透率和队列强度，转移概率为：

$$a_{10}(P_1, O) = \begin{cases} P_0(1 - O), O \geqslant 0 \\ P_0 + O\left[P_0 - \min\left(1, \dfrac{P_0}{P_1}\right)\right], O < 0 \end{cases} \tag{4-68}$$

$$a_{11}(P_1, O) = 1 - a_{10}(P_1, O) \tag{4-69}$$

$$a_{01}(P_1, O) = \begin{cases} P_1(1 - O), O \geqslant 0 \\ P_1 + O\left[P_1 - \min\left(1, \dfrac{P_1}{P_0}\right)\right], O < 0 \end{cases} \tag{4-70}$$

$$a_{00}(P_1,O)=1-a_{01}(P_1,O) \tag{4-71}$$

在新型混合交通流中，会产生以下四种车辆跟随情况，如图 4-56 所示，分别为 HV—CAV、HV—HV、CAV—CAV、CAV—HV。

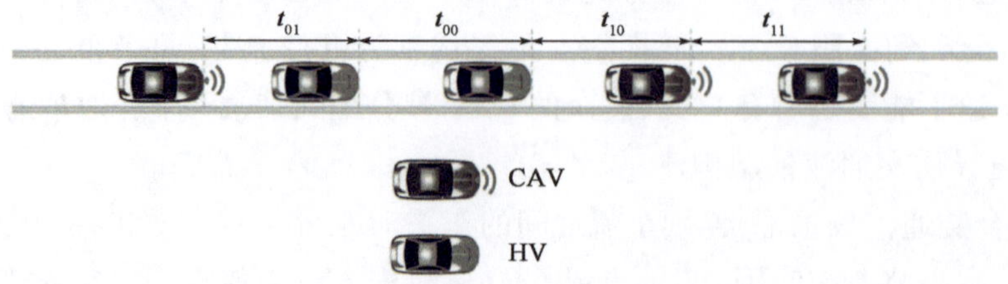

图 4-56　车头时距分布示意图

在上述四种不同跟随情况下，所对应的车头时距也不相同，单车道场景对应的总体车头时距如下：

$$T=\sum_{i=1}^{N}t_i \tag{4-72}$$

$$\bar{t}=\frac{T}{N}=\frac{\sum_{i=1}^{N}t_i}{N}=[\bar{t}_{11},\bar{t}_{10},\bar{t}_{01},\bar{t}_{00}] \tag{4-73}$$

（3）CAV 专用车道场景多车道通行能力模型。

设有 CAV 专用车道的多车道行驶场景如图 4-57 所示，图中显示了两车道的专用车道和三车道的普通车道。

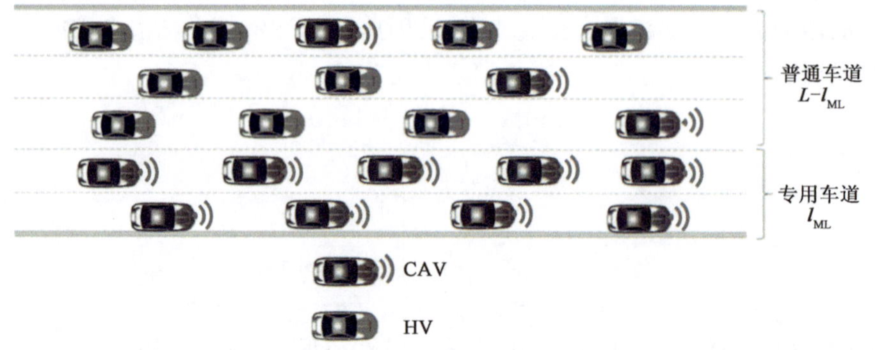

图 4-57　专用车道场景示意图

基于交通流的基本定义，在给定的观察时间周期 T 内，饱和流量 q 可以通过在一个路段观察到的车辆总数来计算，如式(4-74)所示。

$$q=\frac{N}{T}(\mathrm{veh/h}) \tag{4-74}$$

交通流的最大容量与总车头时距的平均值有关。首先，假设观察到的车辆流动是均匀流动，这意味着系统中所有车辆的行为是相同的，其时间间隔等于个体总时间间隔的平均值。

$$q=\frac{N}{T}=\frac{1}{\frac{\sum_{i=1}^{N}t_i}{N}}=\frac{1}{t}(\text{veh/h}) \tag{4-75}$$

综合以上分析，假设整体的交通需求为 Q_{input}，那么可以得到普通车道上 CAV 的渗透率为：

$$\tilde{p}=\frac{PQ_{\text{input}}-l_{\text{ML}}C_{\text{ML}}}{Q_{\text{input}}-C_{\text{ML}}} \tag{4-76}$$

$$C_{\text{mix}}=\frac{3600}{\sum_{s_i,s_j\in S}a_{ij}\tilde{p}_{s_is_j}\bar{t}_{s_is_j}} \tag{4-77}$$

其中，$p_{s_is_j}$ 可以由 CAV 的渗透率 P 计算得到。在非饱和交通流的情况下，由 CACC 车辆所组成的车辆队列的单车道道路流量计算公式如式(4-75)所示，开启专用车道后，多车道路段的整体通行能力可以由以下式表示：

$$Q_{\text{total}}=l_{\text{ML}}\cdot C_{\text{ML}}+(L-l_{\text{ML}})C_{\text{mix}} \tag{4-78}$$

3)仿真实验

本小节的实验验证是通过 Sumo 和 Python3.7 对专用车道场景下的混合交通流进行联合仿真。首先在 Sumo 中构建基础路网信息、车辆信息、场景信息和参数值等，然后通过 Traci 接口调用 Python 编写的控制信息，实现仿真，验证所提方法的有效性。根据需求，在仿真软件 Sumo 中建立实验场景，所建立的实验道路为三车道道路，限速为 100km/h。具体实验过程主要分为两大部分。

实验场景一：如图 4-58 所示，通过仿真实验采集不同交通需求、道路最大通行能力的数据，使用本小节所提出的专用车道场景下道路通行能力的估计模型进行比较，验证模型的有效性。

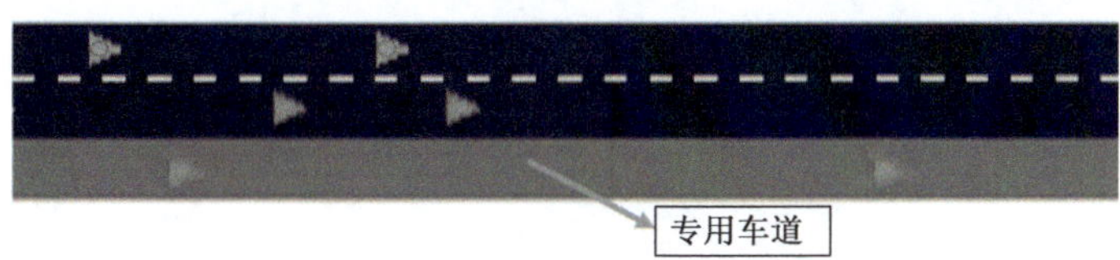

图 4-58 实验场景

实验场景二：在 Sumo 中，以 Krauss 模型模拟普通车辆的行为，CACC 模型来模拟 CAV 的行为，建立相应的人车路模型。为了得到合适的 CAV 专用车道设置条件，分别设立了三种不同的路权分配策略。

策略一：三车道混合交通流场景。

策略二：一条 CAV 专用车道，两条混合流车道(不可与专用车道进行换道)。

策略三：一条 CAV 专用车道，两条混合流车道(CAV 可以自由出入专用车道)。

为 CAV 和 HV 确定合适的车辆跟随模型至关重要。Krauss 模型提出最大安全速度作为模型中的一个新的约束条件，该模型已在仿真软件 SUMO 中用作经典的 HV 跟随模型，因此本节使用 Krauss 模型。由于 CACC 模型模拟 CAV 速度方面比智能驾驶人模型(IDM)更精确，是模拟 CAV 行为的重要模型，所以本小节使用 CACC 模型作为 CAV 的模型。其中，Krauss 模型和 CACC 模型所使用到的仿真参数见表 4-8 和表 4-9。

Krauss 模型参数　　表 4-8

参数名称	符号	单位	仿真取值
最大加速度	a_{max}	m/s^2	2.6
最大减速度	b	m/s^2	4.0
车头时距	τ	s	1.5
驾驶员反应时间	σ	—	0.5

CACC 模型参数　　表 4-9

参数名称	符号	单位	仿真取值
最大加速度	a_{max}	m/s^2	2.6
最大减速度	b	m/s^2	5.0
车头时距	t_{sw}	s	1.0
CACC 模型系数 1	k_1	s^{-2}	0.23
CACC 模型系数 2	k_2	s^{-1}	0.07
驾驶员反应时间	σ	—	0

在实验场景一中，设置三个车道中的其中一条车道为 CAV 专用车道。对应不同的交通需求，首先计算出本小节模型及 Liu 等所提模型的道路通行能力理论值，然后通过仿真实验，得到同样场景不同渗透率的道路最大通行能力数据，进行数据分析。当交通需求量为 6000veh/h 时，不同渗透率条件下道路最大通行能力结果如图 4-59 所示。

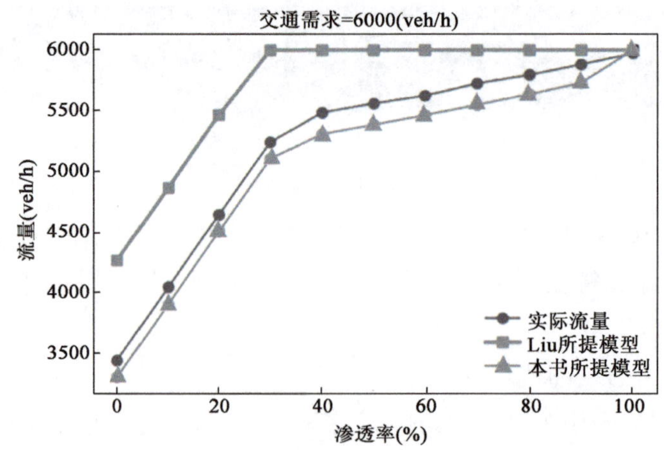

图 4-59　渗透率和道路最大通行能力之间的关系

在实验场景二中，根据已经搭建的新型混合交通模拟环境，将交通流量设置为6000veh/h，渗透率分别设置为0%、10%、20%…90%、100%。模拟时间设置为3600s，数据采样时间设置为1s，进行数据采集和结果分析。得到不同路权分配策略下道路交通流量变化见表4-10。

不同路权分配策略下的道路交通流量　　表4-10

渗透率(%)	流量(veh/h)		
	策略一	策略二	策略三
0	5166	3442	3443
10	5227	4045	4046
20	5306	4641	4634
30	5360	5240	5241
40	5460	5485	5486
50	5522	5559	5559
60	5601	5625	5626
70	5702	5726	5728
80	5775	5797	5799
90	5863	5882	5886
100	5947	5973	5979

实验结果表明，CAV的性能对专用车道的通行能力起着至关重要的作用。CAV性能水平越高，专用车道的部署收益越大。从图4-60中发现，当渗透率(低于40%)低时，专用车道对道路交通流量有负面的影响，高渗透率时流量则得到了提升，但是是否开放专用车道(CAV是否能自由出入专用车道)，对道路交通流量影响并不明显。从图4-60中可以看出，在设置专用车道，且普通车道上的CAV可以换道到专用车道上的策略(策略三)场合，可以大幅度提高路段的平均车速，即说明车辆在寻求更高的交通效率时，采取换道行为来获取更好的通行体验。

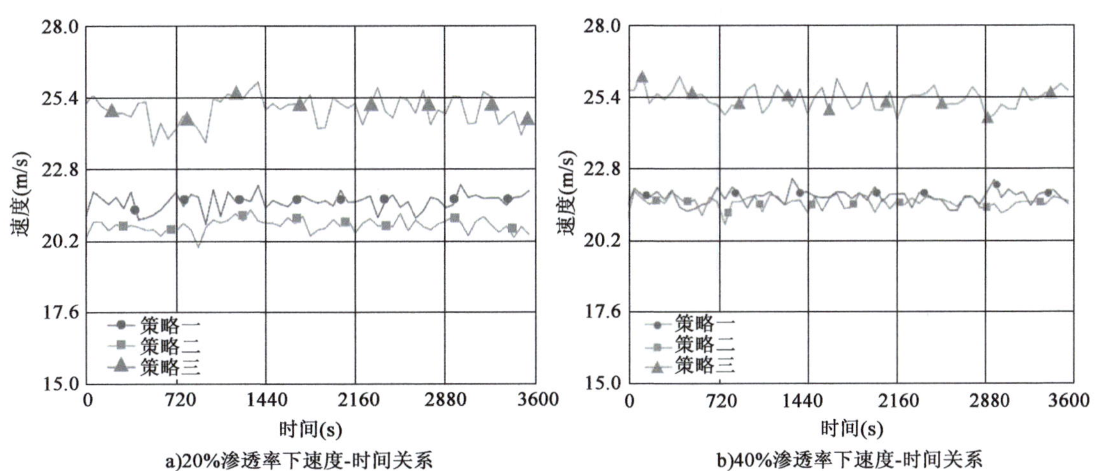

a)20%渗透率下速度-时间关系　　b)40%渗透率下速度-时间关系

图 4-60

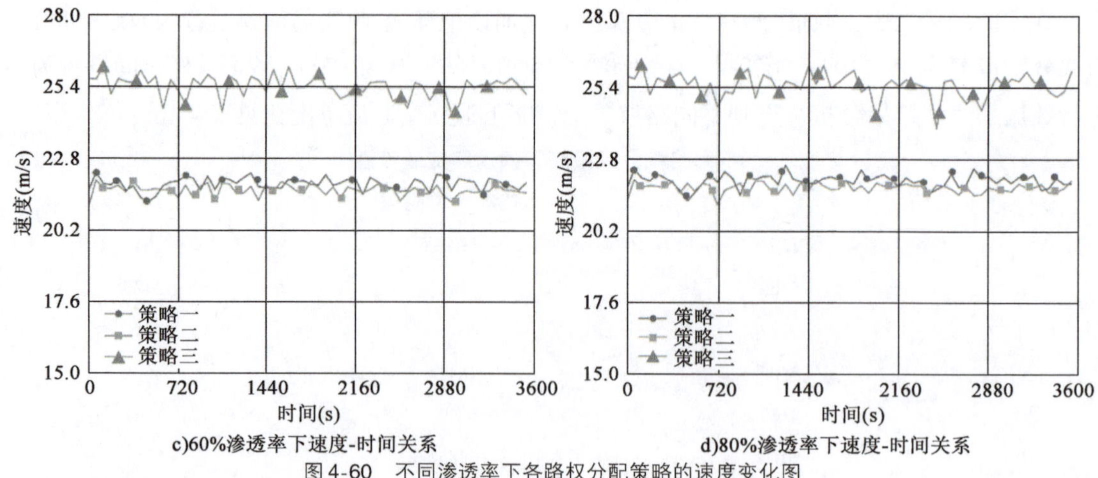

图 4-60 不同渗透率下各路权分配策略的速度变化图

4)混合交通 CAV 专用车道设置条件研究小结

综上,CAV 专用车道的性能在不同的渗透率下也有所不同。相对较低的渗透率场合,专用车道的引入对整体通行能力有负面影响,尤其是在低需求水平场合更为突出。随着渗透率的升高,负面影响将得到缓解。当 CAV 在交通流中达到主导作用时,引入专用车道的积极作用也随之降低。设置专用车道的好处只能在高渗透率、适量流量范围内获得。此外,通过对专用车道上 CAV 设置比其他正常车道上的车辆更高的速度限制,开放 CAV 出入专用车道,可以提高道路的通行效率。

4.4.2 快速路协同可变限速控制

在 4.1.2 中提到,可变限速控制策略可以分为两类:基于被动的可变限速控制和基于主动的可变限速控制。本小节将对这两种方法的研究情况进行阐述。

1)基于被动的可变限速控制方法

关于基于被动的可变限速控制方法,2004 年,Kang 等人对因道路施工关闭的部分车道路段进行了可变限速研究,根据交通密度和流量的演化关系,建立了施工路段交通流宏观模型,据此所建立的模型提出了可变限速控制方法,可变限速可以提升施工路段的通行能力、减小车道关闭上游车辆的平均延误。Lin 等人针对高速道路施工区提出了两种在线 VSL 控制方法,其目的是最大化施工区的通行能力和减小车辆排队长度,该控制方法效果明显。2007 年,Allaby 等人提出一种开环控制算法,根据流量、速度和占有率来确定限速值,最终建议限速值分别为 100km/h,80km/h 和 60km/h。该方法可以减少车辆之间的速度差异,但无法根据实际道路情况进行更合理的限速值调节。2008 年,Abdel-Aty 等人根据道路不同截面的速度差异实时修改限速值,可以减少事故风险和防止事故发生。2017 年,Soriguera 等人分析了不同限速值对交通流宏观层面和微观层面的影响,揭示了可变限速对交通流的影响机理,特别是对不同车道的流量、速度分布以及换道行为的影响。结果证实限速值越低,给定流量下的车辆占有率越大。

基于被动的可变限速控制方法,很大程度上取决于当前的交通状态,根据当前的交通状态来确定限速值,而不是利用预测信息来确定,在控制上存在滞后性,因为只有在交通状态发生改变后,控制器才能作出响应。由于控制的滞后性,在对车辆的限速值进行更新之前,瓶颈区可能已经发生交通崩溃,而基于实时的交通状态的控制方法无法解决该问题。因此,在控制上需要基于预测信息提前作出响应,防止不良交通状态的发生。

2)基于主动的可变限速控制方法

基于主动的可变限速控制方面已进行了大量研究,例如,2005 年,Hegyi 等人基于快速路路段展开了研究,使用宏观 METANET 模型作为交通流的预测模型,以最小化总行程时间为目标,通过 MPC 控制策略来求解最优限速值。实验表明,该算法可以减少行程时间和防止交通崩溃的发生。2010 年,Carlson 等人提出了反馈控制算法,其核心思想是通过对上游路段限速值的反馈调节,使瓶颈区运行状态最大限度接近通行能力,能够有效地将交通流维持在期望状态,提高车辆通过率,减少了 30% 的行程时间。2013 年,Hadiczzaman 等人以元胞传输模型(Cell Transmission Model,CTM)为基础,采用模型预测控制(Model Predictive Control,MPC)算法,建立相应的可变限速控制系统,道路总通行时间和总周转量相比无控制条件下分别改进 15% 和 6%。2015 年,Khondaker 和 Kattan 以行程时间、行车安全以及燃油消耗为控制目标,提出了一种多目标最优的模型预测可变限速控制策略。在网联自动驾驶车辆渗透率为 100% 时,可变限速控制策略可以将总行程时间减少 20%。2019 年,Han 等人提出一种可变限速释放(Variable Speed Release,VSR)的方法来提高瓶颈区的通行能力。主要思想是通过增加车辆接近瓶颈区的速度来减少交通崩溃发生的可能性和保持更高的流量,从而实现更高的系统吞吐量。2020 年,Li 等人基于自动驾驶车辆收集的数据,使用模型预测控制来求解基于自动驾驶车辆数据的最优限速值。

基于被动的可变限速控制方法只有在交通状态发生改变后,系统才能根据预先定义的阈值做出响应,在控制上存在一定的滞后性。而基于主动的可变限速控制方法则是根据实时的预测信息来动态改变车辆的限速值,在控制上要保证预测信息的准确性。

上述基于被动的可变限速和基于主动的可变限速控制方法,其基本思想都是将道路按长度分成若干段,通过传感器获得的实时交通信息来动态调整不同路段的限速值,从而达到提升交通效率的目的。而在新型混合交通条件下,由于自动驾驶车辆和网联车辆能够实时获取道路和车辆信息,只对道路进行限速的方法已不再适用。因此,在新型混合交通条件下,为了能够改善快速路发生交通事故、道路维修等引起的交通拥堵问题,寻找一种有效的可变限速控制方法是至关重要的。

3)新型混合交通快速路瓶颈路段单车可变限速控制

针对上述问题,给出一种计算单个车辆限速值的算法,称为单车可变限速(Variable Speed

Limit for Individual Vehicles,VSL-IV)。通过使用车联网技术,VSL-IV 算法基于实时的宏观信息(道路的平均速度、道路密度)和微观信息(车辆的速度、车辆的位置、加速度、减速度)来动态调整个体车辆的限速。

(1)系统结构。

VSL-IV 算法是为了解决如图 4-61 中展示的在瓶颈区通行能力下降的问题,这种瓶颈区可能是由车道关闭、施工区域或者是事故引起的。

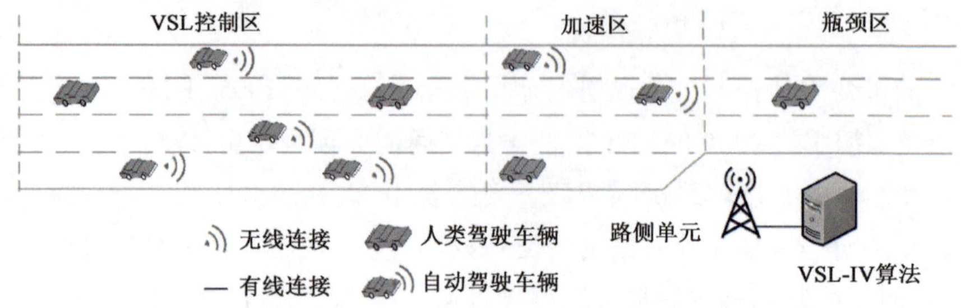

图 4-61　快速路瓶颈区示意图

瓶颈区下游(瓶颈路段)的通行能力用 C 表示。当瓶颈区上游的交通需求大于 C 时,车辆在瓶颈区上游排队,瓶颈区上游的排队导致瓶颈区下游的通行能力下降,由 Δ 表示,当通行能力下降时,瓶颈区下游的通行能力从 C 下降到 $C(1-\Delta)$,因此,VSL-IV 算法的目标是:

$$\text{Minimize}\Delta \tag{4-79}$$

如图 4-61 所示,VSL-IV 算法在中央服务器中运行,而中央服务器和路侧单元(Road Side Unit,RSU)通过有线连接。RSU 则部署在瓶颈路段,有两种网络连接类型。第一种是无线连接,RSU 和车辆通过无线连接;另一种是有线连接,RSU 能够通过有线和中央服务器连接。假设不同类型的传感器[例如全球定位系统(GPS)和无线通信设备]已经嵌入在车辆中。

因此,当车辆行驶在瓶颈路段时,车辆能收集实时的交通信息(例如车辆的速度和位置信息)。实时的交通信息定期上传到中央服务器,VSL-IV 算法从中央服务器获得数据进行计算。具体来说,实时的交通信息首先通过无线通信发送到 RSU,然后通过有线通信发送到 VSL-IV 算法中。

瓶颈上游分成两个区域,一个是 VSL 控制区,另一个是加速区。VSL 控制区和加速区的流量分别用 f^{V} 和 f^{A} 表示,当瓶颈上游的交通需求超过瓶颈的通行能力时,即 $f^{\mathrm{V}}>C$,VSL-IV 算法被激活。

一旦 VSL-IV 算法被激活,它基于实时的交通信息和单个车辆的信息(例如加速度、减速度、单车的速度和车辆类型),动态地调整在 VSL 控制区域中单个车辆的速度限值。具体来说,对每辆车都有一个速度限值,由于每辆车的加减速能力不同,每辆车改变的速度限制比率也不同。考虑在道路上有两种类型的车辆,分别是自动驾驶车辆(AV)和人类驾驶车辆(HV),AV 严格遵守 VSL-IV 算法所确定的车速限制,而 HV 是否遵守车速限值取决于人的驾驶行为。VSL-IV 算法在决定 HV 的速度限值时考虑了 HV 的遵守情况以及 AV 的渗透率。

由于瓶颈上游的交通需求超过了瓶颈的最大通行能力，在 VSL 控制区对车辆的速度限值低于车辆的自由流速度。因此，车辆以较低的速度离开 VSL 控制区，要使瓶颈区的通行能力达到最大通行能力（即瓶颈区域的流量等于 C），车辆通过瓶颈时的速度应该达到临界速度 v_c，临界速度与临界密度 d_c 和瓶颈区的通行能力 C 有关。设置加速区的目的是让车辆在通过瓶颈前加速到临界速度 v_c。通过在 VSL 控制区调整车辆的速度限制，VSL-IV 算法可以控制流入加速区的流量等于瓶颈区的最大通行能力，即满足式（4-80）。据此可以实现瓶颈区通行能力达到最大。

$$f^A = C \tag{4-80}$$

（2）VSL-IV 算法。

基于实时的交通信息，VSL 控制区通过动态调整单车的速度限制，VSL-IV 算法能缓存 VSL 控制区的车辆，并且限制加速区的流量到瓶颈区的能力，从而可以防止瓶颈上游路段发生拥堵，进而最小化瓶颈区的通行能力下降值 Δ。

VSL-IV 算法的输入由两部分组成：一部分是 VSL 控制区和加速区中车辆采集的实时信息，包括车辆的位置、车辆的速度，以及车辆类型（HV 或 AV）；另一部分是基本的控制信息，例如瓶颈区的最大通行能力 C、瓶颈上游的车道数目（由 VSL 控制区和加速区组成）、瓶颈区的车道数目，以及车辆的最大限速值等。VSL-IV 算法的输出是 VSL 控制区中每辆车的限速值。整个算法的流程如下：

①初始化 t，k 和 stepFlag。t 代表时间，k 代表第 k 个控制周期，stepFlag 代表算式结束标志。

②VSL-IV 算法采集 VSL 控制区和加速区的信息，例如车辆的速度，位置和车辆类型。

③计算 VSL 控制区中每条车道的期望流量，计算方法如下：

针对 VSL 控制区的每条车道，先计算出每条车道的平均车速 $v^A_{m,k-1}$。其中 $0 < m \leqslant N^U$，N^U 表示瓶颈上游的车道数（包括加速区和 VSL 控制区）；k 表示更新周期，是一段时间（例如 10s）。在每个更新周期内，对每条车道 m，可以根据加速区的平均速度 $v^A_{m,k}$ 计算出期望流量 $f_{m,k}$，$\forall m, m \in [1, N_U]$。

$$f_{m,k} = \left[\frac{C}{N^U} + \left(\frac{C}{N^D} - \frac{C}{N^U}\right) \cdot r\right] \cdot \sin\left(\frac{\pi}{2} \cdot \frac{v^A_{m,k-1}}{sl_{\text{Max}}}\right) \tag{4-81}$$

其中 $r \in [0,1]$，式（4-81）分为两部分，分别是 $\left[\frac{C}{N^U} + \left(\frac{C}{N^D} - \frac{C}{N^U}\right) \cdot r\right]$ 和 $\sin\left(\frac{\pi}{2} \cdot \frac{v^A_{m,k-1}}{sl_{\text{Max}}}\right)$，让 Φ_1 等于 $\left[\frac{C}{N^U} + \left(\frac{C}{N^D} - \frac{C}{N^U}\right) \cdot r\right]$，$\Phi_1$ 表示在加速区的流量 f^A 限制到 C 的情况下，在 VSL 控制区的最大允许流量 $\left[\frac{C}{NU}, \frac{C}{ND}\right]$。就像 4.3 节提到的，为了最小化通行能力下降值 Δ，VSL-IV 算法的目的是将加速区的流量 f^A 限制到 C，然而，由于车道关闭，车辆在瓶颈上游进行换道。这

里引入一个参数 $r, r\in[0,1]$，表示换道对流量的影响。用 Φ_2 来表示式(4-81)的另一部分 $\sin\left(\frac{\pi}{2}\cdot\frac{v_{m,k-1}^{A}}{sl_{\mathrm{Max}}}\right)$，$\Phi_2\in[0,1]$，其中，$sl_{\mathrm{Max}}$ 表示最大的限速值。Φ_2 表示在上一个更新周期，加速区车道 m 的拥堵程度。如果车辆的平均速度 $v_{m,k-1}$ 接近于0，这意味着车道的密度达到了最大密度。因此，$f_{m,k}$ 变为0，当车道 m 变得不拥堵，Φ_2 增加，因此，$f_{m,k}$ 增加，如果车辆的平均速度 $v_{m,k-1}$ 接近于 sl_{Max}，这意味着加速区车道 m 在上一个更新周期中没有拥堵发生。因此，对车道 m 的期望流量 $f_{m,k}$ 设置成最大的允许流量 Φ_1。

④计算 VSL 控制区中个体车辆的限速值。首先，基于采集的信息计算 VSL 控制区每条车道的平均密度 $d_{m,k-1}$ 和 AV 的渗透率 β。对于 VSL 控制区车道上的车辆，如果车辆首先进入 VSL 控制区，则初始化其限速值更新时间 u_i 为 t，限速值更新时间表示速度限制施加在车辆上的时间。对于 VSL 控制区车道上的车辆 i，如果它是 AV，则限速值 $sl_{i,k}$ 设定为车道的期望速度 $v_{m,k}^{E}$。

$$v_{m,k}^{E}=\frac{f_{m,k}}{d_{m,k-1}} \tag{4-82}$$

其中，$d_{m,k-1}$ 表示在第 $k-1$ 个更新周期内 VSL 控制区车道 m 上的平均车辆密度。如果车辆 i 是 HV，限速值由如下公式计算得到：

$$(1+\rho_{m,k}^{M})v_{m,k}^{E}=\beta v_{m,k}^{E}+(1-\beta)[psl_{i,k}+(1-p)V] \tag{4-83}$$

其中，$\rho_{m,k}^{M}$ 表示 HV 的平均速度；β 表示 AV 的渗透率；p 表示 HV 的遵从度；V 表示不遵守速度限值的 HV 平均速度。可以用公式(4-84)中的 $\rho_{m,k}^{M}$ 去调整车辆的期望速度：

$$\rho_{m,k}^{M}=\frac{v_{m,k-1}^{E}-v_{m,k-1}}{v_{m,k-1}^{E}} \tag{4-84}$$

$v_{m,k-1}$ 和 $v_{m,k-1}^{E}$ 分别表示在上一个更新周期内 VSL 控制区车道 m 上的平均速度和期望速度，V 的计算公式如下：

$$V=\begin{cases}B+(sl_{\mathrm{Max}}-B)(1-\beta)(1-p), & 0<d_{m,k}\leqslant d_{\mathrm{c}}\\ B+(S£\ -B)(1-\beta)(1-p), & d_{\mathrm{c}}<d_{m,k}\leqslant d_{\mathrm{Max}}\end{cases} \tag{4-85}$$

$$B=\frac{\beta v_{m,k-1}^{E}+(1-\beta)psl_{i,k}}{\beta+(1-\beta)p} \tag{4-86}$$

$$S£\ =B+(sl_{\mathrm{Max}}-B)\sin\left[\frac{\pi}{2}+\frac{\pi}{2}\left(\frac{d_{\mathrm{Max}}-d_{m,k}}{d_{\mathrm{Max}}-d_{\mathrm{c}}}\right)\right] \tag{4-87}$$

对于 VSL 控制区不遵守速度控制的 HV，如果道路不拥堵(即 $0<d_{m,k}\leqslant d_{\mathrm{c}}$)，他们可以加速到最大限速 sl_{Max}(例如自由流速度)。然而，HV 可能无法加速到最大限速值 sl_{Max}。因为它的速度受到附近车辆的限制，如它的前车。因此，当 $0<d_{m,k}\leqslant d_{\mathrm{c}}$，$V\in[B,sl_{\mathrm{Max}}]$，$B$ 由公式(4-86)计算，表示在 VSL 控制区遵守限速值车辆的平均速度。当 $d_{\mathrm{c}}<d_{m,k}\leqslant d_{\mathrm{Max}}$，不遵守限速值的 HV 不能加速到最大限速 sl_{Max}，$S£$ 由式(4-87)计算，表示不遵守限速值的 HV 在 VSL 控制区能到达的最

大速度。因此，$d_c < d_{m,k} \leqslant d_{Max}$，$V \in [B, S£\ ]$。考虑到驾驶的舒适性和可行性，这里对限速值 $sl_{i,k}$ 向下取整到最接近 A 的整数倍数，其中 A 为给定的常数。

$$sl_{i,k} = \left[\frac{sl_{i,k}}{A}\right] \cdot A \tag{4-88}$$

⑤计算车辆以最大的舒适加速度/减速度到给定的限速值所需要的时间。车辆的最大舒适加速度和减速度分别用 $a_{i,\max}$ 和 $b_{i,\max}$ 表示，为了避免突然的加速和减速行为，只有当车辆加速/减速到它的限速值时，才会对车辆计算一个新的限速。

⑥判断是否需要继续执行算法。当瓶颈上游的交通需求在一段时间内小于瓶颈区的通行能力时，VSL-IV 算法停止，时间周期被给定并且表示为终端阈值。

总之，在 VSL-IV 算法中，对于每个更新周期，限制加速区的流量为瓶颈的通行能力 C，基于实时的交通信息计算在 VSL 控制区车道 m 的期望流量，然后基于期望流量和实时的交通信息计算在 VSL 控制区的单车限速值。计算单车的限速值不仅基于宏观的实时交通信息（平均速度、密度），而且基于微观的单车的驾驶行为（如加速度、减速度、单车的速度、车辆的类型），换句话说，对每辆车都有一个限速值，不同的车辆调整限速的时间也不同。通过调整 VSL 控制区单个车辆的限速，将加速区的流量限制为瓶颈的通行能力 C。因此，瓶颈区的通行能力下降 Δ 可以最小化。

（3）VSL-IV 算法效果。

在如图 4-61 所示的瓶颈区中进行实验，VSL 控制区和加速区的长度分别是 3km 和 1km。SUMO 用来生成通过瓶颈区的车辆轨迹。本次实验所用的参数及其取值见表 4-11。车辆分为两种，分别是 AV 和 HV。AV 严格遵守 VSL-IV 算法所确定的速度限值，而 HV 对速度限值的遵守度取决于人类驾驶员的遵从度 p。当 HV 收到来自 VSL-IV 算法的速度限值后，通过一个从 0 到 1 的随机数来决定是否 HV 遵守速度限值，如果随机数不小于 p，则 HV 遵守限速值，否则 HV 不遵守限速值。对于 HV 和 AV 的混合交通流，重复进行了 5 次实验，并且给出了平均值。

参数设置　　表 4-11

相关参数	值
跟驰模型	Krauss
换道模型	LC2013
最大速度	100km/h
最大加速度	2.5m/s^2
最大减速到	4.5m/s^2
瓶颈区最大容量	6120veh/h
临界密度	23veh/(km · lane)
车辆长度	4.7m
最大密度	149veh/(km · lane)
更新周期	10s

由于 VSL-IV 算法的目标是最小化通行能力的损失 Δ，即最大化瓶颈区的通行能力。我们用瓶颈处流量（Bottleneck Discharge Rate）和流量恢复率（Discharge Rate Recovery Ratio, DRRR）来评估 VSL-IV 算法，流量恢复率定义为瓶颈处的流量除以瓶颈处的最大通行能力。为了获得更多有代表性的交通需求，可以改变多个重要参数，包括 AV 的渗透率，遵从度和瓶颈的交通需求，来评估 VSL-IV 算法的性能。如果没有特别说明，AV 的渗透率为 50%，遵从度为 50%，瓶颈的交通需求为 6500veh/h。

图 4-62 和表 4-12 分别给出了不同 AVs 渗透率下的瓶颈流量和 DRRR。“未控制”意味着可变限速没有应用在车辆上，由图 4-62 可知，对于所有的 AV 渗透率，瓶颈区流量均优于未控制的情况。从表 4-12 可以看出，当 AV 的渗透率较高时（如 70%），DRRR 趋近于 100%，这意味着瓶颈的流量几乎等于瓶颈区的最大通行能力。随着 AV 渗透率的降低，瓶颈区流量变得不稳定，DRRR 降低，这是因为当 AV 渗透率降低时，HV 渗透率增加，因此，不遵守 VSL-IV 算法所给出限速值的车辆增加，DRRR 降低。

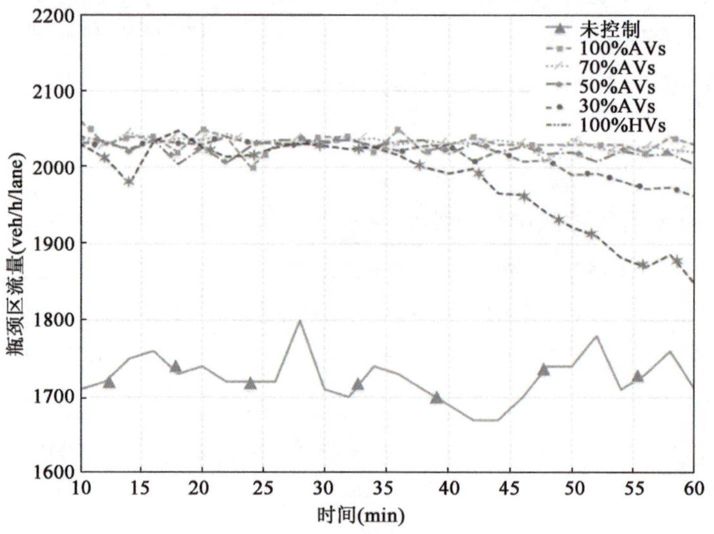

图 4-62 不同 AV 渗透率下的瓶颈区流量-时间变化曲线

不同 AV 渗透率下的 DRRR 表 4-12

AVs 的渗透率	DRRR（%）
1.0	0.995770
0.7	0.995640 ±0.000579
0.5	0.992041 ±0.001652
0.3	0.987543 ±0.001137
0	0.969011 ±0.003646

不同遵从度下的瓶颈区流量和 DRRR 分别见图 4-63 和表 4-13，可以看出瓶颈区流量优于未控制。当遵从度下降时，HV 不遵守 VSL-IV 算法所给出限速值的车辆增加，因此，DRRR 降低。

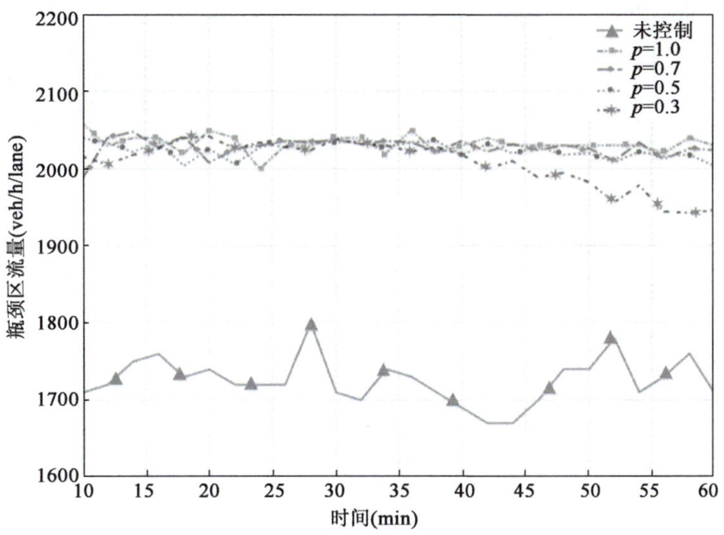

图 4-63 不同遵从度下的瓶颈区流量-时间变化曲线

不同遵守率下的 DRRR 表 4-13

遵 从 度	DRRR(%)
1.0	0.995770
0.7	0.994695 ±0.001406
0.5	0.992041 ±0.001652
0.3	0.982698 ±0.001240

图 4-64 和表 4-14 分别给出了不同交通需求下的瓶颈区流量和 DRRR。由图 4-64 可以看出，当瓶颈的交通需求略大于瓶颈的通行能力时(6200veh/h)，瓶颈区流量处于波动状态，当瓶颈交通需求增加到 6500veh/h 时，瓶颈区流量相对稳定，并且 6500veh/h 交通需求下的 DRRR 优于 6200veh/h。当瓶颈交通需求增加到 7000veh/h 时，瓶颈区流量相对稳定，但是 7000veh/h 的 DRRR 比 6500veh/h 的差。

不同交通需求下的 DRRR 表 4-14

交通需求(veh/h)	DRRR(%)
6200	0.976546 ±0.019593
6500	0.992041 ±0.001652
7000	0.979430 ±0.000883

因为当交通需求略大于瓶颈区最大通行能力时，VSL 控制区车辆不拥堵，VSL 控制区车辆密度较低，HV 不遵守限速值的可能性比较大，不遵守限速值的车辆会加速至最大速度，导致 VSL 控制区内的流量波动，进而导致瓶颈区的流量是波动的。当交通需求增加时，VSL 控制区内车辆密度增加，不遵守限速值的车辆速度受到附近车辆速度的限制。因此，当瓶颈的交通需求较大时，瓶颈流量趋于稳定。随着 VSL 控制区车辆密度的增加，VSL 控制区车辆行驶速度

降低,导致瓶颈区流量和 DRRR 降低。

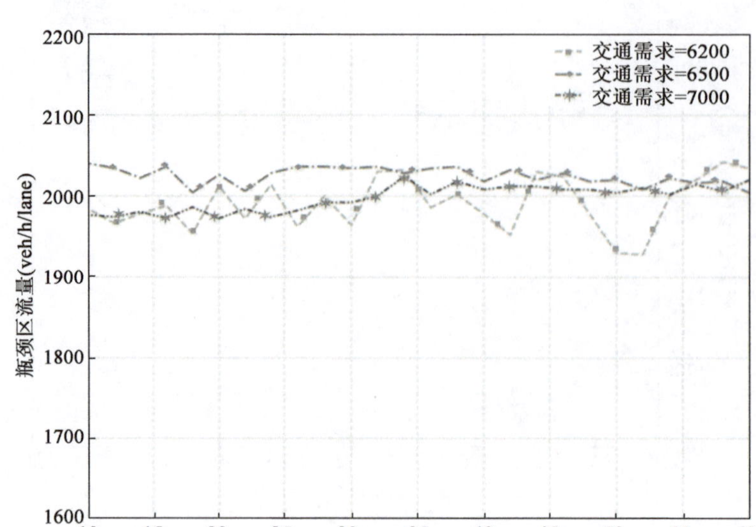

图 4-64 不同交通需求下的瓶颈区流量-时间变化曲线

综上所述,从实验结果可以看出,VSL-IV 算法可以显著地提升快速路的通行能力,VSL-IV 算法控制的瓶颈区流量几乎等于瓶颈区的最大通行能力。

4)快速路瓶颈路段可变限速研究小结

本小节提出的 VSL-IV 算法最大化快速路瓶颈处人类驾驶车辆和自动驾驶车辆混合交通流的通行能力。不仅基于宏观的实时交通信息(如车辆平均速度、车辆密度),也基于微观的实时交通信息(如加速、减速和车辆速度)动态地调整单车的限速值。实验结果表明在交通需求超过瓶颈区的通行能力时,VSL-IV 算法能显著地减少通行能力下降并且提高快速路的通行效率。

4.4.3 快速路全局协调控制

快速路全局协调控制是在单个场景控制的基础上,综合考虑了匝道与路段之间的协调控制、进口匝道与出口匝道之间的协调控制和多匝道之间的协调控制。

1)匝道与路段间协调控制策略

传统交通在匝道与路段间协调控制是指在考虑匝道车辆排队延误的情况下,通过控制匝道汇入路段的车流量,以达到减少路段交通拥堵、提高路段通行能力和保证行车安全的目的。如图 4-65 和图 4-66 所示为匝道与路段的协调控制示意图。

关于快速路匝道与路段间的协调控制方面已有相关研究。例如,2003 年,荷兰代尔夫特理工大学的 Hegyi 等人通过交通流基本图对二阶 METANET 模型进行改进,使其更加适应匝道和可变限速协同控制下的快速路系统需求。2007 年,中南大学的王正武针对快速路的交通拥堵问题,基于交通流理论,提出了一种主线限速与匝道融合的协调控制方法,采纳多智能体技术和分层递阶结构提出协调控制模型的求解算法。2009 年,北京交通大学的齐驰等人针对匝道排队回溢问题,提出了一种基于神经元自适应 PID 控制的快速路入口匝道控制策略,该策略分别对主线密度和匝道排队长度的误差参数进行调整,从而降低了上匝道排队回溢现象。2011 年,Elefteriadou 等人提出了一种基于数据驱动的协同控制方法,通过将瓶颈失效理论引入快速路系统,基于大量数据预测的瓶颈失效概率作为判断实施控制的标准,目标是使瓶颈失效概率保持在设定阈值以下。2011 年,长安大学李杨针对快速路车辆超速行驶容易引发交通事故这一问题,采用神经网络的方法对快速路设计了一套速度引导的控制算法,并比较了单一匝道控制和匝道与路段协同控制的效果。

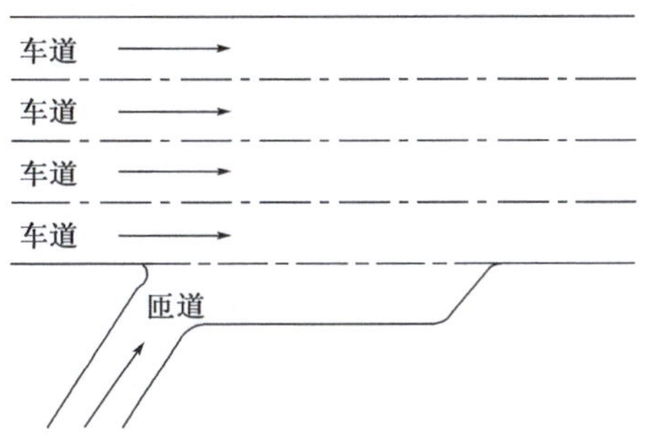

图 4-65 进口匝道与主路段的协调控制示意图

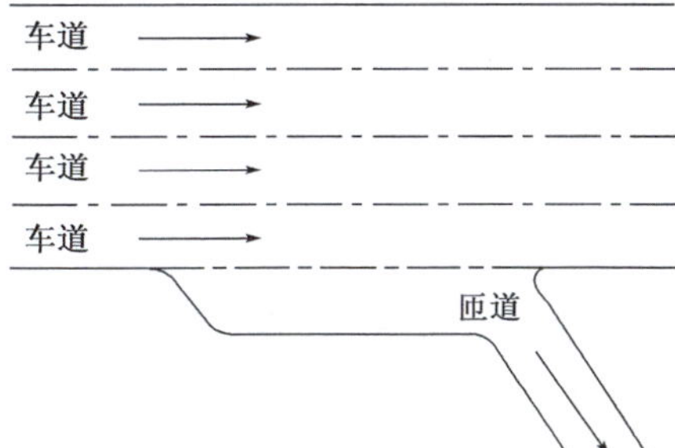

图 4-66 出口匝道与主路段的协调控制示意图

上述研究所使用的方法并不能保证快速路通行效率的稳定性,控制目标还比较单一,对快速路事故发生点上游的交通流考虑不足,会进一步导致上游发生交通拥堵。为此,2014 年,长沙理工大学 Wu 等人为了保证通行能力稳定、避免交通拥堵,基于协调控制理论,提出了一种双层匝道控制模型,对各入口匝道的交通流进行预测和控制。下层模型的功能是基于自适应神经网络获得输入车流量、速度和密度来识别事件拥堵存在的位置;上层模型的输出为发生拥堵的路段数量、需要控制的匝道数量以及实时的交通流信息。2016 年,哈尔滨工程大学梁振羽基于 METANET 宏观交通流模型和 CMEM 车辆排放模型,建立了能实现入口匝道控制与路段车辆速度协同控制之间相互反馈的交通流模型,并对模型中的相关参数进行优化调整。2017 年,河北工业大学的栾燕海等人针对快速路拥堵问题,基于 STNS 模型,构建了匝道与主线路段协同控制的元胞自动机模型,并对快速路事故频发点上游实施不同匝道控制策略。

值得注意的是,上述研究大都是在传统交通条件下进行的,对于车路网联环境下新型混合交通快速路匝道与路段间的协调控制方面尚未进行深入研究。

2)进口匝道与出口匝道间协调控制策略

针对进口匝道与出口匝道间协调控制的研究起步较早,1996 年,姜紫峰等人针对快速路经常出现偶发性交通拥堵问题,提出了入口匝道调节和出口匝道分流协调控制策略,该策略以入口匝道所在路段的密度值为变量,构建了入口匝道和出口匝道的联合积分反馈控制器模型,结合传统模型设计了进口匝道控制和出口匝道分流的协调控制模型,能够有效破解快速路偶发性交通拥堵问题。2000 年,暨南大学的谭满春等人针对某一路段频繁发生交通拥堵这一问题,采用遗传算法求解进口匝道和出口匝道控制律,并以匝道控制律之和作为适应度函数。2004 年,明尼苏达大学的 Lei 等人分析了以往进出匝道协调控制研究中存在的设计模式,设计了匝道控制分析框架,改变了以往预测或设定的 OD 流量值,用出口匝道流出率代替精确求解 OD 的依赖,并将优化控制描述为一个线性规划问题。2006 年,Mvanden Ber 等人针对进口匝道和出口匝道协同控制问题,分析了进口匝道控制和出口匝道控制对快速路交通系统的影响,设计了快速路从自由流到拥堵流再到自由流过程中,进口匝道和出口匝道采取的不同控制方法。2007 年,吉林大学的蔡志理针对快速路上交通事件频繁发生等问题,构建了进口匝道和出口匝道整体控制方案,采用遗传算法求解得到最优匝道调解率。

但是,在新型混合交通条件下,由于车辆的异质特性,以往的快速路进口匝道与出口匝道之间的协调控制算法很难适用。

3)多匝道间协调控制策略

对于多匝道间的协调控制,最早出现了一种"匝道逐次关闭"的控制策略,这种策略是当下游的交通拥堵传播到上游的某个断面时,关闭离这个断面最近的匝道,若拥堵继续向上游传播,依次关闭最近的匝道,使得能够缓解快速路的拥堵。如图 4-67 表示了多匝道间协调控制示意图。

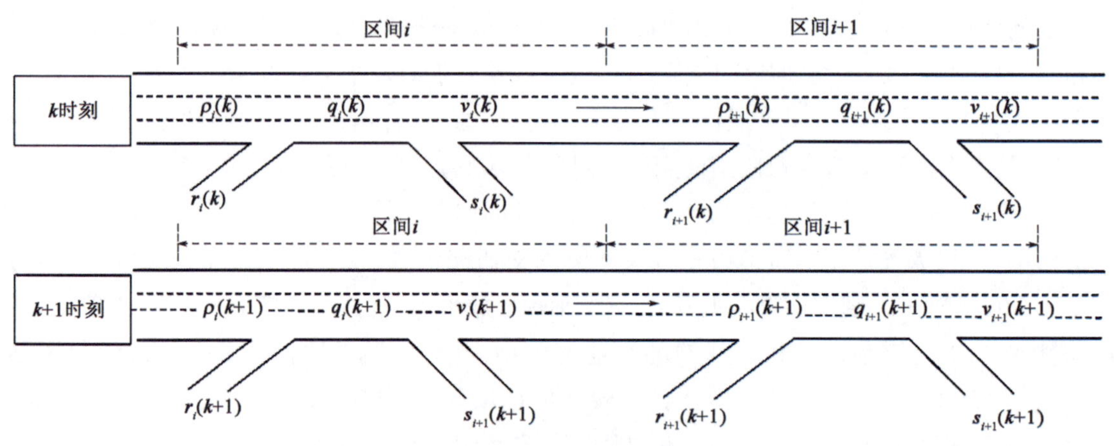

图 4-67　多匝道间协调控制示意图

为了进一步提高快速路的交通效率,至此已提出三种多匝道间的协调控制方法,即协作控制、瓶颈抑制和最优控制。

(1)协作控制方法。

协作控制方法是当某一匝道附近的路段陷入拥堵时,其上游匝道的放行率相应降低,从而在一定程度上缓解路段拥堵。

例如,1991 年,LIPP 等人对丹佛匝道并入路段提供了一个中央计算机协作控制的评估方案,针对该方案提出了一个 HELPER 方法,将一个由路段多个匝道组合而成的快速路,通过判断每一个匝道排队长度是否接近临界值,将要接近临界值的匝道后方车辆按顺序分配到下游匝道,有助于减少干线延误。2010 年,Papamichail 等人提出了一种新的交通响应反馈控制策略——启发式匝道协作控制方法,用于协调快速路路网中局部匝道间的协作行为,以最大化通行能力为目标,解决快速路通行能力不确定性问题。2011 年,秦雷等人针对快速路匝道的特性,采用改进的神经网络模型预测快速路的交通流,并设计了多匝道协调控制系统,减少了两个入口匝道交通流对城市快速路路段交通运行的干扰和影响。2013 年,东南大学高祥云等人为了解决快速路路段的通行效率问题,采用 MATANET 模型,通过使用非线性最优控制建立了多匝道的协作控制模型,针对该模型建立目标函数,使用遗传算法进行优化。

以上研究只能针对两个匝道间的协同,对于超过三个匝道间的协同无法使用。此外,上述研究只针对传统的交通构成,对于新型混合交通,其研究方法不再适用。

(2)瓶颈抑制方法。

瓶颈抑制方法首先需要确定快速路路段的瓶颈发生地点,然后以快速路路段拥堵得以缓解为考量,确定该瓶颈处需要减少的交通量,最后通过上游匝道按照预设权重减少放行率。

2003 年,李志斌等人针对快速路瓶颈区域车辆行驶延误问题,提出了防止瓶颈区域通行能力下降的控制策略,分析了不同瓶颈类型的抑制方法,能够有效抑制通行能力下降。2013 年,Bhouri 等人针对快速路交通拥堵问题,提出了一个 CORDIN 算法:该算法针对上游最近的入口匝道先采用 ALINEA 算法,然后第二个入口匝道采用 $g_2 = a_1 g_1$;第三及以上各入口匝道采用 $g_s = a_2 g_1 (s = 3, 4, \cdots, n)$,其中 a_1, a_2 为 CORDIN 参数。除了以上所采用的方法外,还有一些方法,例如,BOTTLENECK、ZONE 和 SWARM。

以上研究仅根据经验确定了匝道调节率,没有考虑交通流的动态变化,而且不适用于有交通事件发生的情况。关于匝道控制范围,不能确定具体施加控制的匝道位置,也更加难以适用于新型混合交通条件。

(3)最优控制方法。

最优控制方法是目前使用比较多的一种方法,主要通过对快速路多匝道进行系统性建模,把所建立的模型转换为优化问题,并构建目标函数、确定约束条件,在满足约束条件的情况下寻求最优解。

2010 年,I. Papamichail 等人针对快速路通行能力不确定性问题,基于模型预测控制(MPC)的优化方法,提出了一种启发式多匝道协同控制策略,该策略以最大化通行能力为目标,解决快速路通行能力不确定问题,可以协调快速路中多匝道控制行为。2014 年,浙江大学胡灵龙等人针对城市交通拥堵问题,从宏观交通流的视角出发,将 MPC 的方法引入快速路匝道的控制中,使用离散系统的极小值原理对模型进行求解,一定程度上能够缓解快速路的交通拥堵问题。2017 年,西南交通大学乔彦甫等人针对快速路入口匝道排队溢出等问题,提出了一种新的基于主线车流量预测的城市快速路入口匝道控制策略，该策略采用了遗传算法优化的小波神经网络对路段进行交通流量预测，对预测的结果采用分级控制原则，分别对路段车流可插入间隙和匝道排队进行控制，可以实现对多匝道进行动态控制律调节。

上述研究没有考虑匝道容量的限制以及路段长度的限制，假设条件还过于理想化。

4）典型场景快速路全局协同控制方法研究

在新型混合交通条件下，由于异质车辆行驶的差异性，现有研究方法已不适用。从信息物理系统的视角分析，由于异质车辆之间的离散信息系统和连续物理系统交互与融合更加复杂，使得快速路全局协调需要新的方法和手段。

鉴于快速路在空间上是连贯的，这种连贯性使得上下游之间的影响变得很大。为了更好协调快速路上下游的交通关系，也需要一个全局协同控制方案。

针对快速路进口匝道、出口匝道、路段和瓶颈等典型场景，重庆大学孙棣华教授团队做了大量研究，已在4.2、4.3和4.4节详细阐述。本小节将在此基础上，面向典型场景快速路全局协同控制，建立一套全局协同控制策略，其方案如图4-68所示。

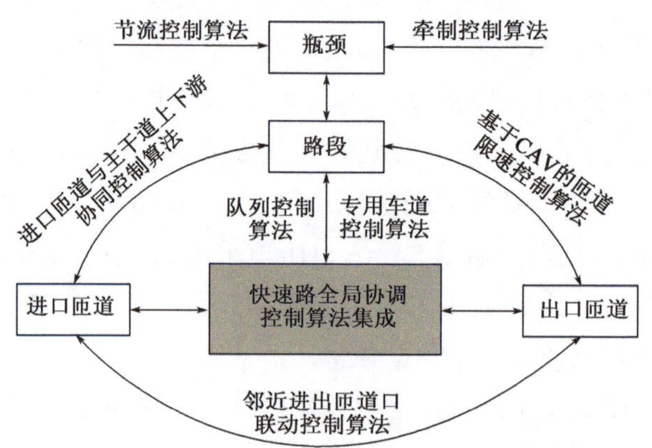

图4-68　快速路全局协同控制方案

该方案将快速路上各种典型场景中的协同控制算法进行集成，形成一套完整的面向多种典型场景的快速路全局协同控制方案。采用多模态场景协调模式，能够使新型混合交通车辆群体行驶在具体场景下时，自动触发和匹配相应的配置控制算法及参数，支持整个快速路网络的各个部分达到全局协同的目的，以提高整体的快速路交通效率。

图4-69为快速路全局协同控制算法示意图。

具体的快速路全局协同控制算法实施步骤如下。

①判断车辆是否加入快速路进口匝道区域的车辆群体，如果没有，则保持原控制方式；如果加入快速路进口匝道区域车辆群体，即判断是否有一个邻近的出口匝道；如果有临近的出口匝道，则遵从邻近进出匝道口联动控制算法（图4-70），否则遵从进口匝道与主干道上下游协同控制算法（图4-71）。

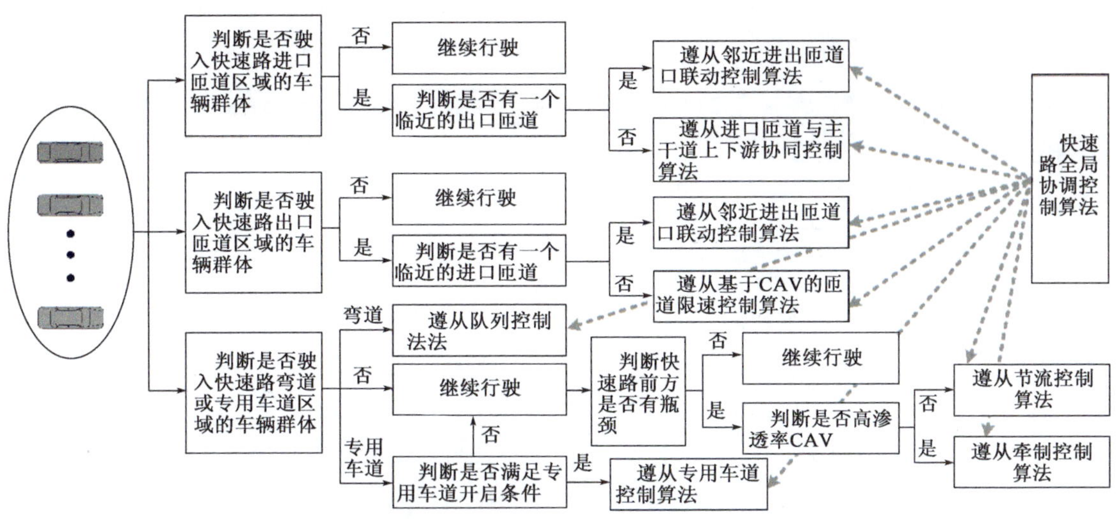

图4-69　快速路全局协同控制算法示意图

②判断车辆是否加入快速路出口匝道区域车辆群体，如果没有，则保持原控制方式；如果加入快速路出口匝道区域车辆群体，即判断是否有一个邻近的进口匝道；如果有邻近的进口匝道，则遵从邻近进出匝道口联动控制算法（图4-70），否则遵从基于CAV的匝道限速控制算法（图4-72）。

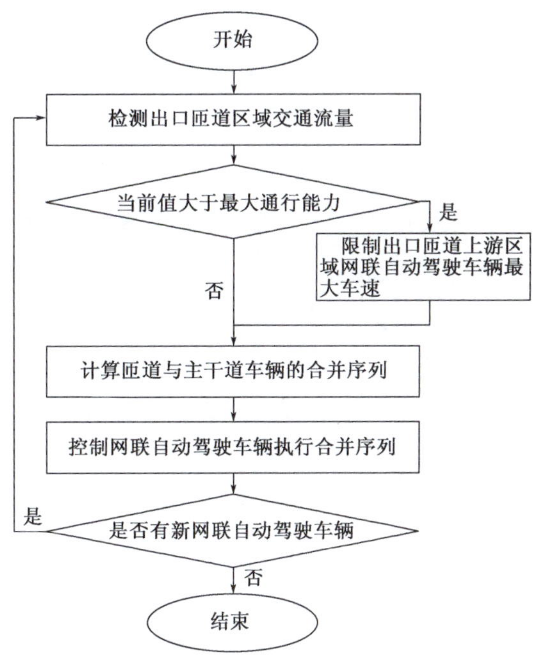

图4-70　邻近进出匝道口联动控制算法流程图

③判断车辆是否加入快速路弯道或专用车道区域车辆群体，如果没有，则保持原控制方式；如果加入快速路弯道区域车辆群体，则遵从队列控制算法（如下队列控制算法实施步骤）；如果加入快速路专用车道区域车辆群体，即判断是否满足专用车道开启条件，如果不满足，则保持原控制方式；如果满足，则遵从专用车道控制算法。

④判断快速路前方是否有交通事故发生或道路维修形成的瓶颈，如果没有，则保持原控制方式；如果有，判断交通群体是否在高渗透率CAV下行驶；如果是，则遵从牵制控制算法（如下牵制控制算法实施步骤）；如果不是，则遵从节流控制算法（如下节流控制算法实施步骤）。

（1）队列控制算法。

具体的队列控制算法步骤如下。

①选取关键点。为了记录和管理人类驾驶车辆离散的历史信息，即位置、速度、航向、位置对应的曲率半径，选取关键点矩阵，将这些信息存储在关键点矩阵中。

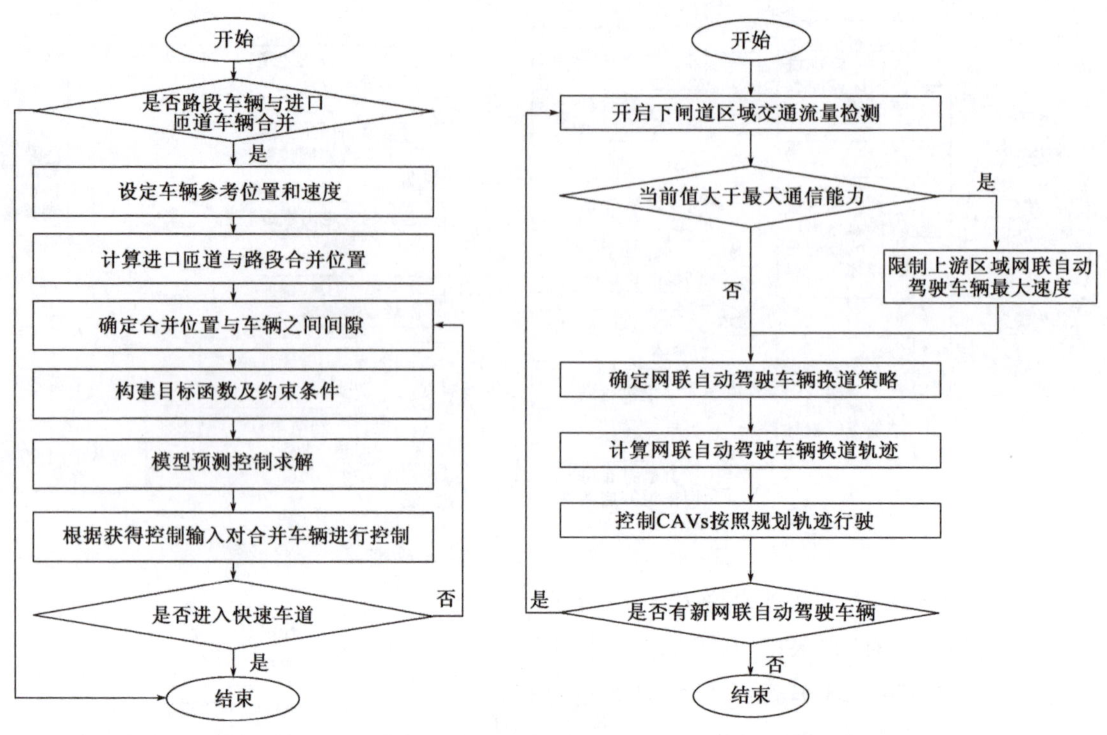

图 4-71　进口匝道与主干道上下游协同控制算法流程图

图 4-72　基于 CAV 的匝道限速控制算法流程图

②构建轨迹修正方案。为了消除驾驶员不正常行为的影响，利用实变量函数理论中的点集映射方法，构建轨迹修正方案。

③设计控制器。为了确保新型混合车队行驶的稳定性，利用关键点矩阵和 V2I 通信技术，设计了一种纵向和横向结合的控制器。

④由于通信时延会影响混合车队行驶的稳定性，将通信时延考虑到设计的控制器中，通过理论分析进一步得到稳定的时延上界。

⑤将设计的控制器输入混合车队，调节混合车队在弯道上的稳定性。

⑥控制算法结束。

(2)牵制控制算法。

具体的牵制控制算法步骤如下。

①假设每个车道的头车跟随一个虚拟的头车，同时每个车道的网联自动驾驶车辆跟随同一个虚拟的头车。第 k 个车道的虚拟头车和跟随车能够表示如下：

$$\dot{\boldsymbol{x}}_0^k(t)=\boldsymbol{f}(t,\boldsymbol{x}_0^k(t)) \tag{4-89}$$

$$\dot{\boldsymbol{x}}_i^k(t)=\boldsymbol{f}[t,\boldsymbol{x}_i^k(t)]+\sum_{h=1}^{d}\sum_{j=1}^{N_h}a_{ij}^{kh}\boldsymbol{\Gamma}[\boldsymbol{x}_j^h(t)-\boldsymbol{x}_i^k(t)]+\boldsymbol{u}_i^k(t) \tag{4-90}$$

其中，$\boldsymbol{f}(t,\boldsymbol{x}_i^k(t))\triangleq\boldsymbol{F}_{a,i}^k(t)+\boldsymbol{F}_{l,i}^k(t)\boldsymbol{s}_i^k=[x_i^k-x_i^{0,k},y_i^k-y_i^{0,k}]^T$，$\boldsymbol{v}_i^k=[v_{ix}^k,v_{iy}^k]^T$ 表示第 k 个车道中第 i 辆车的位置和速度状态；x^k 和 y^k 分别表示纵向位置和横向位置；$x_i^{0,k}$ 和 $y_i^{0,k}$ 分别表示

的是第 k 个车道中第 i 辆车与虚拟头车的纵向期望间距和横向期望间距；Γ 为内部耦合矩阵（通常为正定矩阵），表示每个节点状态变量之间的耦合关系；$\boldsymbol{u}_i^k(t)$ 为牵制控制输入。

②为了确保车辆不会偏离车道的中心线，确定车辆所受到的力，$\boldsymbol{F}_{a,i}^k(t)=[F_{ax,i}^k,F_{ay,i}^k]^T$ 反映了驾驶员加速到期望速度的趋势，$\boldsymbol{F}_{l,i}^k(t)=[F_{lx,i}^k,F_{ly,i}^k]^T$ 目的是让车辆靠近车道中心，$\boldsymbol{F}_{r,i}^k(t)\triangleq\sum_{h=1}^{d}\sum_{j=1}^{N^h}a_{ij}^{kh}\Gamma[\boldsymbol{x}_j^h(t)-\boldsymbol{x}_i^k(t)]$。

③确定牵制控制增益。设 $\bar{V}_{\text{pin}}$ 作为 $\bar{G}$ 中的网联自动驾驶车辆集合，表示 $g_i^k\geqslant0$ 作为牵制增益，可以表示如下：

$$\begin{cases}g_i^k(t)>0,(k,i)\in\bar{V}_{\text{pin}}\\g_i^k(t)=0\end{cases}\tag{4-91}$$

④确定牵制控制输入。按照获取的牵制增益，可以得到牵制控制输入为：

$$\boldsymbol{u}_i^k(t)=g_i^k\Gamma[\boldsymbol{x}_0^k(t)-\boldsymbol{x}_i^k(t)]\tag{4-92}$$

⑤将牵制控制输入网联自动驾驶车辆，进一步控制网联自动驾驶车辆的行驶状态，从而达到调节瓶颈路段的交通效率。

（3）节流控制算法。

具体的节流控制算法步骤如下。

①确定节流区域。网联自动车群上游的一段区域为节流区域 δ_1，这一区域将会有 δ_2 区域的车辆进入，然后驶出到 δ_0 区域。如图4-73所示。

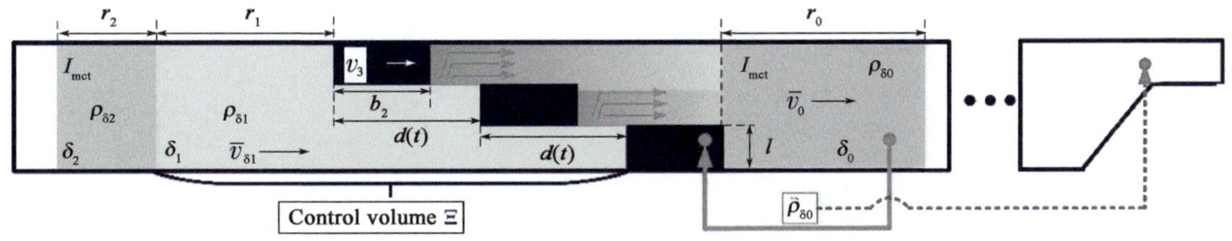

图4-73 动态节流控制策略流程图

②确定节流区域 δ_1 车流量的变化。按照节流策略的思想，节流区车流量的变化为 $\Delta I_{\text{inner}}(t)=\Delta\rho_{\delta1}(t)r_1(t)$，其中，$\Delta\rho_{\delta1}(t)$ 为在节流区密度的变化值，$r_1(t)=r_1+d_1(t)$，r_1 是节流区的长度，$d_1(t)=b_1+b_2+v_1(t)h$ 近似表示CAV之间的车头时距。

③获得 δ_0 区域交通密度。δ_0 区域交通密度能够通过下式获得：

$$\rho_{\delta0}(t)=\frac{I_{\text{out}}(t)}{r_0(t)}=\frac{I_{\text{out}}(t)}{[\bar{v}_0-v_1(t)]\Delta t+d(t)}\tag{4-93}$$

其中，$I_{\text{out}}(t)$ 为从节流区域 δ_1 流出的车流量；$r_0(t)=[\bar{v}_0-v_1(t)]\Delta t+d(t)$；$\bar{v}_0$ 是节流区域的平均速度；$v_1(t)$ 是头车的速度。

④确定节流区 δ_1 受控网联车队的期望速度。根据 δ_0 区域获得的密度、δ_0 区域的期望密度和 δ_2 区域的密度可以获得受控网联车队的期望速度，进一步调整自身的状态。受控网联车

队的期望速度可以表示为：

$$\hat{v}_1(t)=\frac{\rho_{\delta2}(t)v_{\max}\Delta t-\Delta\rho_{\delta1}(t)(r_1+b_1+b_2)-\hat{\rho}_{\delta0}(\bar{v}_0\Delta t+b_1+b_2)}{\hat{\rho}_{\delta0}(h-\Delta t)+\rho_{\delta2}(t)\Delta t+\Delta\rho_{\delta1}(t)h} \tag{4-94}$$

⑤设计控制策略。为节省通信资源，假设网联车队中的第一辆车能够V2I通信，因此，网联车队中的第一辆车的控制协议可以表示如下：

$$\dot{v}_1(t)=\zeta[\hat{v}_1(t)-v_1(t)] \tag{4-95}$$

其中，ζ为控制增益。

⑥判断节流区的车队是否到达δ_0区域，若到达，立即对节流区受控网联车辆取消控制。

⑦对新驶入节流区的车辆重复步骤①到步骤⑥。

本小节提出的快速路全局协调控制算法，可以进一步提高整个快速路路网交通效率，减少交通事故的发生率，为未来新型混合交通条件下的快速路全局协调控制提供解决方案。

第 5 章

CHAPTER 5

总结

车路协同技术和自动驾驶技术的快速发展，为交通控制理论与方法升级和下一代交通控制系统的构建与发展提供了基础。随着近年来车路网联与协同交通系统控制的深入研究和落地实践，理想的全局中心化的集中控制方法应用难度较高，去中心化的异质混合交通群体的控制问题亟须解决。面向混合交通群体结构无主次之分、无统一目标和无系统边缘的复杂特征，在群体机理解析、决策理论及典型场景下的控制方法等方面还面临诸多挑战。

5.1 车路网联混合交通系统与基本特性

车路网联环境下的车路协同混合交通系统含义得到升级，不同网联、自动化等级的车辆在智能道路基础设施的支持下，通过车车协同、车路协作，形成安全、高效和环保的道路交通系统，特别是涵盖车-路-云端的感知、决策、控制等全环节全链条的协同。车路网联混合交通系统元素构成主要为智慧的车、聪明的路，车车互联和车路互联共同构成了车路网联与协同体系。

车路网联与协同混合交通系统在感知层面，呈现感知方式多样、感知多维协同的感知新特性。系统控制层面得到全面升级，控制架构一般采用分层耦合控制架构，并辅以总体分布式、局部集中动态式控制策略。在新型混合交通系统控制架构下，新型混合交通系统决策呈现全局最优群体协同特性，决策设计方案分为两类：分层式和端到端式；新型混合交通系统控制呈现异步协同群体智能控制特点。这些升级很好地应对了车车互联、车路互联大范围、无边界的交通系统特性，缓解了车辆群体控制的维数和计算爆炸问题。

车路网联与协同混合交通系统演化规律也发生了改变。这种改变渗透在微观、中观和宏观三个维度。微观层面主要体现在车辆跟驰特性。网联自动驾驶搭载先进的传感器设备以及纵向自动控制技术，可自动调整车速以与前方车辆保持安全距离。中观层面主要是车队协同特性，以协同式自适应巡航控制为代表的车队协同技术，车队内部车辆可以及时获取其他编队车辆信息，反应更为灵敏，可保持更小的车头间距，形成统一的车队。宏观层面则体现在车流动态特性和静态特性的改变。动态特性方面，可将网联自动驾驶车辆作为交通流调控的抓手，通过车辆间的交互影响，控制网联自动驾驶车辆以间接影响其他车辆的行为，从而实现车路网联与协同混合交通流的精准管控。静态特性方面，车车协同技术可以显著提升道路通行能力，最高可提升近 2 倍。然而，这种效益在快速路合流区被削减，由于车车协同编队太长将阻碍匝道汇入，这将为合流区车队管理提供重要依据。

5.2 车路网联交通群体智能决策方法

未来车路网联与协同环境下，人、车、路等交通主体构成的混合交通群体具有自组织、网络化、非线性、强耦合、泛随机和异粒度等特点，常呈现无主次之分、无统一目标和无系统边缘等形态。在决策优化过程中，需要多个智能体协调互动、合作、资源与信息共享。

然而，由于智能汽车、交通传感器和移动通信应用的普及和性能提升所带来的信息量急剧增长，传统的优化控制方法很难解决这类混合交通群体的决策优化问题。因此，复杂环境中群体智能决策的研究已成为机器学习赋能交通智能化发展的重要课题。

群体智能决策方法包括基础理论、决策模型和应用三个方面。首先，了解群体智能决策的基础理论是实现车路网联与协同混合交通群体智能决策的前提。群体智能决策常用马尔可夫博弈来描述，面临环境的不稳定性、获取信息的局限性、个体的目标一致性、多智能体决策系统的可拓展性等问题。现有研究从可扩展性、智能体意图、奖励机制、环境框架等方面来解决上述问题。其次，在群体决策理论的基础上构建群体智能决策模型。群体智能决策模型按照它们处理的任务类型可分为完全合作型、完全竞争型和混合型。在完全合作型群体决策过程中，所有智能体拥有相同的奖励函数，学习的目标是最大化公共收益。完全合作型的群体决策方法可分为无协调法、直接协调法和间接协调法。完全竞争型群体决策过程可以描述为零和马尔可夫博弈过程，可以使用极大极小原则。混合型群体决策是指在群体决策过程中，智能体之间既有合作又有竞争。在这种模型中，通常引入博弈论中的“均衡”概念。再者，群体智能决策在交通场景中的应用非常广泛。在城市路网交通信号协同决策的研究中，将城市路网当成一个整体进行交通信号协同控制，算法的复杂度将随着交叉口及网联车辆的数量增加而呈指数级增长，通常做法是将整个路网划分成一个个子区和交叉口群，以各个子区为控制对象，实现由部分到整体的协同控制。在城市干道这一模型中，可以通过绿波协调控制设计和停车延误协调控制设计两种指标来优化干道交通信号控制。在混合车辆群体协同中，车辆群体换道行为决策方法按照决策机理，可以分为非数据驱动方法和数据驱动方法两大类。

此外，智能体信息融合利用计算机技术将来自车辆多传感器或多源的信息和数据，在一定的准则下加以自动综合分析，以完成所需要的决策和估计信息处理过程。在全时空动态多智能体信息融合的基础上，开展车辆协同安全和道路协同控制，能充分实现人车路之间的有效协同，保证交通安全，提高通行效率，从而形成的安全、高效和环保的道路交通系统。

5.3 城市道路混合交通群体协同控制理论与方法

城市道路交叉口控制作为保障路网中车辆安全有序运行的必要手段,会干预和打断路网中不同方向交通流,形成了间断流交通控制场景。面对复杂而动态的城市道路交通需求,交叉口控制水平决定了路网整体服务质量及各交通参与者的通行体验。

传统交通控制水平受限于交通感知和控制水平,交叉口控制不得不停留在粗粒度、后反馈的低效模式。车路协同技术的发展为交叉口控制水平的提高带来了机遇和挑战。非集计的车辆轨迹级感知和基于自动驾驶车辆的交通控制手段都为交叉口控制优化提供了更多可能。首先,在交叉口进口道处,智能车辆可通过车路通信预知交叉口信号配时以优化驾驶策略,提高混合交通群体的通行效率;其次,交叉口通行权分配方式从基于流量的集计模式转变为非集计主动精准分配模式,同时面向分布式车辆控制场景需提供去中心化的协同控制方法;再次,在多交叉口场景下可利用自动驾驶车辆可知、可控的优势,提高多交叉口间协同控制效率;最后,面向特殊车辆优先控制需求,不同于传统交通环境下简单的路权划分,在车路协同环境中可在保障特殊车辆优先的前提下有效利用通行资源。面向新型混合交通流的间断流场景群体协同决策与控制理论及方法体系的建立,为发展新一代交通管理与控制系统储备了关键技术。

5.4 快速路混合交通群体协同控制

快速路交通系统作为城际之间及大中型城市内部快速沟通的桥梁,其良好的道路条件、不受非机动车及行人干扰的行车环境极大减少了交通流的阻断,使得快速路交通呈现出连续交通流特性。

传统交通条件下,受调控手段的制约,快速路交通系统控制的效果并不突出。随着网联自动驾驶车辆的引入,在新型混合交通条件下,快速路交通系统控制增添了车辆微观个体调控的有利途径,但由于行驶车辆的智能化水平不均衡、信息不对称等问题,会影响快速路连续交通流的稳定性、一致状态的收敛性、鲁棒性。若应对不当,有可能降低快速路系统的通行效率,加剧事故带来的影响及能源消耗。

而突破快速路新型混合交通群体协同控制问题的关键在于:①应深刻理解快速路混合交通问题特殊性,在传统交通系统控制理论的基础之上,充分考虑车路网联和自动驾驶技术带来的变革,以及应运而生的异质交通主体智能化水平不均衡与信息不对称问题,发展与凝练新型混合交通协同控制新思路,从而构建相应的混合交通协同控制原理;②基于传统人类驾驶车辆和网联自动驾驶车辆在感知、控制和决策等方面存在的巨大差异，充分发挥网联自动驾驶车辆的协同特性，通过车路网联技术实现异质群体协同以及按车道分群控制，进而建立常规情况下提高快速路路段交通效率、保障交通安全的方法；③针对上/下匝道群体汇流/分流等快速路典型的瓶颈问题，以网联自动驾驶车辆的速度引导和轨迹规划为基础，联合路段上下游状态，寻求汇流/分流群体最优状态，进而形成减少快速路上/下匝道等瓶颈区域交通群体冲突的方法；④针对快速路新型混合交通的全局协同控制问题，通过降低车辆之间驾驶行为异质性的影响，并有序综合“车与路”多维度因素，从路段组群/分群控制、分段可变速度控制与网联自动驾驶车辆微观控制等多角度入手，获得缓解快速路交通瓶颈引发拥堵问题的方法，提高快速路通行效率。

此外，新型混合交通群体协同问题具有典型的信息物理系统融合特征。同质/异质车辆及路侧设备之间离散信息系统和连续物理系统的复杂交互与融合，在有利于促进混合交通流优化的同时，又引起了新的异质车辆博弈与冲突问题。因此，有必要对新型混合交通的信息物理系统特性分析与建模、信息物理基础架构、系统可信性与可靠性分析等问题保持关注。

附录　中英文术语对照表

序号	英文简称	中文全称	英文全称
1	3GPP	第三代合作伙伴计划	3rd Generation Partnership Project
2	ABS	防抱死制动系统	Antilock Braking System
3	ACC	自适应巡航控制	Adaptive Cruise Control
4	ADAS	高级驾驶辅助系统	Advanced Driver Assistance Systems
5	ADS	自动驾驶系统	Adaptive Driving System
6	AU	用户应用单元	Application Unit
7	CACC	协同式自适应巡航控制	Cooperative Adaptive Cruise Control
8	C-ADS	协同式自动驾驶系统	Cooperative Automated Driving System
9	CAN	控制器局域网	Controller Area Network
10	CAVs	网联自动驾驶车辆	Connected Automated Vehicles
11	CDA	协同自动驾驶	Cooperative Driving Automation
12	CNN	卷积神经网络	Convolutional Neural Network
13	CPS	信息物理系统	Cyber Physical System
14	CPU	中央处理器	Central Processing Unit
15	CSMA	载波侦听多址接入方案	Carrie Sense Multiple Access
16	CTM	元胞传输模型	Cell Transmission Model
17	CVIS	车辆-基础设施协作系统	Cooperative Vehicle-Infrastructure System
18	DATMO	移动障碍物的检测和跟踪	Detection and Tracking of Moving Obstacles
19	DBL	专用道优先路权设计方法	Dedicated Bus Lane
20	DCU	汽车域控制器	Domain Control Unit
21	DDPG	深度确定性策略梯度	Deep Deterministic Policy Gradient
22	DQN	深度 Q 网络	Deep Q Network
23	DRL	深度强化学习	Deep Reinforcement Learning
24	DRRR	流量恢复率	Discharge Rate Recovery Ratio
25	DSRC	专用短程通信	Dedicated Short Range Communication
26	ECU	电子控制单元	Electronic Control Unit
27	ESP	车身电子稳定系统	Electronic Stability Program
28	FSM	有限状态机	Finite State Machine
29	GAN	生成对抗网络	Generative Adversarial Networks
30	GNSS	全球导航卫星系统	Global Navigation Satellite System

续上表

序号	英文简称	中 文 全 称	英 文 全 称
31	GPS	全球定位系统	Global Positioning System
32	GPU	图像处理器	Graphics Processing Unit
33	HVs	人类驾驶车辆	Human-driven Vehicles
34	IBLFL	可间歇使用的公交车专用道	Intermittent Bus Lane For Left-Turn
35	ICV	智能网联汽车	Intelligent & Connected Vehicles
36	IEEE	电气和电子工程师协会	Institute of Electrical and Electronics Engineers
37	IGA	无穷梯度上升	Infinitesimal Gradient Ascent
38	IMU	惯性测量单元	Inertial Measurement Unit
39	ITS	智能交通系统	Intelligent Transportation System
40	LiDAR	激光雷达	Light Detection and Ranging
41	LKA	车道保持辅助	Lane Keeping Assistance
42	LQ	线性二次	Linear Quadratic
43	LQI	线性二次积分	Linear Quadratic Integral
44	MADDPG	多智能体深度确定性策略梯度	Multi-Agent Deep Deterministic Policy Gradient
45	MC	蒙特卡洛	Monte Carlo
46	MEC	移动边缘计算	Mobile Edge Computing
47	MGP	马尔可夫博弈过程	Markov Game Process
48	MPC	模型预测控制	Model Predictive Control
49	NSF	美国国家自然基金会	the National Science Foundation in the United States
50	OBU	车载单元	On Board Unit
51	OV	目标车辆	Object Vehicle
52	QMIX	深度多智能体强化学习	Monotonic Value Function Factorisation for Deep Multi-Agent Reinforcement Learning
53	RCU	路侧通信单元	Roadside Communications Unit
54	RL	强化学习	Reinforcement Learning
55	RSU	路侧单元	Road Side Unit
56	RTK	实时运动学	Real-Time Kinematic
57	SAE International	国际自动机工程师学会	Society of Automotive Engineers International
58	SLAM	同步定位与制图方法	Simultaneous Localization and Mapping
59	T-CPS	交通信息物理系统	Transportation Cyber Physical System
60	TD	时序差分	Temporal Difference
61	TDM	交通需求管理	Transportation Demand Management
62	TSM	交通系统管理	Transportation System Management
63	TSP	信号优先控制方法	Transit Signal Priority

续上表

序号	英文简称	中文全称	英文全称
64	TTT	总行程时间	Total Travel Time
65	V2I	车路通信	Vehicle to Infrastructure
66	V2V	车车通信	Vehicle to Vehicle
67	V2X	车与外界通信	Vehicle to X
68	VDN	值分解网络	Value-Decomposition Networks
69	VSL	可变限速	Variable Speed Limit
70	VSL-IV	单车可变限速	Variable Speed Limit for Individual Vehicles
71	VSR	可变限速释放	Variable Speed Release

参考文献

[1] STAYTON E, STILGOE J. It's Time to Rethink Levels of Automation for Self-Driving Vehicles [Opinion] [J]. IEEE Technology and Society Magazine, 2020, 39(3): 13-19.

[2] Loughborough University. Preparing the UK's motorways for self-driving vehicles: New £1m research project announced in partnership with Highways England[EB/OL]. https://www.lboro.ac.uk/news-events/news/2020/july/preparing-motorways-for-autonomous-vehicles/. Retrieved 13 April 2021.

[3] MIN, KYOUNGWOOK, et al. SAE level 3 autonomous driving technology of the ETRI[C]. 2019 International Conference on Information and Communication Technology Convergence (ICTC). IEEE, 2019.

[4] 中国智能网联汽车产业创新联盟. 车路云一体化融合控制系统白皮书[R]. 北京:中国智能网联汽车产业创新联盟,2020.

[5] 王飞跃, 曹东璞, 李升波,等. 自动驾驶技术的挑战与展望[J]. 电子科学技术, 2018(6):9.

[6] GOULET N, AYALEW B. Impacts of Distributed Speed Harmonization and Optimal Maneuver Planning on Multi-Lane Roads[C]//2020 IEEE Conference on Control Technology and Applications(CCTA). IEEE, 2020: 305-311.

[7] AN L, YANG X, HU J. Modeling System Dynamics of Mixed Traffic With Partial Connected and Automated Vehicles[C]// 2019 IEEE Transactions on Intelligent Transportation Systems (ITSC). IEEE, 2019.

[8] AN L, LAI J, YANG I X, et al. Modeling Maximum Throughput of Freeway Merging Area with Partially Connected Automated Traffic [C]//2021 IEEE International Intelligent Transportation Systems Conference(ITSC). IEEE, 2021: 3553-3557.

[9] SILVER D, HUBERT T, SCHRITTWIESER J, et al. A general reinforcement learning algorithm that masters chess, shogi and Go through self-play [J]. Science, 2018, 362(6419): 1140-1144.

[10] MNIH V, KAVUKCUOGLU K, SILVER D, et al. Human-level control through deep reinforcement learning [J]. Nature, 2015, 518(7540): 529-533.

[11] ZHANG X G, MAHADEVAN S. A bio-inspired approach to traffic network equilibrium assignment problem [J]. IEEE Transactions on Cybernetics, 2018, 48(4): 1304-1315.

[12] Zhu L, Yu F R, Wang Y, et al. Big data analytics in intelligent transportation systems: A survey [J]. IEEE Transactions on Intelligent Transportation Systems, 2018, 20(1):

383-398.

[13] SHAW IGR. Robot Wars: US empire and geopolitics in the robotic age [J]. Security Dialogue, 2017, 48(5): 451-470.

[14] KUMAR A, JAISWAL A. A deep swarm-optimized model for leveraging industrial data analytics in cognitive manufacturing [J]. IEEE Transactions on Industrial Informatics, 2021, 17(4): 2938-2946.

[15] AZ A, RA B, NA C. Variants of artificial bee colony algorithm and its applications in medical image processing[J]. Applied Soft Computing, 2020, 97: 106799.

[16] JING W, YASEEN Z M, Shahid S, et al. Implementation of evolutionary computing models for reference evapotranspiration modeling: short review, assessment and possible future research directions [J]. Engineering Applications of Computational Fluid Mechanics, 2019, 13(1):811-823.

[17] HÜTTENRAUCH M, ŠOŠIĆA, NEUMANN G. Guided deep reinforcement learning for swarm systems[J]. arXiv preprint arXiv:1709.06011, 2017.

[18] CAO Y, YU W, REN W, et al. An overview of recent progress in the study of distributed multi-agent coordination[J]. IEEE Transactions on Industrial informatics, 2012, 9(1): 427-438.

[19] ZHANG K, YANG Z, BAŞAR T. Multi-agent reinforcement learning: A selective overview of theories and algorithms [J]. Handbook of Reinforcement Learning and Control, 2021: 321-384.

[20] OROOJLOOYJADID A, HAJINEZHAD D. A review of cooperative multi-agent deep reinforcement learning[J]. arXiv preprint arXiv:1908.03963, 2019.

[21] TORREÑO A, ONAINDIA E, KOMENDA A, et al. Cooperative multi-agent planning: A survey[J]. ACM Computing Surveys(CSUR), 2017, 50(6): 1-32.

[22] BUŞONIU L, BABUšKA R, DE SCHUTTER B. Multi-agent reinforcement learning: An overview[J]. Innovations in multi-agent systems and applications-1, 2010: 183-221.

[23] TAN M. Multi-agent reinforcement learning: Independent vs. cooperative agents [C]// Proceedings of the tenth international conference on machine learning. 1993: 330-337.

[24] BOWLING M, VELOSO M. Multiagent learning using a variable learning rate[J]. Artificial Intelligence, 2002, 136(2): 215-250.

[25] LOWE R, WU Y, TAMAR A, et al. Multi-agent actor-critic for mixed cooperative-competitive environments[J]. arXiv preprint arXiv:1706.02275, 2017.

[26] SUNEHAG P, LEVER G, GRUSLYS A, et al. Value-decomposition networks for cooperative multi-agent learning[J]. arXiv preprint arXiv:1706.05296, 2017.

[27] RASHID T, SAMVELYAN M, SCHROEDER C, et al. Qmix: Monotonic value function factorisation for deep multi-agent reinforcement learning[C]//International Conference on Machine Learning. PMLR, 2018: 4295-4304.

[28] ZHANG K, YANG Z, LIU H, et al. Fully decentralized multi-agent reinforcement learning with networked agents[C]//International Conference on Machine Learning. PMLR, 2018: 5872-5881.

[29] JIANG J, DUN C, HUANG T, et al. Graph convolutional reinforcement learning[J]. arXiv preprint arXiv:1810.09202, 2018.

[30] MAO H, LIU W, HAO J, et al. Neighborhood cognition consistent multi-agent reinforcement learning[C]//Proceedings of the AAAI Conference on Artificial Intelligence. 2020, 34(05): 7219-7226.

[31] FOERSTER J N, ASSAEL Y M, DE FREITAS N, et al. Learning to communicate with deep multi-agent reinforcement learning[J]. arXiv preprint arXiv:1605.06676, 2016.

[32] PENG P, WEN Y, YANG Y, et al. Multiagent bidirectionally-coordinated nets: Emergence of human-level coordination in learning to play starcraft combat games[J]. arXiv preprint arXiv:1703.10069, 2017.

[33] LITTMAN M L. Value-function reinforcement learning in Markov games[J]. Cognitive systems research, 2001, 2(1): 55-66.

[34] HUANG J, YANG B, LIU D. A distributed q-learning algorithm for multi-agent team coordination[C]//2005 International Conference on Machine Learning and Cybernetics. IEEE, 2005, 1: 108-113.

[35] LAUER M, RIEDMILLER M. An algorithm for distributed reinforcement learning in cooperative multi-agent systems[C]//In Proceedings of the Seventeenth International Conference on Machine Learning, 2000.

[36] CLAUS C, BOUTILIER C. The dynamics of reinforcement learning in cooperative multiagent systems[J]. AAAI/IAAI, 1998, 1998(746-752): 2.

[37] SPIROS K, DANIEL K. Reinforcement learning of coordination in cooperative MAS[C]//The 18th National Conference on AI, Alberta, Canada: ACM Press, 2002: 326-331.

[38] WANG X, SANDHOLM T. Reinforcement learning to play an optimal Nash equilibrium in team Markov games[J]. Advances in neural information processing systems, 2002, 15: 1603-1610.

[39] CARMEL D, MARKOVITCH S. Opponent modeling in multi-agent systems[C]//International Joint Conference on Artificial Intelligence. Springer, Berlin, Heidelberg, 1995: 40-52.

[40] TESAURO G. Extending Q-learning to general adaptive multi-agent systems[J]. Advances in neural information processing systems, 2003, 16: 871-878.

[41] POWERS R, SHOHAM Y. New Criteria and a New Algorithm for Learning in Multi-Agent Systems[C]//NIPS, 2004, 5.

[42] CONITZER V, SANDHOLM T. AWESOME: A general multiagent learning algorithm that converges in self-play and learns a best response against stationary opponents[J]. Machine Learning, 2007, 67(1-2): 23-43.

[43] SINGH S P, KEARNS M J, MANSOUR Y. Nash Convergence of Gradient Dynamics in General-Sum Games[C]//UAI, 2000: 541-548.

[44] BOWLING M, VELOSO M. Multiagent learning using a variable learning rate[J]. Artificial Intelligence, 2002, 136(2): 215-250.

[45] ZINKEVICH M. Online convex programming and generalized infinitesimal gradient ascent [C]//Proceedings of the 20th international conference on machine learning (icml-03), 2003: 928-936.

[46] BOWLING M. Convergence and no-regret in multiagent learning[J]. Advances in neural information processing systems, 2005, 17: 209-216.

[47] SEN S, SEKARAN M, HALE J. Learning to coordinate without sharing information[C]// AAAI, 1994, 94: 426-431.

[48] BUSONIU L, BABUSKA R, DE SCHUTTER B. Multi-agent reinforcement learning: A survey [C]//2006 9th International Conference on Control, Automation, Robotics and Vision. IEEE, 2006: 1-6.

[49] WEINBERG M, ROSENSCHEIN J S. Best-response multiagent learning in non-stationary environments[C]//Proceedings of the Third International Joint Conference on Autonomous Agents and Multiagent Systems-Volume 2, 2004: 506-513.

[50] SUEMATSU N, HAYASHI A. A multiagent reinforcement learning algorithm using extended optimal response[C]//Proceedings of the first international joint conference on Autonomous agents and multiagent systems: Part 1, 2002: 370-377.

[51] SCHMIDHUBER J. A general method for multi-agent reinforcement learning in unrestricted environments[C]//Adaptation, Coevolution and Learning in Multiagent Systems: Papers from the 1996 AAAI Spring Symposium, 1996: 84-87.

[52] 张雨晨. 网联环境下区域交通信号控制技术研究[D]. 北京:北方工业大学,2020.

[53] 徐勇. 基于车路协同的区域交通信号控制技术研究[D]. 北京:北方工业大学,2017.

[54] 丁献硕. 基于深度强化学习的交通灯区域控制方法研究[D]. 西安:西安电子科技大学,2020.

[55] 闫呈祥. 基于深度强化学习的城市交通灯控制方法研究[D]. 西安:西安电子科技大学,2019.

[56] 梅朵,郑黎黎,鄂旭. 城市区域交通信号控制与交通诱导协同模型研究[J/OL]. 武汉理工大学学报(交通科学与工程版):1-8.

[57] 崔琳娜. 基于 Agent 的自适应交通信号协同控制方法研究[D]. 厦门:厦门理工学院,2015.

[58] THORPE L, THOMAS A, CHARLES. Traffic Light Control Using SARSA with Three State Representations[M]. IBM Corporation, Boulder, 1996.

[59] MORIARTY D E, Langley P. Learning cooperative lane selection strategies for highways [C]//Fifteenth National/tenth Conference on Artificial Intelligence Applications of Artificial Intelligence. American Association for Artificial Intelligence, 1998:684-691.

[60] PEI Y L, SUN M Z, DONG X H. Research on the design of signal coordination control system in intersections of urban main roads[J]. J. Transp. Eng. Inf, 2004, 2(2): 41-46.

[61] CEYLAN H, BELL M G H. Traffic signal timing optimisation based on genetic algorithm approach, including drivers routing[J]. Transportation Research Part B: Methodological, 2004, 38(4): 329-342.

[62] SHENODA M, MACHEMEHL R. Development of a phase-by-phase, arrival-based, delay-optimized adaptive traffic signal control methodology with metaheuristic search[R]. Texas Transportation Institute, 2006.

[63] XU J M,Continuous-flow green-wave traffic signal control system and its application[C]. Proc. 6th Intell. Transp. Annu. Conf. China Intell. Transp. Syst. Assoc., 2011, 11:6-9.

[64] LAMPRECHT G,BENTLEY B F. Traffic control system and method[J]. EP,2011.

[65] SHA Y Y,Study on dynamic traffic control system of urban trunk[D]. Chongqing:Chongqing Jiaotong University, 2013.

[66] 陈晓利,韩锋斌. 基于多智能体的城市环道交通信号控制算法[J]. 重庆大学学报,2021,44(01):37-45+118.

[67] 宋晓琳, 盛鑫, 曹昊天, 等. 基于模仿学习和强化学习的智能车辆换道行为决策[J]. 汽车工程, 2021, 43(1): 59-67.

[68] 冀杰, 黄岩军, 李云伍, 等. 基于有限状态机的车辆自动驾驶行为决策分析[J]. 汽车技术, 2018, 12.

[69] KURT A, ÖZGÜNER Ü. Hierarchical finite state machines for autonomous mobile systems [J]. Control Engineering Practice, 2013, 21(2): 184-194.

[70] WANG M, HOOGENDOORN S P, DAAMEN W, et al. Game theoretic approach for predictive lane-changing and car-following control[J]. Transportation Research Part C:

Emerging Tech-nologies, 2015, 58: 73-92.

[71] YU H, TSENG H E, LANGARI R. A human-like game theory-based controller for automatic lane changing[J]. Transportation Research Part C: Emerging Technologies, 2018, 88: 140-158.

[72] BOJARSKI M, DEL T D, Dworakowski D, et al. End to end learning for self-driving cars [J]. arXiv preprint arXiv:1604.07316, 2016.

[73] CODEVILLA F, MÜLLER M, LóPEZ A, et al. End-to-end driving via conditional imitation learning[C]//2018 IEEE International Conference on Robotics and Automation (ICRA). IEEE, 2018: 4693-4700.

[74] KUEFLER A, MORTON J, WHEELER T, et al. Imitating driver behavior with generative adver-sarial networks[C]//2017 IEEE Intelligent Vehicles Symposium (IV). IEEE, 2017: 204-211.

[75] HESSEL M, MODAYIL J, VAN HASSELT H, et al. Rainbow: Combining improvements in deep reinforcement learning [C]//Thirty-second AAAI conference on artificial intelligence, 2018.

[76] HAARNOJA T, ZHOU A, ABBEEL P, et al. Soft actor-critic: Off-policy maximum entropy deep re-inforcement learning with a stochastic actor [C]//International conference on machine learning. PMLR, 2018: 1861-1870.

[77] BING Z H U, YUAN-DE J, JIAN Z, et al. A Car-following Control Algorithm Based on Deep Reinforcement Learning[J]. China Journal of Highway and Transport, 2019, 32(6): 53.

[78] MIRCHEVSKA B, PEK C, WERLING M, et al. High-level decision making for safe and reason-able autonomous lane changing using reinforcement learning [C]//2018 21st International Conference on Intelligent Transportation Systems (ITSC). IEEE, 2018: 2156-2162.

[79] WANG P, CHAN C Y, de La Fortelle A. A reinforcement learning based approach for automated lane change maneuvers[C]//2018 IEEE Intelligent Vehicles Symposium (IV). IEEE, 2018: 1379-1384.

[80] 周丰, 鲜明, 肖顺平. 基于多智能体技术的协同信息融合系统研究[J]. 指挥控制与仿真, 2006, 28(4): 13-16.

[81] 曹佳钰, 冷甦鹏, 张科. 面向自动驾驶应用的车联多智能体信息融合协同决策机制研究[J]. 物联网学报, 2020, 4(3): 69-77.

[82] KAMAL M A S, MUKAI M, MURATA J, et al. Model predictive control of vehicles on urban roads for improved fuel economy [J]. IEEE Transactions on Control Systems Technology, 2013, 21(3): 831-841.

[83] WAN N, VAHIDI A, LUCKOW A. Optimal speed advisory for connected vehicles in arterial roads and the impact on mixed traffic [J]. Transportation Research Part C: Emerging Technologie, 2016, 69: 548-563.

[84] SCIARRETTA A, NUNZIO G D, OJEDA L L. Optimal ecodriving control: Energy-efficient driving of road vehicles as an optimal control problem [J]. IEEE Control Systems Magazine, 2015, 35(5): 71-90.

[85] WANG M, DAAMEN W, HOOGENDOORN S P, et al. Rolling horizon control framework for driver assistance systems. Part I: Mathematical formulation and non-cooperative systems [J]. Transportation Research Part C: Emerging Technologies, 2014, 40: 271-289.

[86] WANG M, DAAMEN W, HOOGENDOORN S P, et al. Rolling horizon control framework for driver assistance systems. Part II: Cooperative sensing and cooperative control [J]. Transportation Research Part C: Emerging Technologies, 2014, 40: 290-311.

[87] MIYATAKE M, KURIYAMA M, TAKEDA Y. Theoretical study on eco-driving technique for an electric vehicle considering traffic signals [C]//proceedings of the 2011 IEEE Ninth International Conference on Power Electronics and Drive Systems(PEDS), Singapore, 2011. IEEE.

[88] HE X, LIU H X, LIU X. Optimal vehicle speed trajectory on a signalized arterial with consideration of queue [J]. Transportation Research Part C: Emerging Technologies, 2015, 61: 106-120.

[89] WU X, HE X, YU G, et al. Energy-optimal speed control for electric vehicles on signalized arterials [J]. IEEE Transactions on Intelligent Transportation Systems, 2015, 16(5): 2786-2796.

[90] MA C, YU C, YANG X. Trajectory planning for connected and automated vehicles at isolated signalized intersection under mixed traffic environment [J]. Transportation Research Part C: Emerging Technologies, 2021, 130: 103309.

[91] MA C, YU C, LAI J, YANG X. Signal optimization for isolated intersections under mixed traffic environment [C]. IEEE Intelligent Transportation Systems Conference, 2020.

[92] YU C, FENG Y, LIU H X, et al. Corridor level cooperative trajectory optimization with connected and automated vehicles [J]. Transportation Research Part C: Emerging Technologies, 2019, 105: 405-421.

[93] WANG Y S, WU Z Z, YANG X G, et al. Design and Implementation of an Emergency Vehicle Signal Preemption System Based on Cooperative Vehicle-Infrastructure Technology [J]. Advances in Mechanical Engineering, vol. 2013, Article ID 834976, 10 pages, 2013.

[94] CHEN D, SRIVASTAVA A, AHN S. Harnessing connected and automated vehicle

technologies to control lane changes at freeway merge bottlenecks in mixed traffic [J]. Transportation Research Part C: Emerging Technologies. 2021, 123: 102950.

[95] ZENG J, QIAN Y, LV Z, et al. Expressway traffic flow under the combined bottleneck of accident and on-ramp in framework of Kerner's three-phase traffic theory [J]. Physica A: Statistical Mechanics and its Applications, 2021, 574: 125918.

[96] WANG Y, ZHANG C, JI P, et al. Effect of pedestrian traffic light on traffic flow accompany with pedestrian crossing [J]. Physica A: Statistical Mechanics and its Applications, 2021, 576: 126059.

[97] DELHI S I N. Automotive Revolution & Perspective Towards 2030 [J]. Auto Tech Review, 2016, 5(4): 20-25.

[98] GUO G, YUE W. Autonomous Platoon Control Allowing Range-Limited Sensors [J]. IEEE Transactions On Vehicular Technology, 2012, 61(7): 2901-2912.

[99] HE Y, SUN D, ZHAO M, et al. Cooperative Driving and Lane Changing Modeling for Connected Vehicles in the Vicinity of Traffic Signals: A Cyber-Physical Perspective [J]. IEEE Access, 2018, 6: 13891-13897.

[100] CAI J, JIANG H, CHEN L, et al. Implementation and Development of a Trajectory Tracking Control System for Intelligent Vehicle [J]. Journal of Intelligent & Robotic Systems, 2019, 94(1): 251-264.

[101] CHEN W, LIU Y. Gap-based automated vehicular speed guidance towards eco-driving at an unsignalized intersection [J]. Transportmetrica B: Transport Dynamics, 2019, 7(1): 147-168.

[102] CHEN S, HU J, SHI Y, et al. LTE-V: A TD-LTE-Based V2X Solution for Future Vehicular Network[J]. IEEE Internet of Things Journal, 2017, 3(6): 997-1005.

[103] MOLINAMASEGOSA R, GOZALVEZ J. LTE-V for Sidelink _5G V2X Vehicular Communications: A New 5G Technology for Short-Range Vehicle-to-Everything Communications[J]. IEEE Vehicular Technology Magazine, 2017, 12(4): 30-39.

[104] CUNHA F, VILLAS L, BOUKERCHE A, et al. Data communication in VANETs: Protocols, applications and challenges [J]. Ad hoc networks, 2016, 44(6): 90-103.

[105] LI Y. An Overview of the DSRC/WAVE Technology[C]. Proceedings of the International conference on heterogeneous networking for quality, reliability, security and robustness, 2010: 544-558.

[106] XU S, SAADAWI T. Does the IEEE 802. 11 MAC protocol work well in multihop wireless ad hoc networks[J]. IEEE Communications Magazine, 2001, 39(6):130-137.

[107] HU J, CHEN S, ZHAO L, et. al. Link level performance comparison between LTE V2X and

DSRC[J]. Journal of Communications&Information Networks, 2017, 2(2):101-112.

[108] ZHAO H, LI Y, HAO W, et. al. Evaluating the Effects of Switching Period of Communication Topologies and Delays on Electric Connected Vehicles Stream With Car-Following Theory [J]. IEEE transactions on intelligent transportation systems, 2020.

[109] JIA D, NGODUY D. Platoon based cooperative driving model with consideration of realistic inter-vehicle communication [J]. Transportation Research Part C-emerging Technologies, 2016, 68: 245-264.

[110] CAO J Y C, LI P, ZHOU G. Research on Supply Chain Design of Linear Partitioning Contract under Asymmetric Information [J]. Journal of Management Science, 2009:(02): 19-30.

[111] WANG J Q, WU J, ZHENG X J, et al. Driving safety field theory modeling and its application in pre-collision warning system [J]. Transportation research. Part C, Emerging technologies, 2016, 72:306-324.

[112] LI F, WANG Y. Cooperative Adaptive Cruise Control for String Stable Mixed Traffic: Benchmark and Human-Centered Design [J]. IEEE transactions on intelligent transportation systems, 2017, 18(12):3473-3485.

[113] BANDO M, HASEBE K, NAKAYAMA A, et al. Dynamical model of traffic congestion and numerical simulation [J]. Physical review E, 1995, 51(2): 1035.

[114] AXELSSON J. Safety in Vehicle Platooning: A Systematic Literature Review [J]. IEEE transactions on intelligent transportation systems, 2017, 18(5): 1033-1045.

[115] 余卓平，邢星宇，陈君毅. 自动驾驶汽车测试技术与应用进展 [J]. 同济大学学报(自然科学版), 2019, 47(4): 540-547.

[116] OLIA A, RAZAVI S, ABDULHAI B, et al. Traffic capacity implications of automated vehicles mixed with regular vehicles [J]. Journal of Intelligent Transportation Systems, 2018, 22: 244-262.

[117] AREM B, DRIEL C V, VISSER R. The Impact of Cooperative Adaptive Cruise Control on Traffic-Flow Characteristics [J]. Ieee Transactions On Intelligent Transportation Systems, 2006, 7: 429-436.

[118] SHLADOVER S E. Automatic vehicle control developments in the PATH program[J]. IEEE Transactions Vehicular Technology, 1991(40):114-130.

[119] LI S E, ZHENG Y, LI K, et al. An overview of vehicular platoon control under the four-component framework [C]. Proceedings of the IEEE Intelligent Vehicles Symposium, 2015:286-291.

[120] HUSSAIN O, GHIASI A, LI X. Freeway Lane Management Approach in Mixed Traffic

Environment with Connected Autonomous Vehicles [J]. Arxiv, 2016: 1-12.

[121] AMIRGHOLY M, SHAHABI M, OLIVER G H. Traffic automation and lane management for communicant, autonomous, and human-driven vehicles [J]. Transportation Research Part C: Emerging Technologies, 2020, 111: 477-495.

[122] GHIASI A, HUSSAIN O, QIAN Z(Sean), et al. A mixed traffic capacity analysis and lane management model for connected automated vehicles: A Markov chain method [J]. Transportation research. Part B: methodological, 2017, 106: 266-292.

[123] WU Y, TAN H, QIN L, et al. Differential variable speed limits control for freeway recurrent bottlenecks via deep actor-critic algorithm [J]. Transportation research. Part C, Emerging technologies, 2020, 117: 102649.

[124] LI D, WAGNER P. A Novel Approach for Mixed Manual/Connected Automated Freeway Traffic Management [J]. Sensors, 2020, 20(6): 1757.

[125] WIRASINGHA G S, EMADI A. Classification and Review of Control Strategies for Plug-In Hybrid Electric Vehicles [J]. IEEE Transactions on Vehicular Technology, 2011,60(1): 111-122.

[126] ZHANG J, IOANNOU P A. Longitudinal control of heavy trucks in mixed traffic: environmental and fuel economy considerations [J]. 2006, 7(1): 92-104.

[127] NéMETH B, BEDE Z, GáSPáR P. Control strategy for the optimization of mixed traffic flow with autonomous vehicles [J]. IFAC-PapersOnLine, 2019, 52(8): 227-232.

[128] GHIASI A, LI X, MA J. A mixed traffic speed harmonization model with connected autonomous vehicles [J]. Transportation Research Part C: Emerging Technologies, 2019, 104: 210-233.

[129] ZHENG Y, WANG J, LI K. Smoothing Traffic Flow via Control of Autonomous Vehicles [J]. IEEE Internet of Things Journal, 2020, 7(5): 3882-3896.

[130] KAMAL M, MUKAI M, MURATA J, et al. Ecological Vehicle Control on Roads With Up-Down Slopes [J]. IEEE Transactions on Intelligent Transportation Systems, 2011, 12: 783-794.

[131] LI Y, ZHANG L, ZHENG H, et al. Nonlane-discipline-based car-following model for electric vehicles in transportation-cyber-physical systems [J]. IEEE transactions on intelligent transportation systems, 2018, 19(1): 38-47.

[132] WU X, HE X, YU G, et al. Energy-optimal speed control for electric vehicles on signalized arterials [J]. IEEE Transactions on Intelligent Transportation Systems, 2015, 16(5):2786-2796.

[133] KITAZONO S, OHMORI H. Semi-Autonomous Adaptive Cruise Control in Mixed Traffic

[C]. Proceedings of the SICE-ICASE International Joint Conference, 2006: 3240-3245.

[134] LI Y, TANG C, LI K, et al. Nonlinear finite time consensus-based connected vehicle platoon control under fixed and switching communication topologies [J]. Transportation research. Part C, Emerging technologies, 2018, 93: 525-543.

[135] QIN Y, WANG H, RAN B. Control design for stable connected cruise control systems to enhance safety and traffic efficiency [J]. IET Intelligent Transport Systems, 2018, 12: 921-930.

[136] NAVAS F, MILANÉS V. Mixing V2V- and non-V2V-equipped vehicles in car following [J]. Transportation Research Part C-emerging Technologies, 2019, 108: 167-181.

[137] LI F, WANG Y. Cooperative Adaptive Cruise Control for String Stable Mixed Traffic: Benchmark and Human-Centered Design [J]. IEEE Transactions on Intelligent Transportation Systems, 2017, 18(12): 3473-3485.

[138] XIAO L, GAO F. Practical String Stability of Platoon of Adaptive Cruise Control Vehicles [J]. Ieee Transactions On Intelligent Transportation Systems, 2011, 12(4): 1184-1194.

[139] LI D, ZHAO Y, RANJITKAR P, et al. Hybrid approach for variable speed limit implementation and application to mixed traffic conditions with connected autonomous vehicles [J]. Iet Intelligent Transport Systems, 2018, 12(5): 327-334.

[140] MONTEIL J, BOUROCHE M, LEITH D J. L_2 and $L\infty$ Stability Analysis of Heterogeneous Traffic With Application to Parameter Optimization for the Control of Automated Vehicles [J]. IEEE Transactions on Control Systems Technology, 2019, 27(3): 934-949.

[141] LI R, LIU X, NIE Y. Managing partially automated network traffic flow: Efficiency vs. stability [J]. Transportation Research Part B Methodological, 2018, 114: 300-324.

[142] 秦严严，王昊，王炜，等. 混有协同自适应巡航控制车辆的异质交通流稳定性解析与基本图模型 [J]. 物理学报，2017，66(9)：227-235.

[143] ZHAO H, SUN D, ZHAO M, et al. Combined Longitudinal and Lateral Control for Heterogeneous Nodes in Mixed Vehicle Platoon under V2I Communication [J]. IEEE Transactions on Intelligent Transportation Systems, 2021.

[144] ORKI O, AROGETI S. Control of Mixed Platoons Consist of Automated and Manual Vehicles [C]. Proceedings of the IEEE International Conference on Connected Vehicles and Expo, 2019 : 1-6.

[145] ZHOU Y, AHN S, WANG M, et al. Stabilizing mixed vehicular platoons with connected automated vehicles: An H-infinity approach [J]. Transportation Research Part B: Methodological, 2019:(132): 152-170.

[146] HANNOUN J G, MURRAY-TUITE P, HEASLIP K, et al. Facilitating Emergency Response

Vehicles' Movement Through a Road Segment in a Connected Vehicle Environment[J]. IEEE Transactions on Intelligent Transportation Systems, 2018, 20(9):3546-3557.

[147] WU J, KULCSÁR B, AHN S, et al. Emergency vehicle lane pre-clearing: From microscopic cooperation to routing decision making[J]. Transportation Research Part B: Methodological, 2020:(141): 223-239.

[148] ZHENG Y, ZHANG Y, RAN B, et al. Cooperative control strategies to stabilize the freeway mixed traffic stability and improve traffic throughput in an intelligent roadside system environment [J]. IET intelligent transport systems, 2020, 14(9): 1108-1115.

[149] ZU Y, LIU C, DAI R. Distributed Traffic Speed Control for Improving Vehicle Throughput [J]. IEEE intelligent transportation systems magazine, 2019, 11(3): 56-68.

[150] ZHANG L. Cooperative adaptive cruise control in mixed traffic with selective use of vehicle-to-vehicle communication [J]. Iet Intelligent Transport Systems, 2018, 12(10): 1243-1254.

[151] DEY C K, YAN L, WANG X, et al. A Review of Communication, Driver Characteristics, and Controls Aspects of Cooperative Adaptive Cruise Control (CACC) [J]. IEEE Transactions on Intelligent Transportation Systems, 2016, 17(2): 491-50.

[152] MO H, WAGLE N S, ZUBA M. Cyber-physical Systems [J]. Crossroads, 2011, 20(3): 8-9.

[153] 杨良义. 面向道路通行效率提升的T-CPS车路协同建模及控制研究 [D]; 重庆大学, 2018.

[154] LENG J, ZHANG H, YAN D, et al. Digital twin-driven manufacturing cyber-physical system for parallel controlling of smart workshop [J]. Journal of Ambient Intelligence Humanized Computing, 2019, 10: 1155-1166.

[155] 孙棣华, 李永福, 刘卫宁, 等. 交通信息物理系统及其关键技术研究综述[J]. 中国公路学报, 2013, 26(1): 144-155.

[156] YOHANANDHAN R V, ELAVARASAN R M, MANOHARAN P, et al. Cyber-Physical Power System (CPPS): A Review on Modeling, Simulation, and Analysis With Cyber Security Applications [J]. IEEE Access, 2020, 8: 151019-151064.

[157] GUO L, YANG B, YE J, et al. Systematic Assessment of Cyber-Physical Security of Energy Management System for Connected and Automated Electric Vehicles [J]. IEEE Transactions on Industrial Informatics, 2021, 17(5): 3335-3347.

[158] 李克强, 戴一凡, 李升波, 等. 智能网联汽车(ICV)技术的发展现状及趋势 [J]. 汽车安全与节能学报, 2017, 8(01): 1-14.

[159] LI S E, DENG K, LI K, et al. Terminal sliding mode control of automated car-following

system without reliance on longitudinal acceleration information [J]. Mechatronics, 2015, 30: 327-337.

[160] XU Q, CAI M, LI K, et al. Coordinated formation control for intelligent and connected vehicles in multiple traffic scenarios [J]. IET Intelligent Transport Systems, 2021, 15.

[161] 李克强. 智能网联汽车系统基础平台及其产业化对策 [J]. 智能网联汽车, 2019, 1: 40-40.

[162] 李克强. 车,路,云融为一体云控基础平台支撑未来智能交通体系建设 [J]. 中国战略新兴产业, 2020,(4): 68-69.

[163] 李克强, 戴一凡, 李家文. 智能网联汽车发展动态及对策建议 [J]. 智能网联汽车, 2018,(1): 12-19.

[164] KIM S W, QIN B, CHONG Z J, et al. Multivehicle Cooperative Driving Using Cooperative Perception: Design and Experimental Validation [J]. IEEE Transactions on Intelligent Transportation Systems, 2015, 16(2):663-680.

[165] YANG A, NAEEM W, FEI M. Decentralised formation control and stability analysis for cooperative multi-vehicle manoeuvre[J]. IEEE/CAA Journal of Automatica Sinica, 2015, 1(1):92-100.

[166] 赵红专.协同驾驶信息物理系统的可信分析研究[D].重庆:重庆大学, 2016.

[167] PAPAGEORGIOU M, KOTSIALOS A. Freeway ramp metering: an overview[J]. IEEE Transac-tions on Intelligent Transportation Systems, 2002, 3(4):271-281.

[168] PAPAMICHAIL I, KOTSIALOS A, MARGONIS I, et al. Coordinated ramp metering for freeway networks-A model-predictive hierarchical control approach [J]. Transportation Research Part C Emerging Technologies, 2010, 18(3):311-331.

[169] LIU W, YIN Y, YANG H. Effectiveness of variable speed limits considering commut-ers' long-term response[J]. Transportation Research Part B: Methodological, 2015, 81(NOV. PT.2):498-519.

[170] CHO H W, LAVAL J A. Combined Ramp-Metering and Variable Speed Limit System for Capacity Drop Control at Merge Bottlenecks[J]. Journal of Transportation Engineer-ing Part A Systems, 2020, 146(6):04020033.

[171] DAVIS L C. Effect of adaptive cruise control systems on mixed traffic flow near an on-ramp [J]. Physica A Statistical Mechanics & Its Applications, 2005, 379(1):274-290.

[172] LU X Y, HEDRICK J K. Longitudinal control algorithm for automated vehicle merg-ing [C]// Proceedings of the 39th IEEE Conference on Decision and Control (Cat. No. 00CH37187). IEEE, 2002.

[173] SCARINCI R, HEGYI A, HEYDECKER B. Definition of a merging assistant strategy us-ing

intelligent vehicles[J]. Transportation Research Part C Emerging Technologies, 2017, 82 (sep.):161-179.

[174] HU X,SUN J. Trajectory optimization of connected and autonomous vehicles at a multilane freeway merging area[J]. Transportation Research Part C Emerging Technolo-gies, 2019, 101(APR.):111-125.

[175] WU L,CI Y,SUN Y, et al. Research on Joint Control of On-Ramp Metering and Mainline Speed Guidance in the Urban Expressway Based on MPC and Connected Ve-hicles[J]. Journal of Advanced Transportation, 2020, 2020(9):1-8.

[176] KARIMI M, RONCOLI C, ALECSANDRU C, et al. Cooperative merging control via trajectory optimization in mixed vehicular traffic[J]. Transportation Research Part C Emerging Technologies, 2020, 116:102663.

[177] ZSA B,THA B,PZ C. Cooperative decision-making for mixed traffic: A ramp merging example[J]. Transportation Research Part C: Emerging Technologies, 120.

[178] MU C,DU L,ZHAO X. Event triggered rolling horizon based systematical trajectory planning for merging platoons at mainline-ramp intersection[J]. Transportation Research Part C Emerging Technologies, 2021, 125(1):103006.

[179] 杨少辉. 城市快速路系统交通瓶颈形成、扩散特性与控制方法研究[D]. 长春:吉林大学,2006.

[180] 董长印. 自动驾驶汽车下匝道路径优化控制策略研究[D]. 南京:东南大学,2016.

[181] AHN S, CASSIDY M J, LAVAL J A. Effects of Merging and Diverging on Freeway Traffic Oscillations[C]// Transportation Research Board Meeting, 2011.

[182] CHEN D, AHN S. Capacity-drop at extended bottlenecks: Merge, diverge, and weave[J]. Transportation Research Part B: Methodological, 2018, 108(feb.):1-20.

[183] DAGANZO C F, LAVAL J, MUOZ J C. SOME IDEAS FOR FREEWAY CONGES-TION MITIGATION WITH ADVANCED TECHNOLOGIES[J]. Traffic Engineering & Control, 2002(10).

[184] RUDJANAKANOKNAD J. Capacity Change Mechanism of a Diverge Bottleneck[J]. Transportation Research Record: Journal of the Transportation Research Board, 2012, 2278 (1):21-30.

[185] GUENTHER G, COEYMANS J E, MUNOZ J C, et al. Mitigating Freeway Off-Ramp Con-gestion: a surface streets coordinated approach[J]. Procedia-Social and Behavioral Sci-ences, 2012, 17(1):27-43.

[186] SPILIOPOULOU A, KONTORINAKI M, PAPAMICHAIL I, et al. Real-time route diversion con-trol at congested motorway off-ramp areas-Part I: User-optimum route guidance[C]//

2013 16th International IEEE Conference on Intelligent Transportation Systems -(ITSC 2013). IEEE, 2013.

[187] MESSER, CARROLL. SIMULATION STUDIES OF TRAFFIC OPERATIONS AT OVERSATURATED, CLOSELY SPACED SIGNALIZED INTERSECTIONS [J]. Transportation Research Record Journal of the Transportation Research Board, 1998, 1646: 115-123.

[188] ZONG T, KEVIN B, ROELOF E, et al. Integrated control strategies for surface street and freeway systems [J]. Transportation Research Record Journal of the Transportation Research Board, 2002, 1811:92-99.

[189] LI Z, CHANG G L, NATARAJAN S. An integrated off-ramp control model for freeway traffic management[J]. transportation research board 88th annual meeting, 2008.

[190] LIM K, JU H K, SHIN E, et al. A signal control model integrating arterial intersec-tions and freeway off-ramps[J]. Ksce Journal of Civil Engineering, 2011, 15(2):385-394.

[191] PEI Y, KAN Z. Off-Ramp Control near Surface Road[J]. Research Journal of Ap-plied Sciences Engineering & Technology, 2013, 5(8):2612-2615.

[192] YANG X, YAO C, CHANG G L. Integrating Off-Ramp Spillback Control with a De-composed Arterial Signal Optimization Model[J]. Transportation Research Record: Journal of the Transportation Research Board, 2015, 2487(1):112-121.

[193] YANG, XIANFENG, CHENG, et al. Integration of adaptive signal control and freeway off-ramp priority control for commuting corridors[J]. Transportation Research Part C Emerging Technologies, 2018.

[194] ZHENG Y, RAN B, QU X, et al. Cooperative Lane Changing Strategies to Improve Traffic Operation and Safety Nearby Freeway Off-Ramps in a Connected and Auto-mated Vehicles Environment[J]. IEEE Transactions on Intelligent Transportation Sys-tems, 2019, PP (99):1-10.

[195] DONG C, WANG H, LI Y, et al. Route Control Strategies for Autonomous Vehicles Exiting to Off-Ramps[J]. IEEE Transactions on Intelligent Transportation Systems, PP(99):1-13.

[196] 董长印，王昊，王炜，等. 混入智能车的下匝道瓶颈路段交通流建模与仿真分析[J]. 物理学报，2018，067(014):167-182.

[197] GUO J, CHENG S, LIU Y. Merging and Diverging Impact on Mixed Traffic of Regular and Autonomous Vehicles[J]. IEEE Transactions on Intelligent Transportation Systems, 2020, PP(99):1-11.

[198] WANG B, LI W, WEN H, et al. Modeling impacts of driving automation system on mixed traffic flow at off-ramp freeway facilities[J]. Physica A: Statistical Mechanics and its

Applications, 2021(9):125852.
[199] 曲昭伟,王立明,金盛. 快速路出口匝道衔接道路控制仿真研究[J]. 交通信息与安全,2009(02):49-53.
[200] 王艳丽, 李晓庆, 王忠宇,等. 面向出口匝道拥挤的快速路速度协调控制模型[J]. 同济大学学报(自然科学版), 2018, v.46(07):49-56.
[201] 张翔. 快速路出口匝道与衔接交叉口协调优化控制方法研究[D]. 南京:东南大学,2018.
[202] 钟连德,李秀文,荣建,等. 城市快速路基本路段通行能力的确定[J]. 北京工业大学学报,2006(07):605-609.
[203] SMULDERS S A. Control of Freeway Traffic Flow[J]. Journal of the Operational Research Society, 1997, 48(4):450-450.
[204] SMULDERS S. Control of freeway traffic flow by variable speed signs[J]. Transportation Research Part B Methodological, 1990, 24(2):111-132.
[205] HOOGEN E, SMULDERS S. Control by variable speed signs: results of the Dutch experiment[C] proceedings of the International Conference on Road Traffic Monitoring & Control. IET, 1994, 145-149.
[206] 裴玉龙,王连震. 城市快速路交通事故特性分析及安全评价[J]. 交通信息与安全,2009,27(02):81-84.
[207] EHSANI J P, BINGHAM C R, SHOPE J T, et al. Teen driving exposure in Michigan: Demographic and behavioral characteristics[J]. Accident Analysis & Prevention, 2010, 42(4):1386-1391.
[208] VOAS R B, JIE Y, MICHAEL S, et al. Methods for investigating crash risk: Comparing case-control with responsibility analysis[J]. Traffic Injury Prevention, 2018:1-18.
[209] SCOTT K A, BETZ M E, HOFFECKER L, et al. Associations Between Falls and Driving Outcomes in Older Adults: A Systematic Reviewand Meta-Analysis: A LongROAD Study. 2016.
[210] 蔡晓禹,雷财林,彭博,等. 基于驾驶行为和信息熵的道路交通安全风险预估[J]. 中国公路学报,2020,33(06):190-201.
[211] 臧金蕊,宋国华,万涛,等. 交通事件下快速路拥堵蔓延消散时空范围模型[J]. 交通运输系统工程与信息,2017,17(05):179-185+213.
[212] GRUMERT E, MA X, TAPANI A. Analysis of a cooperative variable speed limit system using microscopic traffic simulation [J]. Transportation Research Part C Emerging Technologies, 2015, 52(mar.):173-186.
[213] HEYDECKER B G, ADDISON J D. Analysis and modelling of traffic flow under variable

speed limits[J]. Transportation Research Part C Emerging Technologies, 2011, 19(2): 206-217.

[214] YANG H, YAGAR S. Traffic assignment and traffic control in general freeway-arterial corridor systems[J]. Transportation Research Part B Methodological, 2008, 28.

[215] KOTSIALOS A, PAPAGEORGIOU M. Efficiency versus Fairness in Network-Wide Ramp Metering [C]. proceedings of the IEEE Conference on Intelligent Transportation Systems, 2001: 1189-1194.

[216] KOTSIALOS A, PAPAGEORGIOU M. Efficiency and equity properties of freeway network-wide ramp metering with AMOC[J]. Transportation Research Part C, 2004, 12(6): 401-420.

[217] 周浩, 胡坚明, 张毅, 等. 快速路可变限速与匝道控制协同优化策略[J]. 交通运输系统工程与信息, 2017(2).

[218] WEN K, QU S, ZHANG Y. A Machine Learning Method for Dynamic Traffic Control and Guidance on Freeway Networks[C]. proceedings of the International Asia Conference on Informatics in Control. IEEE, 2009, 67-71.

[219] PIPES L A. An operational analysis of traffic dynamics[J]. Journal of applied physics, 1953, 24(3): 274-81.

[220] CHANDLER R E, HERMAN R, MONTROLL E W. Traffic dynamics: studies in car following [J]. Operations research, 1958, 6(2): 165-84.

[221] NEWELL G F. Nonlinear effects in the dynamics of car following[J]. Operations Research, 1961, 9(2): 209-29.

[222] HASEBE K, NAKAYAMA A, SUGIYAMA Y. Dynamical model of a cooperative driving system for freeway traffic[J]. Physical Review E, 2003, 68(2):026102.

[223] 韩祥临, 姜长元, 葛红霞, 等. 基于智能交通系统的耦合映射跟驰模型和交通拥堵控制[J]. 物理学报, 2007, 56(8): 4383-4392.

[224] 孙棣华, 周桐, 刘卫宁, 等. 考虑最邻近前车综合信息的反馈控制跟驰模型[J]. 物理学报, 2013, 62(17): 81-87.

[225] ZHOU T, SUN D H, ZHAO M, et al. Feedback control scheme of traffic jams based on the coupled map car-following model[J]. Chinese Physics B, 2013, 22(9): 023.

[226] 马育林, 徐友春, 吴青. 车队协同行驶混成控制研究现状与展望[J]. 汽车工程学报, 2014, 4(1): 1-13.

[227] DARBHA S, RAJAGOPAL K R. Intelligent cruise control systems and traffic flow stability [J]. Transportation Research Part C, 1999, 7(6): 329-352.

[228] VAN AREM B, VAN DRIEL C J G, VISSER R. The impact of cooperative adaptive cruise

control on traffic-flow characteristics[J]. IEEE Transactions on Intelligent Transportation Systems, 2006, 7(4): 429-436.

[229] VANDER W J, SHLADOVER S, KOURJANSKAIA N, et al. Modeling effects of driver control assistance systems on traffic[J]. Transportation Research Record, 2001, 1748: 167-174.

[230] DESJARDINS C, CHAIB-DRAA B. Cooperative adaptive cruise control: a reinforcement learning approach[J]. IEEE Transactions on Intelligent Transportation Systems, 2011, 12(4): 1248-1260.

[231] DANG R, WANG J, LI S E, et al. Coordinated adaptive cruise control system with lane-change assistance[J]. IEEE Transactions on Intelligent Transportation Systems, 2015, 16(5): 2373-2383.

[232] LI S B, ZHENG Y, LI K Q, et al. Dynamical modeling and distributed control of connected and automated vehicles: challenges and opportunities[J]. IEEE Intelligent Transportation Systems Magazine, 2017, 9(3): 46-58.

[233] STANKOVIC S, STANOJEVIC M, SILJAK D. Decentralized overlapping control of a platoon of vehicles [J]. IEEE Transactions on Control Systems Technology, 2000, 8(5): 816-832.

[234] YE L, YAMAMOTO T. Impact of dedicated lanes for connected and autonomous vehicle on traffic flow throughput [J]. Physica A: Statistical Mechanics and its Applications, 2018, 512: 588-597.

[235] PLOEG J, SEMSAR-KAZEROONI E, LIJSTER G, et al. Graceful Degradation of Cooperative Adaptive Cruise Control [J]. Ieee Transactions On Intelligent Transportation Systems, 2015, 16(1): 488-497.

[236] LIU H, SUN D, ZHAO M. Analysis of traffic flow based on car-following theory: a cyber-physical perspective [J] . Nonlinear Dynamics, 2016, 84(2): 881-893.

[237] WILSON R E, WARD J. Car-following models: fifty years of linear stability analysis- a mathematical perspective [J]. Transportation Planning Technology, 2011, 34: 18 - 13.

[238] ZHONG Z, LEE E E, NEJAD M, et al. Influence of CAV clustering strategies on mixed traffic flow characteristics: An analysis of vehicle trajectory data [J]. Transportation Research Part C: Emerging Technologies, 2020, 115: 102611.

[239] SMITH S, BELLONE J, BRANSFIELD S, et al. Benefits Estimation Framework for Automated Vehicle Operations, 2015.

[240] MOHAJERPOOR. R, RAMEZANI M. Mixed flow of autonomous and human-driven vehicles: Analytical headway modeling and optimal lane management [J]. Transport. Res.

Part C: Emerg. Technol, 2019, 109: 194-210.

[241] TALEBPOUR A, MAHMASSANI H S, ELFAR A. Investigating the Effects of Reserved Lanes for Autonomous Vehicles on Congestion and Travel Time Reliability [J]. Transportation Research Record: Journal of the Transportation Research Board, 2017, 2622 (1): 1-12.

[242] ZHONG Z, LEE J, ZHAO L. Traffic Flow Characteristics and Lane Use Strategies for Connected and Automated Vehicles in Mixed Traffic Conditions[J]. Journal of Advanced Transportation, 2021, 2021: 1-19.

[243] YANG D, ZHENG S, WEN C, et al. A dynamic lane-changing trajectory planning model for automated vehicles[J]. Transportation research, 2018, 95(OCT.): 228-247.

[244] VANDERWERF J, SHLADOVER S, KOURJANSKAIA N, Miller M, Krishnan H. Modeling effects of driver control assistance systems on traffic[J]. Transportation research record, 2001,1748: 167-174.

[245] WANG J, RAJAMANI R. The impact of adaptive cruise control systems on highway safety and traffic flow[J]. Proceedings of the Institution of Mechanical Engineers. Part D, Journal of automobile engineering, 2004,218: 111-130.

[246] GHIASI A, HUSSAIN O, QIAN Z S, et al. A mixed traffic capacity analysis and lane management model for connected automated vehicles: A Markov chain method [J]. Transportation Research Part B Methodological, 2017, 106(dec.): 266-292.

[247] KRAUSS, STEFAN. Microscopic Modeling of Traffic Flow: Investigation of Collision Free Vehicle Dynamics[J]. Forschungsbericht - Deutsche Forschungsanstalt Fuer Luft - Und Raumfahrt e. V,1998, 113: 98-8.

[248] LI T, GUO F, KRISHNAN R, et al. Right-of-way reallocation for mixed flow of autonomous vehicles and human driven vehicles [J]. Transportation Research Part C Emerging Technologies, 2020, 115: 102630.

[249] MILANéS V, SHLADOVER S E. Modeling cooperative and autonomous adaptive cruise control dynamic responses using experimental data[J]. Transportation Research Part C: Emerging Technologies, 2014, 48: 285-300.

[250] LIU H, KAN X, SHLADOVER S E, et al. Ferlis RE. Modeling impacts of Cooperative Adaptive Cruise Control on mixed traffic flow in multi-lane freeway facilities [J]. Transportation research. Part C, Emerging technologies, 2018,95: 261-279.

[251] KANG K P, CHANG G L, ZOU N. Optimal dynamic speed-limit control for highway work zone operations [J]. Transportation research record, 2004, 1877(1): 77-84.

[252] LIN P W, KANG K P, CHANG G L. Exploring the Effectiveness of Variable Speed Limit

Controls on Highway Work-Zone Operations [J]. I V H S Journal, 2004, 8(3): 155-168.

[253] ALLABY P, HELLINGA B, BULLOCK M. Variable speed limits: Safety and operational impacts of a candidate control strategy for freeway applications[J]. IEEE Transactions on Intelligent Transportation Systems, 2007, 8(4): 671-680.

[254] ABDEL-ATY, MOHAMED, CUNNINGHAM, et al. Dynamic Variable Speed Limit Strategies for Real-Time Crash Risk Reduction on Freeways [J]. Transportation Research Record Journal of the Transportation Research Board, 2008, 2078(1): 108-116.

[255] SORIGUERA F, MARTÍNEZ I, SALA M, et al. Effects of low speed limits on freeway traffic flow [J]. Transportation Research Part C: Emerging Technologies, 2017, 77: 257-274.

[256] HEGYI A, SCHUTTER B D, HELLENDOORN H. Model predictive control for optimal coordination of ramp metering and variable speed limits [J]. Transportation Research Part C, 2005, 13(3): 185-209.

[257] CARLSON R C, PAPAMICHAIL I, PAPAGEORGIOU M, et al. Optimal mainstream traffic flow control of large-scale motorway networks [J]. Transportation Research Part C: Emerging Technologies, 2010, 18(2): 193-212.

[258] HADIUZZAMAN M, QIU T Z. Cell transmission model based variable speed limit control for freeways[J]. Canadian Journal of Civil Engineering, 2013, 40(1): 46-56.

[259] KHONDAKER B, KATTAN L. Variable speed limit: A microscopic analysis in a connected vehicle environment[J]. Transportation Research Part C: Emerging Technologies, 2015, 58: 146-159.

[260] HAN Y, AHN S. Variable speed release (VSR): speed control to increase bottleneck capacity [J]. IEEE Transactions on Intelligent Transportation Systems, 2019, 21(1): 298-307.

[261] LI D, ZHAO X, CAO P. An Enhanced Motorway Control System for Mixed Manual/Automated Traffic Flow[J]. IEEE Systems Journal, 2020, 14(4): 4726-4734.

[262] VAN DEN BERG M, HEGYI A, DE SCHUTTER B, et al. A macroscopic traffic flow model for integrated control of freeway and urban traffic networks [C]. 42nd IEEE International Conference on Decision and Control. IEEE, 2003, 3: 2774-2779.

[263] 王正武,罗大庸,黄中祥.高速公路主线限速与匝道融合的协调控制[J].控制理论与应用,2007, 24(06): 973-976.

[264] 齐驰,侯忠生,卜旭辉.快速路入口匝道排队现象分析及其对策[J].交通运输系统工程与信息,2009,9(02): 38-43.

[265] ELEFTERIADOU L, KONDYLI A, WASHBURN S, et al. Proactive ramp management

under the threat of freeway-flow breakdown[J]. Procedia-Social and Behavioral Sciences, 2011, 16: 4-14.

[266] 李杨. 高速公路可变速度控制方法研究[D]. 西安: 长安大学, 2011.

[267] WU Y, YU D, YU W, et al. Double-layer ramp-metering model for incident congestion on expressway[J]. Journal of traffic and transportation engineering(English edition), 2014, 1(2): 129-137.

[268] 梁振羽. 快速路入口匝道与可变限速协同控制策略研究[D]. 哈尔滨:哈尔滨工业大学, 2016.

[269] 栾燕海, 庞明宝, 夏泽明. 城市快速路多匝道中事故协调控制仿真[J]. 计算机仿真, 2017, 34(6): 147-151.

[270] 姜紫峰,韩锡令.高速公路交通流高密度区的入口匝道联合调节和出口分流协调控制[J].西安公路交通大学学报,1996(01): 35-39.

[271] 谭满春. 面向ITS的高速公路网交通分配与入口匝道控制方法研究[D].广州:华南理工大学,2000.

[272] LEI Z, LEVINSON D. Optimal Freeway Ramp Control without Origin- Destination Information[J]. Transportation Research Part B: Methodological, 2004, 38(10): 869-887.

[273] MONIQUE V, SCHUTTER B, HELLENDOORN H. Effects of on-ramp and off-ramp metering on queue forming in urban traffic networks[J]. IFAC Proceedings Volumes, 2006, 39(12): 130-135.

[274] 蔡志理. 高速公路交通事件检测及交通疏导技术研究[D].长春:吉林大学,2007.

[275] LIPP L E, CORCORAN L J, HICKMAN G A. Benefits of central computer control for Denver ramp-metering system[J]. Transportation Research Board, 1991, 1320: 3-6.

[276] PAPAMICHAIL I, PAPAGEORGIOU M, VONG V, et al. Heuristic ramp-metering coordination strategy implemented at monash freeway, australia[J]. Transportation Research Record, 2010, 2178(1): 10-20.

[277] 秦雷, 姚红云, 王晓艺. 城市快速路匝道控制设计与仿真分析[J]. 交通信息与安全, 2011, 29(1): 117-120.

[278] 高祥云, 柴干. 高速公路入口匝道的协调优化控制[J]. 交通运输工程与信息学报, 2013, 11(3): 106-112.

[279] 李志斌, 金茂菁, 刘攀, 等. 提高高速公路通行效率的可变限速控制策略[J]. 吉林大学学报(工学版), 2013, 5: 1204-1209.

[280] BHOURI N, HAJ-SALEM H, KAUPPILA J. Isolated versus coordinated ramp metering: Field evaluation results of travel time reliability and traffic impact[J]. Transportation

Research Part C: Emerging Technologies, 2013, 28: 155-167.

[281] JACOBSON L N, HENRY K C, MEHYAR O. Real-time metering algorithm for centralized control[J]. Transportation Research Record, 1989, 1232(1): 17-26.

[282] STEPHANEDES Y J. Implementation of on-line zone control strategies for optimal ramp metering in the Minneapolis ring road[C]. 7th International Conference on Road Traffic Monitoring and Control, London, UK: IEE, 1994.

[283] PAESANI G F. System wide adaptive ramp metering in southern California[C]. 7th Annual Meeting and Exposition: Merging the Transportation and Communications Revolutions, Washington, D. C., United States: ITS America, 1997.

[284] 胡灵龙. 基于MPC的快速路入口匝道协调控制策略研究[D]. 杭州:浙江大学,2014.

[285] 乔彦甫,赵斌,方传武,等. 基于ALINEA算法的城市快速路匝道控制方法[J]. 西南交通大学学报,2017,52(05): 1001-1007.